失敗できる組織

エイミー・C・エドモンドソン
土方奈美 訳

早川書房

失敗できる組織

RIGHT KIND OF WRONG
The Science of Failing Well
by
Amy Edmondson

Translated by
Nami Hijikata
First published 2025 in Japan by
Hayakawa Publishing, Inc.
This book is published in Japan by
direct arrangement with
Brockman, Inc.

装幀／早川書房デザイン室

ジャックとニックへ。揺るぎない愛と尽きせぬ敬意を込めて。

嵐など怖くはない。自分で船を操《く》る方法を学んでいるのだから。
――ルイーザ・メイ・オルコット

目次

プロローグ

一九九三年六月。ハーバード大学院にできたばかりの組織行動学博士課程の学生だった私は、ウィリアム・ジェームズホール一五階のオフィスで古びた木の机に向かっていた。食い入るように見つめていたのは、アップル製のいかついコンピュータに乗っかった小型の白黒スクリーンだ。* 机の端には大学周辺の二つの病院で集めてきたアンケート用紙が山積みになっていた。チームワークを測定するため、半年前に数百人の看護師や医師に記入してもらったもので、各自の所属するチームがうまく機能しているかどうかが示されている。データを入念に分析した結果、他のチームよりはるかにうまく機能しているチームがあることがわかった。

次のステップは、それぞれのチームの失敗の多寡を調べることだ。手元の小型ディスクには、首を長くして待っていた各チームの投薬ミスのデータが記録されているはずだった。看護師たちが半年かけて苦労して集めてくれたものだ。あとは統計分析によってチームワークに関するアンケート結果と、病院の投薬ミスのデータに相関があるか調べるだけだ。

* 同じモデル（一九八九年製マッキントッシュ・クラシック・デスクトップコンピュータ）は現在、ニューヨーク現代美術館の常設展示品となっている。https://www.moma.org/collection/works/142222.

この直後、私は研究者人生初の大失敗を経験することになる。

そしてすぐに自分は博士課程に向いていないのではないかと考えはじめた（そう考えたのは初めてのことではなかったが）。大学院に行くべきかどうかはずっと迷っていた。修士号や博士号などなくても世界に有意義な貢献をした人たちを私は心から尊敬していた。優秀で創意工夫の才にあふれた人なら独自の道を切り拓き、世界を変えるような業績を残せるだろう。でも大学を卒業して一〇年経つ頃には、自らの力不足を認めざるを得なくなった。

その一〇年、確かにクリエイティブな仕事ができたし、誰もがうらやむようなキャリアだったかもしれない。ジオデシック・ドーム（フラードーム）の発明で知られるバックミンスター・フラー社でチーフエンジニアとして働いた後、コンサルティング会社創業者との偶然の出会いをきっかけにエンジニアリングから組織開発へとフィールドを変え、組織（とその失敗）と真剣に向き合ってきた。アメリカ有数の歴史のある大企業とも仕事をした。一九八〇年代末には消費者が日本車のような燃費の良い高品質の車を求めていることがわかっているのに、そんな製品をつくるために大組織を変革することができず苦しむアメリカ自動車産業の経営者たちを目の当たりにした。どこを見ても、世の中のニーズの明らかな変化に組織が対応できないと嘆く優秀な経営者の姿があった。

仕事はすばらしく楽しかった。それでも力不足を感じたのは、自力での成長には限界があるという結論に達したからだ。組織行動と組織管理という新たな分野でさらに成果を出すには、学び直す必要がある。そうすれば心のなかでゆっくりと形をとりつつあった目標に対して、意味のある貢献ができるかもしれない。「組織やそこで働く人たちが変化しつづける世界で成長できるように、学習の手助けをする」という目標に。

このテーマをどうやって勉強すればいいのか、どうすれば組織変革の手助けができるのか、見当もつかなかった。それでも取り組む価値のある問題だと思ったし、心理学や組織行動学の教授陣に師事すれば人や組織の学習や成功を妨げている要因を明らかにし、変革する方法を見つけられるだろうと考えた。

博士課程に入ってすぐに、近隣のハーバード・メディカルスクールで投薬ミスの調査をしている研究チームに加わらないかという誘いが舞い込んだ。組織というものがどのように学習するのか興味があった私は喜んでそれを受けた。このプロジェクトに加われば、独自に研究を進める方法を学べるだろう。それに「失敗は学習の母」というではないか。病院にかかったことのある人なら誰でも知っていることだが、投薬ミスの数は多く、重大な問題だ。

ただこの六月の午後、突如としてこのプロジェクトは研究者人生のスタートとして幸先の良いものには思えなくなった。自分の仮説がどう見ても誤っていたからだ。優れたチームワークは投薬ミスの削減につながる、と私は予想していた。だが調査担当の看護師たちが週に複数回各チームをまわり、患者のカルテを確認し、看護師や医師と会話しながら集めてくれた投薬ミスのデータは、優れたチームほどミスの発生率は低いどころか高いことを示していた。仮説はちょっとどころではない、完全に間違っていた。

調査結果を論文にまとめて発表するという望みは潰《つい》え、研究者になれるのだろうかという不安がまたしても膨らんできた。たいていの人は失敗すると恥ずかしいと感じる。そこから学ぼうとするより隠そうとする。組織で失敗が起こるからといって必ずしもそれが学習や改善につながるわけではない。私は自分が間違っていたことが恥ずかしくて、アドバイザーに報告するのが怖かった。

だがほんの数日のうちに、この思わぬ結果（失敗）は新たな気づき、新たなデータ、新たな追跡調査のプロジェクトへと発展していった。それによって私の研究者人生は存続しただけでなく、方向性もがらりと変わった。この最初の研究をもとに発表した『「失敗から学ぶ」は言うは易し、行うは難し』という論文[1]は、その後のほぼすべての研究のはじまりであり、私の生涯の研究テーマ、そして本書のテーマにもなった。

さらに私はこの経験を通じて、研究者としての成功には失敗が「必須」であることをおぼろげながら理解しはじめた。失敗しないのは、新たな領域に足を踏み入れていないからだ。こんな具合に、研究者になりたての頃から私は頭のどこかでいつも「ミス」「失敗」「不運」といった言葉の真の意味について考えつづけてきた。それをみなさんにお伝えしよう。

序章

成功とは失敗から失敗へと、つまずきながらも少しも情熱を失わずに進み続けることだ。
――ウィンストン・チャーチル

人や組織は失敗から学ぶべきである、という考えは誰もが支持するところで、自明のようでもある。だがほとんどの人は失敗から学べるはずの貴重な教訓を学ぶことができない。自分はどこを間違えたのか振り返るという困難な作業を先延ばししたり、そもそも失敗したことすら認めないときもある。自分の失敗を恥じる一方、他人の失敗は目ざとく見つける。うまくいかなかったことを否認し、言い逃れをしたり、過ぎたことにしようとしたり、あるいはそのときの状況や他者のせいにしたりする。

子供もみな遅かれ早かれ他人のせいにして責任を回避するすべを学ぶ。それが次第に習慣化していく。さらに問題なのは、こうした習慣によって失敗するリスクのある高い目標や挑戦を避けるようになることだ。その結果、新たなスキルを学び、習得する数えきれないほどの機会を逸する。人間心理、社会化、組織的報奨という要素が悪い具合に重なって、上手に失敗するための技術を学ぶのは必要以上に難しくなっている。

失敗から学ぶことに失敗する。それによってどれほど多くの時間とリソースがムダになっているか、算出するのはおよそ不可能だ。感情的損失も計り知れない。多くの人はなんとか失敗を避けようとするあまり、冒険する機会、何かを成し遂げる機会、ときには誰かを愛する機会までも逃してしまう。

本書では失敗から学び、その教訓を日常生活や組織のなかで活かしていくのがなぜこれほど難しいのかを見ていく。さらに、どうすればもっとうまく失敗から学べるかを考えていく。すでに書いたとおり、私も過ちや失敗を研究してきただけでなく、身をもってたっぷり経験してきた。そしてこれほど多くの失敗をする自分を受け入れることを学んだ。一流の学術誌から論文の掲載を何度断られたかわからない。道端で車が故障し、日ごろからメンテナンスをしていればよかったと後悔しながら不安な夜を過ごしたこともある。大昔、大学一年生の一学期には多変数微積分学の試験に落第した。リトルリーグの大切な試合を応援に行かず、息子たちをがっかりさせたこともある。こんなふうに失敗を数え上げたらきりがない。自分の欠点を受け入れ、他の人たちがそうするのに役立ちたいという思いから、科学的にこの問題に取り組むことにした。

上手に失敗に対処して、その恩恵を享受する。そしてもう一つ重要なこととして悪い失敗をできるだけ回避する。そのための第一歩は、失敗はどれも同じではないと理解することだと私は考えている。これから見ていくとおり、失敗のなかには悪い失敗と呼ぶべきものが確かにある。幸い、その多くは防ぐことができる。一方、間違いなく良い失敗もある。私たちの人生や世界の改善につながるような重要な発見をもたらすものだ。誤解のないように書いておくと、私自身もそれなりに悪い失敗と、良い失敗の両方を経験している。

本書ではみなさんが「正しい失敗」と全力で回避すべき失敗を見分けられるようにするため、失敗の類型を示す。それに加えて、いかにして自分自身や失敗についての考え方を変えるか、失敗が起こりやすいコンテキスト（文脈）を認識するか、システムが果たす役割を理解するかを学んでいく。いずれも上手に失敗する技術をマスターするうえで欠かせない能力だ。多様な分野、国々、時代から選び抜いた「失敗から学ぶ達人」も何人か紹介する。彼らの事例からは、失敗から学ぶためには感情的な強靭さとスキルが必要であることがわかる。熟慮のうえで実験する方法、失敗を分類する方法、そしてあらゆるタイプの失敗から価値ある教訓を引き出す方法を身につける必要があることも。

本書が提示する枠組みと教訓は、私の四半世紀におよぶ社会心理学と組織行動学の学術研究がもたらした成果だ。この間、研究者として企業、政府機関、スタートアップ、学校、病院で多くの方々にインタビューをし、意識調査をはじめさまざまなかたちでデータを集めた。多様な組織で働く管理職、技術者、看護師、医師、CEO、現場の従業員など数百人から話を聞くなかで、徐々にパターンが見えてきた。そこから浮かび上がったのが新たな失敗の類型学、そして失敗を管理し、そこから学習するためのベストプラクティスだ。

まずはこの長い旅路の出発点に話を戻そう。私が病院の投薬ミスに関する先駆的な研究に参加したときの話だ。

失敗から学ぶのは「言うは易し、行うは難し」

私は自分の仮説が立証されなかったことをはっきり示すコンピュータ画面をただ呆然と眺めるばかりだった。最初に思ったのは「私が完全に間違っていたことを、指導教員やこの研究のリーダーである医師たちにどう伝えればいいのだろう」だ。アンケート調査を作成し、近隣の二つの病院で投薬ミスを記録してくれる医師や看護師との隔週の打ち合わせに参加し、看護師から重大な投薬ミスの報告が来たら即座に自転車に飛び乗って駆けつけ、ミスの根本原因を聞きとるなど、このプロジェクトに私はすでに何百時間も費やしていた。医療ミスのデータを預かり、数百人の多忙な医師や看護師の時間をとってアンケート調査に記入してもらう許可も得ていた。彼らの貴重な時間を無駄にしたことに罪悪感を抱き、自分の失敗がただ恥ずかしかった。

失敗を報告しなければならない相手の一人が、ルシアン・リープ博士だった。もとは小児外科医だったが、医療ミスの研究に打ち込むようになった。身長は一八〇センチを超え、髪と眉は真っ白でふさふさしており、温かみと威厳が同居していた。ルシアンは断固たる決意をもってこのプロジェクトに取り組んでいた。大きな目標の一つがそのものずばり、病院における投薬ミスの発生率を測定することだった。当時、投薬ミスがどれくらいの頻度で起きているかはほとんどわかっておらず、ルシアンのチームは国立衛生研究所(NIH)からこの課題の解決のために助成金を受けていた。もう一つの目標として、航空業界でコックピット内のチームワークの良さがフライトの安全性につながるという調査結果が出ていたことから、同じことが病院にも当てはまるか確かめようとしていた。

ルシアンが注目した航空業界の研究は、もともとコックピットのチームワークではなく、疲労度の分析を目的としていた。[1] つまり、これも当初の仮説が間違っていたケースだったのだ。人的要因研究の専門家、H・クレイトン・フーシェ率いるNASAの研究チームは、疲労がミスの発生率に及ぼす影響を調べるため、ある実験をした。二人組のチームを二〇個つくり、このうち一〇チームは「勤務後」あるいは「疲労」の状態に置いた。パイロットが所属する短距離航空会社で、三日間の連続勤務を終える直前の状態でフライトシミュレーターに入ってもらったのだ。チームはそれまでに一日あたり八〜一〇時間のシフトを三回こなしており、各シフトには少なくとも五回、最大八回の離着陸が含まれていた。一方、残り半分の一〇チーム(十分な休息をとった「勤務前」の状態に置いた)は少なくとも二日間の休暇の後にシミュレーターに入った。つまり三日間にわたるシフトを始めたばかりの状態だ。

シミュレーターは安全に学習できる環境だ。私がこれまで話を聞いたパイロットによると、シミュレーターは本物のコックピットのようで、何か失敗すると恐怖を感じる。だがシミュレーターで失敗しても飛行機は墜落しない。だからどこが間違っていたのか振り返り、本物のフライトで数百人の乗客を安全に輸送するためのスキルを磨くのに最適な環境なのだ。同じ理由からシミュレーターは研究の手段としても最適だ。本物のフライトに疲労したパイロットを無作為に配置するのは倫理にもとるが、シミュレーターなら実験しても問題はない。

フーシェの予想に反して、数日間一緒に飛行したチーム（疲労状態のチーム）のほうが、十分な休息をとったチームよりも優れたパフォーマンスを示した。予想どおり個人レベルで見れば疲労したパイロットは十分な休息をとったパイロットよりもミスが多かったが、多数のフライトをともにこなしたペアのほうがチームとしてのミスは少なかったのだ。どうやらチームとしてうまく協力しあい、フライトを通じて互いのミスに気づいて修正することで重大な失敗を避けられたようだ。すでに二日間一緒に働いたパイロットたちは良いチームになっていたわけだ。対照的に、ゆっくり休んだ操縦士たちは互いをよく知らず、チームとしてはそこまでうまく機能しなかった。

コックピット内のチームワークの重要性という予想外の知見をもたらしたこの研究は、航空業界に乗組員資質開発管理（ＣＲＭ）と呼ばれる革命をもたらし、今日の旅客輸送の高い安全性につながっている。[2]このすばらしい研究は、私のいう「上手に失敗する技術」を体現する数多くの実例の一つだ。

コックピットの乗組員に関する研究は一九八〇年代に盛んになった。商用機と軍用機のコックピットにおける操縦士、副操縦士、航空士の相互作用を調べ、有能なチームの共通項を探ったハーバード大学の心理学教授、Ｊ・リチャード・ハックマンの研究もその一つだ。[3]このハックマンの研究にルシアン・リープは興味を持った。重大な責任を負ったコックピットの乗組員と病院の臨床医たちの境遇は似ているのではないかと考えたルシアンは、リチャードに電話をかけ、自分が主宰する投薬ミスの研究への協力を打診した。時間的制約からプロジェクトに参加するのは厳しいと考えたリチャードは、自分が指導していた博士課程の学生、つまり私を代わりに推薦したのだ。私が不安に青ざめながら予想外のデータと向き合っていたのは、こういう事情からだ。

私の希望は、航空業界の研究成果を参考に、チームの有効性に関する研究にささやかな貢献をすることだった。研究テーマは「病院内の優れたチームワークはミスの削減につながるか」というシンプルなものだ。航空業界の研究成果を病院という新たなコンテキストで再現しようという目論見である。画期的発見でなくたってかまわない。新米大学院生であった私に世界を驚かせてやろうといった野心はなく、ただ博士課程の卒業要件を満たせればよかった。シンプルで予定調和的な結果で結構。

六カ月間にわたって週に何度も病棟で医師や看護師と話したり、患者のカルテを確認したりしながら投薬ミスの発生率を追跡するという困難な仕事は、数人の看護師が引き受けてくれることになった。私の仕事は六カ月にわたる研究がスタートする月に、同じ病棟でチームワークに関するアンケートを配るだけだ。それから投薬ミスのデータが集まるのを辛抱強く待ち、チームワークのデータと半年間にわたって集められた投薬ミスのデータという二つのデータセットを比較する。チームの有効性を測る調査票としては、すでにモデルとしてハックマンが作成した「チーム診断調査」があった。[4] 私は研究チームの医師や看護師と協力しながら、チームワークのさまざまな側面を評価するため調査票の文言を修正した。たとえば「メンバーはこのユニットを大切に思い、病院内でトップクラスのユニットにするため協力を惜しまない」「このユニットのメンバーは自らの専門知識や能力を進んで他のメンバーと共有する」といった具合に。「ユニットの業務全体を見たとき、相応の負担をしていないメンバーがいる」など否定的な文も含めた。回答の選択肢は「強くそう思う」から「まったくそう思わない」まで。チームワークの質の評価では、まず個人の回答の平均を算出し、それからチームの平均を算出した。配布した調査票の回収率は五五％とまずまずで、数値にはチームによって十分なバラツキがあった。他のチームと比べて有効に機能しているチームもあるようだ。ここまでは順調だ。

このチームワークの差異から、投薬ミスの頻度を予測できるだろうか。

一見すると調査はうまくいったようだった。チームの有効性と投薬ミス率に相関があることは一目でわかり、しかもそれは統計的に有意な相関だった。統計学に詳しくない人のために言い添えておくと、これはとても心強い結果だった。

だがコンピュータ画面に映った結果を改めてよく見ると、相関の方向がおかしいことに気づいた。つまりデータは私の予想と逆の結果を示していたのだ。有効に機能しているチームほどミス率は低くなるどころか高かった。一気に不安が押し寄せ、私は胸が苦しくなった。

そのときはまだ知るよしもなかったが、もはや「シンプルで予定調和的」どころではなくなったこの研究プロジェクトは、想定外の発見につながる賢い失敗をもたらしていた。

サプライズはたいてい研究者の仮説を裏切る結果として現れる。それは研究の世界ではよくあることだ。私もまもなく身をもって学ぶことになるが、失敗に耐えられないようでは科学者として生きていけない。失敗は発見という物語の結末ではなく、成功に至る踏み台だ。同じ意味の名言は枚挙にいとまがなく（本書でもいたるところにちりばめている）、それには正当な根拠がある。このような示唆に富む、それでいてやはり嬉しくはない失敗は正しい失敗だ。

未知なる領域での失敗

「賢い失敗」という概念は一九九二年にデューク大学ビジネススクール教授のシム・シトキンが著書で初めて提唱したもので[5]、この手の失敗は入念な思考を必要とし、不要な害悪を引き起こさず、人類の知識を発展させるような有益な学びを生み出すことからそう呼ばれる。シリコンバレーをはじめ世界中で「失敗を歓迎しよう」というお気楽な議論がなされているが[6]、本当に歓迎する価値があるのは賢い失敗だけだ。「優れた失敗」「良い失敗」などさまざまな呼び方があるが、とりわけこれがよく起こるのは科学の世界だ。成功している研究機関では失敗率は七〇%を超えるかもしれない。賢い失敗はたとえば人気のキッチンツールを開発するといった企業のイノベーション・プロジェクトでもよく起こるし、必須でもある。イノベーションは開発過程で少しずつ失敗を積み重ね、そこから知見を引き出すことで初めて成功する。

科学においても人生においても、賢い失敗は予測不可能だ。共通の友人が「絶対お似合いだから」と設定してくれたブラインドデートも時間のムダに終わることがある。小さなもの（退屈なデート）から大きなもの（臨床試験の失敗）まで、あらゆる賢い失敗は未知なる領域での試行錯誤の一環として歓迎すべきものだ。人命を救うようなワクチンの発見につながったり、あるいは人生のパートナーをもたらしたりするかもしれないのだから。

賢い失敗は価値ある新たな知識を提供してくれる。発見をもたらすこともある。賢い失敗が起こるのは、事前に答えを知ることができず、実験が必要な場面だ。これまで遭遇したことのない状況にいるとき、あるいは最先端の研究分野でまさに新たな発見をしようとしているときかもしれない。新薬の発見、画期的なビジネスモデルや製品の立ち上げ、あるいはまったく新しい市場で顧客の反応を確かめるとき、前進し、成功するためには賢い失敗が欠かせない。こういう実験は「試行錯誤」などと表現されるが、言葉として間違っている。錯誤とは「誤り」の意味だが、それはもともと「正しい」やり方があることを示唆している。賢い失敗は断じて誤りではない。本書はこうした重要な区別をきちんと説明していく。それは失敗を上手に活用するうえで不可欠の知識だ。

「失敗」と向き合う

あの日、ウィリアム・ジェームズホールで古い『Ｍａｃ』のコンピュータ画面に表示された自分の失敗と向き合いながら、私はなんとか冷静に考えようと努めた。一介の大学院生である自分が大御所のリチャード・ハックマンに仮説は間違いであった、航空業界の研究結果は医療分野では証明されなかったと報告する場面を想像すると、不安に押しつぶされそうだった。もしかするとこの不安のおかげでとことん考え抜くことができたのかもしれない。調査結果が何を意味するのか、じっくり考えてみた。

良いチームほど本当にミスは多いのだろうか。複雑で個別対応の必要なケースばかりの医療という仕事をミスなく遂行するために、医師と看護師のあいだでどのようなコミュニケーションが必要か、改めて考えてみた。メンバーは互いに助けを求め、投薬量を入念に確認しあい、互いの行動に懸念があれば指摘しなければならない。その場の状況に応じて臨機応変に協力しなければならない。チームワークが優れているほどミスが多くなるというのは、辻褄《つじつま》が合わなかった（チームワークに関するアンケート結果の正確性には問題はないと思っていた）。

良いチームのほうがミスが多くなる原因として、他に何が考えられるだろう。

良いチームは、より良い労働環境を生み出していたと考えればどうか。メンバーが意見を言いやすいと感じるオープンな雰囲気が醸成されているとしたら？　そうした環境のおかげで失敗について包み隠さず正直に話せるのだとしたら？　人間はみなミスをする。過ちは起こる。本当に重要なのはミスに気づき、それを認め、正すかどうかだ。

突如として、こんな考えが浮かんだ。もしかしたら良いチームのほうが「多くの失敗をする」のではなく、「多くの失敗を報告する」のではないか。良いチームはミスは無能の表れであるという通念に抗っているのかもしれない。この通念は多くの職場で人々が失敗を認めない（あるいは失敗の責任を認めない）ようにする原因となっている。さらに失敗の体系的分析を妨げ、失敗から学ぶことを困難にしている。この視点はやがて、心理的安全性とその今日の社会における重要性の発見へとつながっていく。

ただこの視点に気づいたというのと、それを証明するというのはまた別の話だ。ルシアン・リープにこの見立てを伝えたところ、初めはかなり懐疑的だった。私はまだこの研究チームに加わったばかりで、他のメンバーはみな医学や看護学の学位を持ち、私にはとても手の届かないような医療への深い理解があった。ルシアンに否定されたことで、自分は失敗したのだという気持ちはさらに強まった。この難しい状況でルシアンが私の知識不足を疑ったのも当然だった。私の指摘は「チームによって報告する姿勢にバラツキがあるのではないか」ということであり、それは「医療現場での実際のミス率を正しく推定する」という研究プロジェクトの主目的に疑問符を付けるのに等しかった。だがルシアンの懐疑的な姿勢は結局プラスに働いた。そのおかげで私は、予想外の調査結果に対する自分の解釈（まだ思いついたばかりの頼りないものだったが）の裏づけとしてどんな追加データを入手すればよいか、ますます真剣に考えるようになったからだ。

二つのアイデアが浮かんだ。第一にこの研究プロジェクトが「ミス」に焦点を当てていたため、私はチームワークに関するアンケート調査を作成する際、病院の仕事に合わせて文言を修正した。「このチームであなたがミスをした場合、責任を問われることはない」という新しい質問項目を追加したのだ。幸い、この項目と検出されたミス率の間には相関が見られた。つまりメンバーがミスの責任を問われることはないと考えているチームほど、検出されるミスは多かったのだ。これは偶然だろうか。

私はそうは思わなかった。この項目はメンバーがチーム内で率直に発言するかどうかを予測するうえで、驚くほど有効性が高いことがその後の研究で明らかになった。この項目をはじめ複数の二次的統計分析を行った結果、すべて私の新たな仮説を支持する結果が得られた。**自分が失敗の責任を問われると思うと、人は失敗を報告するのを避けようとする。**もちろん、私にだって覚えはある。

第二のアイデアは、同じ医療機関でもチームによって労働環境に明白な違いがあるのか、客観的視点から見てもらうことだ。ただ自分でやるわけにはいかない。違いを見つけようとするバイアスがかかるからだ。

当初は懐疑的な反応を見せたルシアン・リープと異なり、リチャード・ハックマンは即座に私の新たな主張は正しい可能性があることを察知した。リチャードの支援を受けて、私は研究助手のアンディ・モリンスキー[7]を採用し、一切の先入観を排して各チームをじっくり観察させた。アンディにはどのチームの投薬ミスが多いか、あるいはどのチームがアンケート調査で高いスコアを出したか教えなかった。私の新たな仮説も伝えなかった。「ダブル・ブラインドテスト（二重盲検法）」と呼ばれる研究方法だ。アンディにはそれぞれのチームの労働環境はどのようなものか理解してほしい、とだけ伝えた。こうしてアンディは各チームを数日間にわたって観察することになった。メンバーのやりとりを黙って見守ったり、休憩時間に看護師や医師をインタビューしたりして、労働環境について、またそれがチームによってどのように違うかを調べた。医師や看護師がチームの労働環境について語った言葉など、観察結果はノートに書き留めた。

私からは一切誘導しなかったにもかかわらず、アンディは研究対象となった病院内の各チームの職場環境には大きな差異があると報告した。メンバーがミスについてオープンに語るチームもあった。アンディは「ある程度のミスは起こる」ので、良い医療を提供するには「懲罰的ではない環境」が必要だ、といった看護師のコメントを引用していた。一方、ミスについてオープンに語るのが不可能に近いと思われるチームもあった。看護師らは失敗すると「困った状況に陥る」、あるいは「裁判にかけられる」などと説明していた。失敗すると、何もわからない「二歳児のように」扱われるという訴えもあった。アンディの報告を聞きながら、私は天にも昇る心地になった。それはまさに私が予想したとおりの労働環境の違いを物語っていた。

こうした職場の雰囲気の違いと、看護師らが苦労して集めた投薬ミスの発生率の間に相関はあるだろうか。ひと言でいえば、答えは「イエス」だった。私はアンディに、調査したチームを最もオープンなものから最もオープンではないものまでランク付けしてもらった。「オープン」というのは、アンディ自身が自らの観察結果を説明する際に使った言葉だった。驚いたことに、アンディが作成したランキングと、検出されたミスの数にはほぼ完璧な相関があった。これは研究プロジェクトの当初のミスの測定方法には欠陥があったことを示していた。メンバーがミスを打ち明けることはできないと感じると、多くのミスが隠されたままになる。二次的分析を総合すると、予想外の調査結果に対する私の解釈は正しそうだった。こうして私は重要な気づきを得た。良いチームほど「ミスが多い」のではなく、「ミスについて話し合いやすい」のだ。[*]

心理的安全性の発見

それからずっと後になり、私はこうした労働環境の違いを「心理的安全性」という言葉で表し、[8]それを測定するための調査項目を作成した。そこから組織行動学の新たな研究分野が生まれた。今では教育から経営、医学まで幅広い分野における一〇〇〇本以上の研究論文によって、心理的安全性が高いほどチームや組織のパフォーマンスは高く、燃え尽きる人は少なく、医療分野では患者の死亡率まで下がることが明らかになっている。[9] なぜそうなるのか。それは心理的安全性が高い環境では対人リスクを取りやすくなるからだ。変化の激しく、相互依存性の高い世界でエクセレンス（傑出した成果）を達成するには、対人リスクを取る必要がある。心理的に安全な環境で働く人は、質問は好ましいもので、新たなアイデアは歓迎され、ミスや失敗は率直に話し合うべきだと理解している。こうした環境では他の人からどう思われるかという不安に縛られず、やるべきことに集中できる。失敗は自分の評価に致命傷を負わせるものではないと思える。

心理的安全性は上手に失敗する技術においてとても重要な役割を果たす。心理的に安全な環境であれば、手に負えない状況に陥ったときに助けを求めることができる。それは未然に防げる失敗をなくすことにつながる。ミスを報告し（その結果、ミスを認識し、修正することができ）、さらに悪い結果を回避することができる。また新たな発見を生み出すために、熟慮のうえで実験することが可能になる。みなさんがこれまで職場、学校、スポーツ、あるいは地域社会で参加したチームを思い浮かべてみよう。その心理的安全性の度合いはさまざまだっただろう。なかには安心して新しいアイデアを提案したり、チームリーダーに異を唱えたり、どうにもならなくなったときに助けを求められたりしたチームもあったかもしれない。一方、行動を控えたほうがよい、事の推移を見きわめるまで、あるいは他の人の言動を見るまで危険は冒すまい、と感じたチームもあったかもしれない。

このような違いは今、心理的安全性という言葉で表現される。そして私の研究から、これは個人の性格の違いではなく集団に出現する性質であることがわかっている。つまりあなたが職場で意見を述

＊　この研究では実際のミス率を評価することはできなかった。チームごとに心理的安全性にバラツキがあることが明らかになり、検出されたミス率には常にバイアスがかかることが判明したからだ。

べても安全だと感じるか否かは、あなたの性格が外向的か内向的かとは無関係だということだ。それはあなたや他者の発言や行動に対して、周囲がどう反応するかによって決まる。

心理的安全性の高い集団は低い集団と比べて、よりイノベーティブで、質の高い仕事をし、優れたパフォーマンスを発揮する傾向がある。このような結果の違いが生まれる重要な理由の一つは、心理的に安全なチームではメンバーが自らの過ちを認められることだ。このようなチームはメンバーに率直であることを期待する。常に楽しい職場ではなく、また常に居心地が良いわけではない。ときとして困難な対話を求められるからだ。心理的安全性は学習する環境と同義だ。誰もが過ちを犯す（人間は失敗する生き物だ）が、誰もが失敗について臆することなく話せる集団に所属しているわけではない。そして心理的安全性の欠如したチームでは、学習して高いパフォーマンスを発揮するのは難しい。

正しい失敗とは何か

正しい失敗とは、単にごくごくささやかな失敗のことだと思うかもしれない。大きな失敗は悪、小さな失敗は善である、と。だが大きさは失敗を分類したり、その価値を評価したりする基準にはならない。正しい失敗とは「他の方法ではどうにも手に入らなかった」価値のある新たな情報をもたらすものだ。

あらゆるタイプの失敗は、学習と改善の機会をもたらす。機会をムダにしないためには、感情的スキル、認知的スキル、そして対人スキルのコンビネーションが必要だ。本書ではみなさんがすぐに実践できるようなかたちで、こうしたスキルを説明していくつもりだ。

ただその前に、いくつか言葉を定義しておく必要がある。まず本書でいう「失敗」とは、望んでいた成果から逸脱した結果だ。金メダルを逃す、石油タンカーが目的地に安全に到着する代わりに数千トンの原油を海洋に流出させる、スタートアップ企業の経営が傾く、夕食に出すはずだった魚が焦げるなど、逸脱の内容はさまざまだ。

次に「ミス」（「過失」と同義）とは、あらかじめ指定された基準（手順、ルール、方針など）から意図せずに逸脱することだ。シリアルを冷蔵庫に入れ、牛乳を戸棚に入れるのはミスだ。外科医が右膝を負傷した患者の左膝を手術してしまうのもミスだ。ミスや過失の重要な特徴は、意図的ではないという点だ。ミスには影響が比較的小さいものもあれば（シリアルを冷蔵庫に入れると使いづらい、牛乳を戸棚に入れれば腐ってしまう）、患者の誤った膝を手術してしまう例のように深刻な弊害が出るケースもある。

そして最後に「違反」とは、個人が意図的にルールを逸脱することだ。故意に敷物に可燃性油をまき、マッチに火をつけて玄関に投げ入れたら、放火犯として法律違反を犯したことになる。油を吸った敷物をきちんと保管しなかったために自然発火した場合は過失だ。

ここに挙げた言葉はどれもときとして強い感情を引き起こす。さっさと背を向けて、逃げ出したい気分になるかもしれない。だがそれでは失敗と上手に付き合う方法を学ぶという知的（そして感情的）刺激に満ちた経験をしそこなうことになる。

悪い失敗、良い失敗

あなたも大方の人と同じように、失敗は悪だと思っているかもしれない。「失敗を受け入れよう」という流行《はや》り言葉を耳にしたことはあるものの、日々の生活のなかで真剣に取り組むのは難しいと感じているかもしれない。失敗から学ぶのは簡単なことだと思っているかもしれない。自分がどこを間違ったか振り返り（数学の授業で勉強が足りなかった、ボートを岩に近づけすぎた、など）、次は勉強時間を増やす、あるいは最新の地図を入手して航路を間違えないようにするなど、もっとうまくやるようにすればいい、と。こうしたアプローチは失敗を恥ずべきもので、それを犯した人の落ち度とみている。

きわめて一般的な考え方だが、きわめて間違っている。

第一に、失敗は常に悪いものとは限らない。初めて取り組んだ研究プロジェクトでシンプルな仮説の立証に失敗したことは、私の研究者人生における最高の出来事だったと今では確信している。もちろん、当初はそんなふうには思えなかった。私は失敗が恥ずかしく、研究チームから切られるのではないかと不安だった。大学院を中退することになったら身の振り方をどうしようとまで考えた。みなさんはこんなムダな反応をしないためにも、失敗したときに深呼吸をして、問題を再考し、新たな仮説を立てる方法を学ぶべきだ。このシンプルな自己管理プロセスは上手に失敗する技術の一部だ。

第二に、失敗から学ぶのは言うほど簡単ではない。それでも上手に学ぶ方法を身につけることはできる。表面だけかじって終わりにしたくなければ、時代遅れになった文化的規範や、成功のステレオタイプと決別する必要がある。まずは人が間違いを犯すことを受け入れるところから始めなければならない。

本書の構成

本書は失敗について考え、議論し、実践するための新たな枠組みを提供する。それによってみなさんの仕事や人生がもっと楽しくなればと願っている。

第一部では失敗の分類法を紹介する。第一章では上手に失敗する技術のカギとなる概念を、それに続く三章では「賢い失敗」「基本的失敗」「複雑な失敗」という三つの基本型を説明する。この分類法を理解することで、失敗のメカニズムや上手な失敗への理解が深まる。そうすれば自らに課した限界、あるいは他者から課せられた限界を突破するための実験をデザインできるようになる。それぞれの失敗のタイプについて、そこから学ぶため、そして一部の失敗については防ぐためのベストプラクティスを紹介する。このようにあらゆる失敗を俯瞰《ふかん》することは、好ましいタイプの失敗を心から歓迎すると同時に、あらゆる失敗からもっと上手に学習するのに役立つはずだ。

第二章のテーマである「賢い失敗」とは、進歩（科学、技術、そして私たちの生活を豊かにするような大小さまざまな発見）に欠かすことのできない「良い失敗」だ。新しいことに取り組むパイオニアは必ず想定外の問題に直面する。重要なのはそれを否認したり、落胆したり、諦めたり、失敗ではなかったフリをしたりするのではなく、そこから学ぶことだ。

第三章は「基本的失敗」をじっくり見ていく。最もわかりやすく、また未然に防ぎやすいタイプの失敗だ。誤りやしくじりが原因で起こる基本的失敗は、よく注意したり、必要な知識を得たりすることで回避できる場合もある。妹に送るはずのメールを誤って上司に送ってしまうというのは基本的失敗だ。なかには大惨事を引き起こすものもあるが、それでも基本的失敗であることに変わりはない。ここではチェックリストなど基本的失敗を減らすためのツールを見ていく。

基本的失敗も命取りになることはあるが、私たちの仕事、生活、組織、社会を脅かす本当の魔物は第四章で取り上げる「複雑な失敗」だ。複雑な失敗には一つだけでなく複数の原因があり、多少の不運という要素が加わることが多い。日々の生活には不確実性と相互依存性が内在するため、こうした不運な失敗はどうしても起こる。現代社会において、小さな問題が手に負えないような重大かつ複雑な失敗へと発展していく前に対処するのが重要な能力となっているのはこのためだ。

第二部では「自己認識」「状況認識」「システム認識」に関する私の最新の研究成果と、これらがどのように三つのタイプの失敗とかかわっているかを考察する。ここでは失敗の技術を職場や人生において実践するのに役立つ戦略や習慣をさらに深掘りしていきたい。第五章では「自己認識」と、それが失敗の技術において果たす重要な役割について検討する。持続的な内省、謙虚さ、正直さ、好奇心といった人間らしい資質は、自らの行動を理解するのに役立つパターンを探し求める原動力となる。第六章は「状況認識」について、また特定の状況にどのような失敗の可能性が潜んでいるかを読み解く方法を見ていく。どのような状況で事故が起こりそうか理解することで、不要な失敗を防げるようになるだろう。第七章では「システム認識」を見ていく。私たちが身を置くのは複雑系、すなわち行動が意図せざる結果を引き起こす世界だ。だが家族、組織、自然、あるいは政治といったシステムに目を向け、それを理解することによって、多くの失敗を防ぐことができる。

第八章ではこうした概念や枠組みを総合し、「失敗する生き物として、どう成長していくべきか」という問いに答えていく。誰もが失敗する。重要なのはこの事実を受け入れ、いかに学びつづける充実した人生にしていくかだ。

第一部　失敗の全体像を理解する

第一章　「正しい失敗」を求めて

とてつもない失敗を恐れない者だけが、とてつもない偉業を成し遂げられる。
——ロバート・F・ケネディ

一九五一年四月六日、四一歳の心臓外科医クラレンス・デニスは、最新設備の整った手術室で五歳のパティ・アンダーソンの手術にとりかかっていた。[1]だが状況はかんばしくなかった。まれな先天性心臓疾患と診断されていたパティを、デニスはなんとしても救おうとしていた。観察デッキからミネソタ大学病院の同僚医師が見守るなか、最新の心肺バイパス装置が少女に取り付けられた。手術中の患者の心臓と肺の代わりを務めるはずのこの装置の有効性は、まだイヌを使った臨床実験でしか確認されていなかった。回転式のディスクが肺の代わり、ポンプが心臓の代わり、そして無数のチューブが血管の代わりとなって体内の血流を確保するというきわめて複雑な装置で、一六人がかりで動かすことになっていた。

デニスは一九五〇年代に、生きている患者の心臓手術を成功させる方法をなんとか見つけようとしていた先駆的な外科医の一人だった。当時の最大の難題のひとつが患者の心臓にメスを入れた途端に噴き出してくる血液への対処法だった。心臓の役割は体内に勢いよく血液を送り出すことなのだから、それも当然だ。もうひとつの難題は、鼓動を打ち続ける心臓に細やかな外科的修復を施すことだった。

完全に静止している臓器を縫い合わせるだけでも一分難しい。だが手術をしやすくするために心臓を止めれば、体内の血流が止まり、患者は死んでしまう。デニスの導入した複雑な装置は、こうした難攻不落に思える課題を解決するためのものだった。

午後一時二二分、デニスは手術チームにパティの心臓を縛り、ポンプを作動させるよう指示した。デニスが心臓に最初のメスを入れるのを、チーム全員が固唾をのんで見守ったのは想像に難くない。

すると想定外の事態が起きた。デニスがパティの小さな右心房にメスを入れたとたん、大量の、しかも想定をはるかに超える量の血液が心臓周辺にあふれ出て、ポンプによる汲み出しが追いつかなくなった。何かが決定的に間違っていた。メスを入れた結果、当初の診断が誤っていたことが明らかになったのだ。医師らの見立てではパティの心臓の穴は一つだけのはずだったが、実際には心臓の中心に複数の穴があった。外科医の誰ひとり、こんな症例は見たこともなかった。デニスら執刀医チームはできるだけすばやく縫合し、一番大きな穴は一一針も縫ったが出血は止まらなかった。奮闘しても状況は悪化する一方で、視界は悪くなり、完全な修復は不可能になった。手術開始から四〇分後、バイパス装置は取り外されたが、デニスが敗北を認めたのはそれからさらに四三分後のことだった。パティは六歳の誕生日前日に亡くなった。

一カ月後、デニスは再び挑戦した。同僚医師とともに二歳のシェリル・ジャッジの手術に取り組んだのだ。見学者の一人にのちに「開胸手術の父」と呼ばれることになるクラレンス・ウォルトン・リレハイがいた。シェリルは両心房を隔てる壁に穴が一つある心房中隔欠損と診断されていた。これも先天性疾患であり、放置すれば遠からず死に至る病だった。

デニスらが手術を始めると、今度は別の問題が発生した。冠状血管から空気が漏れ出し、血流が阻害されたのだ。助手の一人が（後になって軽い風邪を引いていたことがわかった）バイパス装置のきれいな血液を入れておく部分が空っぽであることを見落としたため、患者の体内に大量の空気が注入され、脳、心臓、肝臓にダメージを与えた。これが最悪の結果をもたらした。八時間後、シェリル・ジャッジは死亡した。未解明の部分の多い新たな領域で医療の限界を押し広げようとする外科医らの努力が、悲劇的なヒューマンエラーによって台無しになってしまったケースだ。

ここに挙げたような失敗は、常人にはじっくり向き合うことすら難しい。生死にかかわるような実験をするという発想自体に憤る人もいるかもしれない。だがここに挙げた患者にとっては外科的修復以外に命を長らえる望みはなかった。冷静に考えれば、心臓の血管や弁への開胸手術をはじめ今日では当たり前と思われている医学的奇跡のほとんどは、かつては医学界のパイオニアが挑戦する不可能な夢だったことがわかる。心臓医のジェームズ・フォレスターは「医療においては成功より失敗から学ぶほうが多い。過ちは真実を明らかにする」と書いている。[2] ただフォレスターの言うことが真実だとしても、失敗のつらい副作用を乗り越える支えにはならない。上手に失敗するための感情的、認知的、社会的障害を乗り越えるためには、もう少し強力な助けが要る。

なぜ上手に失敗するのはこれほど難しいのか

上手に失敗するのが難しい原因は三つある。「忌避」「混乱」「恐怖」だ。忌避は失敗に対して本能的に起こる感情的反応だ。混乱は失敗のタイプを見分けるためのシンプルで実用的な枠組みを持たないために生じる。恐怖は失敗のもたらす社会的スティグマ（汚名）から生じる。

たいていの人は日々の生活のなかで、クラレンス・デニスが経験したような重大な失敗に直面することはない。それでもデニスのような一流の失敗実践者から多くを学ぶことができる。アマチュアのアスリートがプロスポーツチームのプレーを観ることでヒントや勇気をもらえるように。自分自身が医学のパイオニアやプロスポーツ選手ではなくても、彼らがそれぞれの分野で能力を高めるうえでどんな課題に直面し、どう克服しているかを理解するのは役に立つ。本章の冒頭に載せたロバート・F・ケネディの言葉どおり、とてつもない成果にはとてつもない失敗が必要なら、たいていの人はまだ努力する余地がある。

あの四月の午後、ミネソタ大学病院で世界初の開胸心臓手術の成功例は生まれなかった。だが今日では世界六〇〇〇カ所の医療機関で働く一万人以上の医師が、デニスの心肺バイパス装置の進化版を使って毎年二〇〇万件以上の開胸手術を行い、多くの命を救っている。[3] デニスらのチームがこの装置を使って初めて手術を成功させたのは、それからさらに四年後、ニューヨーク州立大学ダウンステート・メディカルセンターでのことだった。この四年の間にデニスをはじめとする外科医はこのような初期の医療装置だけでなく、他にも革新的な手法によって心臓外科手術という困難な課題に挑み、大小さまざまな失敗を繰り返した（ときにはささやかな成功もあったが）。

忌避：失敗に対する自然な感情的反応

失敗は決して楽しいものではない。それが最もはっきりしているのが、失敗が生死にかかわる病院だ。ただ私たちの経験するごくふつうの失敗（ちょっとしたミス、たいしたことではない失策、勝ちたかった場面でのささやかな敗北など）でも、驚くほどつらく、向き合うのが難しいこともある。歩道を歩いていてつまずく、会議でのコメントがまったく受けなかった、居合わせたメンバーでサッカーをやることになったのに最後までどちらのチームにも選んでもらえなかった、など。いずれも間違いなく些細な失敗だが、多くの人にとってその痛みは本物だ。

人生に失敗はつきものであること、失敗は学びの源泉であり、進歩に不可欠でさえあることは頭ではわかっている。だが心理学や神経科学の研究から明らかになっているとおり、感情はそんな冷静で合理的な理解に追いついていかない。否定的情報と肯定的情報では受け止め方が違うことは多くの研究で示されている。[4] 私たちは「ネガティブ・バイアス」を持っていると言ってもいいだろう。[5] ささやかな誤りや失敗を含めた「悪い」情報を「良い」情報よりも受け入れやすいのだ。前向きな考えより後ろ向きな考えにとらわれやすい。楽しい経験より不快な経験のほうを鮮明に、長いあいだ覚えている。肯定的フィードバックより否定的フィードバックに意識が向く。肯定的表情より否定的表情のほうをすばやく察知する。要するにマイナスのほうがプラスより強力なのだ。[6] マイナスの情報に納得したり価値を見いだしたりするわけではないが、意識が向きやすい。

なぜ否定的な情報や批判にこれほど敏感なのか。確かに部族から追放される脅威が死を意味した原始時代の人間が生き残るためには、そのほうが有利だったのだろう。結果として私たちは脅威に対して過度に敏感になった。周囲によく思われないといった程度の脅威でも、それは変わらない。今日私たちが日々の生活のなかで察知する対人関係の脅威は、たいていそれほど有害なものではないが、それでも本能的に（ときには過剰に）反応してしまう。

著名な心理学者のダニエル・カーネマンが指摘した「損失回避」[7]、すなわち（お金、資産、あるいは社会的地位など）同等の利得よりも損失を過大評価する傾向もある。ある研究では、被験者は最初にマグカップを与えられ、その後売却する機会を与えられた。[8] 被験者は対価がマグカップを手に入れるために自分が支払ったと思う金額の二倍でなければ、売ろうとしなかった。たしかに不合理だが、とても人間的だ。私たちは損をしたくない。失敗したくない。たとえどうということのない活動でも、失敗の痛みは成功の喜びより強い感情を引き起こす。

失敗への忌避は手ごわい相手だ。頭では、誰もが過ちを犯すことはわかっている。私たちの生きる世界は複雑で、最善を尽くしてもときにはうまくいかないこともわかっている。自分の（あるいは他者の）失敗を許すべきであることもわかっている。それでもほとんどの家庭、組織、文化において「失敗」と「落ち度」は切り離せないものだ。

オランダに住む私の友人サンダーが、責任回避がいかに普遍的な行動であるか、それがどれほど早く芽生えるものかを示すエピソードを語ってくれた。サンダーは普段使っている小型車を修理に出し、代車として大型のＢＭＷを借りた。ＢＭＷを返却に向かう道すがら、子供たちを学校に送ることになった。まず長男を先に降ろし、三歳児の通う保育園へ向かった。急いで細い道を通ろうとしたが、多くの車が路上に止まっていて道幅はさらに狭くなっていた。突然「バン！」という大きな音がした。助手席側のサイドミラーが停車中の車にぶつかったのだ。すると即座に助手席側の後部座席に座っていた三歳児が叫んだ。「パパ、ボクはなにもしてないよ！」

サイドミラーが壊れたのが、後部座席に座っていた三歳児のせいであろうはずがない。だが自分のせいかどうか考えるよりも、とにかく責任を問われたくないという本能が勝ったのだろう。このエピソードは責任を回避する本能がどれほど根深いものかを物語っている。責任を問われる可能性が低いときでも、この本能は学びを阻害する。しかも幼少期で終わりではない。五〇社以上の企業で重大な失敗を研究してきたダートマス大学のシドニー・フィンケルスタイン教授は、経営階層の上のほうにいる人は下のほうにいる権限のない人より、何かが起きたとき自分以外の要因のせいにする傾向が高いことを明らかにした[9]。奇妙なことに最も権力のある人たちが、最も自分は無力だと感じているのだ。

「責任は私が取る」はハリー・トルーマン大統領の名文句だが、実態は違うようだ[10]。

皮肉なことに、失敗を忌避するとより多くの失敗を犯すようになる。小さな失敗を認めない、あるいは指摘しないと、大きな失敗に発展してしまう。重大なプロジェクトを頓挫させそうな問題を上司に報告するのを先延ばしした結果、顧客への重要な締め切りを守れなくなるというのは、解決可能であったかもしれない小さな問題を重大な失敗に変えてしまったケースだ。同じように、日々の生活のなかで自分が困っていることを認めないと、必要な支援を得られなくなる。

さらに失敗を忌避していると、他の誰かが失敗したときに安堵の気持ちを抱きやすい。その瞬間、自分じゃなくてよかったと思ってしまう。ほんの一瞬ではあっても、優越感を抱くかもしれない。さらに悪いことに、他人の失敗を糾弾しやすくなる。私はハーバード経営大学院で重大な失敗（NASAのスペースシャトル事故など）のケーススタディを教えているが、学生の三分の一は「こんな失敗を犯すなんて」とNASAに対する憤りを口にする。なかには激怒する者さえいる。

怒りを感じ、誰かを責めるのは人間らしい反応だ。でもそれは失敗を避けたり、そこから学んだりするのに役に立たない。NASAのスペースシャトル・プログラムで起きた複雑な失敗は、私や学生にとって示唆に富むものだ。上手に活用し、（ロケット科学者でもなければ、複雑でリスクの高い大規模プロジェクトのマネージャーでもない）我が身に置き換えて学習し、人生において特定のタイプの失敗を避けるのに役立てたいと考えている。

家庭、チーム、組織のなかで複雑な失敗を避ける方法としてとりわけ重要なのが、率直に、そして何かあったらすぐに声をあげるのは良いことだと声を大にして訴えることだ。別の言い方をすると、心理的安全性を高め、誰もが小さな問題が大きな失敗に発展する前に正直に話せるようにすることだ。私が研究してきた大規模な組織的失敗のなかには、そこで働く人々が抱いた懸念を確証はなくても早い段階で伝えていれば防げたものがあまりに多い。

不思議なことに、私たちは小さな失敗と大きな失敗の両方を忌避する。誰もが自分に対して肯定的な気持ちを持ちたいし（これがメンタルヘルスの重要な要素であるのも当然だ）、さまざまなことを成し遂げたい。そんな希望を抱くのは、命を救いたいという志を抱く外科医だけではないのだ。自分の子供には大学に進んでもらいたいし、休暇はいつだって楽しく過ごしたい。だが現実には、あとから後悔するようなことを口に出してしまうし、企業は潰れ、製品は失敗し、子供たちは学業につまずき、休暇中にケンカやつまらない思いをすることもある。自らの失敗をじっくりと吟味するのは不愉快で、自尊心を傷つける。許されるなら失敗の分析などさっさと終わらせるか、やらずに済ませたい。

　私は高校のバスケットボールチームに入れなかったときの屈辱を今でも覚えている。選抜テストの翌日、コーチは紙に二つのリストを書いて掲示板に張り出した。左側のリストにはチームに選ばれた生徒たちの名前が並んでいた。私の友人やクラスメイトたちだ。右側のリストにはテストを受けて落ちた者の名前が書かれていた。それもたった一人。私だった。それが恥ずかしさを倍加させた。自分がチームに入れなかった理由など分析したくもなかったし、嫌な気持ちなどさっさと忘れてしまいたかった。自分が特別うまいとは思っていなかったけれど、一人だけ落ちたのには傷ついた。当然ながら、落ちたからといって死にはしなかった。そしてこの経験から学ぼうともしなかった。

　アスリートは一般的に、失敗と成功との関係を比較的よく理解している。カナダ出身のアイスホッケーのスーパースター、ウエイン・グレツキーの有名な言葉に「打たないシュートは一〇〇％入らない」というのがある。[11]スポーツのトレーニングや競技では、卓越した技能を身につけていくプロセスの一環として自然にたくさんの失敗を受け入れ、そこから学んでいく。サッカー選手としてオリンピックで金メダルを獲得したアビー・ワンバックは、失敗とは「ゲームに参加している証《あかし》だ」と言う。[12]二〇一八年にニューヨークのバーナード・カレッジの卒業式で行ったスピーチで、卒業生に失敗を自らの「燃料」にしよう、と呼び掛けた。[13]「失敗は恥ずべきことじゃない、あなたを動かす燃料だ。失敗は人生の最高のガソリンだ」

意外なことに（そして非常に啓示的でもある）、オリンピックで三位になって銅メダルを獲得した選手は、二位になって銀メダルを獲得した選手より幸福で、失敗の痛みを感じない傾向があることが研究で明らかになっている。[14]

なぜ銀メダルを獲得した選手が失敗したという気持ちになる一方、銅メダルを獲得した選手は一定の成功を収めた気持ちになるのだろうか。心理学者はその原因を「半事実的思考」にあるとみる。[15] 起こった事実に対して「こうだったら」あるいは「こうしてさえいれば」と考える傾向のことだ。金メダルを取り逃した銀メダリストは、その結果を金メダルを獲得できたケースと比較して失敗ととらえる。一方三位になった選手は結果を成功ととらえる。オリンピックでメダルを取ったのだ！と。

銅メダリストたちは自ら結果を「損」から「得」へととらえ直したのだ。このシンプルな（そして科学的に有効な）「リフレーミング（枠組みの転換）」によって、彼らは後悔ではなく喜びを感じた。[16] 本書で見ていくとおり、失敗をどうとらえるか、とらえ直すかは、上手に失敗する能力と大きくかかわっている。失敗のリフレーミングは失敗の忌避という本能を克服するのに役立つ、人生を変えるスキルだ。

リフレーミングは積極的に自らを見つめ直すところから始まる。延々と自己批判をしたり、性格的欠点を列挙したりするのではなく、人間の本能に由来し、社会化によって強化される普遍的な性質に自覚的になるのだ。その目的はネガティブな思考プロセスを繰り返す不毛な反芻《はんすう》でもなければ、自らを鞭《むち》打つことでもない。ただ自分の習慣を見直す必要はあるかもしれない。それをしなければ思考や行動を変えるための訓練も難しくなる。

臨床心理学の研究では、人生における失敗は哀しみ、不安、ときには鬱《うつ》状態を引き起こすことが明らかになっている。[17] だが他の人々よりも立ち直りが早い人もいる。その違いはどこから生まれるのか。

第一に、回復力の高い人は完璧主義に陥ったり、自らに非現実的な基準を課したりしない傾向がある。すべてを完璧にしたい、すべての戦いに勝利したいと思っていると、そうならなかったときに失望したり、ひどく落ち込んだりする。反対に、すべてが思うようにいかない可能性を受け入れつつ最善を尽くそうと思えば、失敗とバランスよく健全な関係を築くことができるだろう。

第二に、回復力の高い人は不安になったり落ち込んだりする人と比べて、起こった事象に対してポジティブな原因帰属をする。[18] 失敗を自らに説明するとき、誇張したり恥の意識をちりばめたりせず、バランスが取れた現実的見方をするのだ。希望していた仕事に就けなかったとき、その要因を優秀な応募者がたくさんいたこと、あるいは会社の採用方針に偏りがあったことに求めるほうが、「私なんかじゃダメなんだ」と考えるより失望から早く立ち直れるだろう。

ペンシルベニア大学の心理学者、マーティン・セリグマンは原因帰属の方法を徹底的に研究し、一九九〇年代に「ポジティブ心理学」革命の立役者となった。[19] 元は病理学者だったが、個人やコミュニティの成功につながる人間の強みの研究にシフトした。とりわけ注目したのが、人が人生で起きるさまざまな事象に対してどのようにポジティブな原因、あるいはネガティブな原因を付与するかだ。幸い、ポジティブな原因帰属は習得可能なスキルだ。たとえばあなたが希望していた仕事に就けなかったとき、友人が状況のリフレーミングを手伝ってくれたおかげでその出来事を生産的に考えられるようになった経験はないだろうか。そこから学んだことを次の機会に活かすのが、失敗とより健全につきあっていく第一歩になる。

失敗の健全な原因帰属とは、単にバランスの良い合理的な見方をすることだけではない。その事象に対して、自分が大小さまざまな方法でどのように影響したか考えることも含まれる。面接の準備が不十分だったかもしれない、など。それは自らに鞭打つことでもなければ、恥ずかしさに打ちひしがれることでもない。むしろその逆だ。自己認識を磨き、次はもっとうまくやるために変えるべきところは変え、学びつづける自信をつけることが目的だ。

私たちはみな不完全だ。ともに生活し、働く相手もまた不完全だ。失敗に対する感情的忌避を克服する努力をしても、それだけで自然とうまく失敗できるようになるわけではない。とりわけベンチャー界隈でかまびすしい失敗をめぐる薄っぺらな議論から生まれた混乱を防ぐ手立ても必要だ。

混乱：失敗はすべて同じではない

「速くたくさん失敗せよ」は失敗を賞賛するシリコンバレーの合言葉となり、企業が「失敗パーティ」を開いたり、個人が「失敗履歴書」を用意したりするのも一般的になった。だが本やメディア記事、ポッドキャストでの議論は単純で表層的なもの、地に足のついていない口先だけのものがほとんどだ。たとえば自動車工場で組立ラインが「速くたくさん失敗」したとき、工場長を称《たた》えるパーティを開くような会社はないだろう。同じことが今日の心臓外科医にも言える。失敗について混乱が起きるのも当然だ。

幸い、失敗の三タイプとコンテキストの違いの重要性を理解すれば、こうした混乱は抑えられる。たとえば望ましい成果を達成する方法が確立されていて、ルーティンや計画が想定どおり運ぶような状況もある。レシピどおりにケーキを焼く、あるいは静脈切開専門の研究室で患者から採血するといったケースだ。私はこれを「一貫性のあるコンテキスト」と呼ぶ。一方、まったく新しい領域に足を踏み入れ、どうすればうまくいくか試行錯誤しなければならない状況もある。本章の冒頭に登場した心臓外科のパイオニアたちはまちがいなく未知の領域に身を置いており、その失敗のほとんどは賢い失敗だった。こうした「新奇性のあるコンテキスト」の他の例としては、新製品のデザイン、あるいは世界的パンデミックのさなかに数百万人に防護マスクを行き渡らせる方法などが挙げられる。

新奇性のあるコンテキストでは一貫性のあるコンテキストより失敗しやすいのだから、失敗したところで落胆する必要もなさそうだが、そうではない。闘争・逃走反応を引き起こす脳の扁桃体《へんとうたい》は、コンテキストにかかわらず脅威を察知する。[20]失敗に対するネガティブな感情的反応も、真の危険性の高低にかかわらず驚くほど変わらない。それでも失敗のシンプルな分類法を知っていれば、扁桃体の過剰反応に抗い、より健全な失敗の原因帰属ができるようになる。

一貫性、新奇性に加えて、「変動性のあるコンテキスト」に直面することも多い。適切に対処するためのノウハウが確立しているはずの状況で、人生が変化球を投げてくるようなケースだ。たとえば病院の救急治療室で働く医師や看護師はどれほど経験を積んでいても、見たことのないような症状がいくつもあるような患者に遭遇することがある。新型コロナウイルス感染症が流行しはじめた当初のように。またパイロットなら予想外の気候条件の下でも飛び続ける覚悟が必要だ。私たちも日々の生活のなかで、膨大な予備知識があってもかなり不確実な状況に直面することがある。どれほど経験豊富な教師でも、新年度に担任するクラスでどんな問題が起こるか事前に知ることはできない。引っ越しや転職をするときには、事前にまわりの人と話し、文化について予習するよう努めても、確実になじめるかはわからない。情報に基づいて予想することはできるが、新たな生活を始めるまで確証は持てない。

私は長年、製造業の組立ライン（一貫性のあるコンテキスト）や企業の研究開発拠点（新奇性のあるコンテキスト）、心臓外科の手術室（変動性のあるコンテキスト）で働く人々を研究してきた。その結果、組織のコンテキストの違いによって、失敗に対する期待が違っていることに気づいた（表1．1）。[21]研究所で働く人は製造ラインで働く人ほど失敗に抵抗がないと思われがちだが、それは必ずし

コンテキスト	一貫性	変動性	新奇性
例	自動車の組立ライン	外科の手術室	科学の研究所
知識の状態	確立されている	確立されているが、予想外の事象に影響される	限られている
不確実性	低	中	高
よくある失敗のタイプ	基本的失敗	複雑な失敗	賢い失敗

表 1.1　失敗とコンテキスト

も正しくない。失敗が好きな人はいない、それだけだ。

人生で起こるさまざまな事象に対して自然に湧きあがる感情的反応を、立ち止まり、問い直す人はほとんどいない。だがその方法は学ぶことができるし、それは人生でより多くの学びと喜びを得るのに欠かせないスキルだ。あなたが楽しみながらテニスの技術を高めようと、地元のテニスクラブに入ったとしよう。最初はミスばかりで相手のショットをなかなか返せない。どんな気持ちになるだろう。意気消沈するだろうか。もちろん、そんなことはない。新しいフィールドで上達するために頑張っているのだ、と自分に言い聞かせるだろう。ティーンエイジャーの息子に運転を教えるとき（できれば最初は空いている広い駐車場で）、間違ってギアをバックに入れてしまったり、エンストを起こしてしまったりしたとしても怒鳴ったりはしないだろう。むしろ励ますような声で、どこを間違えたのか、次はどうすべきか説明してあげるはずだ。家族あるいは大切にしている社会集団において、お互いの期待や失望を正直に、論理的に話し合うようにすると、とてもすっきりした気持ちになる。第五章で詳しく見ていくように、失敗をただつらく思うのではなく、生産的に処理するために必要な認知的スキルは学習を通じて身につけることができる。

コンテキストのタイプと失敗のタイプは密接にかかわっている

（たとえば科学の研究所と賢い失敗は切っても切れない関係にある）が、一〇〇％重なり合うわけではない。基本的失敗は研究所でも起こる。科学者がうっかり誤った薬品を混ぜてしまい、材料と時間をムダにするといった具合に。同じように、賢い失敗は組立ラインでも起こる。生産プロセスを改善するための優れた提案が、期待したような結果を生み出さないケースなどだ。それでも第六章で見ていくように、コンテキストの役割を理解しておくとどのような失敗が起こりやすいか予想するのに役立つ。

失敗をめぐる混乱は不合理な方針や慣習を生み出す。たとえば二〇二〇年四月、私は大手金融機関の経営幹部とのミーティングで、足元の経営環境によって一時的に失敗は「絶対に許されないもの」になったと説明を受けた。世界的なパンデミックによって景気は一段と悪化しており、幹部は当然ながらすべてをできるだけ良好な状態に保ちたいと考えていた。総じてみれば、失敗から学びたいという彼らの熱意は本物だった。ただ好況期でなければ失敗について積極的になれないという。未来が不確実になったので、確実な成功を追い求めることがこれまで以上に必須になっている、と。

会議室に居並ぶ優秀で善良な幹部たちは、失敗についての考えを改める必要があった。第一にコンテキストを理解しなければならない。不確実性が高い混乱期こそ、失敗の確率は高まるので、重要なのは失敗から速く学習することだ。第二に、基本的失敗や複雑な失敗をできるだけ抑えるよう促すことで社員の注意力は高まるかもしれないが、どんな産業であろうと進歩には賢い失敗が不可欠だ。第三に、失敗を禁じることは完璧な結果より起きた失敗の隠蔽につながる可能性が高い。社員が小さな失敗（会計上のミスなど）を報告しなくなったら、会社全体の巨額損失などより大きな失敗に発展する可能性がある。

企業と仕事をするなかで、このような問題にあまりに頻繁に遭遇するので、よくある誤りだと思うようになった。困難な時期に完璧な仕事をせよと社員に口を酸っぱくして言いたくなる気持ちはよくわかる。本気で仕事をすれば失敗を完全に封印できるという考えは魅力的だ。しかし間違っている。努力と成功は正比例するわけではない。私たちを取り巻く世界は常に変化しており、常に新たな状況が出現する。不確実なコンテキストでは、練りに練った計画にも問題が生じる。社員が正しいことをしようという強い決意を持ち、努力しても、新たな状況では失敗は常に起こりうる。もちろん不注意で怠け者の社員が失敗を引き起こすこともあるが、いつもと違う新たな状況、あるいは何か想定外の事象が起きたら、どれだけ真剣に頑張っても失敗に終わることもある。最後に（そして最も皮肉なことだが）、ときには純粋な運に恵まれて努力にかかわらずうまくいくこともある。

世界的パンデミックのような混乱は、極度の不確実性や変化を引き起こす。だが報道が新型コロナ一色になるずっと前から、私たちの生活や仕事の世界では相互依存性が高まり、不確実性や変化は日常になった。相互依存性、すなわち目標（人類の存続という目標を含む）を達成するために互いの存在を必要とすることは、私たちを脆弱にする。他者が何をするか確実に知ることはできないし、頼りにしているシステムのどれが壊れるかもわからない。一九世紀のドイツの軍事戦略家、ヘルムート・フォン・モルトケのアドバイスに「どんな計画も敵と対峙した瞬間に崩れ去る」というものがある。[22] 相互依存性を考慮すれば、より思慮深く、警戒心を持って想定外を想定するしかない。

経営幹部が、あるいは親が、失敗は許されない、良い結果しか認めないと宣言したら何が起こるか考えてみよう。失敗はなくならない。単に表に出てこなくなるだけだ。あの日私がミーティングで話した金融機関の幹部らは、意図せずに悪い知らせの伝達を抑制しようとしていたのだ。そんなことを目指していたわけではない。最高の結果を出すよう社員を鼓舞しようとしただけだ。しかし失敗を報告すれば罰せられる（あるいは非難される）ことがはっきりしていれば、真実を隠そうとするのが人間の本能だ。拒絶されることへの恐怖は、上手に失敗する技術の実践を阻む三つめの要因だ。

対人関係の恐怖：汚名と社会からの拒絶

阻害要因には感情的嫌悪、認知的混乱に加えて、他者から悪く思われることへの根深い恐怖がある。単なる選好の問題ではない。社会から拒絶されるリスクへの恐怖は、それが生き残れるか、餓死や危険な外界への追放かを分けた先史時代から受け継がれたものかもしれない。現代人の脳は合理的恐怖（街中で自分に向かって暴走してくるバスなどへの恐怖）と不合理な恐怖（拒絶への恐怖はたいがいこれにあたる）を区別できない。カリフォルニア大学ロサンゼルス校のマシュー・リーバーマンとナオミ・アイゼンバーガーによる研究は、社会的苦痛と身体的苦痛を感じる脳の回路の多くは重複していることを示している。[23]

恐怖は扁桃体を刺激し、それがすでに述べたとおり闘争・逃走反応を引き起こす。[24]ここでいう「逃走」とは必ずしも物理的に走って逃げることではなく、他人から悪く思われないように行動することも含まれる。重要な会議で発言する前、とりわけそれによって評価されたり批判されたりするリスクがある場面では、動悸が激しくなったり手に汗をかいたりするが、それは扁桃体が引き起こす自然な反応だ。こうした脳内の生存のためのメカニズムは、先史時代にはサーベルタイガーから逃れるのに役立ったが、今日では無害な刺激に過剰反応したり、建設的なリスクテイクに及び腰になったりする原因となる。私たちを守るはずだった恐怖という反応[25]は、意見を述べたり新しい挑戦をしたりする際には必ず発生する小さな対人リスクを回避させるなど、現代社会では逆効果になることもある。

第一に、恐怖は学習を妨げる。[26]作業記憶や新たな情報を処理する脳の領域、つまり学習をつかさどる領域から、生理的リソースを奪うことが研究によって明らかになっている。そこには失敗から学ぶことも含まれる。恐怖を感じながらベストなパフォーマンスを発揮するのは難しい。とりわけ失敗から学習するという認知的負荷のかかる作業は難しくなる。

第二に、恐怖は失敗について語ることを妨げる。これは古代から伝わる人間の習性だが、絶え間なく自己顕示を求められる今日の世界において一段と悪化している。ソーシャルメディアの時代には、成功者に見られなければならないというプレッシャーがかつてないほど高まっている。とりわけ今日のティーンエイジャーは自らの人生のきれいな部分だけを見せ、「いいね！」が付いているか絶えず確認し、真偽の入り混じった比較や中傷に苦しんでいることが研究で示されている[27]。他者から拒絶されたと感じたときの感情的反応は、実際に拒絶されたときのそれと同じだ。感情的反応は私たちが状況をどのように解釈したかで決まるからだ。

思い悩んでいるのは若者だけではない。大の大人も職業人として成功するため、魅力的な人間と思われるため、あるいは社会から受け入れられるためには、良く見えることが呼吸するのと同じくらい必須だと感じている。だが私が思うに本当の失敗は、失敗しない人間になれば他人から好かれると思い込むことだ。現実にはうわべだけ完璧さを装う人より、誠実な人、自分に興味を持ってくれる人を私たちは評価し、好きになる。

私の研究では、心理的安全性は仕事を成し遂げるためにチームワーク、問題解決、あるいはイノベーションが必要とされる状況でとりわけ有益であるというエビデンスがたくさん集まっている。心理的安全性（間違ったからといって拒絶される恐れがない環境）は、上手に失敗することの妨げとなる対人関係の恐怖への防御手段となる[28]。心理的安全性の研究のほとんどは、失敗というテーマと表裏一体だ[29]。それは変化の激しい不確実な今日の世界において、心理的安全性は学習や進歩につながるような行動や発言を後押しするからだ。対人関係の風土という「ソフト」な要因が、有力な大学病院やフォーチュン500企業から家族に至るまでの幅広い組織において、困難な状況下でのチームのパフォーマンスを予測するのに決定的なものであることがわかっている。

あなたは助けを求めたり自分の間違いを認めたりしても、周りからの評価が低くなる不安をまったく感じないチームで働いた経験があるだろうか。そこではメンバーが互いを支え、尊重し、全員が最善を尽くそうとしているという確信が持てたかもしれない。おそらく質問をし、間違いを認め、必ずうまくいく保証のないアイデアを試すことに不安がなかったはずだ。私の研究では心理的に安全な環境は、チームが未然に防げる失敗を避けるのに有効であることがわかっている。賢い失敗の追求も後押しする。心理的安全性は対人関係の不安から生じる、上手に失敗するうえでの障害を抑える。それによって私たちはあまり不安を抱えずに新たな挑戦をし、成功に向けて努力し、成功しなかった場合でもより賢くなれる。これが正しい失敗だと私は考える。

しかし失敗から学ぶという恩恵を十分に引き出せるような心理的安全性を実現している組織は少ない。病院から投資銀行まで、私が聞きとり調査をしたさまざまな組織の経営者は、相反する思いに引き裂かれている。どうすればいい加減な仕事を助長することなく、失敗に建設的に対応できるのか、と。失敗の責任を問われないとすれば、従業員にとって最高のパフォーマンスをする動機は何なのか。親も同じ疑問を抱いている。

こうした懸念は誤った二項対立から生じている。図1．1が示すように、失敗について安心して語れる組織風土と高いパフォーマンス基準は両立できる。これは家庭においても職場においても同じだ。心理的安全性は「なんでもあり」と同義ではない。心理的に安全であると同時に、メンバーに最高の成果や締め切りの厳守を期待する職場は実現可能だ。心理的に安全であると同時に、メンバー全員に皿洗いやゴミ出しといった役割を求める家庭も成立する。メンバーが率直かつ寛容である環境、誠実

図 1.1　失敗の技術における心理的安全性と基準の関係

で、要求水準が高く、協力的な環境を生み出すことは可能だ。

心理的安全性の欠如した状態で高い基準を求めれば、確実に失敗すると断言しておこう。それも質《たち》の悪い失敗だ。私たちはストレスにさらされると（ふだんならうまくできることでさえ）失敗しやすい。周囲にやり方を教わりたいと思いつつ、質問しづらいと感じている人は、基本的失敗を犯すリスクが高い。また賢い失敗を犯したときには、それを周囲に話しても大丈夫だと思える環境が必要だ。賢い失敗も二度目以降は「賢い」とはいえない。

確実性が高い状況（工場の組立ラインなど）なら心理的安全性がなくても成功できるのではないか、と思った読者もいるかもしれない。そうした状況ではそもそも失敗は少ない

失敗できない理由	解決策
忌　避	失敗の原因を正しく帰属させるためのリフレーミング
混　乱	失敗の種類を正しく識別するための枠組み
恐　怖	心理的安全性

表 1.2　上手に失敗するうえでの障害を克服する

だろう。しかし確実性が当たり前のものではなくなった今日、失敗を悪とみなすのをやめ、対人関係の恐怖を抑えることは重要だ。学習に最適な環境とは、簡単には解決できない課題を与えられ、実験しても大丈夫だと感じられる心理的安全性があり、期待する結果が出なかったときでも率直にそれを話し合える状況だ。大切なのは、自らの失敗から学ぶことだけではない。その学びを他の人たちと積極的に共有することだ。

　要するに、失敗への忌避感、失敗の種類の混乱、そして拒絶されることへの恐怖が重なって、上手に失敗する技術を実践するのが必要以上に難しくなっているわけだ。恐怖はミスを避けるために助けを求めること、あるいは実験が失敗に終わった際にそこから学ぶために率直に議論することを困難にする。基本的失敗、複雑な失敗、賢い失敗を区別するための定義や理論を知らなければ、あらゆる失敗を避けつづける可能性が高い。幸い、表1.2に示すように「リフレーミング」「枠組み」「心理的安全性」を活用することで、そんな袋小路を抜け出すことができる。

失敗にはさまざまな原因がある

　一見すると、「卓越した成果の追求」と「失敗を許容する姿勢」は矛盾するようだ。だが図1.2に示したような失敗原因のスペクトラムを想定してみよう。[30] スペクトラムの片方の極に位置するのは、手抜きやルール違反だ（違法行為、安全手順の逸脱など）。もう片方の極には、熟慮のうえに実施

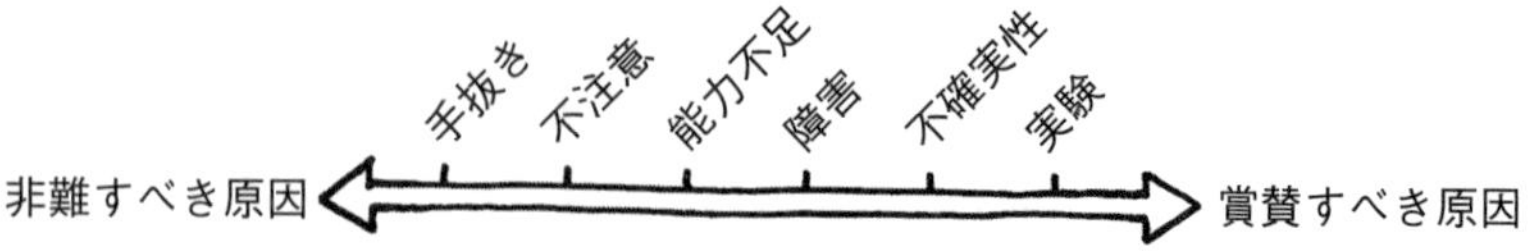

図 1.2　失敗の原因のスペクトラム

されたものの失敗に終わった実験がある（科学者が日常的に経験するタイプ）。こうしてみれば、あらゆる失敗が非難すべき行為によって引き起こされるわけではないことは明白だろう。明らかに賞賛すべき行為の結果、起こる失敗もある。

　誰かが意図的に手を抜いたり、安全ルールに違反したりすれば、非難するのが当然だ。とはいえ非難したあとには判断を迫られる。それにはコンテキストに関するより詳しい情報が必要だ。たとえば不注意から何かを見落とすのは、非難に値する行為かもしれない。だがその従業員が連続でシフトに入るよう要求され、過労状態にあったとしたらどうだろう。その場合は居眠りした従業員ではなく、シフトを組んだ管理職を非難すべきかもしれない。誰が、あるいは何が問題だったか確証を得るには、もっと理解を深める必要がある。スペクトラムの右方向に移るにつれて、誰かを責めるのは一段と理不尽になっていく。能力不足？　誰だってさまざまな活動において初心者だったことはある。初めて自転車に乗ったとき、転ばなかった人がいるだろうか。その人が適切な訓練を受ける前にわざと危険な作業に従事したのでないかぎり、「能力不足」を非難するのは難しい。

　次に、どれほど準備しても「絶対に失敗しない状態」に到達するのが難しすぎるタスクもある。たとえば体操選手がオリンピック本番の平均台で、バックフル（後方宙返り一回ひねり）を決められなかったとする。非難すべきだろうか？　もちろん答えはノーだ。バックフルは体操のなかでも一番難しい技の一つだ。[31]立位からまっすぐな姿勢を保ったまま後方宙返りをして、その途中で一回のひねりを加え、後ろ向きに台の上に着地する。練習では完璧にできるトップ選手であっても、重要な大会では失敗することがある。

スペクトラムをさらに右へと移っていくと、不確実性によって生じる避けられない失敗がある。友人があなたのためにブラインドデートを設定してくれたとしよう。カップル成立となるか、事前にはわからない。あなたがデートに行くと決め、結局うまくいかなかったとしても、あなたも友人も非難されるいわれはない。そして最後に、熟慮のうえに実施された実験が失敗に終わったとしても、そこからは新たな知識が生まれる。それは賞賛に値する。開胸心臓手術の草創期に先駆的な外科医らが犯した失敗は、まちがいなく賞賛に値する。それは今日では当たり前と思われている奇跡のような手術を実現させる道のりに必要不可欠な足がかりだった。

私は世界各地の講演で、聴衆とこんな思考実験をしてきた。「この非難と賞賛のスペクトラムを見て、失敗の原因がどれであれば非難すべきだと思うか」と尋ねるのだ。

答えはまちまちだ。非難に値するのは「手抜き」だけだと言う人もいる。「不注意」も非難すべきだと言う人もいる。ただそれへの反論として、不注意だった人は困難な状況に置かれていて注意散漫になるのはやむを得なかったのではないか、という意見が出てくる。あなたがどこで線を引くかは、それほど重要ではない。重要なのは、自分なりに線を引いたうえで、次の質問を考えることだ。「あなたの組織や家庭で起こる失敗のうち、非難すべきものの割合はどれくらいか」だ。するとほとんどの人はよく考えた末に一〜二％という小さな数字を答える。

続いて私は、一番重要な問いを投げかける。「こうした失敗のうち、組織あるいは家庭において責任ある立場の人が、非難すべきものとして扱う割合はどれくらいか」と。

すると聴衆は（ばつの悪そうな沈黙、あるいは苦笑に続いて）七〇〜九〇％といった数字を口にする。ときには「全部！」という声もあがる。この失敗した人の落ち度をめぐる合理的評価と責任ある立場の人の直感的反応のギャップが、人生、家庭、あるいは職場であまりに多くの失敗が隠されるという残念な結果を生んでいる。これは私たちが失敗の教訓を学べない原因の一つだ。

失敗を通じて成功する

誰もが「失敗下手」なわけではない。ウォルトン・リレハイやクラレンス・デニスといった先駆的な心臓外科医は失敗を活かすことにみごとに成功し、「人命を救う」という人生を賭けた目標の実現に近づいていった。外科手術の世界を変革しようとした二人が身を投じたのは、リレハイの伝記作家のG・ウェイン・ミラーの言葉を借りれば「それまで死体しか生み出してこなかった闘い[32]」だ。死体のほぼすべては「新たな失敗」、すなわちこれまで達成されたことのない目標を達成する過程で生まれる失敗の産物だった。患者の血液から二酸化炭素を除去し、酸素を含んだ新鮮な血液と入れ替えるための部屋一つ分ほどの巨大な人工心肺装置のようなイノベーションは、この過程に不可欠な要素だった。

一九五一年のデニスの手術を見守ったリレハイは、何とか開胸手術を成功させるという固い決意を抱いた[33]。それから数年、リレハイは心臓外科学を進歩させるための機会を粘り強く探り、その過程で自らも幾度もつらい失敗を経験した。

一九五二年九月二日、ミネソタ大学病院ではF・ジョン・ルイス医師が、患者を安定させる手段として低体温法を使った手術を行い、リレハイが助手を務めた[34]。五歳のジャクリーン・ジョーンズは奇跡的に一命をとりとめた。これは成功と呼べるだろうか？　リレハイをはじめ医師らはその後も低体温法を使って手術を成功させたが、患者を低体温状態に置いておける時間はきわめて限られていた（一〇〜一二分）ため、もっと時間を要する複雑な外科手術は不可能だった。この成功は短命に終わった。

一九五四年三月二六日、リレハイは再びミネソタ大学病院の手術室にいた。今度はグレゴリー・グリッデンという、生まれながらに左右の心室の間に穴が開いていた幼い子供と、その父親の循環系を物理的につないだ。子供の小さな心臓を手術する間、その命をつなぐためだ。一九五三年秋から五四年一月まで複数回にわたり、リレハイは二匹の犬の循環系をつなぎ、片方の開胸手術中にもう一方を生命維持装置として使う実験を行った。「交差循環」と呼ばれるこの新たな手法を思いついたのはリレハイ自身だ。妊娠中の女性が静脈と動脈を通じて赤ん坊の心臓を動かしつづけることができるなら、子宮外でも同じようなつながりを人工的に作り出せないかと考えたのだ。実験はうまくいき、犬たちは込み入った外科手術を生き延びた。だが今回のリスクは比較にならないほど高い。

午前八時四五分、グレゴリーの父親のライマンが手術室に入った。ライマンの心臓から酸素を含んだ血液を運んでくる大腿動脈を、カニューレを使ってグレゴリーの上下大静脈と結び、子供の心臓に血液を注ぎ込んだ。リレハイは子供の胸を開け、一〇セント硬貨大の心室中隔欠損（ＶＳＤ）の場所を確かめ、修復した。グレゴリーの手術は成功したが、それから二週間足らずの四月六日に肺炎で死亡した。

最終的に心臓外科学を一変させたこうした実験は、いずれも恩恵とリスクを徹底的に考え抜いた末に実施された。一つひとつが科学的な厳格さをもって進められたが、それでも失敗は起きた。手術前の診断が誤っていたことが判明したケースもあれば、医師らの技能が不十分であったために手術中に事故が起きることもあった。失敗の大半は仮説が誤っていたために起きた。どのケースでもイノベーターたちは目的に到達するのだという固い決意を持ち、地図のない未知の領域に踏み込んでいった。その過程で患者の親、配偶者、子供たちに、愛する家族が血の海で命を落とすことになった理由を説明しなければならないことも多々あった。外科医も患者もその家族も、誰もが正しい失敗を実践していたと言えるだろう。重大な結果につながる失敗が起こりうることは理解していた。それでも手術が失敗するたびに、また外科的イノベーションが失敗するたびに、最終的な成功に結びつく可能性のある何かを学ぶ機会が生まれた。

リレハイの初勝利となったのは、グレゴリーの手術の直後に行われた四歳の少女、アニー・ブラウンと父親のジョセフをつないだ交差循環手術だ。[35] 二週間後、リレハイは健康を取り戻したかわいらしい少女とともに記者会見に臨んだ。アニーは無事成長し、大人になった。しかし失敗から成功への道は直線ではないと相場が決まっている。アニー・ブラウンに続いてリレハイが行った七回の同じような手術のうち、六回で患者が死亡した。さらに交差循環の設定ミスによって手術に参加した一人の親が脳死状態に陥った。危険をともなう外科手術以外に生き残る道がない子供に手術を施すのと、健康な大人のボランティアをそうした危険にさらすのはまったく違う話で、後者ははるかに容認しがたい。

最終的に開胸心臓手術にともなう問題を解決する方法として最も有望なのは人工心肺装置であることがわかった。ジョン・ギボン医師が発明したものをクラレンス・デニスが改良し、その後ＩＢＭのトーマス・ワトソンの協力を得て発展させていった人工心肺装置により、心臓外科手術の死亡率は一九五七年には一〇％まで下がった。[36] 今日では心臓手術で死亡するリスクは二～三％とされる。[37]

イノベーションに終わりはない

草創期の心臓外科医たちの失敗や成功から半世紀あまり経った一九九八年、私は心臓外科における新たなイノベーションを研究する機会に恵まれた。[38] ハーバード大学の同僚が、これまでより侵襲的ではない外科手術を実現する新技術について耳に挟んできた。一九五〇年代からほとんどの心臓手術ではまず胸を縦に切り、胸骨を二分して左右に開く。これは胸骨正中切開と呼ばれ、今日でも主流な方法だ。ただ効果的ではあるものの回復には痛みが伴い、時間もかかる。

同僚が知った新たな技術は、医師が肋骨の間の小さな切開部から手術を行えるように設計されたもので、胸骨に傷をつけないため回復期間も短く痛みも緩和できる見込みだった。一方、デメリットとして手術チームが学習曲線をのぼりつめるのに相当な時間がかかるという問題があった。医師にとって体内の小さな限られたスペースで手術を行うのは、周囲が思うほど大きな変化ではない。視野は狭まるが、心臓を修復する細かな縫合作業についてはほぼ変わらない。しかしそれ以外の手術チームのメンバーにとって、新たな方法を学習するのは容易ではなかった。

同僚と私が調査した一六の医療機関の外科部門のうち、最終的にこの新たな技術を使い続けることを選んだのはわずか七カ所だった。他の九カ所の外科チームは、数回だけ新技術を使って手術を実施した結果、使用を断念した。成功したチームの最も顕著な特徴は外科医のリーダーシップだった。医師としての技術、経験度、勤続年数ではない。調査を始めたとき、私たちは一流大学付属の医療機関のほうが、無名の地域病院と比べて成功する可能性が高いだろうと予想していた。だがその見立ては間違っていた。病院のタイプやステータスは一切関係なかったのだ。

外科チームが直面した問題は技術的なものではなく、むしろ対人関係にかかわるものだった。この革新的な手術法は、医師が指示を出して周囲がそれを遂行するという伝統的な手術室のヒエラルキー構造に変革を迫るものだった。医師らは新たな手術法を実践するうえで、手術のさまざまな要素を連携させ、心臓への血流を制御する手段である「バルーン・クランプ」を患者の動脈内に正しく配置するためにチームのメンバーに頼る必要があった。バルーンは位置が変わりやすく、メンバーが超音波画像でその位置を常に確かめながら調整する必要がある。メンバーが率直に声をあげられるような心理的安全性がなければ、これを遂行するのは難しい。たとえばバルーンの位置を直すあいだ手術を止めてほしいと医師に頼むのは、多くの看護師にとって経験のない難しいことだった。一方、医師はこれまでのように自分ばかりが話すのではなく、他のチームメンバーの言葉により頻繁に、真剣に耳を傾けなければならなくなった。

私たちの研究でイノベーションに成功した医師たちは、リーダーシップのあり方を変える必要があると気づいていた。手術室にいる全員が、手術を成功させるために他のメンバーに求めるべき行動を率直かつ即座に言葉にできるようにしなければならない、と。新たな手術法を習得しようと粘り強く取り組むチームを分析したところ、そのすべてが上手に失敗する技術の基本原則を体現するような行動をいくつか実践していることがわかった。

第一に、成功を収めたチームは患者への不要なリスクをなくすため、新たな手術法を動物を使って実験室でリハーサルする、作業を進めながら今何をしているか、何を考えているかを率直かつ積極的に声に出して共有する、そして手術中に懸念すべき状況が生じたらすぐに従来の手術法（胸骨正中切開）に切り替えるといった取り組みをしていた。

第二に、成功チームは手術室から恐怖心を排除していた。どうやったか？　医師は自分たちが学習の途上にあることをはっきりと説明していた。このイノベーションの目的は人命を救うこと、患者のより早い回復を実現することであると強調していた。そして新たな手術法を成功させるにはチーム全員の意見が不可欠であることを周知した。こうした姿勢をとった医師ととらなかった医師がいたことで、心理的安全性とイノベーションの成功の関係性を事前に予測することができた。調査が始まった時点では、どの医療機関でイノベーションが実を結ぶか否かはわからなかった。だが調査後には心理的安全性を確立できたチームのパフォーマンスは、できなかったチームのそれを上回るという結論が出た。

　第三に、成功したチームでは医師が手術中の状況を明確かつ客観的に発話したことで、何が起きているかをめぐってチーム内に混乱が起きなかった。今日の心臓外科は成熟しており、調査対象のチームが直面した失敗の多くは新たな非侵襲的手術法から従来の方法に拙速に切り替えてしまったこと、あるいは新手法を完全に諦めてしまったことだった。どちらも失敗ではあるが、患者の命を脅かすものではない。研究対象となった一六チームのうち九チームは結局イノベーションに失敗したわけだが、データを集めた数百件の非侵襲的手術で患者が死亡したケースは一つもなかった。調査に参加したすべてのチームは避けられる失敗を回避したという点では、上手に失敗する技術の優れた実践者だったといえる。

上手に失敗する技術を実践する

　失敗は決して楽しいものではない。だが新たなツールや知識を使って練習を重ねていけば、失敗の痛みはやわらぎ、そこから学ぶことは容易になっていく。本能的な失敗の忌避、失敗のタイプに関する混乱、そして拒絶されることへの恐怖に私たちは縛られている。その呪縛を解く第一歩は、失敗をリフレーミングすること（オリンピックの銅メダリストの多くが実践したように）、そして失敗に対する合理的期待を育むことだ。私たちが日々経験するささやかな挫折から開胸心臓手術の草創期の悲劇的な死亡例まで、失敗は進歩を遂げるうえで避けられない要素だ。個人の生活においても社会を構成する重要な組織においても同じことがいえる。だからこそ失敗の技術をマスターすることが非常に重要であり、それは最終的に大きな果実をもたらす。次章からその技術の土台となる概念や実践法をじっくり見ていこう。

第二章　これだ！

私は失敗したことはない。うまくいかない方法を一万通り見つけただけだ。
——トーマス・A・エジソンの言葉（とされる）

たいていの人はＤＮＡが何かは知っている。私たち一人ひとりがどんな人間になるかはだいたいこの核酸で決まる。でもこの自然発生するちっぽけな化学物質を操作して、人命を救うような治療法や画期的なナノテクノロジーに応用しようとする人はあまりいない。エモリー大学の活気あふれる研究所で、同僚とともにこんな研究にいそしんでいるのがジェニファー・ヒームストラ博士だ。

分野を問わず、あらゆる科学の最先端には、「入念に練られたもののデータの裏づけがとれなかった仮説」という正しい失敗がある。本章の後半に登場するジェームズ・ウエストのような発明家と同じように、科学者も失敗に耐えられないようでは長続きしない。彼らは賢い失敗がもたらす価値を本能的に察知する。こういう失敗が起きても落胆はしない、と言ったらウソになるだろう。がっかりはする。だがオリンピックの銅メダリストと同じように、科学者や発明家は失敗に対する健全な考え方を身につけていく。しかもヒームストラ博士はこの健全な考え方を自ら実践するだけではない。研究所で、そしてツイートや記事や動画を通じて学生たちにその大切さを訴えている。

私がＺＯＯＭ上でジェニファーと初めて対面したのは二〇二一年夏のことだ。科学者ほど思慮深く、また不屈の精神を持って賢い失敗を実践する人種はなかなかいない。だから賢い失敗はどのように起こるのか、ジェニファーから詳しく聞きたいと思ったのだ。「お気に入りの失敗エピソードを教えて」と言うと、ジェニファーは万歳をするように両手を挙げた。「失敗は神様のおしおきではなく、科学という営みの一部なの」。満面の笑みは小さなスクリーンからはみだしそうだった。研究所の学生には、よくこう言うそうだ。「今日は一日中失敗するからね」。科学系の研究所のトップは失敗を常態にする必要がある、とジェニファーは説明した。実験の九五％は失敗すると見積もったうえで「十中八九必要もないのに、みんな自分を責めるの」と言った。

それはとてもつらいことだ。

ただジェニファーのように責めるべき失敗と褒めるべき失敗の違いがわかっていれば、そうはならない。賢い失敗は新たな発見に不可欠な材料であり、評価に値する。

ジェニファーがこの違いを理解したのは、自然な流れだった。科学者になったのは中学二年生のとき、科学の先生に「科学に向いていない」と言われたからだという。それでも一九九〇年代に科学の盛んなカリフォルニア州オレンジ郡で育ったこともあり、友人に誘われて「サイエンス・オリンピアード」に参加した。優秀な成績がとれると思ったからではなく、ただ放課後のクラブ活動にどこか入らなければならなかったからだ。そこで自分は地質学が好きなだけでなく、圧倒的に得意なことに気づいた。クラブの顧問が高校で科学上級コースに入れるようにわざわざ取り計らってくれたほどだ。もともと科学に向いていないと言われたことで、内発的動機から科学を勉強するようになった。良い成績をとるため（外発的動機）ではなく、岩石の名前を覚え、卵ケースに仕分けすることが「めちゃめちゃ楽しかった」から勉強したのだ。遺伝子操作にかかわるSFサスペンス映画『ガタカ』を封切り直後に観たことをきっかけに、大学の専攻には化学を選んだ。[1] エモリー大学化学部で初の女性正教授となったジェニファーは、今でも研究そのものを楽しむ姿勢を学生たちに伝えている。

紺のブレザー姿でZOOMミーティングに登場したジェニファーは、今にも学生でいっぱいの講堂で授業を始めそうな、あるいはブレザーを脱ぎ捨てて走りに行きそうな雰囲気だった。背後の書棚には収集したモデルやアクションフィギュアがずらりと並んでいた。その一つを指さして、ジェニファーはおもむろに「この子の名前はスティーブよ」と言った。グリオキザール*という試薬を使い、一本鎖RNAに含まれるヌクレオチドと反応させた博士課程の学生スティーブ・クヌートソン[2]にちなんで命名したという。なぜそれが重要なのかと（化学オンチを露呈しながら）私が尋ねると、ジェニファーはグリオキザールのおかげでたくさんの研究開発の道が拓けたから研究所のみんなが夢中になっているのだと説明してくれた。薬剤の送達制御あるいは持続放出などへの応用に加えて、[3]合成生物学やさまざまな遺伝子回路の制御に関する研究にも使える科学的ツールも誕生したという。

それで失敗のエピソードは？　ジェニファー・ヒームストラほど失敗を恐れない人でも、失敗エピソードを語るときは最終的な成功という結末から始めるようだった。これも失敗について語るのがどれほど難しいことかを物語っている。

ジェニファーは一歩後ろに下がり、早口で説明しはじめた。特定のRNAを隔離する方法を模索していたところ、RNAが折りたたまれているとき、つまり二本鎖になっているときは不可能であることがわかった。そこで最初の難題となったのがRNAを解きほぐすことで、これはタンパク質を結合させるのに必要なステップだった。実験を始めたのがスティーブだ。すでに研究所が持っている試薬（化学反応を引き起こす材料）を加えたらどうか？

うまくいかなかった。

RNAを折りたたむのには塩が効く。ではRNAから塩を除去してみたらどうだろう？　それもうまくいかず、スティーブはがっかりした。だがジェニファーが研究所のなかで学習や発見にフォーカスする空気を醸成してきた甲斐があって、スティーブはそれで終わらなかった。「優秀な人間は失敗することに慣れていない。自分自身を笑い飛ばすことを学ばないと、挑戦することに臆病になるという失敗を犯す」とジェニファーは語る。

科学研究において失敗を受け入れることの重要性を強く意識しているジェニファーは、学生（特に女子学生）がいかに簡単に科学者の道を諦めてしまうかをツイートに綴っている。[4]「絶対にミスを犯さず、絶対に失敗を経験しないのは、絶対に挑戦しない人だけだ」。ただスティーブの失敗はミスではなかった。

ミスというのは確立された方法からの逸脱だ。どうすれば特定の結果が得られるかという知識がすでに存在しているにもかかわらず、それを実践しないときにミスが起こる。たとえばジェニファーが大学院生時代、ピペットを正しく使わなかったためにおかしな実験データが出た。これはミスだ。ピペットを正しく使ったところ、すぐに理にかなったデータが出たという。ジェニファーも笑いながらこのエピソードを語り、「みんながくだらない失敗を笑い飛ばし、当たり前だと思える文化」をつくろうとしていると説明する。

ただ一本鎖RNAでは結合したタンパク質が二本鎖RNAでは結合しなかったというのは「くだらない失敗」ではなかった。それは仮説に基づいた実験から生まれた「望んでいたのとは違う結果」である。失敗ではあるが賢い失敗であり、科学という胸躍る仕事では避けられないものだ。何より重要なのは、この失敗は次の実験の参考になったことだ。

＊　化学実験で薬品同士を結び付けるのによく使われる有機化合物。

RNAを解きほぐす方法について、さらなる研究の余地があるのは明らかだった。スティーブが再び参考文献を読み込んだところ、日本人の生化学者が一九六〇年代にドイツ語の科学専門誌に発表した論文に、関連分野でのグリオキザールの使用について詳しく書かれているのを見つけた。グリオキザールが使えないかと考えはじめたスティーブは、実験をすることにした。

これだ！　工夫を重ねた結果、グリオキザールを使うと核酸のケージやリケージ、完全な機能回復も可能になった。タイムズスクエアの電光掲示板で流すほどの大ニュースではなかったが、科学者であるジェニファーとスティーブにとっては祝杯をあげる十分な理由で、なによりそれは新たな研究課題につながった。このエピソードは未知の領域での成功のカギは正しい失敗、つまり賢い失敗にへこたれない姿勢であることを物語っている。

賢い失敗の条件

賢い失敗の条件とは何か。ここでは四つの重要な特徴を挙げよう。①新たな領域で発生している、②状況的に望ましい結果（科学的発見でも新たな友情でも）に近づく機会がありそう、③既存の知識に基づいている（「仮説から導き出された」と言い換えできる）、④貴重な知見を得るのに必要最小限の規模である、だ。規模は主観的なもので、重要なのはコンテキストだ。大企業のパイロットプロジェクトで許容されるリスクは、個人がプライベートな挑戦でとれるリスクより大きいだろう。重要なのは時間とリソース（資源）を賢く使うことだ。おまけとして、賢い失敗には教訓を学習し、その後のステップに役立てることができるという特徴もある。

こうした判断基準に合致していれば、何かに挑戦し、望んだ成功が得られなかったとしても結果を受け入れることができる。それは場当たり的、あるいはいい加減な失敗ではなく、思慮深い実験のもたらした賢い失敗だ。

トーマス・エジソンは史上最高の発明家の一人とされる。一〇九三件の特許と現代社会に大きな影響を及ぼすような発明（電灯、録音、マスコミュニケーション、映画など）を残しただけでなく、エジソンはニュージャージー州メンロパークに初の研究所を設立した。そこは電球誕生の地となっただけでなく、今日の企業の研究開発部門のモデルとなった。デザイナー、科学者、エンジニアなどが新たな発明を生み出すために協力する場であり、プロセスだ。エジソンについては書き尽くされてきたものの[5]、私が一番尊敬するのはどんな分野であっても進歩を遂げるには失敗が不可欠であることを進んで受け入れたことだ。

諸説あるが、私のお気に入りのエピソードは、新しいタイプの蓄電池をつくろうと数えきれないほどの失敗を繰り返すエジソンに、研究所の元助手が同情しつつも失望を伝えたときの反応だ。本章の冒頭に載せた言葉である。一説によると、エジソンは笑みを浮かべて元助手に言ったという。いいや、私は何千という「結果」を手に入れたんだ。それぞれが「うまくいかない方法」についての貴重な発見なのだ、と[6]。エジソンが新たな領域で、新たな可能性を模索していたことに議論の余地はない。その実験はそれまでに得た実験に基づいており、適切な規模であり、新たな推論を可能にするものだった。エジソンが決してあきらめず、賢い失敗が最終的に成功につながったという事実そのものが、電球のように私たちの心を明るくしてくれる。

ここに挙げた四つの基準は、リトマス紙のような厳密なツールではない。賢い失敗を他のタイプの失敗と区別するのに役立つ指針ぐらいに考えてほしい。どれも「イエス・ノー」がはっきり分かれる基準ではなく、主観的判断であることは否めない。たとえばその失敗に機会が潜んでいると判断するのは、ほかの誰でもないあなた自身だ。みなさんには仕事や私生活でこのフレームワークを使い、

「失敗はいつ、どんなときに発見や価値につながるか」を考えていただきたい。各基準の理解を深めるために、さまざまな状況における失敗（と失敗者）の例をいくつかつかみていこう。

新たな領域

ジョセリン・ベル・バーネルは幼いころから（物理的にも比喩的にも）誰も足を踏み入れたことのない場所にいることが多かった。[7]

一九四〇年代の北アイルランドでは、花嫁修業や母親になる準備ではなく科学を勉強したいという願いを口にする女の子はめずらしかった。だがジョセリンは学校で男子生徒は科学室で薬品や実験を学べるのに、女子生徒は家庭科室で家事を勉強させられるのにがっかりした。幸い、家に帰って不満を言うと、両親は娘の科学への興味を真剣に受け止め、学校と交渉してルールを変えさせた。こうしてジョセリンは他の二人の女子生徒とともに科学の授業を受けられることになった。その後、父（建築家として北アイルランドのアーマー・プラネタリウムの設計に携わった）の書棚にあった本を読んで天文学に夢中になった。大学の同級生には他に女性はいなかった。講堂はジョセリンにとって新しい、そして残念ながら当てにならない領域だった。他の学生はジョセリンが入ってくると、はやし立てたりやじを飛ばしたりした。このようにアウトサイダーであり、女性科学者の先駆者であった経験によって、他の誰にも見えないものに気づく備えができたのかもしれない。

一九六七年、ケンブリッジ大学で天文学を専攻するポスドク（博士研究員）として、ジョセリンは巨大な電波望遠鏡の設計と完成後の管理・データ運営を担う研究プロジェクトに配属された。毎日三〇メートル近くになるグラフの推移を見守るのだ。プロジェクトの責任者だったアントニー・ヒューイッシュはクエーサーを探していた。銀河のなかで膨大な電波を発生させる光の中心だ。ある日グラフを眺めていたジョセリン・ベルは、説明のつかないシグナルに気づいた。「こんなデータが出るはずがない。いったいどういうことか理解したかった」と振り返る。[8]

教授に問題を報告すると、最初は一蹴された。異常値は「干渉」か、あるいは望遠鏡の設定ミスだというのだ。だがジョセリン・ベルには調査を継続する価値のある現象を見つけたという確信があった。そこで無線シグナルを精査できるようにグラフの問題箇所を拡大し、謎の解明に乗り出した。拡大したデータをヒューイッシュに見せると、今度はそれが何か新しい現象を示すシグナルであることを理解してもらえた。「こうしてまったく新しい研究プロジェクトがスタートした。（中略）これはいったい何なのだろう、なぜこんな興味深いシグナルが出ているのだろう、と」とジョセリンは後年語っている。[9]

正体不明の新たな領域へのジョセリン・ベルの好奇心と、その後のマラード電波天文台でのヒューイッシュとの実験は、のちにノーベル賞を獲得するパルサーの発見につながった。[10] ちなみにノーベル賞の受賞者にジョセリン・ベルは含まれていない。

人生や職場において、私たちはしょっちゅう新たな領域に遭遇する。ここでいう「新たな」とは、その業界全体にとって新しいことかもしれないし、あるいはあなた自身にとって初めてのスポーツ、職場、あるいは初デートのこともある。初めてゴルフをする人なら初ショットは確実に失敗する。もっと重要なところでは、実家から独立する、あるいは新しい土地へ引っ越すといった主要なライフイベントのほとんどは新たな領域につながる。結婚のような幸せなライフイベント、親を亡くすといった悲しいライフイベントのどちらもそうだ。

エジソン、ジェニファー・ヒームストラ、ジョセリン・ベルといった発明家や科学者は、誰にとっても新しい領域に漕ぎ出していく。分野を問わず、新しい領域の難しさはインターネットで答えを探して失敗を避けるという選択肢がないことにある。独創的な発想をしたければ、なじみある世界から離れる必要がある。科学者も当然先達や同僚の業績を調べ、自分の研究テーマにすでに答えが出されていないか確かめるが、それによって新たな領域での失敗を回避することはできない。

新しい仕事に就くときには、友人や採用担当者、あるいはネット上の企業レビューなどから情報を集めることはできる。だが実際に働きはじめて新しい同僚と顔を合わせたり、ミーティングに出たりすれば、予想していなかったような事実に気づくかもしれない。新たな職場でうまくいかなかったとしても、必ずしも情報収集を怠ったせいではない。採用を決めてくれた人が突然別の部署に異動になり、新たな上司には気に入られないかもしれない。問題を解決するための正攻法も青写真も指示書も存在しない、そして新たな領域の正確な地図も事前に手に入らない、というのが賢い失敗の特徴のひとつだ。

初めて親になる、新たな仕事に就くなど、新たな領域の重要な特徴は不確実性だ。それは何か新しいことに挑戦するときに引き受けなければならないリスクの一部でもある。何が起こるかを正確に予測することは不可能だ。

メアリーとビルは一九三〇年代から四〇年代にかけて、ニューヨークシティの同じ地区で育った幼なじみだった。子供たちは路上でボール遊びをし(保護者同士の事前の約束も監視役もなし)、親たちは庭で気軽に立ち話をするような親密なコミュニティだ。一九五三年夏、メアリーとビルはそれぞれ大学を卒業して街に戻ってきた。ビルは当時交際していた女性のきょうだいをメアリーに引き合わせることにした。メアリーが気に入りそうな相手だと思ったのだ。だが、のちに私の母となったメアリーは乗り気ではなかった。ブラインドデートという方法だけでなく、ビルの見る目を疑っていたのだ。

さかのぼること一年前、メアリーはビルが善かれと思って紹介した男性と会い、不愉快な思いをした。一九五〇年代の大学は男女別学が一般的で、メアリーはヴァサー大学の女子学生とプリンストン大学の男子学生が食事やダンスを楽しみながら交流を深める週末イベントに参加した。その日のメアリーのパートナーがビルの友人だったのだ。でもこの男性はお酒ばかり飲み、自分のことばかりしゃべり、しかも「発展家」だったと母はのちに語っていた。メアリーにとってこの週末は時間のムダ、つまり失敗だった。週末に大学に残って勉強していたほうがまだマシだったという。こんな具合にビルの見立ては間違っていたので、次に紹介される相手も自分と合わないのではないか、とメアリーは心配していた。ビルの申し出に乗ったら、また嫌な相手とデートするはめになるリスクがある。とはいえ拙速にビルの見る目を否定したくもない。うまくいくのかいかないのか、確実に予測する方法はない。

有意義な機会

賢い失敗は、大切な目標に向けて前進する有意義な機会だと思える状況下で起こる。ジェニファー・ヒームストラとスティーブ・クヌートソンは一流の学術誌に掲載されるような、そして経歴書に堂々と書けるような重要な論文の題材となる科学的発見を求めていた。（当初は）うまくいかずに落胆した。ジョセリン・ベルは何かはわからなかったが、太陽系に関する新たな事実を発見する機会に気づき、教授を説得した。私の母は最終的に人生をともにするような相手と出会いたいと思っていた。人生のパートナーを見つける、新規事業を立ち上げる、科学的発見をするというのは、どれも有意義な機会といえる。ただ目標は高尚なものでなくてもかまわない。美味《おい》しそうな料理のレシピを試してみたが、結果は激マズだったというのも賢い失敗に該当する。

賢い失敗を経験するという学習プロセスは、人生の早い段階で始まる。赤ちゃんが歩こうと第一歩を踏み出すのが、まさにそれだ。だが小学校に入ると、多くの子供たちが正しい答えにたどりつくことだけが意味のある行為だと思うようになる。学習の過程で賢い失敗を経験できるような優れたSTEM（科学、技術、工学、数学）教育カリキュラムに非常に価値があるのはこのためだ。イギリス南部ブライトンにある私立学校ブライトンカレッジは、この課題に真剣に取り組んでいる。デザインとテクノロジーのカリキュラム・ディレクターであるサム・ハービーは、学校の理念をこう説明する。「生徒たちのクリエイティビティに限界はないので、私たちは創造、試験、実験を後押ししている」[11]。要するに、賢い失敗の実践を促しているわけだ。

ブライトンで学ぶ五人のティーンエイジャーが、学校の課題に取り組みながら現実世界の問題を解決する機会に気づいたのは、こうした背景のおかげだ。その問題とはアボカドを剝《む》こうとしてうっかりケガをする、通称「アボカドハンド」である[12]。クラスメイトがアボカドを剝いているときにナイフで手を切ってしまうという事件が起きたあと、当時一三歳と一四歳だった生徒たちは担任教師のサラ・オーベリーの勧めで安全にアボカドの皮を剝き、種を取り出す皮剝きツールを試作した。彼らが「Ａｖｏｇｏ」と名づけた作品は、二〇一七年にロンドン・デザイン博物館が主催したコンペ「デザイン・ベンチュラ」の高校生部門で、二〇〇〇点を超える応募作品のなかから最優秀賞に選ばれた。その後生徒たちはクラウドファンディングサイトのキックスターターでＡｖｏｇｏの製造資金を集めた[13]。新たな領域での有意義な機会だ。

ブライトンカレッジは若者たちに賢い失敗の習慣とマインドセットを教えている教育機関のほんの一例だ。たとえば子供向けの博物館で、ボールを滑り台に落としたらどの方向に滑っていくかを予想する機会を与えるといった参加型展示も、幼い頃から正しい失敗を実践させる例といえる。遊びは賢い失敗のスピリットに欠かせない要素だ。失敗は必ずしも痛みをともなう必要はない。

事前準備をきちんとする

賢い失敗は準備から始まる。すでに失敗に終わった実験を繰り返して材料をムダにしようと思う科学者はいない。事前準備をしっかりしよう。典型的な賢い失敗は仮説に基づいている。何が起こるか、その予想が正しいと信じる理由は何か、時間をかけてじっくり考えよう。ハーバード大学の私の同僚で、アントレプレナーシップが専門のトーマス・アイゼンマンは、スタートアップ企業の失敗の多くは基本的な事前準備を怠ったために起こることを明らかにした。たとえばマッチングサイトを立ち上げたトライアンギュレートというスタートアップは、とにかくサービス開始を急いだために、市場ニーズにまったく沿わないものを送り出してしまった。市場にどんな満たされていないニーズがあるか、顧客インタビューによってリサーチする手間をはぶいてさっさとサービスを立ち上げたのだ。このきわめて重要な準備を怠ったために、結局代償を支払うことになった。[14] これはよくある失敗で、トムはその一因は行動の重要性ばかりを強調し、準備を軽視する「フェイル・ファスト（速く失敗する）」というスローガンにあると見る。[15] それに加えて当たり前のことを言うようだが、事前準備をしたらそこで得られた知見に従わなければならない。

すっきりしたカフェインレス飲料を求める市場トレンドへの対応として、一九九二年に慌てて開発された「クリスタル・ペプシ」の例を考えてみよう。「すっきり」と「カフェインレス」という二つの特徴を兼ね備えた飲料を売り出したらいいのではないか、しかも透明ボトルに入れて魅力をアピールしたらいい、というアイデアだった。ペプシ社内の科学者はいち早く、この企画に深刻かつ解決の難しい問題があることに気づいた。透明ボトルにすっきり系のドリンクを入れるとすぐに劣化してしまい、味が悪くなるのだ。製造を担当するボトラー各社からも早い段階からこの問題は指摘されていた。だがマーケティング部門の幹部はとにかく早く店頭に製品を並べようと、こうしたサインを無視した。みなさんが「クリスタル・ペプシ」など聞いたこともないというのも当然だ。これは製品開発の歴史上、最大級の失敗例とされている[16]。

ジョセリン・ベルが収集したデータについて何かおかしいと気づくことができたのは、物理学と電波天文学の教育を受けていたからだ。そうした背景知識がない者の目には、チャートはただのギザギザの線にしか見えなかっただろう。だがベルは「こんなデータが出るはずがない。いったいどういうことか理解したい」と自信を持って言うことができた[17]。この発言はベルが質の高い準備をしたことを物語っている。事前準備をしていなければ、予想外の事象に気づく能力はなかっただろう。「何が起こるはずか」、情報に基づくメンタルモデルがあってこそ、初めて異常を察知することができる。

イギリスのティーンエイジャー五人組（ピエトロ・ピグナッティ・モラノ・カンポリ、マティアス・パツ・リナレス、シャイヴェン・パテル、セス・リカード、フェリックス・ウィンスタンリー）は既存のアボカド剝き器をじっくり調べて知識武装していた[18]。「デザインにこだわる人の暮らしぶりを考えてみた。（中略）果物や野菜の処理に使われる既存の道具を調べた。その多くはダサくて扱いにくかったので、おしゃれなデザインにしたかった。フックのデザインをあれこれ試し、それから実際に作ってみた」と語っている。ヒームストラ博士が指導していたスティーブ・クヌートソンは新しい実験に時間や薬品を投じる前に、既存の文献をあたって自分の解決しようとしている問題についてできるだけ情報を集めようとした。一九六〇年代のあまり知られていない論文まで発掘したぐらいだ。

それと同じくらい重要なのが、ジョセリン・ベルのような想定外の事象が発生した理由を「理解したい」という欲求、あるいは新しい実験で何が起こるかを知りたいという欲求だ。たとえば庭いじりが趣味の人なら、なぜある場所に植えた種が別の場所に植えた種よりもよく育つのか、理解したいと思う。土壌だろうか。日が当たる時間だろうか。水やりのスケジュールか、それとも何かまったく違う要因か。教師ならなぜ他の学生より学習に苦労する学生がいるのか、と考える。新しい仕事に就いたり、新しい土地に引っ越したりしたときには、どんな試練、機会、経験が待っているのだろうとワクワクするかもしれない。人間は本来好奇心旺盛な生き物だが、年齢を重ねるとともに新しいことを理解しようとする意欲が衰えていくリスクがある。しかもすでに自分にはわかっていると思うことを、学習するのは難しい。

既存のシステム（家族、会社、国家など）のアウトサイダーが、きわめて価値のある新たな視点をもたらすのはこのためだ。アウトサイダーは自分が何も知らないことをわかっている。エンジニアで発明家のビシュヌ・アタルは一九六一年にベル研究所で働くためにアメリカにやってきた当初、インドの家族と会話するのにとてもイライラしたのを覚えている。なぜ電話の音声の受信状態がこれほどひどいのか。簡単な会話ですら理解するのが難しいほどだった。そしてなぜ国際電話はこれほど高いのか。こうした疑問に答えるために、アタルはベル研の同僚とそれから二〇年懸命に働くことになった。アタルの好奇心から始まった研究は最終的に「線形予測符号化（ＬＰＣ）」の開発に結実した。[19]今日、音声処理にもっともよく使われている技術だ。ＬＰＣを使うと世界中ほぼどこにいる人とでも携帯電話でクリアで安価な通話ができる。

失敗の規模を最小限にとどめる

ビルの粘り強い説得を受けて、メアリーは最終的にブラインドデートを承諾した。だが賢い彼女はリスクを抑える方法を考えた。今度は週末をまるまるビルの友人と過ごす約束はしなかった。一杯飲むだけの約束にして、延々とディナーに付き合わされるリスクも回避した。最悪でも二〜三時間拘束され、退屈な、あるいは不愉快な思いをするぐらいだろう。かかる時間と労力を最小限に抑えたうえでメアリーはビルの勧めに乗ってみることにした。

フタを開けてみると、ビルの友人ボブとメアリーの相性は抜群で、やがて二人は結婚した。あの晩、メアリーが出会った優秀でまじめでやさしい男性が私の父となったのだ。しかもキューピッドは矢を二本放ったらしく、ビルはそのとき交際していた女性、つまり私の父の妹にあたるジョアンと結婚したのだ。

失敗は時間とリソースを消耗するので、どちらも慎重に使うほうがいい。失敗は社会的評価にもかかわる。失敗によって周囲からの評価が下がるのを避ける一つの方法が、誰の目にも留まらないところで実験をすることだ。あなたも大胆な最先端ファッションが似合うか確かめる際は、店の試着室のカーテンを閉めるのではないか。企業でイノベーションを担当する部門や科学分野の研究所も活動を非公開にして、製品の設計者や科学者は周囲の目を気にせずにありとあらゆるぶっとんだ挑戦をする。

プロジェクトがうまくいっていないことが明白になったら即座に打ち切るのも、イノベーターが失敗の規模とコストを抑えるのによく使う方法だ。プロジェクトチームには巨岩をなんとか山の上に押し上げる努力を続けたいという思いが働く。心は動くが、ムダな努力だ。イノベーションのプロジェクトに携わるような優秀で意欲的な人材は、次のリスクあるチャレンジに配置換えしたほうがいい。自分が損失を取り戻そうとして深みにはまっていることにリアルタイムで気づくのは難しい。進捗状況の確認は「チーム作業」にすべきだと私が考える理由はここにある。その際はプロジェクトについて視点の異なる人々から意見を集めなければならない。そうすることで関係者は「サンクコスト（埋没コスト）」の誤謬を克服し、現状維持の動機づけを捨てて「潮時だ」と言いやすくなる。アルファベット（グーグルの親会社）子会社で大胆なイノベーションに取り組むXの責任者であるアストロ・テラーは、プロジェクトがうまくいっていないことを認めた従業員に失敗ボーナスを支給する。[20]プロジェクトの命運が尽きた兆しが表面化する頃には、もはや賢い失敗でなくなることを理解しているのだ。

W・リー・トンプソンは製薬会社イーライリリーの最高科学責任者だった一九九〇年代に「失敗パーティ」の制度を導入した。[21]目的は科学の進歩に不可欠な思慮深いリスクテイクを称えることだ。ただそれと同じくらい重要な目的は、こうした儀式を導入することで科学者らに迅速に失敗を認めさせ、次の挑戦にリソースを振り向けられるようにすることだった。つまり失敗の規模を最小限に抑えようとしていたのだ。パーティのもう一つの効用として、部内の他の人々にも失敗を共有し、再発を防げることを追加したい。これも失敗のコストをできるだけ小さく抑えるためのベストプラクティスだ。すでに明確になっているはずだが、賢い失敗も二度目になると賢いとはいえない。

失敗の規模を最小限にとどめるためのもう一つのベストプラクティスは、イノベーションを本格的に実施する前に、新しいアイデアをテストするための賢いパイロットプロジェクトを考案することだ。パイロットプロジェクトは理にかなっている。新しいものを小さな規模で試すことで、コストが高く耳目を集めるような大失敗を避けるのだ。とはいえ名案に思えるパイロットだが、現実にはうまくいかないことが多い。パイロットが成功したように見えても、実際にイノベーションをすべての顧客向けに公開したところ大失敗に終わるといったケースだ。これは社内で無条件の成功を望ましいと考え、賢い失敗を阻害するようなインセンティブが働いていることに企業のリーダー層が気づかないために起こる。誰だってパイロットを含めて自分が担当するプロジェクトを成功させたいと思うのは自然なことで、公式および非公式なインセンティブがそうした欲求をさらに高める。その結果パイロットの責任者は実験に参加する限られた顧客を満足させるために、たとえ余計なリソースや人手がかかろうともありとあらゆる手を尽くす。その後新たな製品やサービスが本格的にスタートすると、パイロットのときのような理想的条件をそろえられず、うまくいかなくなる。私が研究したある通信会社は、一見すばらしいパイロットを実施した後に本格展開した新技術が大失敗し、大恥をかいたうえに多大な損失を出した[22]。つまりパイロットプロジェクトが成功したことでプロジェクトそのものが失敗したのだ（反対にパイロットが失敗して全体が成功すればよかったのだが）。本格展開の前に解決しておくべき問題点を見つけるという役割を果たさなかったパイロットは、会社も顧客も失望させた。

その解決策となるのが、パイロットプロジェクトの担当チームが成功ではなく上手な失敗を目指すようなインセンティブを設けることだ。効果的なパイロットプロジェクトには正しい失敗がふんだんに含まれている。貴重な情報を生み出すような賢い失敗の数々だ。組織内で優れたパイロットプロジェクトを設計するためには、以下のチェック項目の答えが「イエス」でなければならない。

1. パイロットのテスト環境は最適化されたものではなく、典型的なものだろうか（むしろ通常より厳しい環境のほうが好ましい）
2. パイロットの目的が、できるだけ多くを学習することになっているだろうか（イノベーションの成功を経営上層部に証明することではなく）
3. 報酬や業績考課がパイロットの成功に左右されないことが明確になっているか
4. パイロットの結果を受けて明確な変更が加えられたか

おさらいしよう。賢い失敗の条件は、新たな領域で重要な目標を追求するなかで、十分な準備とリ

特　徴	判断基準
新たな領域で起こる	求めている結果を手に入れる方法を他の人がすでに見つけていないか。失敗を避けるために、別の方法で解決策を見つけられないか。
機会の追求	追求する価値のある機会があるのか。どのような目的を達成しようとしているのか。失敗するリスクを冒す価値があるのか。
既存の知識を参考にする	事前準備をしっかりしたか。実験する前に入手可能な情報を集めたか。何が起こるか、熟慮したうえで仮説を立てたか。
規模は最小限	実験を情報を得るのに必要最小限の規模にして、新たな領域で行動するリスクを抑えたか。計画している行動の規模は「適正」か。
おまけ：そこから学ぶものがある	失敗から教訓を引き出し、今後にどのように活かせるか検討したか。その知識を広く共有し、同じ失敗が繰り返されないようにしたか。

表 2.1　賢い失敗の見分け方

スク低減を行ったうえで（学習に最低限必要な資源しか投じない）起こることだ。表2．1に示した基準が満たされれば、何かに挑戦してそれがうまくいかなくても、賢い失敗といえる。あとはそこからできるだけ多くを学ぶだけだ。

できるだけ多くを学ぶ

私の両親の出会いから五〇年以上が過ぎ、今ではブラインドデートを設定するのにインターネットが使われるようになった。エイミー・ウェブもそうした一人だ。三〇歳のときにすでに「定量未来学者[23]」として輝かしいキャリアを歩みはじめていた人物でもある（フォーブス誌が「世界を変える女性五〇人」に選んだほどだ）ウェブは、人生のパートナーを探すため、かなり「上から」な姿勢でマッチングサイトに登録した。[24]プロフィールには「ジャーナリスト、講演者、思想家として受賞多数」「デジタルメディアに一二年以上にわたってかかわり、現在は世界各地のさまざまなスタートアップ企業、小売業、政府機関やメディア機関でアドバイザーを務める」などと書いていた。余暇活動の欄には「JavaScriptとマネタイズ」と書き込んだ。

数少ないデート相手の一人が「ITプロフェッショナル」だった。レストランで相手は前菜、メーンディッシュを何皿も注文し、さらにワインもボトルで何本も頼んだ。デートの間中、次々と料理が運ばれてきた。会話は退屈だった。そして会計のタイミングになるとデート相手はトイレに行き、戻ってこなかった。ウェブは当時の家賃一カ月分ほどの食事代を支払うはめになった。

明らかに失敗である。そしてウェブはそこから学ぼうと決意した。その晩、失敗はアルゴリズムによるものだとリフレーミングした。プラットフォームがマッチングするためのアルゴリズムが彼女の期待とズレていた。あるいはズレていたのは彼女のほうだったのかもしれない。ではどうすればアルゴリズムにうまく働いてもらえるのか。ウェブはなぜマッチングがうまくいかなかったのか、時間をかけて分析しはじめた。

まず目的としたのはデータを集めることだった。そこで自分が結婚したいと思うような架空の男性のプロフィールを一〇人分作成した。頭がよくハンサムで、ユーモアのセンスがあり、家庭を大切にし、エキゾチックな国に旅行するのが好き、といった自分が重視する特徴を盛り込んだのだ。それからこういう男性はどのような女性とマッチするかを見守った。相手を騙すことのないように、女性たちとのコミュニケーションは最小限にとどめた。こうして集めたデータをエクセルシートにまとめ、サイト上で一番人気の高い女性たちのプロフィールも分析した。

こうして得た新たな知識を武器に、二つめの実験に乗り出した。今回は自分のプロフィールをリバースエンジニアリングしたのだ。それは真実でありつつ、マッチングアプリという新たなエコシステムに「最適化」されたプロフィールになったという。履歴書に書かれた自分がすべてではないことに気づいたウェブは、自分は「おもしろく」「冒険心旺盛」だと説明した。どんなメールにも二三時間経ってから返信するようにした。写真は体形を隠すような服装ではなく、見せるものに差し替えた。改良したプロフィールは大成功を収めた。やがて人生のパートナーとなる男性と出会い、デートをし、結婚し、娘を授かったのだ。自分が成功したのは、マッチングサイトが使っていたアルゴリズムを逆手にとったからだとウェブは主張する。だがそもそも失敗から学び、粘り強く努力を続ける意欲がなければ、アルゴリズムを逆手にとることもできなかったはずだ。

うまくいかなかった事例とじっくり向き合って学習するのは、たいてい賢い失敗のプロセスにおいて一番悔しい思いをする場面だ。誰もがトーマス・エジソンのように前向きでいられるわけではない。がっかりしたり、恥ずかしいと感じたりするのはあなただけではなく、こうした感情に背を向けたくなるのは当然だ。だからこそ自責感情に抗い、リフレーミングし、「なぜなんだろう」と好奇心を持つことが重要なのだ。自分に都合の良いように解釈してしまうのは自然なことだが（「自分は正しかったけれど、研究所の誰かが何かしたに違いない」）、それでは何かを発見するのが難しくなる。

だが失敗から学びたいという真摯な欲求があれば、事実と正面から、そして合理的に向き合う力になる。そしておざなりな分析（「うまくいかなかったから、さっさと他の方法に移ろう」）を避け、場当たり的な行動ではなく、熟慮に基づいて行動しようとするだろう。そして「次は頑張る」といった真の学習を阻む上っ面だけの答えを避けようとする。必要なのは立ち止まり、何が悪かったのかをじっくり考えたうえで次に役立てることだ（あるいはその取り組みそのものを断念することだ。それも価値ある判断だ）。表2．2には失敗から学ぶときに犯しがちな失敗と改善方法をまとめた。

何より重要なのは、結果を入念に分析し、なぜ失敗が起きたかを突きとめることだ。うっかり間違

避けるべきこと	禁　句	やるべきこと
分析をサボる	「次は頑張ればいいや」	何がうまくいかなかったか、原因は何かをじっくり考える
おざなりな分析	「うまくいかなかったから、やり方を変えよう」	失敗のさまざまな原因が次の挑戦について何を示唆しているのか分析する
自分に都合のいい分析	「自分は正しかったけど、誰か（何か）がしくじったんだ」	自分が失敗に（大なり小なり）どのように影響したかを理解し、受け入れるために深掘りする

表 2.2　失敗から学ぶための方法

った薬品を使ってしまっただけか。それなら基本的失敗であって賢い失敗ではない。熟慮して立てた仮説が間違っていたのか。それなら賢い失敗だ。入念に分析し、どこが間違っていたのか、それはなぜかと自問しよう。突き詰めると、「これだ！」の瞬間につながるのは失敗から学ぶ姿勢だ。失敗の学習は環境を整えるところから始まる。新たな領域で機会を見つける、事前準備をしっかりする、時間とリソースを無駄にしないような小規模な実験を考える。哲学者向きの仕事ではない。行動重視、それも反復する姿勢が求められる。

行動ではなく反復を重視

賢い失敗には、始まりと終わりがある。世界中の発明家、科学者、イノベーション部門が実践する「賢い失敗戦略」とは、重要な目的に向けて前進するためにいくつもの賢い失敗を重ねることを意味する。実験をするとき、誰もが仮説が正しいことを願う。だが確実な結果を知りたければ行動するしかない。あなたが試そうとしているのはRNAを解きほぐすための薬品ではなく新しい髪型かもしれないが、行動に代わる選択肢はない。行動すればたいていフォローアップの行動が必要になる。本書の最初のほうの草稿など、それはひどいものだった。欠点と向き合う意思と反復が改善につながると信じる気持ち（そして電子的なのか物理的なのかを問わずゴミ箱が身近にあること）によって本はかたちになり、印刷所へたどり着く。どんなに先の見えない挑戦も、行動重視の姿勢があればスタートを切ることはできる。だが前進を続けるためには反復が必要だ。

　わが家の息子たちが小さかった頃は、冬は週末が来るたびにマサチューセッツ州のワチューセット山にスキーに行った。上手に、優雅に、そしてもちろんスピーディに滑る方法を学ぶのは息子たちにとって楽しい経験だった。下の息子ニックは幼い頃から上達しつづけることの大切さを直感的に理解していたようだった。まだスキーがそれほど上手ではなかった八歳ぐらいの頃、自分が滑り降りてくるところを見ていてほしいと言われた。そこで私はスロープのふもとに立ち、赤いパーカーを来た小さな人影がコブや他のスキーヤーを慎重に避けながら滑り降りてくるのを見守った。降りてきた息子に「どうだった？」と尋ねられ、私は心を込めて「すごく上手だったよ！」と答えた。多くの親が同じように反応するのではないか。

　だが息子の反応に私は面食らった。満面の笑みを浮かべるどころか、息子は困惑した表情を見せたのだ。「どうすればもっと上手に滑れるか、教えてくれないの？」少しがっかりした表情で息子は尋ねてきた。心理学者のキャロル・ドゥエックはこれを「成長マインドセット」と呼び、稀《まれ》な資質だと指摘する[25]。とりわけ何をしても褒められる子供時代には珍しい。ほとんどの子供は知性や生まれつきの能力は変えられないものという考えを徐々に受け入れていく。ただニックはなんでも自分より上手にできる兄がいたためか、正直なフィードバックを貪欲に求めた。正しい失敗を大切にした。ニックにとっては一つひとつの滑走が上達する機会だった。

　私が親としてこういう姿勢を育むために何か特別なことをしたのではないかと思われるかもしれな

いが、唯一言えるとすれば、キャロルの研究をよく知っていたので、結果（「上手な絵が描けたね！」）ではなくプロセス（「色遣いを工夫しているのがすごくいいね！」）にコメントするよう心掛けていることぐらいだ。とはいえ、このスキーのときはそうしなかった。今から思えば「スピードをよくコントロールできていたし、楽しそうに滑っているように見えたよ。もう少し膝を曲げて、胸を下向きにしたら、フォームがもっと良くなると思う」と言えばよかった。

人生においても、あるいは世界を変えるような技術についても、賢い失敗から学習するのには時間がかかることもある。ときには何十年もかけてたくさんの人が他の人の失敗を土台に積み上げていくこともある。たとえば信号機という発明も、今日信号機によって車の流れが止まったり進んだりするのと同じように足踏みや前進を繰り返してきた。[26] 鉄道会社の管理職だったジョン・ピーク・ナイトが発明し、一八六八年にロンドンで初めて設置された信号システムの光源はガス灯で、隣に警察官が立って信号を操作する必要があった。一カ月後、「ガス漏れによって灯りの一つが爆発し、警察官が顔に重傷を負った」と記録にある。信号機は公衆衛生上の危険要因であるとされ、設置プロジェクトは停止された。

四〇年後、自動車が道路を走りはじめると、信号機の必要性は切実なものとなった。一九〇〇年代の最初の数十年にわたり、アメリカでは何度も試作が繰り返された。ジェームズ・ホージが特許（光によって「とまれ」「すすめ」という文字が浮かび上がるデザイン）を取得した初の電気式信号機がオハイオ州クリーブランドに設置されたのは一九一四年のことだ。[27] とはいえ発明家で実業家のギャレット・モーガンが先行品を改良して今日のものに最も近い信号機をつくったのは一九二三年のことだ。[28]

モーガンはクリーブランド中心部の、すでに信号機が作動していた交差点で大事故を目撃したとされる。[29]「とまれ」と「すすめ」に間隔がなく、運転手が反応する時間がないから失敗したのだとモーガンは考えた。モーガンが発明し、その後GEに権利を売った自動信号機には、「とまれ」と「すすめ」の間にしばらく警告灯が光る仕組みになっていた。今日の黄色信号の前身だ。

成功までに何度か失敗を繰り返しつつも、実験期間が比較的短いケースもある。ニューイングランド地方で毎年秋に木から落ちたリンゴが廃棄されるのを見て、活用法を見つけたいと考えたクリス・スタークの例を考えてみよう。[30] アップルパイを作ったらどうか？　一人が食べられる、あるいは保管できるアップルパイの量は限られているので、良い解決策とはいえない。

アップルソースも同じ問題がある。

アップルサイダーならうまくいきそうだ、とクリスは考えた。保存が簡単だし、さまざまな用途に利用できるからだ。リンゴを粉砕するためドラム缶にネジを取りつけた装置をつくった。だがどうやってそれを回転させるか。まず自転車用のクランクを取りつけてみた。だがうまくいかなかった。労力がかかりすぎたからだ。続いてドラム缶を古い自転車とつなぎ、ペダルを漕いで動力を伝えようとした。それもうまくいかなかった。チェーンが切れてしまい、危なくて動かせなくなった。三つめの試みとして台座にエクササイズ用バイクを取りつけて固定した。こうして「エクササイダー」が完成した。

一番重要なのは、結果を入念に分析し、なぜ失敗が起きたのかを突きとめることだ。単なる薬品の取り違えなら賢い失敗ではなく基本的失敗だ。立てた仮説が間違っていたのなら、あまり気を落とさず、むしろ好奇心を発揮しよう。なぜ間違っていたのか。何を見落としていたのか。自分が間違っていたという事実より、失敗がもたらした新たな情報に注意を向けるように自分を訓練しよう。それが賢い失敗であったという事実に慰めを見いだせばいい。とはいえ賢い失敗の教訓は、決して自明なものではない。時間をかけて慎重に失敗を診断しよう。自分は何が起こると期待していたのか、実際には何が起きたのか、その違いをどう説明するのかと自問してみよう。痛みをともなう作業かもしれないが、必ずもっと良い方法を導き出す手がかりになる。次に何を試すべきかがはっきりするはずだ。

賢い失敗の達人

賢い失敗がことのほか得意な人は誰だろう。まず、すでに見てきたとおり科学者だ。もちろん発明家も。有名シェフや企業のイノベーション部門のリーダーなど、他にも枚挙にいとまがない。一見するとわからないが、実は一流の失敗実践者には共通点が多く、それは誰でもマネできるものだ。

その筆頭が好奇心だ。一流の失敗実践者は身の回りの世界を理解したいという欲求に突き動かされているようだ。それも哲学的思考を通じてではなく、直接世界と触れ合うことによって理解しようとする。さまざまなことを試し、実験し、積極的に行動する。その過程で失敗するリスクは高いが、彼らのリスク許容度はけた外れに高い。

好奇心に突き動かされて

ジェームズ・ウエストの父親は、息子を医学部に進学させたかった。[31] 世の中に病気の人がいるかぎり医者が失業することはないからだ。寝台列車のポーター（荷物の運搬人）で、鉄道業界で働くアフリカ系アメリカ人の労働団体「ブラザーフッド・オブ・スリーピングカー・ポーターズ」の組合員でもあった父サミュエルは、同僚のアフリカ系アメリカ人は博士号を持っているのに専門分野で働き口がないためポーターをしていると話してきかせた。[32] 一方、母のマチルダは高校の数学教師からNASAラングレー研究所に転職し、「人力コンピュータ」の一人として鉛筆と計算尺と加算器を手にロケットや宇宙飛行士を宇宙に送り出すのに必要な計算を担っていたが、全米黒人地位向上協会（NAA

ＣＰ）での活動を理由に解雇された[33]。アフリカ系アメリカ人である以上、（たとえ職場がＮＡＳＡであっても）科学者では失業リスクがある。医者という仕事はリスクをゼロに近づける最善の選択肢だった。

だが父の希望や警告にもかかわらず、ジェームズはテンプル大学で物理学を専攻した。朝鮮戦争に従軍して二つのパープル・ハート勲章を受章した[34]のもリスクを厭《いと》わない性格の表れかもしれないが、物理的世界がどのような仕組みでできているのかという興味は幼少期からはっきりしていた。将来エンジニアとなる人にはよくある話だが、ジェームズも子供の頃はドライバーを持たせると大変だった。すぐにいろいろなモノを分解して仕組みを調べようとするのだ。常に元に戻せるわけではなかったので、大人たちは頭を抱えた。あるときなど祖父の懐中時計を一〇七個の部品に完全に分解してしまったほどだ[35]。

ジェームズのお気に入りの失敗談は、八歳の頃に見つけた古いラジオにまつわるものだ[36]。その日は大家族のなかでジェームズが悪さをしないように見張る大人はいなかったようだ。壊れたラジオを見つけたジェームズは道具を片手にいじりまわし、なんとか修理できたと思った。バージニア州ファームビルにあった自宅は一九三〇年代の家の多くがそうであったように、各部屋に電源が一カ所しかなかった。天井から下がっている灯りである。ジェームズはベッドの柵の上に立ち、電灯の下がっているヒモを引っ張った。それからソケットをつかむと、突然「ジーッ！」という大きな音がした。

気づくと手が天井にくっついていた。

体を電流が走ったこと以上にジェームズが衝撃を受けたのは（結局、兄が部屋に入ってきて、天井から引きずり降ろしてくれた）、その失敗の性質と原因だ。古いラジオはジェームズにとっての新たな領域だった。また音楽を聴けるようにするというのは実現性のありそうな機会だった。事前準備として機械や電気に関する知識が必要だったが、それはすでに身につけていた。八歳だったジェームズにとって、リスクはラジオが音を発するかどうかに限られていた。だが賢い失敗の常として、このときも手が天井にくっついてしまうという想定外の結果が生まれた。原因は何か。なぜそんなことが起きたのか。ジェームズはなんとかして電気の仕組みを突きとめたいと思った。

それから八〇年後、スマホに使われるエレクトレット・マイクロフォンの共同発明をはじめ、二五〇以上の特許の持ち主となったジェームズ・ウエストは、あの日感じた強烈な好奇心について語った。それがのちの人生でさまざまな発見をする原動力となったというのだ。「なぜ自然はあんな動きをするのか、自然の動きを説得力をもって説明できるパラメータは何か、どうすれば目の前の物理原則をもっとよく理解できるのか」[37]。私は二〇一五年にウエストと一緒にあるカンファレンスに登壇したが、そのとき私たちが身につけていた小さなベージュのマイク付きヘッドフォンは彼が発明したものだった。

一九五七年、ウエストは大学の掲示板でベル研究所のインターンシップ募集広告を見て応募した。トランジスタをはじめ数々の画期的発明を生み出してきた研究所だ。ベル研はウエストを夏のインターンとして採用し、とりたてて理由もなく音響研究部門に配属した。音が近いほうの耳で聞こえてから、もう一方の耳で聞こえるまでのミリ秒単位の遅れ（両耳間時間差[38]と呼ばれる）について研究していたグループだ。最初に問題となったのは研究用のヘッドフォンだった。直径約二・五センチのヘッドフォンを使っていたが、研究グループの作成した音を聞きとれるのはほんの数人だったのだ。そこで十分な被験者を確保するという次なる問題が生じた。新米インターンに与えられた課題は明白だった。「どうすればもっと多くの被験者の両耳間時間差を測定できるか」だ[39]。

ウエストは図書館に行き、三人のドイツ人音響学者が執筆した論文を読んだ。さまざまな誘電式へッドフォンに関する論文で[40]、大きさも自在に変えられるという。ヘッドフォンのサイズを大きくすれば、研究グループの用意した「カチッ」という音をより多くの被験者が聞きとれるようになる。機械部門がウエストの指示どおりの新しいヘッドフォンを作製したところ、「これだ！」　五〇〇ボルトの巨大電池に接続されたより大きなヘッドフォンはウエストの予測したとおりに機能した[41]。

問題解決だ。これで両耳間時間差を測定する研究プロジェクトは先に進める。夏季インターンは大金星を挙げたわけだ。だがヘッドフォンは一一月には使えなくなった。ベル研の音響学者らは、すでに大学に戻っていたウエストに電話をかけ、「キミの装置の感度はほぼゼロになってしまったよ」と伝えた。何かとんでもない間違いがあったのだ。

そこでウエストが図書館で見つけた論文を読み直したところ、やはり「しばらく時間が経過したら電池を調整し、電流の方向を変える必要がある」と書かれていた。それは新たな問題をもたらした。電池の両極を逆にすると、音響部門の被験者に届く音が正しいものではなくなってしまうのだ。電話で話しているだけでは問題は解決しなかったので、ベル研は再びウエストをニュージャージー州に呼び寄せた。

どうしたら両耳間時間差を検査するのに十分な音を生み出すことができるか考えながら、ウエストはヘッドフォンをじっくり調べてみた。電池を外したところ、驚いたことにヘッドフォンはまだ動いた。ウエストが最初に思ったのは、コンデンサ（蓄電器）が充電された状態だからだろうか、ということだ。コンデンサは電気を蓄え、時間をかけて放出していく。そこで実験としてコンデンサを完全に放電した。それでも（オシレーターワイヤと高分子フィルムにつながったままの）ヘッドフォンは動作した。

とはいえ、これはいわゆる「電球がぴかっと光った」ような瞬間ではなかった。むしろ真っ暗闇だ。

こんなことが起こるはずがないのだから、何かが間違っている。パルサーの発見につながる電波望遠鏡の不可解なデータを見つけたときのジョセリン・ベルと同じように、ウエストもこの予想外の出来事と正面から向き合った。それと同じくらい重要なこととして、諦めなかった。ぶら下がった電線に触ったら手が天井にくっついてしまったときと同じように。「なんとしても理解したい、この高分子フィルムに何が起きているのか突きとめるまで何もできないと思った」とウエストは語る。[42] 粘り強さに欠ける失敗実践者ならこのミステリーをさっさと忘れたかもしれないが、ウエストの場合は好奇心と粘り強さが勝った。その結果エレクトレットの重要性に気づいたのだ。

こうして新たな問題を解決するという本当の仕事が始まった。それから二年間、ウエストとベル研の同僚となったゲルハルト・セスレルはエレクトレットの物理学の解明に取り組んだ。突破口となったのは、電荷がどのように生まれるかを考えるのをやめ、電荷を保持する高分子フィルムに意識を集中したことだ。[43] みなさんがこれから幾度となく目にするように、一流の失敗実践者はモノの考え方が柔軟で、一つの説を捨てて別の説を検討することを厭わない。ウエストとセスレルにとっての「やったぞ！」は、高分子フィルムに電子を閉じ込める方法を発見した瞬間だ。その影響はすさまじく（二人の発明によって電池が不要になった）、やがて私たちの生活を支える何百万という製品のあり方を一変させた。今ではありとあらゆる大きさや形の高品質マイクを、過去の数分の一の価格でつくることができる。エレクトレット・マイクロフォンを一九六八年に最初に製造したのはソニーだ。[44] エレクトレットは小さく、耐久性や有効性が高く、コストが低いことから、今では世の中のマイク、スマホ、補聴器、ベビーモニター、録音装置の九割に使われている。[45]

恐れずに実験する

ジェームズ・ウエストのほぼ半世紀後、一九七七年にコペンハーゲンで生まれたレネ・レゼピは二〇〇三年、彗星のように世界のフードシーンに登場した。レゼピはスカンジナビア半島北部の食材だけを使って新たなオート・キュイジーヌ（高級フランス料理）を創造する決意に燃えていた。[46]二五歳の若者とはいえ、新参者ではなかった。顎鬚《あごひげ》をはやした目力の強いワイルド系イケメンで、シェフらしい強い自我を持ったレゼピは、デンマーク人の母とユーゴスラビアのマケドニア地域からの移民であった父のもとに生まれた。料理学校に入学したのは、高校を退学になった一五歳のときだ。複数のレストランで見習いをしたが、[47]その一つが分子ガストロノミー分野のイノベーションと意外な素材の組み合わせで有名なスペインの名店エル・ブジだった。スカンジナビア半島北部にもとから存在していた素材だけを使うというレゼピの発想はあまりに異例で、不可能に思われた。[48]親しい仲間までが「クジラフード」と揶揄《やゆ》したほどだ。

レゼピは他人が懐疑的であるほどやる気が出るようで、否定的なレビューは受け流したり、勲章ととらえたりした。最終的にデンマークのテレビで料理番組のホストを務め、起業家でもあるクラウス・メイヤーと共同で設立したレストランは、世界最高のレストランに五回選ばれた。[49]これから見ていくように、オート・キュイジーヌで成功の決め手となる要因の一つは、無謀な実験だ。

「僕らは食の世界の冒険者として新たな方法や宝物を発見している」[50]。のちに出版されたレゼピの二〇一二年から一三年にかけての日記には、こう書かれている。調達した新たな素材はレゼピの創作にインスピレーションを与えてきた。野草やウニ、アワビ、アリといった変わった食材への好奇心と、発酵や乾燥といった実験的な加工方法の組み合わせは、まったく新しい料理をたくさん生み出してきた。[51]

当初は「レストランから一〇〇キロ圏内で栽培、捕獲、採集された食材[52]」のみで料理をつくるという実験は、比較的リスクの低いものだった。だが次第に素材は凍ったツンドラ地帯で見つかったカブやコリアンダーのような味のする自生植物などに広がっていった。日記をつけていた二〇一三年は重要な転換点となった。この頃レゼピは、自分の店はラボ（研究室）のようなものだ、と書いている。[53]若手シェフたちがニンジンなど特定の野菜の本質に迫るため、タネあるいは畑の研究に何週間も費やし、その素材を使った料理をレゼピが味見し、メニューとして店に出すかを決める。だがそんな理想を描いていても、実際に挑戦する若手はほとんどいなかった。

レストランの厨房ほど激しく、感情がぶつかりあい、猛スピードで動く職場は少ない。個人の評価、野心、ヒエラルキー、クリエイターとしてのアイデンティティなど、誰もがさまざまなものを賭けて闘っている。だから若手シェフたちにとって失敗の精神的負担は大きく、レゼピの当初の考え方はうまくいかなかった。ニンジンを使った料理の試作会の後には「あんなに試作したのにクソばかり」と日記に書いている。「次から次へと失敗作を運んでくるときのあの子たちは緊張というか、ほとんど怯えていた[54]」

やがてレゼピは週一度、若手シェフが実験するための時間を設け、そこではっきり、きっぱりと失敗を後押しするようになった。失敗を受け入れやすいものにするためだ。この取り組みを通じて、すばらしい料理を生み出すイノベーションの一環として失敗を受け入れる文化が醸成された。レゼピはこうした舞台裏の実験を「全力で取り組むかぎり、好きなだけ失敗できるチャンス[55]」ととらえ、次第に「失敗の伝道師」となっていった。惨憺たる結果に終わったニンジン料理試作会から七年後には、この新たな文化の体現者となった《Ｎｏｍａ》のペストリー部門責任者ステファノ・フェラーロがこう語るまでになった。「僕の仕事で重要なのは、一つひとつの失敗から学習することだ。それはあらゆる改善の前提でもある[56]」

リスクテイクと失敗を「当たり前」にしたことで初めて、技術を向上しつづけることが可能になったのだ。「食は常に時代とともにあるべきだ。立ち止まっていてはいけない」とレゼピは書いている。[57]こうした失敗戦略は驚くような成功につながる。たとえば生きたフィヨルドシュリンプを使ったレシピだ。[58]「小さくて透明な、動く宝石で、箱の中で二〇～三〇センチもジャンプする」と、レゼピは興奮気味に書いている。ふつうのシェフならソテーあるいはグリルするかもしれないが、レゼピは「小さなガラス瓶に氷を詰め、その上に載せる。添えるのは焦がしバターのエマルジョンだ」。そして生きたエビを咀嚼《そしゃく》したときの「うっとりするような」感覚を、こう描写している。「まず歯がやわらかな殻のサクッとした感触を味わい、それから頭の部分のやわらかくほのかに甘くエビの風味のする身を味わう。喰う者と喰われる者の記憶に残る味わいだ。エマルジョンソースは実は臆病者のためにある。昆虫のようなエビの目や頭を見ずに、びくびくしながらパッと飲み込んでしまいたいお客のために」

実験は成功したと信じつつ、レストランのお客が焦がしバターのかかった活きエビという大胆な料理にどう反応するか、心配はしていた。だがそれも杞憂だった。「店全体に仲間意識が生まれた。先に食べたお客たちは、後から食べたお客が笑い声や悲鳴をあげると、『わかっているよ』と言いたげにうなずいてみせた。みんな顔見知りで、まるで家族が大きなパーティを開いているようだった。（中略）海でフィヨルドシュリンプが獲れるかぎり、この料理はメニューに残りそうだ」

エレクトレット・マイクロフォンの発明と違い、料理は気まぐれで変わりやすく、主観的だ。ある晩には最高の料理だったものが、翌日もそうなる保証はない。二〇一六年にＮｏｍａのスタッフが一時的にオーストラリアのシドニーに移ったとき、レゼピらは貝を使った料理の舞台裏での実験で、野生トマトを使ってみた。[59]とびきり美味だった。だが翌日もう一度作ってみると、前日の風味は再現できなかった。店での提供は見送りになった。研究開発の責任者であるシェフのトーマス・フレベルはこう語る。「僕らはマニアックなんだ。うまくいったときの最高の気分を味わうために生きている。でもほとんどの時間は失敗し、起き上がり、また挑戦することの繰り返しだ[60]」

あらゆるイノベーターについて言えることだが、成功への道はアップダウンが激しい。二〇一三年一一月、レゼピはまた別のタイプの失敗に直面した。「帳簿のどのページをめくっても赤字ばかりで、レストランが莫大な損失を出した」ことを悟ったのだ[61]。地場の旬の素材を調達することにこだわった結果、食材にお金をかけすぎたのだ。とりわけ冬は難しかった。二〇一三年二月の日記には「霜《しも》には閉口する」と書いている。「材料がほとんどなくなったので、前進するためにもっと広いコンセプトに取り組もうとした。この忌々しい気候を出し抜く方法を模索していた[62]」

Ｎｏｍａの会計士は二〇一四年一月には家賃も払えなくなる、と警告した。さまざまな選択肢を検討したが、レゼピはどれも気に入らなかった。料理の値上げ、スタッフの解雇、あるいは（匿名の）飲料メーカーからの買収の申し出を受けるか。そこでレゼピは厨房マネージャーを採用し、経費を管理し、可能なかぎりコストを削減するよう命じた。まもなく大胆な新しい冬用メニューのプロジェクト（「ゴミ料理と乾燥キッチン」）の実験を続けながらも、コストを下げることに成功した[63]。魚の鱗《うろこ》、干したカブとホースラディッシュ、カボチャ、全粒のトウモロコシや穀物でつくったポリッジ（粥）、トーストしたクチナシの実を使って、Ｎｏｍａの魅力を高めるような珍しいメニューができあがった。常に厳しい財務状況、冬場の食材枯渇、料理がうまく再現できないリスクなどの問題はあるが、Ｎｏｍａは繁盛しつづけている。

Ｎｏｍａの食事を目当てにわざわざ飛行機でコペンハーゲンにやってくるお客もいるなど、街の観光客増加にも貢献している[64]。予約は一年待ちだ。ミシュランの三つ星を獲得したのはスカンジナビア料理店では初めてのことだ。[65] この圧倒的成功の要因は何だろう。レゼピはこう書いている。「私たちが成し遂げたことはすべて失敗によって、それも日々直面する失敗と向き合ったことによってもたらされた。それを忘れてはならない」[66]

二〇二三年一月、Ｎｏｍａは二〇二四年末をもって閉店すると発表し、飲食業界を驚かせた。[67] メディアはレゼピの成功と失敗に改めて注目した。報道の多くは有名レストランにつきものの長時間労働や低賃金といった問題を批判しており、Ｎｏｍａの発表の核心ともいえる興味深い方向転換を見落としていた。Ｎｏｍａはレストランとしてお客を迎えるのをやめ、新たな食材を開発し、インターネットで販売する食の研究所として生まれ変わるのだ。レゼピはシェフからイノベーションのリーダーに転身する。一つ確かなのは、一流の失敗実践者の新たなステージにおいても失敗を厭わない姿勢は役立つということだ。

失敗と仲良くする

オート・キュイジーヌの世界で成功するには、舞台裏でのリスクテイクが不可欠だった。同じように、世界中の企業がイノベーションを生み出せるかどうかは、いかに失敗するかにかかっている。今日では失敗を褒めたたえる企業はかつてほど珍しくなくなった。だが私が二〇〇二年秋にマサチューセッツ州チャタムで開かれたデザイン業界のカンファレンスで失敗について講演したときには、聴衆からどんな反応を受けるか予想できなかった。ステージを降りると、もの問いたげな表情の参加者が近づいてきた。デザイン会社ＩＤＥＯ（アイディオ）のデザイナーで、ボストン支社長だったダグラス（ダグ）・デイトンだ。真面目そうで思慮深い人物に見えたが、明らかに何か引っかかっているようだった。四〇代半ばのデイトンは黒髪に中肉中背、穏やかで言葉を選びながら話した。支社のあるチームが老舗マットレスメーカーのシモンズから請け負ったプロジェクトを進めているが、うまくいっていないようだ、という。自分とチームがそこからどんな教訓を学ぶべきか、理解するのを手伝ってくれないかとダグは尋ねた。喜んでお引き受けするし、ハーバード・ビジネススクール用に正式なケーススタディを書かせてもらえたらなおありがたい、と私は答えた。[68]

自社の失敗について調査し、文章にしたいという私の申し出にダグが「イエス」と答えた事実そのものが、ＩＤＥＯという会社について多くを物語っている。失敗を研究したいという私に門戸を開く経営者はさほど多くない。私の知るかぎりＩＤＥＯほど賢い失敗の精神を体現している企業はない。

当時のＩＤＥＯは国際的に高い評価を受けていた小さなイノベーション・コンサルティング会社で、世界中に一二の「スタジオ」を有していた。[69]設立されたのは「フェイル・ファスト（速く失敗せよ）」の哲学が浸透しているシリコンバレーの中心部にあるパロアルトだ。一九九一年にスタンフォード大学の工学教授デビッド・ケリーと著名な工業デザイナーのビル・モグリッジがそれぞれの小さな会社を合併させたのがはじまりだ。[70]

以来ＩＤＥＯの従業員はさまざまな専門分野にまたがるチームを組み、驚くほど多様な家庭用、商業用、工業用の製品、サービス、環境をデザインしてきた。広く使われているイノベーションの例を挙げると、コンピュータ用マウス（当初はアップルのために設計・開発された）、個人用ビデオレコーダー「ＴｉＶｏ」用にデザインされた親指を立てたり下げたりするサイン（今ではソーシャルメディア・プラットフォームで当たり前に使われている）、イーライリリーのためにデザインした使い捨ての充塡済みインスリン注射器などがある。[71]これだけでもパソコン、医療機器からユーザーインターフェースまで、ＩＤＥＯの業務の幅広さがよくわかる。同社の成功要因はたくさんある。最も顕著なのが、工学（機械工学、電気工学、ソフトウエア工学）、工業デザイン、プロトタイプ機械加工、ヒユーマンファクター建築など、幅広い分野の専門性を有していることだ。だが成功要因として最も重要なのは、失敗に対するポジティブな姿勢かもしれない。

従業員はそれぞれの専門知識を評価されているが、それ以上に重視されているのがうまくいかないかもしれない新しい事柄に挑戦する姿勢だ。各チームの背中を押すIDEOのモットーの一つが「早く成功するために速く失敗しろ」だ。[72] 二〇〇〇年までCEOを務めたデビッド・ケリーは頻繁にパロアルトのスタジオを歩き回り、「早く成功するために速く失敗しろよ」と明るく声をかけていたことで知られる。イノベーションのプロジェクトで失敗が必要なのは自明であるにもかかわらず、有能な若い社員たちは失敗を嫌うちっぽけな感情が邪魔をして身動きがとれなくなってしまうことを理解していたのだ。社員の多くは学生時代を「オールA」で通してきたような者ばかりだ。「失敗は楽しそうだが、自分がやるもんじゃない」という考えが染みついている。彼らが頭で理解していることを感情的に受け入れ、リスクの高い実験に取り組むためには、ケリーの頻繁な明るい声かけが必要だったのだ。二〇〇〇年から二〇一九年までCEOを務めたティム・ブラウンは、二〇〇五年の私とのインタビューでこう説明した。「社内全体に『やってみろ、なんとかしろ、うまくやれ！　われわれはいつでもキミを全力でサポートする用意はあるが、自分でなんとかできると信じているぞ』という空気がある」。[73] 賢い失敗を重視する姿勢が長年IDEOの成功の原動力となってきたことはよく知られている。

しかしそんなにたくさん失敗しながら、IDEOはどうやって誰もが羨むような評判を維持しているのか。答えはシンプルだ。失敗のほとんどは舞台裏で起こるからだ。しかもそれは複数の専門分野から知識を集め、規律ある反復的チームワークのなかで起こる。またIDEOは「速くたくさん失敗しろ」と熱心に呼びかけるデビッド・ケリーを筆頭に、会社のリーダー層がリスクテイクのための心理的安全性を醸成することに真剣に取り組んできた職場でもある。

二〇〇二年一一月初旬、当時マサチューセッツ州レキシントンにあったIDEOのボストン・スタジオを初めて訪問した私は、「アイランド」と呼ばれる周囲より一段高くなったアーチ形通路のてっぺんに立った。そこからは広々としたカラフルかつ雑然とした空間で、カオスのような活動が起きているのが一望できた。デザイナー、エンジニア、ヒューマンファクターの専門家たちが、小さなチームごとに顧客企業のためのイノベーション・プロジェクトに取り組んでいる。この非公開の場で彼らは好きなだけミスを犯し、リスクをとり、失敗し、再び挑戦することができた。「プロトタイプ・ラボ」と呼ばれる社内でも数少ない個室の一つはこの日、一日中使われなかった。あまり好ましい兆候ではない。その一因はシモンズのプロジェクトが、機械工チームに作るべきものを具体的に指示できなかったからだ。

最終的にイノベーションを生み出すことに成功するプロジェクトは、その過程でいくつもの失敗を経験する。それはイノベーションというものが、確かな解決策がまだ生み出されていない未知の領域で起こるからだ。これから繰り返し見ていくとおり、どれほど知恵を絞った実験もたいてい失敗する。そしてジェニファー・ヒームストラの研究所や、ジェームズ・ウエストが発明に取り組んだベル研究所がそうであったように、こうした失敗のほぼすべては世間の目に触れないところで起こる。こんなふうにも言い換えられる。IDEOで起こる失敗のスポンサーであるクライアント企業は、実際に失敗が起こるさまをデザイナーの肩越しにのぞき込んでいるわけではない。待ちわびた顧客にプロジェクトが届くころには、成功まちがいなしの状態になっている。これは優れたイノベーション部門のリスク低減戦略の一つだ。

私と出会った頃、ダグ・デイトンはIDEOの事業をイノベーション戦略サービスにも広げようとしていた。企業から個別の新製品のデザインを請け負うだけでなく、企業がイノベーションを起こすべき製品分野を見きわめる手伝いもしようというのだ。こうした実験は最終的にＩＤＥＯのビジネスモデルの刷新につながるはずだが、ビジネスモデルの実験でも成功に至る過程で失敗は起こる。

従来「典型的なプロジェクトは、顧客が必要な製品を説明する三〜一〇ページの仕様書を持ってくるところから始まり（中略）『あとはやっておいてくれ』という流れだった」とダグは説明した。そしてＩＤＥＯは言われたとおりに仕事をする。だが二〇〇〇年代初頭になると、顧客は「プロセスの早い段階からＩＤＥＯを巻き込み、製品のためのコンテキストづくりにも協力を求めるようになった」[74]

シモンズも新しいマットレスのデザインを依頼したのではなく、寝具産業における新たな機会を見つけるためにＩＤＥＯを雇った。ＩＤＥＯが最終的な製品のアイデアをプレゼンしたときには、シモンズの経営陣からとても好意的な反応があった。だがそれ以降何カ月もフォローアップがないままだという。デイトンはしぶしぶプロジェクトは失敗だったのだと結論づけた。ＩＤＥＯチームが出したアイデアはクリエイティブで実現可能であったものの、シモンズはそれを実行に移していなかった。

何が間違っていたのだろう？

このプロジェクトはＩＤＥＯの新たな戦略サービス事業のテストケースとして最適だと思われた。ありふれた製品カテゴリー（寝具）の枠を打ち砕き、新たな機会を見つけるというのはまさにデザイナーを夢中にさせるような課題だった。失敗の原因は努力不足ではなかった。あらゆる年代の顧客にインタビューを実施し、マットレス店を訪問し、マットレスの配送業者に同行して作業を見守るなど、プロジェクトチームはベッドはもちろん睡眠の関連分野についてさまざまな視点から学習した。その結果、「若いノマド層」というこれまで業界から見過ごされてきたグループを見つけた。きわめて活動的なライフスタイルを送る一八〜三〇歳の単身者で、寝具など大きくて扱いづらく、値段も高すぎると考えていた。大きな一生モノの買い物はしたくない。引っ越しは頻繁にするだろう。小さなアパートでルームメイトと同居し、寝室は寝るだけでなく娯楽や勉強のためのスペースでもあった。こうした洞察に基づいて、チームはまったく新しい製品のアイデアを思いついた。マットレスとベッドフレームの一体型で、個性的なビジュアル、折り畳み式、簡単に移動できる軽量モジュールといった特徴を兼ね備えていた。だがシモンズはこうしたアイデアを一つも実行しなかった。

最終的にシモンズ・プロジェクトの失敗からダグは重要な教訓を学んだ。戦略サービスを通じて顧客企業がアイデアを行動に転換する（たとえば新しい製品ラインを立ち上げるなど）のを支援しようと思うのであれば、これまでのように顧客を締め出して非公開で仕事をするわけにはいかないということだ。ＩＤＥＯの提案は、顧客がイメージし、実行できるものでなければならない。ＩＤＥＯとして企業組織のなかでアイデアを通す方法を学ぶ必要があることが明白になった、とのちにティム・ブラウンは語っている。[75] それにはプロジェクトチームにクライアントから人材を一〜二人受け入れなければならない。

ダグらはまもなく失敗を成功に変える方法を見つけた。戦略サービス事業を拡大するなかで、ＩＤＥＯは自らのイノベーションプロセスにクライアントを巻き込むようになったのだ。シモンズとのプロジェクトが失敗した一因は、ＩＤＥＯが顧客の製造部門の生産体制を理解していなかったことにあった。製品イノベーション事業においては、非公開のアプローチが顧客の失敗を防ぐうえで大いに役立ったが、戦略イノベーション事業においてはそれが裏目に出たのだ。同じ失敗を繰り返さないため、ＩＤＥＯはデザイン、工学、ヒューマンファクターの専門家のスキルを補完するような、経営の学位を持つ人材を採用しはじめた。そして顧客企業が失敗を上手に実践できるように顧客と協力するようになった。

ＩＤＥＯが自分たちのすばらしいアイデアを理解しない顧客を責めて終わりにしていてもおかしくなかった。シモンズを悪者にすることもできたはずだ。だがデイトンらは自分たちのどのような行動が失敗につながったか、どうすればよかったかを振り返った。この学ぼうとする意欲が、顧客が新しい方法でイノベーションを起こすのを支援するというビジネスモデルへの進出に役立った。

それぞれ置かれた状況はまったく異なるものの、ウエストもレゼピもデイトンも一流の失敗実践者に共通する特徴を理解するうえで大いに参考になる。すでに見てきたように、そこには純粋な好奇心、実験することへの意欲、失敗に親しむといった要素が含まれる。彼らが失敗に耐え、うまくつきあおうとする動機づけとなるのが、新たな問題を解決し、自らの技能を高めたいという尽きることのない意欲だ。

賢い失敗の知恵を真剣に受け止める

本章に出てくるエピソードや概念は、人生、職場、企業での賢い失敗がたどる紆余曲折を描いている。みなさんに失敗への対処法を学んでいただきたいからだ。賢い失敗の特徴を理解できたら、もっと気楽にそれと向き合えるだろう。その第一歩は、あなたにとってとても重要で、失敗するリスクをとってでも追求したいと思えるような機会を見つけることだ。次に重要なのは、たちの悪いリスクを避け、合理的リスクを受け入れることだ。そのためには事前準備が必要になる。すでにわかっていること、すでに試みられたがうまくいかなかったことを調べあげ、失敗しても痛みをともなうムダな大失敗にならないように実験をデザインする。ジェニファー・ヒームストラ、ジェームズ・ウエスト、ルネ・レゼピ、ダグ・デイトンといった今日の一流の失敗実践者たちは一〇〇年前のトーマス・エジソンがそうであったように、未知の領域を進んでいくときには失敗は起こりうる（むしろ起こりやすい）ことを理解しつつ、それでもうまくいく可能性を考えて進んでリスクをとった。

賢い失敗の原則を認知的に理解し、内面化していれば、建設的で成功につながるような健全な感情的反応ができるようになるかもしれない。先に述べたマーティン・セリグマンの健全な帰属に関する研究からも、賢い失敗は避けられないものであることを自らに言い聞かせつつ、何がうまくいかなかったか時間をかけて吟味するのが賢明な対処法であることがわかるだろう。未知の領域では、試してみて失敗することでしか前に進めない。賢い失敗の特徴を理解することで、仕事においても人生においてももっと幸せに、もっと成果を出せるようになると私は信じている。賢い失敗の原因は、非難すべき行為ではないことも覚えておくといいだろう。がっかりはしても、恥ずかしさや恥を感じる必要はない。むしろ賢い失敗は好奇心を刺激するはずだ。なぜそれが起きたのか、次はどうしたらいいのだろう、と。そうだとすれば、私たちの脳内の扁桃体は賢い失敗に相応の賞賛や満足を感じるべきなのだが、およそそんなことはない。どれほど賢い失敗であろうと、私たちはやはり失敗より成功のほうを好む。

賢い失敗のなかには最終的な成功の道筋を示すなど、とりわけ称賛すべきものもある。その失敗によってある道筋が閉ざされたことで、別の道に目を向けざるを得なくなることもある。どうすればうまくいくかいかないかを明らかにすることは、どうすればうまくいくかと同じくらい価値があるときもある。イーライリリーなどが社内で失敗パーティを開くのはそんなときだ。先駆的な取り組みをするチームが会社に貴重な新情報をもたらしたら、その功績を評価すべきであり、彼らが失望とうまく折り合いをつけられるように少しぐらい励ましたほうがいい。二〇一三年にイーライリリーが「アリムタ」という実験的な化学療法薬を開発し、臨床試験に多額の資金を投じたのはまさにそんな事例だった。残念ながら第Ⅲ相試験では癌の治療に有効性は確認されなかった。[76] これは間違いなく賢い失敗である。どんな結果が出るか、事前に予想することは誰にもできなかった。そして試験は適切なデータ分析ができる最小規模にとどめられた。これは失敗パーティに値する。

ここで物語が完結していてもおかしくはなかった。しかし試験を実施した医師には、失敗からできるだけ多くを学ぼうという強い意思があった。そして患者のなかには薬の効果があった者もいたこと、そして効果がなかった患者には葉酸欠乏症があったことを発見した。そこでその後の臨床試験で葉酸サプリメントを追加したところ有効性が大幅に改善した。こうしてアリムタは年間約二五億ドルを売り上げるドル箱製品となった。[77]

賢い失敗は正しい失敗だ。ここまで読んでいただければ、こと賢い失敗については「失敗を受け入れること」は理性的にも感情的にも可能であることは明白になっただろう。賢い失敗を受け入れることは発明家、科学者、著名シェフ、そして企業のイノベーション部門において必須である。それ以外の人にとっても、より充実した胸躍る人生を生きるのに役立つだろう。

続く二章では、それほど賢くない失敗について見ていく。ただ基本的失敗も複雑な失敗も、隠したり恥ずかしく思ったりすべき事象ではなく、むしろ生きていくうえで避けられないものだ。だからこそどう向き合い、そこからどう学ぶかを学習しなければならない。

第三章　人間は失敗する生き物だ

絶対に間違いを犯さないのは、何もしない人間だけだ。

――セオドア・ルーズベルト

二〇二〇年八月一一日、銀行業界の歴史上まれにみる大損をもたらす失敗が起きた。金融業の失敗の多くは複雑で、会社のインセンティブ、不良債権、経済状況、不正行為、政治的イベント、自然災害などさまざまな要因が重なって起こる。だがこのケースは違った。三人のシティバンクの社員が化粧品メーカー、レブロンの債権者に本来なら八〇〇万ドルを送金するところを、誤って九億ドル送金してしまったのだ[1]。ブルームバーグの報道によると、融資ソフトウエア上で送金を承認したシニアマネージャーは、自動デフォルトモードを無効化する際に確認すべきすべてのボックスをチェックしなかった。結果としてシティバンクは債権者に利子分を送金すべきところを、元本をまるごと送金してしまった。このシンプルなミスによって基本的失敗が起きた。とてつもなく大きな基本的失敗だ！こんな基本的失敗をすると、とにかく時計の針を巻き戻してやり直したいと強烈に思う。

このミスを犯したシティバンクの社員たちは、なんとか「やり直し」をしようとした。だが資金を取り戻そうとしたところ、一部の受取手は誤って送金を受けたにもかかわらず返還を拒んだ。当然シティバンクは訴えた。だが裁判官は「拾ったもの勝ち」という物議を醸すような判断を下し[2]、シティ

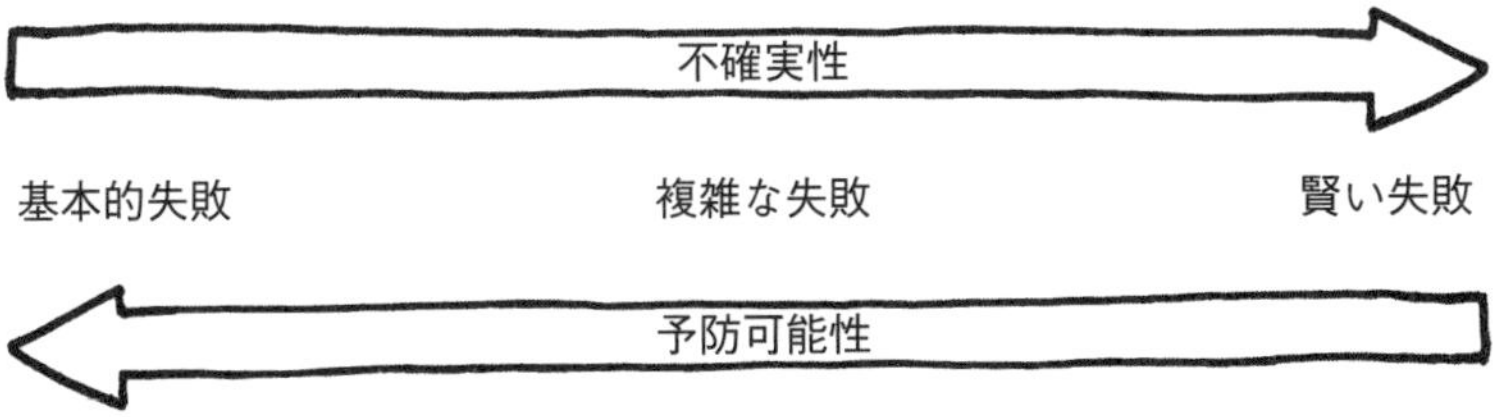

図 3.1　不確実性と予防可能性の関係

バンクは失った資金を取り戻すことができなくなった。みなさんが裁判官の判断をどう思うかにかかわらず、数億ドルの損失につながるようなミスを犯した社員には深く同情するのではないか。

　すべてがうまくいかないように思える日は誰にだってある。ちっぽけな日々の失敗でも、やはり問題やムダを引き起こす。スマホの充電さえ忘れなければ。なぜ家の駐車場に車を入れるとき、もっと注意深くやらなかったのか。ミスの多くは不注意が原因で起こる。友人を怒らせたのは何かを言う前によく考えなかったからだろうか。思い込みもミスの原因になる。いけそうだと思った仕事をオファーされなかったのは、面接官に好印象を与えられなかったからだろうか。相手との関係も実務経験も能力も完璧に思えたのに。自信過剰だったのが、ミスを招いたのかもしれない。そうこうしているうちに今度は屋根の雨どいが詰まって地下室で水漏れが発生し、家の基礎にダメージが出た。ヒマができたらすぐに雨どいを掃除するつもりだったのに。ほったらかしにするというのもよくある失敗の原因だ。

　どれも基本的失敗だ。賢い失敗が未知の領域で起こるのとは違って、基本的失敗はよく知っている領域で起こる。基本的失敗は正しい失敗ではない。さまざまな失敗タイプのスペクトラムのなかで、基本的失敗は賢い失敗から最も遠いところにある。基本的失敗は非生産的だ。時間、エネルギー、リソースを無駄にする。しかもほとんどが未然に防げる。図3．1が示すように不確実性が高いほど防ぐのは難しくなる。ヒューマンエラーを完全にゼロにすることはできないが、基本的失敗を最小限に抑えるためにできることはたくさんある。そのためには防ぐことのできるミスは防ぎ、それ以外のミスはキャッチして正す必要がある。後者については「ミス」とそれをタイミングよくキャッチしなければ起こるはずの「失敗」とのリンクを断ち切る必要がある。

過失（ミスと同義）はそもそも意図的ではないという定義を思い出してほしい。その影響はたいてい比較的軽微だ。たとえば道に出るときにクルマを急いでバックさせてバンパーにちょっとした凹みができてしまった、といった具合に。それらは日常的な「しまった！」や「あらら」であり、誰もがさっさと切り替えて修正するすべを学ぶ。うっかり怒らせてしまった友人には謝り、雨どいは週末に掃除する。

要するに基本的失敗は日常的に起こるもので、その多くはさほど重大ではない。だがときおり、基本的失敗にも破滅的なものがある。たとえちょっとしたミスでも、ときとして重大な影響が跳ね返ってくることもある。ただそのなかには正しい失敗はひとつもない。ならばなぜわざわざ時間を割いて基本的失敗について学ぶ必要があるのか。

第一に、基本的失敗は「ミスは起こるものである」という事実を受け入れる訓練を積む機会となる。基本的失敗を犯した自分を強く責めるのは無意味だし不健全だ。ミスとそれがきっかけとなって起こる失敗は、人生の一部だ。ときに基本的失敗ですら新たな気づきにつながることもある。曲がる角を間違えたらミーティングには遅刻するかもしれないが、それまで存在すら知らなかった美しい散歩道が見つかるかもしれない。

第二に、特定の活動で上達したい、大切に思っている人間関係をさらに深めたいと思うなら、ミスと向き合い、そこから学ぶ姿勢が必要だ。ミスを避けたい気持ちを克服しなければならない。

とはいえ基本的失敗がどのように起こるかを学ぶべき最大の理由は、それらをできるだけ防ぐためだ。ミスや間違い防止方法に関する膨大な研究から明らかになった知見や実践法は、そのためにある。ミス防止方法についての知識の多くは、航空業界での数十年におよぶ研究と訓練がもたらしたものだ。航空業界には悲惨な基本的失敗につながりかねないミスを削減するための手順やシステムを生み出してきた輝かしい歴史がある。新たな気づきではなく厄介な事態をもたらす「悪い」失敗を防ぎ、減らすことこそ、基本的失敗への対処法なのだ。たとえばパイロットと乗務員が、離陸前に口頭で手順や指令のチェックリストを確認することが、予防可能なミスを防ぐのに効果的であることが明らかになった。[3]この慣行はアトゥール・ガワンデのベストセラー『アナタはなぜチェックリストを使わないのか？：重大な局面で〝正しい決断〟をする方法』のおかげで、いまや医療などほかの分野でも広く使われている。

チェックリストがあれば必ず基本的失敗を防げるわけではない。有用なシステムだが、意識的に使用されなければ意味がない。一九八二年一月一三日、酷寒のなかワシントンＤＣのナショナル空港からフロリダ州フォートローダーデールに向けて飛び立ったエア・フロリダ九〇便は、離陸直後に氷に覆われたポトマック川に墜落した。[4]操縦室のやりとりの録音を聴いた捜査官は、単純なヒューマンエラーが基本的失敗による大惨事につながったと指摘した。パイロットらが定例のフライト前チェックリストを確認する様子を書き起こした一部を以下に示そう。通常どおり副操縦士がチェックリストを一つずつ読み上げ、機長がコックピットの該当するインジケータを確認したうえで返答している。

副操縦士：ピトー・ヒート

機長：オン

副操縦士：凍結防止
機長：オフ
副操縦士：ＡＰＵ
機長：作動
副操縦士：スタートレバー
機長：アイドル

機長の返答にどこかおかしい点はないだろうか。ミスに気づくために航空機操縦に関する技術的知識は不要だが、寒冷な気候に詳しいほうがいいだろう。それこそがエア・フロリダのパイロットらのヒューマンエラーの原因だったからだ。

温暖な気候状況で飛ぶことに慣れていたため、チェックリストでは凍結防止装置はオフと答えるのが当たり前だった。この項目のやりとりはもはや機械的になっていた。慣用表現をするなら「寝ていたってできる」。パイロットたちは立ち止まり、自分たちにとって不慣れな酷寒の気候下でのフライトではルーティンから離れる必要がある（凍結防止装置をオンにすべき）と考えられなかったために悲惨な失敗を引き起こし、七八人が命を落とす事態となった。ソフトウエアの扱いを間違えたシティバンクのマネージャーと同じように、パイロットたちも習慣となった行動を覆すことができなかった。

基本的失敗のキホン

基本的失敗のほぼすべては注意するだけで回避でき、創意工夫も発明も必要はない。ミスについて頭に入れておくべき重要な点は、それが意図せざるものであり、失敗を防ぐためにミスを罰するのは逆効果であるということだ。そうすると誰もミスを認めなくなり、予防可能な基本的失敗が起こりやすくなるという皮肉な結果につながる。これは企業だけでなく、家庭内でも同じだ。

基本的失敗には賢い失敗のようなおもしろみはないが、それでも学習の機会であることに変わりはない。そして複雑な失敗のような入り組んだものではないが、同じように重大な結果につながりかねない。

すべてのミスが基本的失敗を引き起こすわけではない。当たり前のことを言うようだが、多くのミスは失敗にはつながらない。誤ってシリアルを冷蔵庫に入れ、牛乳を棚にしまってしまうのはミスではあるが、それが腐った牛乳と湿気たシリアルという（いずれにせよささいな）基本的失敗につながるのはそのまま気づかずに放置した場合だけだ。患者に間違った薬を投与してしまっても、まったく影響が出ないこともある。不幸中の幸い、といってもいいだろう。

誰もがミスを犯す。スマホの充電を忘れても、電話しながら充電できる場所を見つけられれば基本的失敗にはつながらない。誤ってケーキに砂糖を入れすぎた、あるいは少なすぎた場合でも、想定していたより甘すぎたり甘さが足りなくなったりはするが、食べられないほどではない。野球の試合でバッターが何人か三振を食らっても、チームが勝つこともある。絶対ミスをしないという目標設定は誰にとっても現実的ではないし、望ましくもない。

ただ、すべての基本的失敗はミスが原因で起こる。スマホの充電を忘れるというミスは、予定していた電話を受けられず、期限までに重要な情報を入手しそびれるといった基本的失敗につながることもある。砂糖の代わりに塩を入れてしまえばケーキは食べられなくなる。野球チームが三振ばかりで得点をあげられなければ試合に負けてしまう。基本的失敗を引き起こすのは常にミスだ。

では意図的なミスはどうだろう。「意図的なミス」という言葉は自己矛盾で、いたずら、あるいはサボタージュ（怠業、サボり）と呼んだほうがいいだろう。砂糖と塩の容器にわざと逆のラベルを貼るという不届き者は、いたずらをしかけているのだ。スポーツチームが何らかの得をするために組織的にわざと負けるのはサボタージュである。ことミスについては、意図的であるかどうかは重要だ。

基本的失敗にどう気づくか

バスの運転手はブルックリン地区の住宅街で起きた事故現場から、呆然とした様子で歩き去った。[5] 手首に傷を負い、血まみれだった。ニューヨーク交通局で一三年も運転手として働いてきたベテランだが、運転していた大型バスはブルックリン特有のブラウンストーン張りの建物に突っ込んでいた。歩道に集まった野次馬には、アクセルとブレーキのあいだに足が挟まり、バスを制御できなくなったと説明していた。急加速して周囲の車両に突っ込んだ後、建物の側面にぶつかり、一階の病院のガラス窓を粉々にした。乗客一六人がけがを負ったが、重傷者はいなかった。その後公開されたビデオから運転手は足の間に買い物袋を置いていたことが明らかになった。[6]

事故は典型的な基本的失敗だった。

ペダル近くにモノを置くことは規則違反だったが、二〇二一年六月七日の午後、この五五歳の運転手は買い物袋ぐらいかまわないだろうと思ったわけだ。捜査の結果、車両に機械的不具合は見つからなかった。バスは通常ルートを走行しており、天候も視界も良好だった。事故は買い物袋のせいで運転手の足が動かなかったという単一の、簡単に特定できる原因で起きた。

この事故には基本的失敗の二つの特徴がよく表れている。①既知の領域で、②単一の原因で起こることだ。

既知の領域

基本的失敗に分類される要件の一つは、原因となるミスが期待される結果を得る方法が明らかな分野で起きることだ。バスを建物に衝突させた運転手は、買い物袋を両足の間に置くことで安全規則を破っていた。同じように、組立方法の指示を守らなかったために椅子が壊れてしまった場合、床に散乱した折れた脚は基本的失敗の証である。ガイドライン、規則、過去の研究、知り合いから得た知識などは既知の領域の例だ。インターネット上で指示書が見つかれば、それは既知の領域だ。つまり魔法や奇跡に頼らなくても既存の知識を活用できる。情報は入手可能で、トレーニングも受けられる。建築法や安全規則は既知の領域を体系化して失敗を防ぐためにあり、過去の失敗への対応として制定されることが多い。

簡単にいえば、不注意、油断、自信過剰が原因で入手できる知識を活かさなかったためにミスが起きた場合、失敗は基本的失敗となる。

初めてクッキーを焼いたとき、あるいは初めてコーヒーテーブルを組み立てたときにミスをするのはどうか。言葉のわからない街で迷子になったら？　その結果として起きる失敗は、基本的失敗だ。なぜならクッキーの焼き方、コーヒーテーブルの組立方法、その街の地図はいずれも入手可能だからだ。レシピを入手し、指示書に従い、地図を活用すればいい。もちろんこの分類方法には主観も入る。たとえば、すでに知識が存在していることを知らないという状況もときにはあるだろう。もっともな話だ。その場合はあなたにとって未知の領域で起きたのだから、基本的失敗から賢い失敗に分類を変えてもいい。子供がたくさんのミスや基本的失敗をするのは（幼児が転んだり、小さい子が宿題をなくしてしまったり）、大人にとっては新しくない世界も彼らにとっては新しい場所だからだ。子供がミスも失敗も一切経験しないように守ってやろうとする親は、子供の成長にとても重要な学習機会を奪うことになる。

単一の原因

先述のバスの事故は、運転手が足を動かせなくなったという単一の原因による基本的失敗だった。電池切れでスマホが動かなくなる。砂糖と間違えて塩を入れてしまったためケーキが食べられない代物になる。酷寒の日に凍結防止装置をオンにしなかったため飛行機が墜落する。チェックシートを正しく確認しなかったために銀行が資金を失う。いずれも単一原因によるミスだ。

ただ当初は単一の原因で起きたと思えた失敗も、複雑な原因が絡み合って起きたことが後から判明するケースもある。たとえば二〇二〇年にベイルートで起きた悲惨な港湾での爆発事故は当初、二七五〇トンの化学肥料が不適切な保管状態にあったという単一の原因で起きたと見られていた。[7] ただその後の調査で安全手順が整っていなかったこと、監視体制が欠如していたこと、政府が関与していた可能性などが指摘された。次章で詳しくみていくが、多数のミスが重なり、おまけに多少の不運が加わると、複雑な失敗に発展する。

基本的失敗の人的要因

二〇二一年三月三一日のニューヨーク・タイムズ紙の見出しを読めば、事故のあらましはわかる。[8]「工場の取り違えでジョンソン・エンド・ジョンソンのワクチン一五〇〇万回分がムダに」。一年以上もワクチンを待ち望んでいた世界中の人々は、いまや命を救うことのできるワクチンをなんとか打つ方法を探していた。アメリカ国内では一定量ずつ配分され、職業、年齢、健康上の問題、地域など厳格な基準に基づいて個人に接種された。

そんななか、なぜ一五〇〇万回分ものワクチンがムダにされたのか。

問題の工場の作業員が、アストラゼネカ製の別のワクチンを製造するための主成分を誤ってジョンソン・エンド・ジョンソンのバッチに混ぜてしまったのだ。[9] 製造を請け負っていたエマージェント・バイオソリューションズ社は両製薬会社と契約を結んでおり、ボルチモア工場では片方の材料がもう片方に使われる事態を招いてしまった。問題の解明が進むなか、二〇二一年六月の時点ではムダになったワクチンはおよそ六〇〇〇万回分に増えていた。[10] この基本的な、そして耐え難いほど無益な失敗は、警戒心が足りなかったために起きた。もっと簡単にいえば、原因は不注意である。

不注意

不注意から生じるケアレスミスは、基本的失敗の原因としてトップクラスに挙がる。私自身、痛い目に遭ってそれを学んだ。なかでも忘れられないのは二〇一七年五月一三日の出来事だ。私は病院の救急治療室のベッドであおむけに寝かされ、右目のすぐ上を九針も縫った。そんな事態を招いたのは、ケアレスミスによる基本的失敗だ。

さかのぼること二時間前。私はボストンのチャールズ川沿いの係留地でヨットレースに参加していた。卒業生のための特別なヨットレースに出場したのだ。自分のように何十年も前に大学のヨット部でレースに参加していた人たちが楽しむためのイベントだと思っていたが、ドックに行ってみると周囲は卒業したばかりの若者だらけだった。若くて競争心旺盛なアスリートタイプだ。全米大会の優勝者までいた。でも私はやる気満々だった。そうは言っても、パートナーのサンディと私は熟練のセイラーだ。何年前から夏には（ヨットよりはもう少し大きな船で）一緒にレースをしてきた。

こうした状況で最初の二レースで最下位にならなかったのは上出来だと思った。しかもハイパフォーマンス艇に乗るのは三五年ぶりだったのだ。小型のハイパフォーマンス艇は風をとらえ、水面を滑るように進む。スピードが出るように設計されているため技術と警戒が必要で、サンディと私は最大限の技術と警戒をもって船団についていった。

だから一つのレースが終わり、陸に上がって休憩する時間になったとき、私はほっとして肌寒い春の朝に顔をのぞかせた太陽を満喫していた。ドックは風下にあったので、帆はできるだけ遠くに伸ばしていた。経験豊富なセイラーなら誰でも知っていることだが、ヨットが風下に向かっているときには、風向きが少し変わっただけでブーム（帆の下部を支える棒材）が船の反対側に飛んでくる。しかもチャールズ川の風向きはしょっちゅう変わるのだ。

サンディとおしゃべりしながらドックへと向かっていたとき、私は一瞬帆から目を離した。そのあいだにブームが船上で一回転して、私を甲板から打ち落とした。気づくと酷寒の川で浮かんでいて、サンディが舵柄《かじづか》につかまって腕を伸ばし、助けてくれた。ずぶぬれになって重たくなった洋服に手を焼きながら、船尾につかまってなんとか船によじ登ると、血が見えた。それも大量の。甲板に血だまりができた（頭部の傷は出血が多いのだ）。

大量の血を流し、寒さに震えながら私はなんとかドックにたどり着いた。本当に恥ずかしかった。あんな若いアスリートたちに交じってヨットレースに参加するなんて、何を思いあがっていたのだろう。病院に着いて乾いた手術着に着替えると、さらに深い恥の意識にとらわれた。無益なことをして面倒事を起こして、最悪の気分だった。何人もの医師の貴重な時間をムダにしてしまった。ヨットのクルーをがっかりさせた。ケガをしたのはレースに参加するという傲慢な決断への懲らしめのようだった。なんとか時間を巻き戻したいと思った。

これはアナログ世界の昔ながらのミスだ。ただデジタル時代に生きていると、注意を払わなければいけないことが同時にいくつも発生して、それはうっかりしがちな人間的性質をさらに悪化させる。ジョンソン・エンド・ジョンソンの一件に話を戻すと、異物が混入したバッチは一つも出荷はされなかったものの、ミスが品質管理部門のチェックによって発覚するまでには何日もかかった。[11]それは製造会社にとってはとんでもなく恥ずべき事態であり、ジョンソン・エンド・ジョンソンにとってはがっかりする事態だった。もちろんワクチン接種を待ちわびていた人々にとっても。今となっては忘れられがちだが、二〇二一年の春先には世界中の人が新型コロナワクチンを一刻も早く接種したいと切実に願っていた。待ち時間が長くなるほど生命が脅かされる人もたくさんいた。

理屈のうえでは予防できたはずの多くの失敗がそうであるように、エマージェント・バイオソリューションズ社の工場での基本的失敗は単発的事象ではなく、安全文化の問題を反映していた。[12]それは以下のようなさまざまな事象が報告書で指摘されたことからも明らかだ。以前にも異物混入で廃棄されたロットがあった。完璧に清潔が保たれていたはずの区画では常にカビが発生していた。大量のワクチン製造のために採用された大勢の人材への監督や研修はほとんど行われなかった。ワクチン製造は「変化の多い事業[13]」とされ、多少のミスは避けられないものだが、報告書からは過失が起こりやすいパターンが数百万回分のロットへの異物混入という大事件につながったことがうかがえる。不注意が組織文化の特徴として定着すると、基本的失敗と複雑な失敗がともに起こりやすい素地ができる。

疲労は不注意によるミスの要因となる。米疾病対策予防センター（ＣＤＣ）は、アメリカの成人の三分の一は睡眠が不足していると報告している。[14]このような憂慮すべき睡眠不足はさまざまな健康問題につながるだけでなく、事故やケガの原因にもなる。[15]一例を挙げると、米国家運輸安全委員会（ＮＴＳＢ）が一九七〇年代以降二〇五件もの疲労に関する勧告を行ってきたにもかかわらず、高速道路事故の四〇％で運転者の疲労が「原因、要因、あるいは所見」として特定されている。[16]

別の研究では、睡眠不足の医療インターンは、しっかり休息をとったインターンと比べて診断ミスが五・六％多いことが明らかになった。[17] ほとんどの人にかかわりのある問題としては、二〇二〇年の調査では「スプリング・フォワード（冬時間から夏時間に切り替えるため、時計を一時間進めること）」後の一週間で、自動車による死亡事故が六％増加していた。[18] タイムゾーンの西端に住む人々の場合、増加率はさらに高く、八％近かった。

誰もがさまざまな要因によって十分な睡眠がとれなくなることがある。睡眠時間を増やしたら、日々の生活のなかでミスが減るかもしれない。ただ、ここで改めて睡眠不足の要因を検討することが重要だ。疲労に関連する医療ミスや長距離トラック運転手の事故は、常識よりも効率最大化を重視する本社・本部のスタッフ、あるいは（さらに深刻なケースとして）スケジュール調整アルゴリズムが過剰な長時間シフトを強いた結果ではないか。

一番先に目につく、失敗に一番近いところにある原因を特定して終わりにしないのがグッドプラクティス（好ましい慣行）だ。単純な原因（労働者の疲労）からさかのぼって根本原因（問題のあるスケジュール調整）を追跡するのはシステム思考であり、上手に失敗する技術の重要な実践方法として第七章で詳しく見ていく。これが重要なのは、表層的原因からは将来にわたって同じような失敗を防ぐベストな対策が見えてこないからだ。

放置

不注意はきわめて人間的な事象だ。最も警戒心を保ち、注意を払うべき場面で、そうした状態を保つのは難しい。それと関連するのが、何かに注意を払うべきことがわかっていても先送りする事態だ。それでも何も問題は起こらない。少なくとも、しばらくのあいだは。

流し台からの水漏れをずっと放置していたために床が腐ってしまうというのは、いずれ限界点に達する可能性のある事態を放置しがちな人間の特徴を示すわかりやすい例だ。放置はただちに害を及ぼすことはまれだが、最終的に失敗を引き起こす「蓄積」を生み出す。私たちは忘れっぽく忙しいので、物事を先送りしがちだ。後から思えば、何が悪かったのかはすぐにわかる。テストに備えてもっと勉強しておけばもっと良い結果が出たはずだ。天気予報で雨が予想されていたのだから傘を持ってくるべきだった。幸い日々の生活で起こる「～しておけば、～べきだった」というミスのほとんどは、さほど大きな問題につながらない。しかし放置が重大な結果につながることもある。

ミズーリ州カンザスシティのハイアットリージェンシー・ホテルの技術責任者だったジャック・ギラムは、それをよくわかっている。建物には当初、巨大なアトリウム（吹き抜け）とコンクリートとガラスでできた空中通路があった。[19] 建物の完成からおよそ一年後の一九八一年七月一七日、アトリウムでダンスパーティが開かれた。一階にはパーティのお客が大勢詰めかけていた。空中通路にも多くの人が集まり、一階で踊るカップルを見物していた。突然、二階と四階の空中通路が揺れだし、まもなく崩落した。

事故から二〇年後、ギラムは空中通路の設計の欠陥は明らかで、「工学部の一年生だってわかっただろう」と振り返っている。[20] 既存の知識を活用すれば事故は防げたはずだ。当初の設計図を見ると、高さ一五メートルの吹き抜けを貫く一本の長い鉄筋を垂直に立てなければならないと書かれている。建設の途中で、金属加工メーカーのヘブンズ・スチール・カンパニーが一本の長い鉄筋の代わりに、もう少し短い鉄筋二本を使うことを提案した。急遽新たな図面が作成され、短い鉄筋を空中通路の横木にボルトとワッシャーで取り付けることになり、プロジェクト・エンジニアは手短な電話で変更を承認した。この設計変更によって二階の通路は天井ではなく四階の通路に接続されることになり、想定される荷重は二倍になった。その時点で、またその後何カ月にもわたり、この大規模ホテルの建設を監督していた人々はそろって安全への影響を確認することを怠った。二本の鉄筋を使った新たな設計では「空中通路には自重に耐える強度さえない」という工学部の学生ですらわかったはずの事実をもとに、建設にストップをかけたものは一人もいなかった。[21]

基本的失敗は起こるべくして起きた。あの運命の晩、パーティ客によって通路に加わった重みは大きすぎた。

最終責任者だったギラムが、その後の捜査で責めを負うことになった。重過失によってライセンスは剝奪《はくだつ》された。[22] しかし事故の前には鉄筋と桁の設計を精査するよう促す警告サインが出ていたが、それも放置されていた。空中通路崩壊事故の一年以上前、ホテルがまだ建設中の段階で吹き抜けの天井が崩落したのだ。[23] その後、空中通路が完成した際、重量のある手押し車を押して通路を渡っていた建設作業員は通路が不安定であるという報告を上げていたが、別のルートを通るように指示されただけだった。[24] 建築学的にかなり野心的な設計の危険要因を精査する機会はたくさんあったのに、見過ごされた。ホテルの所有者であるクラウンセンター再開発事業会社は工事を急がせ、すでに莫大な費用がかかっていた建設プロジェクトへの追加投資を渋ったが、皮肉なことに結局損害賠償として一億四〇〇〇万ドルを支払うことになった。[25]

ずっと後になり、ギラムはハイアットの崩落事故について「この悲劇については一年三六五日ずっと考えている」と語っている。すでに七〇代になっていた。技術分野のあるカンファレンスに参加したギラムは「エンジニアリング・コミュニティは失敗について語る必要がある。そうやって学習するのだ」[26]。ハイアットリージェンシー・ホテルの崩落事故は、構造工学の古典的な失敗事例となり、多くの学校で教材となっている。一一四人の命が失われたこの事故は、構造工学の歴史上最悪の失敗だ。

しかし特異な惨事ではまったくない。第四章で見ていくが、二〇二一年六月二四日にフロリダ州サーフサイドで起きた『チャンプレイン・タワーズ・サウス』コンドミニアム崩落事故[27]でも、同じような設計上の欠陥に関する議論がなされ、早期の警告が無視され、直前の設計変更があった。ただ、こちらの事故原因はもっとたくさんあり、事故に至るまでに時間もかかった。この（複雑な）失敗には組織行動に関するものや工学的設計に関するものなど、もっとわかりやすいさまざまな要因が混在している。

過信

基本的失敗は鉄筋の設置ミスや規制違反などが原因で起こる場合もあるが、根底にある原因として多いのは「判断の影響を考えなかった」というものだ。入手可能な情報、ときには常識さえも活用しなかったりする。失敗をした人はきまって「私はいったい何を考えていたんだ」と言う。二つの大事な会議を同じ時間に入れてしまうなんて、何を考えていたんだろう。寒い気候のなかで旅行するのにセーターや靴下を持ってくるのを忘れるなんて、何を考えていたんだろう。「何も考えていなかった」というのが、たいていその答えだ（みなさんも身に覚えがあるのではないか）。たとえば会議をダブルブッキングしたケースでは、自分の予定表を確認しなかった。荷造りしたときは天気予報を見なかった、他のことに気をとられていた、など。

新たなミレニアムが始まろうとしていたころ、新興ペットフード会社、ペッツ・ドットコムがマスコットキャラクターとして、しゃべったり歌ったり、冗談を言ったりする靴下パペット《指人形》を使っていた[28]。この会社は広告業界の賞を獲得するような広告キャンペーンに多額の投資をして、最終的にそれはスーパーボウルでも放映された。インターネットの世界で最大のペットフード・サプライヤーになると約束したこのスタートアップ企業は、アマゾンのジェフ・ベゾスを含むベンチャー投資家から潤沢に資金を提供されていたため、巨大な倉庫を買ったり、最大のライバル企業を買収したりすることができた。

二〇〇〇年二月、同社の新規株式公開（IPO）は大成功を収め、調達資金は八二五〇万ドルに達した。[29] みな、いったい何を考えていたのか？　ペットフードやペット関連商品の実際の市場規模を評価するという、ごく初歩的な市場調査すら誰もしなかったようだ。それに加えて、商品を仕入れ値より三分の一低い値段で売るという商売の方法についても、事業計画では何も説明されていなかった。[30]

それから一年も経たないうちに、CEOのジュリー・ウェインライトはペッツ・ドットコムの清算を余儀なくされた。[31] おしゃべりする靴下パペットには誰もが夢中になったが、それは事業経営の基盤として十分ではなかった。これは基本的失敗と見ることができる。幸い、ウェインライトはそこから学習し、「自己発見の旅路」を歩みはじめた。[32]「ペッツ・ドットコム以降の日々は、私の人生を最も大きく変えた経験の一つだ。ふつうに戻ろうと必死に努力したが、そうはならなかった。結局私はさらに強く、さらに金持ちになった」。[33] ウェインライトは二〇二一年にフォーブス誌の『五〇オーバー五〇（五〇歳を超えて活躍する女性五〇人）』に選ばれた。衆人環視のなかでの大失敗にもくじけなかったようだ。[34]

国家の指導者たちが新型コロナウイルスはきわめて感染力が高く、致死率も高い可能性があるという初期の明らかなエビデンスを無視したり隠したりしたことは、二〇二〇年初頭にパンデミックがあれほど迅速に広がる一因となった。[35] 意思決定者たちが入手可能な情報に基づいて適切な公衆衛生措置をとることを渋ったのは、防ぐことのできた判断ミスだ。医学誌ランセットの報告によると、二〇万人近くが命を落としたのは、迅速に行動しなかったことの弊害のひとつだという。[36]

新型コロナ・パンデミックの最中には、複雑な失敗もたくさん起きたことを否定するつもりはない。事実、多くの複雑な失敗が起きた。たとえばサプライチェーンの混乱によってマスクなどの保護具がそれを最も必要としている人々に届かなかったことで、感染拡大を抑える機会が活かされなかった。[37]一部の指導者が二〇二〇年春から夏にかけて、そうした保護具の増産を承認するのを渋ったことも、明らかにミスだとわかる（マスクが切実に必要とされていることを明確に示す知識は存在していた）。[38]このミスは世界的パンデミックのかたちで表面化したとほうもなく複雑な失敗をさらに悪化させた。

新型コロナウイルス・パンデミックには、すべての失敗がそろっていた。基本的失敗、複雑な失敗、そして最終的には賢い失敗も。ワクチン開発が驚くべきスピードで成し遂げられたのは、実験室での仮説に基づく失敗と向き合う方法を身につけている科学者たちのおかげだ。しかし多くの指導者たちが犯した重大なミス（入手可能な専門知識を無視する）を避けられていたら、新型コロナウイルスの感染拡大と死者数は大幅に抑えられたかもしれない。

誤った思い込み

思い込みとは本質的に、頭のなかで明確な思考抜きに形づくられるものだ。何かを「こうだろう」と想定するとき、思考はそれに直接照準を合わせていない。自らの思い込みに疑問を呈することができないのは、それが正しいのは自明のことに思えるからだ。こうして思い込みによって私たちは自分のモデルあるいは考えが正しいという誤った自信を抱く。たいてい過去にそれでうまくいったことで、信念体系の一部になっているのだ。「これは前にも見たことがある」「われわれはいつもこのやり方でやってきた」と。

一人目がよく寝る子だったから、二人目もきっと夜中に起きたりしないだろう。毎回このルートを歩いてきたんだから、わざわざ橋が流されていないか確認する必要はないだろう。そんな不十分な証拠あるいはお粗末なロジック（「子供なんてみんな同じ」「嵐はそれほどひどくなかった」）に基づく誤った思い込みは、基本的失敗の温床となる。ずっと化石燃料を使ってきたのだから、それが環境に悪影響を及ぼすという証拠は間違っているか、誇張されているだけだ。昨日カジノで誰かが大金を儲けたらしい、今日も大当たりが出そうだ。人間なら誰しも避けられない判断ミス（「おもしろいだろうと思って観た映画がつまらなかった」）と異なり、誤った思い込みは知らず知らずのうちに意思決定に影響を与える。

血液検査会社セラノスの経営者だったエリザベス・ホルムズの裁判で明るみに出た、多くの著名投資家が（他の投資家が同社の技術を精査しただろうと思い込んで）驚くほどデューデリジェンスを怠っていた事実を思い出してみよう。ホルムズは虚偽であると知りつつセラノスの血液検査は革新的で、高収益を生む可能性があると約束した罪に問われているが、この事件は表層的なシグナルから簡単に思い込みが醸成されることを示す格好の事例だ。[39]

思い込みは事実のように感じられる、自分にとって当たり前の信念だ。特に意識していないから改めてその真実性を精査することもない。思い込みの多くは無害だ（「車は昨晩停《と》めた場所にあるだろう」）。すべての思い込みを疑いだしたら、毎朝家を出ることすら難しくなる。しかし日々の生活は、誤った思い込みから生じる、数えきれないほどのささやかな基本的失敗であふれている。感じのよい隣人が自分と同じような政治的見解の持ち主だと思い込み、相手が尊敬している政治家を批判してしまったら、隣家との関係は険悪になるかもしれない。私は学生時代、多変数微積分学の中間試験で良い点をとったため、最終試験も大丈夫だろうと思い込み（今となっては言い訳にもならないが）、準備をサボって落第してしまった。それで自信喪失に陥ってもおかしくはなかったが、この失敗をきっかけにより良い学習習慣が身についた。

ここまでで誤った思い込みが失敗につながること、そして思い込みを避けるのが難しいことが明白になっただろう。それでは、いつ、どのように立ち止まり、思い込みを自覚して異を唱えるべきか、さらには生活のなかで基本的失敗を減らすために他にどのような方法があるのか。いくつかベストプラクティスを見ながら考えていこう。

「速く、たくさん失敗」すべきではないとき

私の言わんとしたことは伝わっただろう。誰もが過ちを犯す。人間は間違える生き物だ。たいていそれは特段の害を及ぼさないが、ときとして不幸な、そしてごくまれに最悪の結果を引き起こすこともある。失敗礼賛、すなわちあらゆる失敗を無条件に受け入れよと説く「速く、たくさん失敗せよ」という文化は、イノベーションにつきものの賢い失敗から着想を得ている。ただ、その対象には基本的失敗や複雑な失敗も含まれる。失敗のなかには悪い失敗もある。不道徳という意味ではなく、ムダという意味での悪い失敗だ。悲劇的なムダ（命を落とす）か、些細なムダ（牛乳をこぼす）かにかかわらず、失敗のグッドプラクティス（優れた実践法）をまじめにとり入れることで、ムダは減らすことができる。失敗の三タイプのなかで、一番防ぎやすいのが基本的失敗だ。傑出した会社は、基本的失敗をできるかぎり防ごうと努力する。おそらくそれはみなさんの望みでもあるだろう。

ミスを無視するわけにいかないのはこのためだ。基本的失敗が身の回りにあふれているからこそ、それをできるだけ少なくするよう努力する意味がある。私が目指すのは基本的失敗の数と頻度を減らすことだ（反対に賢い失敗は、イノベーション、学習、人としての成長を加速させるために増やすよう努力すべきだ）。基本的失敗を防ぐための行動や仕組みには、人命を救い、莫大な経済的価値を生

み、個人的な満足度を高める可能性がある。

人生において基本的失敗を減らす方法

ミス防止に関する研究は近年、大幅に増えてきた。[40] 一般的にリスクの高い組織に関する研究が中心だが、そこから導き出されたノウハウは私たちが人生において基本的失敗を減らすのにも役立つ。たとえば安全を最優先すること、ミスが起こると想定し、ミスをキャッチすること、そこからできるだけ多くを学ぶことなどだ。とはいえ、その第一歩はミスと仲良くなること、すなわち人間は間違えるという事実と折り合いをつけることだ。

ミスと仲良くなる

ミスと仲良くするうえで障害となるのは、ミスに対する忌避感だ。私たちはミスをすることを嫌う。恥と思う。だが、その悪癖は直すべきだ。私はヨットでの事故からほどなくして、健全な原因帰属能力に関する研究を知り、ミスをしたからといって羞恥心にさいなまれるべきではないことに気づいた。「レースに参加したのは新しいことにチャレンジしようという気概があったからで、ただ楽しみのためにヨットに乗るのではなく真剣に考えたうえでの行動だった」と考えるほうがずっといい。つまり「レースに参加したのは誤りで、愚かな行動だった」という自らの思考に異を唱えるのだ。私のミスは危険な状況で不注意だったこと、ただそれだけだ。そうとわかれば、あとはそこから正しい教訓を学ぶだけだ。

ミスへの忌避感から、人は笑ってしまうような独創的な言い訳をする。たとえば私の夫はちょっとしたミスをすると、「みんなやるでしょ」と口にする。でこぼこした歩道なら、みんなつまずくでしよ。カーナビに指示された道より一本早く曲がってしまい、行き止まりにぶつかるなんて、みんなやるでしょ。失敗はなんらかの外的要因によって起きた。自分がしくじったのではなく、歩道が、あるいはナビゲーションアプリが悪い。失敗は起きたが、自分のせいじゃないよ！と。[41] たしかにどの要因も結果に影響は与えただろう。少なくとも失敗の確率を高めたのは間違いない。だが主役はヒューマンエラー（人的ミス）だ。自動車保険会社の担当者は事故を起こしたユーザーから「クルマの前に突然、信号機が飛び出てきたんだよ」といった言い訳をしょっちゅう聞かされる。

自分のミスを認めるか、それともセルフイメージを守るかという選択肢を与えられたら、どうするか。私たちは自分の落ち度ではないと信じたいので、自分の行為は正しかったと正当化する理由をなんとかひねりだそうとするだろう。失敗から学習するのが難しいのはこのためだ。「根本的帰属の誤り」と呼ばれる心理的バイアスが、さらに問題を悪化させる。この興味深い非対称を発見したのは、スタンフォード大学の心理学者リー・ロスだ。他者が失敗すると、私たちは即座にその原因をその人物の人格あるいは能力に帰属させる。[42] 自らの失敗を説明する際には正反対の解釈をする（自然と外的要因に原因を求める）のだから笑ってしまう。たとえば自分が会議に遅刻したら、それは渋滞のせい。一方、同僚が会議に遅刻したら、それはやる気がない、あるいはだらしないためだ。

この認知的バイアスによって、失敗の診断という重要な分析作業がややこしくなる。他に何か要因があったとしても、私たち自身も何らかのかたちで常に失敗の原因となる。たとえば歩道を修理するより自分の行動を変えるほうが容易なので、環境の問題点を嘆くより自分はどう行動すべきだったかに集中するほうが現実的だし効果的だ。伝説的な陸軍大将で国務長官も務めたコリン・パウエルが亡くなった直後、テキサス・ニュース・トゥデイ紙は『コリン・パウエルの知恵』と題した記事で、パウエルは進んで失敗と向き合い、自らの責任を引き受けたと書いている。[43] 二〇一二年にはこう語ったという。「部隊でも会社でも、失望、失敗、挫折は日常の一部だ。常に臨戦態勢をとり、『問題が起きたぞ、さあ解決しようじゃないか』と声をかけること。それがリーダーの役目だ[44]」。簡単な話だ。だが容易ではない。

自らの弱みと仲良くする

人はミスを犯すものだという事実を受け入れ、その認識を学習や改善に役立てるようになると、自分のミスを認めやすくなる。私の研究対象のなかで最も成功していたチームのメンバー、とりわけそのリーダーは、物事がうまくいかない可能性を常に口にしていた。ミスに対して率直かつユーモアをもって向き合っており、それはミスをしたメンバーがすぐに報告するのに必要な心理的安全性を醸成するのに役立っていた。職場のチームだけでなく家庭においても、基本的失敗を減らそうと思うならこれがベストプラクティス（最善策）だ。

こんなふうに考えたらいい。私たちに弱みがあるのは厳然たる事実だ。未来に起こることをすべて予測し、コントロールできる者はいない。だから危うい。ならば本当に重要なことは何か。それはこの弱みを認めることだ。そんなことをしたら弱い人間だと思われるのではないかと心配する人は多いが、自分が何を知っていて何を知らないかをオープンにすれば信頼とコミットメントを高められることは研究で明らかになっている[45]。不確実な状況下で不安を認めることは、弱さではなく強さの表れだ。

もう一つのベストプラクティスが、起きてしまった失敗に対して自分がどのような役割を果たしたか（それが大きいものであっても小さなものであっても）認めることだ。これは賢明なだけでなく、二つの理由からメリットがある。一つには、それによって他の人たちが同じ行動をとりやすくなり、失敗の診断という分析作業が容易になる。二つめは、他の人たちがあなたのことを話しやすく信頼できると感じ、あなたと一緒に働きたい、親しくつきあいたいと思うようになることだ。

安全第一

基本的失敗はありふれたものだから、時間やお金を投資しても見返りはないと思いがちだ。だが実際にはミス削減は大きなリターンの可能性を秘めている。一九八七年一〇月にアルミメーカー、アルコアのCEOになったポール・オニールはそれをよくわかっていた。[46] アメリカ退役軍人省や行政予算管理局でキャリアのスタートを切ったオニールは、およそグローバル企業のリーダー候補には見えず、ウォール街近くのホテルで開かれた就任記者会見でその印象は一段と強まった。チャールズ・デュヒッグは著書『習慣の力』のなかで、投資家やアナリストを前にしたオニールは開口一番、「みなさんに労働安全についてお話ししたい」と言ったと書いている。[47] 在庫水準、市場の見通し、資本投資、あるいは地域的な業務拡大計画についての話が聞けると期待していた聴衆が静まりかえるなか、オニールは続けた。[48]「毎年アルコアでは仕事を一日欠勤するほどの怪我をする労働者がたくさんいる」。ある投資家は公衆電話にすっ飛んでいってクライアントに連絡を入れた、とデュヒッグはユーモアを交えて書いている。「取締役会は頭のおかしいヒッピーをトップに据えた、ヤツは会社の息の根を止めるつもりだ」と。[49] さらにこの投資家は「説明会に出ている他の連中が顧客に同じことを伝える前に」さっさと持ち株を売り払ったほうがいいとクライアントにアドバイスした。[50]

一九八七年当時のアルコアに「安全上の問題」はなかったことを指摘しておくべきだろう。この日オニールがホテルで説明したように「従業員が一五〇〇度という超高温の金属を扱い、腕一本を簡単に切断してしまうような機械を扱っていること」を思えば、むしろ同社の安全記録は大方のアメリカ企業より優れていたといえる。[51] そんな職場環境を生々しく描写したうえで、オニールは野心的な目標を設定した。「私はアルコアをアメリカで最も安全な会社にするつもりだ。負傷者ゼロを目指す」と。[52]

オニールにわかっていたのは、労働安全は（あらゆる階層の）あらゆる社員が「エクセレンス（卓越性）の習慣」を身につけて初めて実現する、ということだ。[53] この習慣は生産品質、設備の稼働時間、収益性、ひいては株価にもプラスの影響を与えるはずだった。このエクセレンスの実現に欠かせないのが細部への注意力であり、すべての従業員が安全ではない行為に異を唱え、一見些細な周囲のミスを指摘するのを厭わない姿勢を身につけることだった（つまりオニールが自らの目標を達成するためには心理的に安全な職場環境をつくる必要があった）。

では、どうやってそれを実現するのか。まずオニールは全従業員に、安全や保守管理に関する提案があればなんでもいいから声をあげてほしいと訴えた。さらに上司が安全ルールに従わなかったら自分に直接連絡してほしいと、直通電話の番号を添えたメッセージを送った。実際に一人の従業員がそれを実行したところ、オニールは感謝を伝えたうえで要望に対応した。また管理職には職場の心理的安全性が保たれているか確認するため、チームのすべてのメンバーが次の質問すべてに「イエス」と答えられるか、日々自問するよう求めた。[54]

1　私は人種、民族、国籍、ジェンダー、信仰、性的指向、肩書、報酬、学位にかかわらず、すべての人から日々尊厳と敬意をもって扱われているか。

2　私は生きがいを与えてくれるこの職場に貢献するため、教育、訓練、設備や装備、金銭的支援、激励など、必要なリソースを与えられているだろうか。

3　私は自らの仕事ぶりを認められ、感謝されているだろうか。

そして最後にオニールは、利益よりも労働安全を重視する姿勢を示し、従業員が声をあげることへの大きな障害を取り除いた。規模の大小にかかわらず、安全に関する事故が起きれば即座にその対応を最優先した。事故が起きた工場では直接従業員と話し、彼らの視点から何が起きたかを語らせた。CEOに就任した六カ月後に一人の従業員が職場で命を落としたときには、経営幹部に「これは私のリーダーシップの失敗だ。彼の死の原因は私にある」と語り、責任を引き受けた。[55] きちんと敬意を払われ、サポートを受けた従業員ほど安全ルールに従い、安全でない要求に抗い、ミスや安全規則違反について声をあげる傾向が高まるはずだとオニールは考えていた。

CEO就任直後の会見を聞いてパニックを起こした投資家のクライアントは結局得をしたのかといえば、答えはノーだ。二〇〇〇年末にオニールが退任した時点でアルコアの安全記録は大幅に改善し、年間純利益は一九八七年の五倍に成長し、時価総額は二七〇億ドルに増えていた。[56] デュヒッグの計算では、会見の行われた一九八七年一〇月にアルコア株に一〇〇万ドルを投資していれば、オニールが退任した日までに配当金一〇〇万ドルを受け取ったうえで、五〇〇〇万ドルで株式を売却できていた。[57]

この途方もない成果を達成する第一歩として必要だったのは、人的ミスを受け入れることであり、そのうえで従業員が当たり前のようにミスに気づき、労災が起こる前に是正するための仕組みをつくることだった。

ミスに気づく

佐吉少年は一八六七年に日本の農村で生まれた。母は地域で栽培された綿花ではた織りをしていた。佐吉は父親から大工の技を学んだが、発明家らしい探求心や好奇心があり、賢い失敗の大切さもわかっていた。古い納屋で木材を加工するのが好きで、初めてはた織機の改良版を作ろうとして失敗したときには躊躇《ちゅうちょ》せずに壊した。二四歳のときに木製織機で初めての特許を取得すると、すぐに織機製造の会社を設立した。一年後、工場は倒産した。だが佐吉はくじけずに織機の発明、革新、改良を続けた。三〇歳までには日本初の蒸気を動力とする織機を発明した。このとき興した会社は成功した。一九二〇年代には、豊田自動織機は日本の織機の九〇％を製造し、一九二九年にはイギリスの大手紡織機械メーカー、プラット・ブラザーズに特許権を売却した[58]。佐吉は息子の喜一郎に、会社の未来は自動車製造にあると言い続けた[59]。喜一郎は特許の売却益を元手に、のちのトヨタ自動車を設立した。

ただ、豊田佐吉が残した最も重要なレガシー（遺産）は、織機のエラー管理技術だった。縦糸が切れるアクシデントが起きたら、機械が自動的に停止するようになっていた。貴重な材料をムダにしないように、誰かが糸の状態を整えるまで機械は稼働しない。この機能を説明するため、佐吉は「人間の手を借りた自動化」を意味する「自働化」という言葉をつくった[60]。今日、トヨタの自動車工場で自働化の思想を最もよく表しているのが有名な「アンドン」と呼ばれるヒモだ。作業チームの誰かが現場で問題に気づいたら、あるいは問題の兆候に気づいたら、問題が深刻化するのを防ぐために自分の作業台に垂れているヒモを引っ張るのだ。

トヨタのアンドン・システムは有名だが（そしてそのような権限を現場の労働者に付与することなど想像できなかったアメリカの自動車メーカーの経営者には、ばかげていると思われたが）、たいていの人はそれがなぜ機能するのか、肝心の点を理解していない[61]。ヒモを引っ張ると、品質上の問題が発生したかもしれないというシグナルが即座にチームリーダーに送られる[62]。ヒモを引っ張ることで即座に組立ラインが止まるわけではなく、しばし遅れて（約六〇秒。それぞれの組立作業のサイクルタイムと呼ばれる）ラインは停止する。このわずかな時間に、チームメンバーとリーダーが一緒になって状況を診断するのだ。ヒモが引かれたほとんどのケース（一二回中一一回）では問題はすぐに解決され、ヒモがもう一度引かれる。[63] 二度目にヒモが引かれると、ラインは停止されない。一方、問題がすぐに解決しなければ、二度目にヒモが引かれることはなく、ラインは自動的に停止し、問題対応が行われる。製品がムダになることはなく、組立ラインからは完璧な自動車が送り出される。

エレガントで実用的なアンドン・システムだが、私にとってそれはシンプルなリーダーシップの知恵を体現するものだ。そこから伝わるのは「みなさんの意見を聞かせてほしい」というメッセージだ。「みなさん」とは現場に最も近い人々、すなわち現場作業の質を判断するのに最適な立場にいる人々だ。ミスを報告した従業員は叱責されたり罰を受けたりするどころか、感謝され、じっくり観察する能力を評価される。世界中にあるトヨタの工場のどこかで数秒おきにアンドンが引かれているという状況がなぜ実現しているのか、よくわかる。[64] 品質向上が積み重なり、日本のちっぽけな織機会社が世界的な大手自動車メーカーに発展した理由もここにある。

アンドンが秀逸なのは、欠陥製品の発生を防ぐための品質管理手段として機能することに加えて、エラー・マネジメントの以下の二つの重要な側面を体現していることだ。（1）小さなミスを深刻な失敗に発展する前にキャッチすること、（2）ミスの報告者を責めないこと。後者はハイリスク環境において安全を担保するうえできわめて重要な役割を果たす。

ミスから学ぶ

どんな分野でも熟達するためには、その過程で必然的に犯すことになる多くの過ちから、積極的に何かを学ぼうとする姿勢が必要だ。タニトルワ・アデウミは一〇歳で史上最年少の全米チェスマスターとなったが、そのときの言葉はタイトル同様、およそ一〇歳のものとは思えなかった。「僕は、自分は負けることはない、ただ学習しているだけだと自分に言い聞かせています。なぜなら負けるというのは、試合中にミスをしたということです。だからそのミスから学び、（結果として）学習する。だから敗北は自分にとっての勝利なのです[65]」

チェスでは技術や知性だけでなく、練習が物を言う。ただ一日一〇時間練習して、盤上で駒を動かせばいいという話ではない。数えきれないほどのミスを犯しても（そしてたくさんの試合に負けても）、その具体的ミスがなぜ敗北につながったかを研究しなければ、卓越したプレーヤーにはなれない。

プロスポーツ選手も同様で、平均台から落下したり、シュートをはずしたり、三振を喫したり、転んだり、負けたり、ビリになったり。だが自分やチームメイトがミスをする動画を観て、何が悪かったのか、どの技術が弱かったのか分析する。コーチもどうすれば改善し、そうしたミスの頻度を減らせるかアドバイスする。ローイングの選手は練習を重ねるなかでオールを正しい角度で漕げるようになる。飛び込み選手は飛ぶ前にどこまで体を曲げるか学習する。ゴルフ選手は正確にボールの芯をとらえる方法を学習する。女子プロゴルファーとしてメジャー大会を制したヤニ・ツェンは「失敗からは常に何かを学べる」と語っている[66]。

一流のアスリートの手法から、私たちは何を学べるだろうか。彼らは可能性——今日は手が届かなかったが、明らかに手の届く範囲にある偉業——に意識を集中することで、失敗と対峙する方法を学習するのだと私は思う。今日の自尊心を満たすより、明日の目標を大切にする生き方を、彼らは教えてくれる。

人間はミスをするという事実に対して健全な考え方を育むことは、ミスをキャッチし、修正するための第一歩であり、また最も大切な一歩かもしれない。そのうえこうした行動を補完し、サポートするようなミス防止の仕組みを導入すると、成功の確率は劇的に高まる。

ミス防止の仕組み

ここから見ていくミス防止の仕組みは、いずれも革命的なものではない。どれも常識的だ。しかし、わざわざ時間をとってそれらを導入する企業や家庭はほとんどない。私が特に気に入っているのが、声をあげた者を責めない仕組みだ。潜在的ダメージを早期に察知することを可能にするシステムをはっきりと取り入れている。

声をあげた者を責めない

悪い知らせは時間が経つとさらに悪くなる。それを理解している多くの思慮深い組織や家庭は、声をあげた者を責めない明示的な（ときには暗黙の）仕組みをつくっている。そのような方針は、悪い行動や低い基準が許容されることを意味するのだろうか。なんでもあり、ということだろうか。まったく違う。この方針は、組織のメンバーにミスや問題をすぐに報告するよう求め、それが大問題あるいは重大な失敗に発展するのを防ぐことを目的とする。声をあげたことが懲罰の対象にはならないことは保証される。しかし、その後の調査で基準を意図的に無視する行為、倫理に反する行為、あるいは不法行為が判明した場合、そうした違反を懲罰の対象から外すことは保証されない。つまりこの方針は、学習の仕組みと評価の仕組みを区別する姿勢を示している（ときにはそれを正式に表明している）。アメリカ空軍などこの方針をさらに徹底し、問題を迅速に報告しないことを懲罰対象とする組織もある。[67]

声をあげた者を責めないという方針は、家庭にも応用できる。たとえばティーンエイジャーの保護者が、帰宅するのに送迎が必要になったら昼夜を問わずいつでも電話をしてよい、理由は問わないと子供に言い聞かせるというのがそれにあたる。そういう保護者はいつでも連絡できる相手がいると保証することが、アルコールと運転と若さが組み合わさるリスクを抑える最善の手段だとわかっているのだ。「理由は問われない、迎えにきてもらう」というのが一番有効で、何の罰も受けない選択肢であることを子供に理解してもらいたいと思っている。危険な状況において、子供を評価することより学習と安全を優先するのだ。

心理的安全性は声をあげた者を責めない仕組みを成立させると同時に、それによって成立する。声をあげた者を責めないという方針は「物事がうまくいかなくなることがあるのはわかっている。だから問題を解決し、ダメージが出るのを防ぐために早く声をあげてほしい」というメッセージを送る。私が医療ミスについて調査した病院のチームのなかで、一番有効に機能していたのは責められる不安を感じずにミスを報告できるところだったのを思い出してほしい[68]。ミスを報告するのに消極的だったチームと比べて、こうしたチームはミスから学び、ミスを防ぐ対策を実施することができた。

二〇〇六年にフォード・モーター・カンパニーCEOに就任したアラン・ムラーリーは、社員が会社を蝕《むしば》んでいる多くの問題について声をあげないことにすぐに気づいた（当時フォード社は借金が膨らみ、その年の損失は一七〇億ドルに達すると予想されていた）[69]。問題を理解し、解決するため、ムラーリーは声をあげた者を責めないようなシンプルな仕組みをつくった。直属の部下たちに、報告書を緑（順調）、黄色（問題や懸念が存在する可能性がある）、赤（順調ではない、あるいは行き詰まっている）に色分けするよう求めたのだ。「このデータはわれわれを自由にしてくれるんだ」と、ムラーリーは笑みを浮かべて経営陣に語りかけた[70]。実際に問題は存在し、向き合わなければならないのだから、逃げ回るのをやめて積極的にチームとして問題の解決に動いてほしい、と期待した[71]。

しかし率直に問題を報告できる新しいシステムをつくったからといって、すぐに社内の人々が罰を受けたり恥をかかされたりすることはないと信じてくれるわけではない。だから悪い知らせが入ったときの（上司の、あるいは親の）最初の対応がきわめて重要なのだ。

フォードでは問題があることを示す赤い報告書の数は、長らくムラーリーが期待したより少ない水準にとどまった。率直な報告を促すために、ムラーリーは数十億ドルもの損失が予想されていることを改めて訴えた。ようやくマーク・フィールドという名の幹部が勇気を出して、新製品「フォード・エッジ」の開発が大幅に遅れていると打ち明けた。エッジはフォードの新たな「切り札」になるはずだった。全員が沈黙した。この報告は感情的な叱責、あるいはクビ宣告につながると誰もが予想した。驚いたことにムラーリーは拍手をしてこう言った。[72]「マーク、おかげで状況がよくわかった」。そしてこう問いかけた。「この件でマークに手を貸してあげられる者は？」

仰天すると同時にほっとした幹部たちはアイデアを共有したり、過去の同じような経験を挙げたり、問題を解決するために技術者を派遣することを申し出たりした。ムラーリーによると、「このやりにかかった時間はわずか一二秒だった[73]」。チーム、あるいは家族と悪い知らせを共有するのは、状況を改善するための第一歩だ。

透明性を高めると成果へのプレッシャーも高まる、とムラーリーは主張する。[74]「どれほどの説明責任を負うことになるか、想像できるだろう」と。あるインタビューでは、架空のシナリオを使ってそれを説明した。「担当する仕事が赤の状態であることを打ち明けた人が、一週間後に再び同僚たちの前で『この一週間忙しくしていたから対応する時間がなかった』などと言えるだろうか？」。声をあげた者を責めない仕組みが、基準を低くすることもないと、ムラーリーにはわかっていた。むしろその逆だ。透明性が高まるとお互いへの説明責任も高まり、メンバーに協力して問題解決にあたろうとする意欲が生まれる。

声をあげた者を責めないというのは、アメリカ航空宇宙局（ＮＡＳＡ）が連邦航空局（ＦＡＡ）と共同で開発し、その後国際的に採択された包括的な「航空安全報告システム（ＡＳＲＳ）」の柱のひとつだ。[75] パイロットのみならず客室乗務員、航空管制官、整備員も、実際にミスを犯した人物の名前を特定せずにミスを報告することができる。報告からは空港名や便名すら削除される。[76] それに加えて規制上も情報が「秘密扱い、自発的である、懲罰をともなわない」ことが保証されている。[77] 報告は公式な書式を使って書面で行われ、そこには問題が起こるまでの一連の事象の流れ、問題がどのように解決されたか、そして判断、意思決定、行動などの人的要因について記入するようになっている。[78]

匿名にする目的は、人々に恐れを抱かずにミスを報告するよう促すことだ。ミスの多くは比較的重要度の低いニアミスで、実際にダメージや失敗につながらなかったものだ。たとえば滑走路のライトに気づくのが遅れた、といったことだ。エラーレポートの大規模なデータベースを構築することに価値があるのは、それを分析することで最も起こりやすいミスや問題を明らかにし、パイロットの訓練シナリオに反映したり、航空機メーカーの将来の開発の参考にしたりできるからだ。[79]

要するに、声をあげた者を責めない方針は、協調的な学習システムの一部なのだ。ミスを発見しなければ、対応も防ぐこともできない。アメリカでエラー訓練が最初に導入された一九八三年から二〇〇二年までに起きた五五八件の事故報告書を調べた研究では、事故につながる可能性があったパイロットのミスが四〇％減少したことがわかった。[80] 航空ジャーナリストのアンディ・パスターによると二〇〇九年から二〇二一年までの一二年で、アメリカの航空会社は墜落事故を起こさずに八〇億人以上の乗客を運んだという。[81]

予防的メンテナンス

歯と自動車の共通点は何か。ヒントは「食後に歯磨きをすると苦痛や出費をともなう虫歯を予防できるのと同じように、定期的に車のオイル交換をするとエンジンのダメージが防げる」ということだ。どちらにおいても予防的メンテナンスが不可欠だ。この習慣は大切だが面倒くさい。なぜ人間は予防的メンテナンスをおろそかにするのだろう。

その一因は心理学でいう「時間割引」[82]だ。行動の結果が出るのが先になるほどその重要性を軽視する傾向を指す。人は現在の出来事と比べて、未来に起こるはずの出来事の影響を軽く見ることが研究で示されている。「来週一ドルあげる」と言われても「今すぐ一ドルあげる」と言われるほど胸が躍らないのと同じ原理で、私たちは今退屈な作業をサボることによって将来起こるはずの悪い結果をなかなか真剣に受け止められない。未来を割り引いて見る傾向は、チョコレートケーキを食べすぎてしまうとか、試験勉強を先送りしてしまうといった自らの足を引っ張るさまざまな行動の原因となる。

予防的メンテナンスをしっかりできないのも同じだ。まだ起きてもいない車の故障に真剣に対処するのは難しい。今日車が故障しなかったからといって特別嬉しい気持ちにはならないが、メンテナンスに時間とお金をかけるのは明らかに面倒だ。

人気ポッドキャスト『フリーコノミクス』が二〇一六年一〇月に配信したあるエピソードは、予防的メンテナンスへの投資を渋ることがどのように経済の足を引っ張るかをとりあげた。[83]ホストのスティーブン・ダブナーとゲストが議論したのは個人の習慣ではなく、都市やインフラの問題だったが、未来を軽視するという原則はどちらにも当てはまる。ゲストとして登場した経済学者で都市問題専門家のエドワード・グレイザーは、政治家は現在の支出を抑えたいと思うが、社会にとって今日の投資は未来のコミュニティを支える大切なものだと指摘した。皮肉にも古代ローマ政府はコミュニティを支えるインフラの建設と維持に大規模かつ賢明な投資をしたが、今日の都市や国家のように時間割引の影響に苦慮することはなかった。ローマがインフラに投資しなかったら、あれほどの人口を抱えることも、長期にわたって繁栄を続けることもなかっただろう。現代社会は当時よりインフラの劣化をモデル化し予想するための知識、技術、能力は高まっているものの、あまりに変化が速いため、「今」に過度に集中する傾向は悪化しているようだ。

ルーティン化

レストランの厨房は通常、毎日店じまいをして翌朝開店するための詳細な作業リストを作成している。手順をルーティン化することで、誰でも遂行できるようになる。ファストフード店は作業効率と均質性を確保するための工程段階を策定し、レシピの工程を一段階ずつイラストにして厨房の壁に貼っているケースも多い。意識的か否かは別に、ほとんどの人は生活のいくつかの場面をルーティン化している。家を出る前にはガスや照明が消してあるか確認する。玄関の鍵をかける。財布、鍵、スマホを持っているか確認する。ある友人は四人の子どもたちが毎年夏に家族ででかけるキャンプ旅行に持っていくべきものを個別のリストにまとめ、コンピュータのフォルダに保存している。五歳児と一二歳児では自分で持ち物を考える力に差があるため、リストは年齢ごとに作成している。こうすることで二年毎に一番年長の子どものリストさえアップデートすれば事足りるようになっている。毎年旅行が近づくと、それぞれの子ども用の荷造りリストを印刷して、それぞれのベッドに貼っておく。このようにルーティン化することで時間が節約できるうえに、誰かが歯ブラシやお気に入りのぬいぐるみを詰め忘れるリスクを抑えられる。夫用、自分用のリストもある。この友人に限らず、きわめて有能な人というのは家庭や職場生活の多くの側面をルーティン化する傾向がある（私はそういうタイプではないが）。生産性ツール（ソフトウエアベースのものが多い）とは基本的にルーティン化を支援することで効率性を促し、ムダを削減し、ミスを防ぐことを目的としている。

ルーティン化について語るなら、ハーバード大学の私の同僚であるアトゥール・ガワンデの著書『アナタはなぜチェックリストを使わないのか?：重大な局面で〝正しい決断〟をする方法』に触れないわけにはいかない。[84] 二〇〇九年に出版されて以来、一貫性を保ち、細部に目配りし、うっかりミスを防ぐために工程段階を作成するという習慣を世に広め、普及させるのに役立ってきた。ガワンデはボルチモアのジョンズ・ホプキンス病院のピーター・プロノボスト医師の例をとりあげている。集中治療室で患者の感染症を防ぐため、中心静脈カテーテルを挿入する医師が守るべき五カ条のチェックリストを作成した人物だ。

一　石鹼で手を洗う
二　消毒液で患者の肌を拭く
三　患者の身体に滅菌ドレープをかける
四　滅菌マスク、キャップ、ガウン、手袋を装着する
五　カテーテルを挿入した部位に滅菌ドレッシング材を貼る

簡単で当たり前のステップに見えるが、このチェックリストはヒューマンエラーにつきものの焦りや失念を防ぐのに有効であることが実証されている。[85] 一例を挙げると、ミシガン州で医師と看護師がプロノボストの作成したチェックリストを一八カ月にわたって遵守したところ、一五〇〇人の人命を救い、州の支出を一億ドル削減する効果があった。[86]

しかしチェックリストがあれば完全にミスを防げるわけではない。医療ミスは病院や医療職の人々

にとって重大な問題であり続けている。メッドスター・ヘルス社の全国人的要因センターのディレクターを務めるラジ・ラトワニは、医療チェックリストによってミス削減への歩みは「二割ほど進んだだけだ」という。[87]アメリカ国内の病院で医療ミスによって不慮の死を遂げる人は、毎年少なくとも二五万人にのぼる。[88]その大多数は第四章で見ていく複雑な失敗によって起きている。

本章の冒頭で紹介した、温暖な気候に慣れすぎて凍結防止装置のスイッチを入れるべきか考えもしなかったエア・フロリダのパイロットの例からも明らかなように、チェックリストが脳のスイッチをオンにした状態で使われるようにする必要がある。それに加えて新たな知見が得られたりルールが変わったりした場合は、チェックリストを更新する必要がある。

必修トレーニング

一九七〇年代初頭、航空機に「ブラックボックス」が搭載されるようになった。速度や高度といったフライトデータに加えて、それと同じくらい重要なコックピット内の乗務員の音声が記録される装置だ。ブラックボックスのデータは墜落事故現場から物理的に回収できるため、捜査員はフライトの最後の数分（たいていパイロット、乗務員、乗客の人生の最期の数分でもある）に何が起きたかを再現できる。事故原因を究明するための再現調査が幾度も行われた結果、事故の大多数はコックピットの乗務員によるヒューマンエラーによって起きていることが徐々に明らかになってきた。[89]その多くはシンプルなミスだったが、それが基本的な、それでいて悲劇的な失敗につながっていた。

たとえば一九七二年一二月に起きたイースタン・エアライン四〇一便の事故のケースを見てみよう。コックピットにいたパイロット以下の乗務員は、しっかりと訓練を受け、経験も豊富なプロフェッショナル揃いだった。全員の飛行時間を足し合わせると五万時間を超えていたほどだ。ニューヨークのジョン・F・ケネディ空港からマイアミに向かう通常ルートの天候は良好。それでも同便が墜落したのは、パイロットと乗務員が前輪の電球が切れていたことに気を取られたからだ。機長は複数回にわたってコックピットの乗務員に電球の問題を解明するよう指示していた。だが全員がこの問題を解決しようとしていた間、はるかに切迫した問題が起きていることに機長を含めて誰も気づかず、手遅れになってしまった。飛行機の高度が急低下していたのだ。ロッキード製L一〇一一型航空機はフロリダ州のエバーグレーズ湿地帯に墜落し、一〇一人の人命が失われた。[90]

一九七〇年代終盤には誰の目にも航空機の安全について何か手を打たなければならないことは明白になっていた。第四章でとりあげる医療現場や原子力発電所と同じように、航空業界も小さなミスが重大な結果につながりかねないハイリスク分野だ。一九七九年に開催されたNASA産業ワークショップには、民間や政府部門の航空専門家に加えて心理学者をはじめとする学界の研究者が一堂に会した。その後数十年にわたり「乗組員資質開発管理（CRM）」と呼ばれる研修プログラムが開発・更新され、事故率の低下に寄与している。[91] 私の博士論文のアドバイザーがこの研修に関わっていたことから、私は一九九〇年代初頭に医療ミスの研究に取り組むことになった。CRMには声をあげた者を責めない仕組みやエラー・マネジメントに加えて、リーダーシップ、コミュニケーション、状況認識や危険な態度に関する研修も含まれるようになった。CRMの中核となる考え方の多くは企業にも取り入れられ、医療現場にも徐々に広がっている。

ぽかよけ

一九六七年以前は幼い子どもの手の届くところに薬瓶を置いておくと、病院の救急治療室行きのリスクがあった。誤ってクスリを飲んでしまう子どもがあまりに多かったことから、カナダのオンタリオ州ウィンザーの病院で中毒事故管理センター長の職にあったヘンリー・ブロー医師は、ある晩午前三時に帰宅すると妻にこう言った。「もうたくさんだ！　飲むはずじゃなかったクスリを飲んでしまった子どもの胃を洗浄するのにうんざりしたよ。僕がなんとかしなければ」

これが子どもには複雑すぎて開けられないフタの発明につながった。「パームNターン」という名称で、手はじめにウィンザー地域で導入されたこのフタによって、子どもの中毒事故は九一％減少した。[92]

これは既知のリスク要因を抑える仕組みを導入するというミス防止対策の一例だ。今日では自宅やクルマに子ども用の安全対策を施すのは当たり前になった。説明書を読み、力を入れなければフタが開かない仕様の薬瓶だけでなく、自動車のドアのオートロック、コンセントカバー、不安定な家具を固定するためのストラップ、プールまわりには柵といった具合に。

日本語でミス防止を意味する「ぽかよけ」はトヨタ生産方式（ＴＰＳ）に由来する言葉で、今日の製造業で重視される取り組みだ。[93]私たちが日常的に使うモノの多くにぽかよけが使われているという事実は、基本的失敗がどれほどありふれたものであるかを示している。

誰にでもうっかりする場面はある。誤った思い込みをしたり、自信過剰になったりすることもある。目指すべきは、こうした傾向に起因する基本的失敗を減らすための対策を講じることだ。

著名なデザイン研究者であるドナルド・ノーマンは一九八〇年代から人間と人間の使うモノの関係について考え、書いてきた。[94]その業績は今日「人間中心設計（ＨＣＤ）」と呼ばれる分野の基礎となっている。[95]ヒューマンエラーと呼ばれるものの多くは、質の低い設計に起因するとノーマンは主張する。一例に挙げるのが、コンピュータ上で住所を入力する際に、ユーザーにアメリカ五〇州のなかから自分の州を選ばせるプルダウンメニューだ。これでミネソタ州と入れようとして、すぐそばにあるミシシッピ州を選んでしまう人が非常に多いとノーマンは指摘する。[96] 設計にミスを防止する仕組みが欠如しているのだ。

ノーマンは人間がどのように思考するかを深く理解しており、それは彼の設計思想にしっかりと織り込まれている。たとえば私たちは慣れ親しんだ作業にはあまり注意を払わないため、うっかりミスをするリスクが高くなる。[97] 熟練したパイロットが酷寒の日に凍結防止装置をオンにするのを忘れたのがまさにそんなケースだ。熟練しているからこそ、チェックリストに十分な注意を払わない。ヒューマンエラーは必ず起こるものと受け入れているソフトウエア・デザイナーは、コンテキストに応じたエラー警告を出したり（X［旧ツイッター］は文字数制限に到達する前に警告を出す）、セーフティネットを付けたり（文書作成ソフトのアンドゥ機能）、直前の入力を保持して情報量の多い作業の短期メモリ喪失に対応したりといった対策を取り入れる。[98]

ルーティン化と同じように、創造力を働かせれば日常生活にぽかよけ対策を施すことは誰にでもできる。車庫の出口の壁にライトを取り付ければ、バックしたときにぶつけるリスクを抑えられるだろう。玄関扉の近くに傘を置けば、雨が降りそうな日に忘れずに持っていくようになるだろう。試験前に友達と一緒に勉強する約束をして、十分な準備ができるようにする。思い込みには気をつける。時間割引に陥らないように意識する。可能性は無限にある。

そして最後に、基本的失敗にはチャンスが潜んでいる可能性を忘れないようにしよう。

「わかったぞ！」　基本的失敗が成功に変わる瞬間

一八八八年の運命の日。[99] 二六歳のリー・クム・シャンは中国南部の広東省にある牡蛎《かき》を出す小さな店で、料理人として働いていた。特別ふだんと違う下ごしらえをするつもりはなかったが、うっかり牡蛎の入った鍋を火にかけすぎてしまい、気づいたときにはねばねばした茶色の液体が鍋に残っていた。だが味見したところ驚くほどおいしかった。まもなくリーは意図的に「オイスターソース」を作り、瓶詰にして『李錦記』ブランドで売り出した。やがてこの「最高のうっかりミス」はリーとその子孫に莫大な富をもたらした。リーの孫が二〇二一年に亡くなった時点で、一族の保有資産は一七〇億ドルを超えていた。[100] 基本的失敗がすばらしい新製品に結実することはなかなかないが、ポテトチップやチョコチップクッキーなど今日人気の食品の多くは偶然発見されたものだ。[101]

基本的失敗の大半は数十億ドル規模のビジネスにはつながらない。そしてつながる場合でも、まずは失敗者がそれに気づき、機会としてとらえ直す必要がある。これはオープンマインドで、ミスに対して素直に反応できる人にしか起こらない。

人間は間違えるもの　そして神の領域へ……

生きているかぎりミスは免れない。その多くは無害だ。一方、基本的失敗につながるものもあり、そのなかには笑い話として友人に話せるもの（車のバンパーに凹みができてしまった）から人命にかかわるもの（カンザスシティ・ハイアットリージェンシー・ホテルのブリッジ崩落事故）まである。誰もが日々、ミスから失敗への因果の連鎖を断ち切る機会に直面する。基本的失敗を防ぐのを困難にしている要因は、ミスへの本能的忌避感（とりわけ自分自身によるミスへの忌避感）だ。だがミスを受け入れることで、ミスをとらえ、報告し、修正できるようになれば、重大な失敗を防ぐことができるかもしれない。

同じように重要なのが、教育研修から「ぽかよけ」まで、さまざまな防止策を導入することだ。これは「上手に失敗する技術」のハイライトと呼べるような部分ではない。ソーシャルメディアでたくさんの「いいね！」を集めたり、最新のマネジメントツールとして喝采を浴びたりするものでもない。だがそれがもたらす途方もない価値（アルコアの株主や商用航空機の乗客ならわかる！）を考えたらもったいないことだ。上手に失敗する技術の要諦の一つは、基本的失敗を防ぐことなのだ。人的被害ゼロ、仕事の完成時点で失敗ゼロを目指すなら、ヒューマンエラーを受け入れることが不可欠だ。

たしかにミスは人間の業《ごう》である。そして許すこと（とりわけ自分を）は神の業だ。ただ人生や組織において基本的失敗を防ぐためのシンプルな行動を取り入れることは誰にでも可能であり、有意義だ。新たな力を与えてくれるといっても過言ではない。

第四章　パーフェクトストーム

残念ながら警告システムというものは総じて、これ以上警告を発することはできないという警告を発してくれない。

——チャールズ・ペロー

パストレンゴ・ルジャーティ船長はがっしりした気のいい男で、海と自分の船をこよなく愛していた[1]。親切さには定評があった。ある船員に子供が生まれたという知らせが届くと、汽笛を鳴らし、マストからは子供の性別に応じて青かピンクのリボンをはためかし、非番の船員たち全員を集めてパーティを開かせた。

一九六七年三月のある金曜日の晩、ルジャーティ船長は午前零時を過ぎても北へ向かうトリー・キャニオン号の甲板にとどまっていた。クウェートからウェールズのミルフォードヘーブンまでの一カ月にわたる航海は終わりに近づいていた。海は穏やかで、それから数日は晴天が続くと予想されていた。

船長が遅くまで起きていたのは、自分たちを待ち受けるきわめて困難な作業を細部まで確認するためだった。船に積んだ一一万九〇〇〇トン近い原油を降ろすのだ。すべてをうまくやる必要があった。スケジュールは押していた。ルジャーティが翌日の午後一一時までにミルフォードヘーブンに到着しなければ、次に満潮時の水位がトリー・キャニオン号クラスの船が荷降ろしをできるほどに達するまで六日も待たなければならなくなる。船長も船員も、そして雇用主であるリベリアの船会社も、そんな遅延はとても許容できなかった。

計算にことさら慎重を期したのは、海事マニュアルの定番で、これから進んでいく水域について最も詳細な情報が詰まった『海峡水路誌』がこの船に積まれていなかったためだ。ようやく寝台に向かうことにした船長は、イングランドの南西部沖にある悪名高いシシリー群島が右舷に見えたら呼んでくれ、と指示した。

午前六時半頃、一等航海士が船長を起こしに来た。そして海流と風によって船が航路を外れてしまったと報告した。航路に戻るため、すでに船の針路をリセットしたという。一等航海士が許可なく針路を変えたことがルジャーティ船長には不満だった。しかもそのルート変更によって到着までの時間がさらに延びる見込みだった。そこで前日に自分が入念な計算の末に導き出した元の航路に船を戻すよう指示した。船乗りにとって伝説的な難所であるセブン・ストーンズ岩礁近くを通らなければならなくなったが、船も船員も安全なはずだと船長は考えた。後から考えれば、それはかなり問題のある判断だった。判断ミスと言ってもいいだろう。

それでも、その後立て続けに起きた二つの予想外の出来事さえなかったら、船は安全に港に着いていたかもしれない。まずロブスター漁船が霧の中から突然現れてトリー号の針路をふさいだため、よけなければならなくなった。一刻の猶予もなく、数秒を争う事態だった。続いて操舵輪の機械的問題で、ルジャーティが船の向きを変えようとしても舵がすぐに反応しなかった。このわずかな遅れが災いした。

ルジャーティ船長は細心の注意を払って船を動かしたが時すでに遅し。岩礁に近づきすぎていた。

午前八時五〇分、ツキに恵まれなかったトリー・キャニオン号はフルスピードで岩礁に衝突した。巨艦の船底に亀裂が入り、一四の積み荷タンクに穴が空いて一三〇〇万ガロンという途方もない量の原油が流出した。この一九六七年三月一八日土曜日は今日に至るまでイギリス史上最悪とされる原油流出事故のほんのはじまりに過ぎなかった。[2]

ルジャーティ船長がその後公式調査で語ったとおり「たくさんの細々とした事柄が積み重なって大惨事となった」[3]。時間的制約、海流、霧、ロブスター漁船、操舵輪。別の日であれば、何も問題は起きなかったかもしれない。ここに挙げた要因の一つでも欠ければ、事故は回避できた可能性が高い。ルジャーティ船長はタンカーで世界の海を渡るという心から愛した仕事をまだ何年も続けることができただろう。だが非難と屈辱にまみれた船長のキャリアは、船と同じようにめちゃめちゃになった。[4]「船長にとって船はすべてであり、私は自分の船を失った」と胸の内を語っている。船主や保険会社を含めたほとんどの人にとって、そして何より自分自身にとって、熟練の船長はみじめな失敗者となった。

たくさんの細々とした事柄

トリー・キャニオン号の悲劇は、複雑な失敗の典型例だ。「たくさんの細々とした事柄」が積み重なって大小さまざまな失敗を引き起こすというのが、失敗の三つめの類型である複雑な失敗の本質的特徴だ。通常であれば災難にはならない「ささいな事柄」が不運なかたちで積み重なり、ふだんであれば失敗を防いでくれるはずのガードレールが機能しなくなる。

本章は複雑な失敗の性質と、それが現代社会のほぼすべての領域で増加している原因を深掘りしていく。最初に取り上げたこのトリー号の事例は、失敗というテーマを厳粛に扱うべきであることを改めて思い出させてくれる。あらゆる失敗が「正しい失敗」と呼べるわけではない。どう見ても大失敗としか呼べないものもある。悲劇的なものもある。ちょっと歯ぎしりしたくなるだけのものもある。上手に失敗する技術は失敗の種類を正しく見きわめるところから始まる。破滅的失敗をできるだけ理解し、そこから学習し、何よりそれを防ぐために。基本的失敗と同じように、複雑な失敗は正しい失敗ではない。

ただ複雑な失敗は正しい失敗ではないというのは、それが非難に値するという意味ではない。これから見ていくとおり、なかには非難すべきものも確かにあるが、ほとんどはそうではない。そこから学習するために真剣に努力する意欲さえあれば、賢い失敗や基本的失敗と同じように複雑な失敗は強力な教師になる。

罪人探し

出立したときにはきわめて健康体であったルジャーティ船長だが、結局船長にとって最後となった航海の身体的負担と精神的ショックは大きく、体を蝕《むしば》むこととなった。体重は九キロ落ち、肺感染症を患い、医師には毎日面会に訪れる妻アンナ以外には誰にも会わないよう命じられた。しかしリベリアが調査委員会を任命したことで船長がジェノアにいることがパパラッツィにバレてしまった。ルジャーティと複数の乗組員の証言に基づき、委員会は次のような結論を出した。「責任はパストレンゴ・ルジャーティ船長ただ一人にある。免許を剝奪し、二度と航海ができないようにするべきである」と。カメラマンは怯えてベッドの下に横たわる船長の写真を撮っている。[5]

その後、これは拙速な判断だったとみなされた。ある乗組員は事故の数時間前に自分が作成し、報告した航法測定値は誤っていたと証言した。さらに誰かは不明だが、ある甲板員が誤って操舵輪のサイドレバーを動かしたため、事故直前の数秒間のルジャーティ船長の操舵に遅れが出てしまった。そして船には航海の指針となったはずの『海峡水路誌』が備え付けられていなかった。船長ただ一人に責任を押しつけるのは、発生した不都合な事態への比較的安易な対応であるだけでなく、船主や保険会社にとって都合の良い話だった。少なくとも一つの推計によると、この判断によって両者の費用負担は一七〇〇万ドル近く抑えられたという。[6]

反射的に誰かを責める、たった一人の個人や一つの原因に責任を押しつけるという行為はほとんど普遍的といえる。不幸なことに、それは上手に失敗する技術を実践するのに必要な心理的安全性を低くする。会社の業績が期待を下回るとCEOが解雇される。保育園のお迎えが遅れると、夫婦が互いのせいだと責める。子どもは叱られないように、いつも誰かのせいにしようとする。単一の原因や責任者を探すのは簡単で自然な行為だが、複雑な失敗の場合、この本能は役に立たないばかりか正しくもない。そして本当は何が起きたのか、次はどうすればもっとうまくやれるのかを率直かつ論理的に話し合うのが困難になる。複雑な失敗を減らす方法については後で詳しく述べるが、ここではミスをしたり不本意な結果が出たりしても責められないことを誰もが理解している心理的に安全な環境は、組織でも家庭でも間違った失敗を減らし、正しい失敗を増やすための土台となることを改めて強調しておきたい。

それでは説明責任はどうなるのか？　病院から投資銀行まで幅広い業界の幹部から、同じ質問を受けてきた。企業文化が緩みすぎないように、失敗を犯した個人はその報いを受けるのが当然ではないか。失敗を責められないなら、改善への意欲など湧くのだろうか。こうした懸念は誤った二項対立に根差している。現実には、失敗を認めても安全な文化と、高いパフォーマンス基準を求める文化は両立しうる（そしてハイリスク環境においては両立させなければならない）。責める文化はたいていいメンバーが問題を迅速に報告し、解決するのを阻むため、当然ながらパフォーマンス向上にはつながらない。[7] 声をあげた人を責めない文化がきわめて重要なのはこのためだ。これから見ていくように、異常を発見したら躊躇なく迅速に報告することは、変化の激しい環境で高いパフォーマンスを発揮するのに不可欠だ。

複雑な失敗の複雑さ

　基本的失敗もときとして悲惨な結果をもたらすことがあるが、私たちの人生、組織、そして社会に重くのしかかる本当のモンスターは複雑な失敗だ。基本的失敗は単一の原因で起き、合理的に解決できるものだが、複雑な失敗は根本的に異なる。複雑な失敗は病院の救急治療室やグローバルなサプライチェーンのような状況でよく起こる。それは多数の要因や人々が予想もできないかたちで相互作用をするからだ。一段と不安定化している気象システムもまた複雑な失敗の温床となっている。私は長年にわたって医療、航空、企業経営の分野で複雑な失敗を研究してきた。その結果驚くほど多様な、それでいて共通の特徴のある事例が集まった。

　まず、いずれのケースでも原因は複数あった。そして複雑な失敗はなじみのある状況で起こる。これが賢い失敗との違いだ。なじみがあるといっても、多数の要因が予想もできないかたちで相互作用するある程度複雑な状況だ。たいてい複雑な失敗が起こる前には、ちょっとした警告サインが発せられる。そして最後に、複雑な失敗には一見コントロールできないような外部要因がたいてい少なくとも一つはかかわっている。

よく知っている環境

新たな未知の領域で起こる賢い失敗（新しい料理を生み出すために組み合わされたことのない食材を組み合わせる、人生のパートナーを見つけるためにデートしてみる、音響実験によって革新的なエレクトレットマイクを生み出すなど）と異なり、複雑な失敗はすでに知識や経験が十分蓄積された状況で起こる。ルジャーティ船長が最後の航海でたどったルートは過去に経験したものとまったく同じではなかったかもしれないが、航海を成功させるための基礎知識は十二分に確立されていた。社交の場、休暇旅行、学校生活などはいずれも慣れ親しんだ状況だが、誰もが複雑な失敗の一つや二つを経験しているのではないか。日々ニュースでとりあげられる事故、悲劇、惨事の大半は比較的慣れ親しんだ状況で起きた複雑な失敗だ。

二〇二一年一〇月二一日、西部劇『Ｒｕｓｔ』を撮影していたニューメキシコ州のボナンザ・クリーク牧場で、撮影監督のハリナ・ハッチンズが銃で撃たれて死亡した事件を考えてみよう。この牧場は過去にも映画製作で使われたことがあり、スタッフには比較的なじみがあったうえに、撮影が始まって数日が経過していた。現場にいた誰もが銃を使用する撮影現場について業界で確立された手続きや予防措置をひととおり知っていた。だがどういうわけか俳優でプロデューサーのアレック・ボールドウィンが銃を手にしたとき、実弾が発射された。「最初はムチを振るような、続いてポンッという大きな音がした」という[8]。ハッチンズの隣に立っていた監督のジョエル・ソーザは肩を負傷した。悲劇としかいいようのない複雑な失敗である。

その後の捜査で、撮影現場で銃を安全に扱うために確立された安全ルールが厳守されていなかったことが明らかになった。現場で銃の安全と使用の責任を負っていた二四歳のハンナ・グテレス＝リードは捜査に対し、事故当日にはルールどおりその日使う予定の弾薬を調べ、本物の銃弾ではなく「ダミー」しか含まれていないことを確認したと語った。しかし最後の安全確認をして、ボールドウィンに「コールド（実弾なし）」と言って銃を渡した助監督のデビッド・ホールは捜査員に、その日はすべての銃弾を確認するのを怠るというミスを犯していたことを認めた。安全ルールの重大な違反だ。[9]しかも通常は撮影現場への持ち込みが禁止されている実弾が、なぜそもそも現場にあったのかも不明だった。[10]それ以上に問題なのは事故の一週間前にも「暴発」[11]が二回起きていたにもかかわらず、現場での安全確認作業が強化されなかったことだ。

　複雑な失敗が厄介なのは、この「慣れ」がかかわっているせいだ。慣れた状況では実際よりも状況をコントロールできている気分になる。たとえばパーティで酒を飲んだ後、自宅までの慣れた道を運転してしまうといった具合に。こうして誤った自信が生まれる。ルジャーティ船長は前の晩に入念な計画を立てたうえに長年の経験があったために、船をコントロールできている気になっていた。みなさんも人生のなかで幾度かこのような経験があったはずだ。何度も経験があるという理由でチームプロジェクトを率いる能力があると自負していたのに、軽くみていた予想外の困難に直面する。新型コロナウイルスに十分な対策を取っているつもりで感染などしないだろうと思っていたのに、自分あるいは友人が感染してしまった。総じて「こんなこと目をつぶっていたってできる」と思えるときほど用心したほうがいい。自信過剰は基本的失敗のみならず複雑な失敗の前兆だ。

　複雑な失敗は必ずしも悲惨な結果をもたらすとは限らない。〝ミニ・パーフェクトストーム〟によって物事が計画どおりに進まなくなるという経験は誰にでもあるだろう。目覚まし時計の「午前」と「午後」の設定を間違えていて家を出るのが遅れてしまう、病院の予約時間が迫っているのでクルマに飛び乗ったがガソリンの残量がほぼゼロで給油しなければならない、高速に乗ったら事故渋滞が発生していて予想以上に時間がかかり、三〇分遅れで到着したら医者は緊急手術が入って今日はもう会えないという……。ダメージは比較的小さいとはいえ、診察を受けられなかったのは複雑な失敗だ。

複数の因果関係

複雑な失敗には複数の原因があり、いずれか一つが失敗を引き起こすわけではない。たいていはいくつもの内的要因（手順や技能）が外的要因（天候やサプライヤーの納品遅れなど）と重なる。複数の要因が相互に状況を悪化させることもある。あるいは負荷が積み重なることもある。藁《わら》の最後のひとすじでラクダの背骨が折れてしまうように。ボナンザ・クリーク牧場での誤射事件後には訴訟や非難合戦が山ほど起きたが、一つだけはっきりしていたのは小さなミスの一つでも発見あるいは回避されていたら、悲劇的な失敗は防げたかもしれないということだ。カメラの背後にいたハッチンズの立ち位置がわずかでも違っていたら、銃弾は当たらなかっただろう。ボールドウィンが引き金をもっとゆっくり、あるいは弱く引いていたら暴発しなかったかもしれない。実弾が現場になかったら。ホールが銃を手渡すときにあれほど大声で「コールド」と言わなければ。他の複雑な失敗もそうだが、このケースではシステムが脆弱で、ルールはあったもののその遂行が雑だった。

二〇二一年六月二四日にフロリダで起きたコンドミニアム崩落事故は「アメリカ史上最悪の技術的失敗の一つ」と言われる。九八人の命が失われたこの悲劇もまた複雑な失敗だった。[12] 原因究明には、野心的なデベロッパーがマイアミビーチと呼ばれる広大な湿地帯に都市を建設しようと決めた一八九〇年代までさかのぼらなければならないかもしれない。続いて「天然の防風壁として塩害や強風の影響を和らげていた」マングローブの森を彼らが伐採したため、建物が最初から壊れやすくなっていたこと[13]、最近では嵐が一段と強力になり潮位も高まっていたため、危険度はさらに高まっていたことを挙げるべきだろう。

それに加えてコンドミニアムのオーナーたちは建築から三九年が経過していた建物に、高額な、そして彼らにとっては予想外の修繕費用をかけることに及び腰だった。州の規制当局はこの種の建物に築四〇年後の証明書更新を義務づけていたため、崩落事故の一年半前には技術者が建物を検査し、プールデッキ下のコンクリートスラブの構造上、基礎に水が溜まりやすくなっていることを指摘した。ほかにもすぐにはリスクにはならなそうな小さな亀裂や腐食も見つけた。プールデッキの問題を解決するのに必要な修繕コストは九〇〇万ドルという見積もりで、コンドミニアムの積立金を大幅に上回っていた。それが対応の遅れ、住民同士の激論、一部の理事の辞任につながった。デベロッパー、オーナー、市政府、あるいは気候変動など「原因はこれだ」と決め打ちしたくなるが、それでは原因を突き止めたことにはならない。

外部要因

複雑な失敗には外部の、あるいはコントロールできない要因がかかわっていることが多い。それは不運と見ることもできる。トリー・キャニオン号の失敗は、予想不可能な外部要因（ロブスター漁船が突然現れる）とコントロール不可能な要因（潮流）が結びついた末の悲劇だった。兵器担当者が使用する保管庫になぜか実弾が紛れ込んでいる。マイアミ地域の水位上昇によってコンドミニアムの老朽化に拍車がかかる。パーティで酒を飲んだティーンエイジャーの鈍った判断力に道路の凍結という悪条件が重なる。未知の化学組成を持つウイルスが人間の行動によって制御不能になる。

ときには基本的失敗と複雑な失敗の境界が曖昧になることもある。当初は基本的失敗に思えたこと、たとえば誤ってダミーの代わりに実弾を装塡してしまうといったことが、よくよく調べてみると複雑な失敗だとわかることもある。当初単一の原因と思われたものに、また別の原因がある、といった具合に。
たとえばスキューバダイビングを愛する三五歳の海軍士官、ブライアン・バッジが犯した些細な、それでいて致命的なミスを考えてみよう。ふだんは緻密で注意深かったブライアンだが、上級トレーニングクラスの最後の潜水で、リブリーザー（呼吸したガスを再利用して循環させ、呼吸させる装置）のスイッチを入れずにボートからホノルル沖の海に飛び込んだ。数分も経たないうちに低酸素状態に陥ったブライアンは、インストラクターやクラスメイトの目の前で溺れた。[14]
酸素の供給スイッチを入れ忘れるというブライアンのミスは基本的失敗に思えるが、一歩下がって眺めてみると、複数の原因による複雑な失敗であることがわかる。まずインストラクターはこの忙しく、スケジュールが頻繁に、しかもギリギリのタイミングで変わるプログラムを担当しはじめたばかりだった。[15]それになぜバディチェックが行われなかったのか。なぜブライアンが飛び込む前に装備の再確認をしなかったのか。自信過剰だったせいかもしれない。ブライアンはダイビング経験が豊富で、このときの水域はまぎれもなく慣れ親しんだ場所だった。このクラスはそれまでにもまったく同じ場所で潜ったことがあったのだから。もう一つの外部要因は生徒のほとんどは上下の序列に従うことに慣れた軍人で、インストラクターに異を唱えるのを躊躇《ちゅうちょ》したことだ。最後の要因として、妻のアシュリー・バッジによると、ブライアンは日曜早朝のこのダイビングコースに参加すべきか悩んでいたという。前の晩にはダイビングを取りやめにして、アシュリーや二人の幼い子どもたちと過ごそうか？と尋ねたという。自身もダイビング好きだったアシュリーは、夫にコースに参加するよう勧めたという。「彼の目を見つめて、『迷わず行きなよ』と言ったの。あなたが本当はコースを途中で辞めたくないのはわかってるよ、と」[16]
当然ながらアシュリーは、あのときブライアンに最後のダイビングに行かずに家にいてほしいと言っていたら結果は違ったのだろうかとよく考える。それでも「私にとって誰が悪いとか、あの人がこれをした、あれをしたといった話じゃない。互いを責めても意味がない」[17]という。これは重要な指摘だ。

何かをひたすら責めることで、私たちは責任から解放される。他の要因を入念に調べなくてもよくなる。だがそれこそが未来の複雑な失敗を防ぐのに大切なことなのだ。本章の後半で見ていくとおり、本質的に複雑な状況で作業の安全を確保することが目的ならば特にそうだ。

警告サイン

複雑な失敗の最後の特徴は、通常はその前触れとしてちょっとした警告サインが発せられるが、それが見落とされたり、無視されたり、たいしたことではないと思われたりすることだ。たとえば映画『Ｒｕｓｔ』の撮影現場では事故の前の週に小道具の銃が暴発している。ケガ人は出なかったものの、安全性に懸念を表明したスタッフがいた。だがまともに取り合ってもらえず、追加的な安全策や予防措置はとられなかったようだ。むしろ予定期間内に撮影を終わらせるように急かされている気がした、とスタッフは語っている。

他の労働環境もお粗末だった。スタッフは撮影現場に近いサンタフェのホテルを約束されていた（また要求もしていた）が、実際には現場で一日一二～一三時間も撮影した後で片道一時間かけてアルバカーキの宿に帰ることになった。給料も遅延することがあった。事故の前夜には苛立ち、うんざりしたスタッフ五人が退職する意思をメールで伝えたほどだ。[18]

みなさんも重大な失敗をした後、どうすれば防ぐことができたか振り返ったことがあるだろう。エンジンの異音を無視したまま自動車修理店が少ない地域に長距離ドライブするなどというマネをしなければ、道端で長時間にわたって待ちぼうけをくらうことにはならなかった。中間テストで失敗した直後に次はどうすればもっとうまくやれるか教授に相談していれば、そして家族の緊急事態に時間や気を取られていなければ、期末試験のためにもっと勉強して単位をもらうことができたのに。なぜ私たちは失敗の警告サインを見逃すことが多いのかを理解することは、失敗を防ぐうえでカギとなるので、本章の後半でじっくり見ていくことにする。

複雑な失敗を徹底的に分析すると、たいていは見逃された警告サインが見つかる。さらに誰が、また何が問題であったかという理解も深まる。フロリダのコンドミニアムを検査した技術者はコンクリートの小さな亀裂や鉄筋が多少腐食していることに気づいた（ただどちらも切迫したリスクを示しているようには見えなかった）。失敗分析が表層的であるため、対策を誤り、状況をさらに悪化させるケースはあまりに多い。[19]

状況を悪化させる

トリー・キャニオン号がセブン・ストーンズ岩礁で座礁してから数日、数週間と経つうちに、この悲劇的失敗はさらに厄介な、そしてさらに複雑なものに変化した。タンカーから流出した原油が野生生物に与えた影響を調査した科学者のスティーブン・J・ホーキンスはこう書いている。「施された治療法は病よりもひどかった」[20]

悲劇の進行を止めようとする試みが次々と失敗するに至った、一連の出来事や思考の連鎖をしっかり振り返ることが重要だ。引っ張るほど結び目が固くなってほどけなくなるロープのように、原因が複数ある失敗は複雑に絡まり合ってほどくのが難しい。それはトリー・キャニオン号の事故に限った話ではない。複雑な失敗の構造を理解することは、それを防ぐカギを見つける作業に欠かせないステップだ。

当初トリー・キャニオン号の所有者たちは、船を引き揚げることは可能だと考えた。そこでオランダの会社と契約し、原油を海に捨てて軽くなったタンカーを岩礁から解放するためにタグボートと人員を送り込んだ。だが結局巨大タンカーは岩礁にあまりに深くめり込んでいて、引っ張り出すことができなかった。ルジャーティ船長と乗組員は勇敢にも船にとどまった。巨大な船体の破損は進み、危険な原油流出が続いたため、火災の恐れが出て全員が陸に退避せざるを得なくなった。次にブリティッシュ・ペトロリアム社が「ＢＰ一〇〇二」と称する産業用洗剤七〇万ガロンを海に投げ込んだ。一部の洗剤の樽《たる》は岸壁から海に放り込まれた。[21]

流出した化学物質が海洋生物にどれほど危険なのか、誰にもわからなかった。ある記者の表現を借りれば、ウエスト・コーンウォールの浜辺は「分厚いベタベタの黒い絨毯《じゅうたん》」で覆われたようになった。[22]最終的に死んだ海鳥の数はおよそ一万五〇〇〇羽。イギリス政府と海軍が当初、事の重大性を認めようとせず、事故への対応に曖昧な態度をとったことが混乱に拍車をかけた。現場が国際水域であったため、具体的にどの国が責任を持つべきか、とるべき法的対応は何かがわかりにくかった。[23]座礁から一〇日後になってようやくイギリス海軍がトリー号の爆破を試みた。投下された一〇〇〇ポンド爆弾四一発のうち、標的に命中したのはわずか二三発。[24]ナパーム弾も投下され、立ちのぼった五〇〇〇メートル近い黒煙は一六〇キロメートル先からも確認できた。原油が漏れ出してから二週間近く経過した三月三〇日、トリー・キャニオン号はようやく沈みはじめた。

新聞の大見出しになるようなトリー・キャニオン号級の大規模な危機は、たいてい複数のもっと小さな失敗と複数の失敗タイプが組み合わさっている。崩壊しつつある船と流出する原油をどうコントロールすべきか誰にもわからなかった。手つかずの美しい海岸線に何百キロにもわたって流出した原油をどう処理すべきかも。何かがおかしくなると他にも次々と間違いが起きた。「たくさんの細々とした事柄が積み重なって大惨事になった」。基本的失敗から生じるのは比較的解決しやすい問題であるのに対し、トリー号の悲劇が体現するように複雑な失敗は根本的に異なる。残念ながらこのようなパーフェクトストームは過去のものではない。そしてときには数十年かけて進行する。

数十年かけて進行

二〇一八年一〇月二九日にインドネシアのジャカルタ空港から飛び立って一三分後、ライオンエア六一〇便はジャワ湾に墜落した。初期の調査でボーイング７３７ＭＡＸが搭載していた二つのセンサーのうち一つに技術的問題が見つかった。それが誤った自動システムを作動させた結果、機首から一気に下降したのだ。時速八〇〇キロメートル以上で急降下したため生存者はいなかった。[25] アメリカの連邦航空局（ＦＡＡ）は安全上のリスクは十分低く、７３７型機が飛行を続けるのに問題はないとボーイングに通達した。ボーイングは自動ソフトウエアシステムの検証と修正に七カ月の猶予を与えられ、万一同じ誤作動が起きたときの対処法をパイロットに周知するよう求められた。

これで一件落着となっただろうか。

残念ながら答えは「ノー」だ。わずか五カ月後の二〇一九年三月、別の７３７ＭＡＸがまったく同じ理由で墜落した。エチオピア航空三〇二便はエチオピアの首都アジスアベバを飛び立って数分後に時速九〇〇キロで地面に激突、[26] その衝撃で砕け散った。今回はＦＡＡも７３７ＭＡＸ全機に飛行を禁止した。[27] より深く徹底した調査が行われた結果、まもなくこの複雑な失敗を引き起こしたたくさんの原因が明らかになった。技術的設計や新しいソフトウエアシステムに問題があったのは確かで、それはここに挙げた事故がどのように起きたのかを理解するうえで重要な要因だ。だがもっとじっくり観察すれば、ボーイングの企業文化や業界全体の置かれた環境もこの二件の失敗において重要な役割を果たしていることがわかる。これは複雑な失敗の典型例といえる。

二〇一九年にこの問題についての記事を読んだとき、嫌な既視感があった。私は複雑な組織における防ぐことができたはずの失敗を理解することに研究者人生を捧げてきた。『Ｒｕｓｔ』の撮影現場での銃の暴発や、スキューバダイビングの酸素タンクのスイッチ入れ忘れなどと同じように、この二つの墜落事故の原因はソフトウエアのバグによる自動センサーの誤作動であるとして簡単に片づけられそうだ。複雑な技術につきものの特異な失敗例である、と。だが先ほどと同じようにじっくり観察すれば、これが複雑な失敗であったことを示す要因がいくつも目に留まる。誤った安心感がある比較的なじみのある状況で複数の要因が重なる、警告サインが見逃される、そして変化する経営環境における相互作用的な複雑さもある。

この手の事例があまりに頻繁に繰り返されることに、私はときどき耐えがたい気持ちになる。私の研究によって、このような失敗が起こる理由、複雑な失敗をこれほど御しがたくしている認知的、対人的、組織的原因が明らかになった。このようにたくさんの要因が存在するのは、裏を返せば失敗に向かう一見止められなさそうな流れを中断するためのレバーがたくさんあるということでもある。つまり誰でも複雑な失敗を止める機会があるわけだ。

あらゆるパーフェクトストームについての一抹の希望は、あらゆる複雑な失敗はそれを防ぐためのさまざまな機会をはらんでいるという事実だ。一四九ページに挙げた病院の予約に遅刻してしまうケースを考えてみよう。前の晩に目覚まし時計の設定時刻が午前になっているか、あるいは車にガソリンが入っているか確認していればよかっただけだ。たった一つ行動を変えるだけで失敗は防げた。それを頭に入れたうえで、あなたが防げるかもしれない複雑な失敗をすべて挙げてみよう。

複雑な失敗の発端を理解するために、また発生を防げたはずのいくつもの機会を特定するために、何十年もさかのぼらなければならないケースもある。７３７ＭＡＸの墜落事故の重要な原因として挙げられるのは、一九九七年にボーイングがアメリカの主要な競合企業であったマクドネル・ダグラスを株式交換によって一三三億ドルで買収したことだ。[28] まもなく買収にともなう経営陣の交代（これもまた事故の要因だ）によって、伝統的に技術（開発や精密性）重視だったボーイングの企業文化から、伝統的に財務（利益や株主価値）を重視してきたマクドネル・ダグラスの文化へのシフトが起きた。[29]

買収前のボーイングでは、経営上層部は技術畑出身者が多く、従業員と技術的言語や感性を共有していた。[30] 言うまでもなく技術者としての感性を共有していたことで、社内の技術者のあいだには航空機の速度、設計、燃費、とりわけ安全性に関する問題について声をあげても大丈夫だという雰囲気があった。技術者と経営幹部は仕事を離れてざっくばらんに新しいアイデアや提案を話し合うことができ、実際にそうしていた。しかし買収後は経営幹部に財務会計部門の出身者が増えた。ジャーナリストのナターシャ・フロストは航空機がどんな仕組みで動くかも知らない彼らを「経理屋」と揶揄《やゆ》している。[31] この企業文化の変化に追い打ちをかけたのが、二〇〇一年のシアトルからシカゴへの本社移転だ。経営幹部は航空機を設計する技術陣から三二〇〇キロメートルも離れた場所で働くことになり、両者の分断は一段と進んだ。

そこから二〇一〇年に時計の針を進めよう。この年、ヨーロッパにおけるボーイングの最大のライバルであったエアバスが、新型機Ａ３２０を発表（四つめの原因）。燃費を改善したことで航空機の費用効率を大幅に向上させるというふれこみだった。[32] エアバスが完全に秘密裡に新製品を開発したことにボーイングの経営層は唖然とし、忠実な顧客を失うのではないかというもっともな懸念を抱いた。事故の舞台がどのように整ったか、よくわかるだろう。舞台の右手には権力の座を追われた技術者と権力を与えられた経理屋。左手には株主の懐にマイナスの影響を与え、ボーイングの評判を損ねそうな恐るべきライバル。ここからシナリオがどう進んでいくかは火を見るよりも明らかだ。

予想外のエアバスの脅威に対抗するため、ボーイング経営陣は研究に莫大な時間と費用のかかるまったく新しいモデルの開発をやめ、既存の７３７型機を更新することに決めた[33]。突如として市場投入までのスピードが何より重視されるようになった。経営陣は新たな７３７ＭＡＸはエアバスの新型機と比べて燃費が八％向上すると約束した[34]。

理屈のうえでは、まったく新しいイノベーションを生み出そうとして賢い失敗のリスクを冒すより、比較的なじみのある領域で既存のデザインを使うという経営陣の判断は、賢明な経営資源の使い方といえるだろう。だが現実的には７３７型機を改良するというのは技術的にかなり難しかった。新しい燃料効率の高いエンジンを搭載するにはエンジンの位置を「より前方に、そして翼の上のほうに」移さなければならず[35]、それは機体が急角度で上昇する際のハンドリングに影響を与えた。空力的特性の変化に対応するため、技術陣は「ＭＣＡＳ」と呼ばれる自動失速防止システムを開発した。

これがボーイング技術陣と経営陣の激しい対立を生んだ。ＦＡＡは航空機の設計が従前モデルから大幅に変わったときにはパイロットにシミュレーター訓練を義務づけている。シミュレーター訓練はコストが高い。（ボーイングの大切な顧客である）航空会社にとっては、貴重なリソース（パイロット）が非稼働になるので問題だ。規制に引っかからないように、ボーイングの経営陣は倫理的には問題のある狡猾《こうかつ》な作戦を考えた。ＭＣＡＳソフトウエアとそのパイロットにとっての扱いにくさを敢えて問題にしないことで、７３７ＭＡＸの設計変更を実態よりも小さく見せたのだ[36]。パイロット用マニュアルでは新たに搭載するＭＣＡＳ失速防止システムに触れなかった。

主任テクニカルパイロットは、シミュレーション訓練は不要だと言わなければならないというプレッシャーを感じた。[37]二件目の墜落事故が起こってようやく、安全性について懸念を表明した技術陣のメールが公表された。ある従業員はこう書いている。「あなたは自分の家族をMAXに乗せますか？私なら乗せません」[38]。別の技術者は経営陣が「コストと（パイロットの）研修への影響」を考慮して自分が提案した設計改良を却下した、と主張した。[39]心理的安全性の低い組織で働く人の典型的発言が、ある技術者の次の言葉だ。「会社の方針への批判を抑え込もうとする企業文化があった。死亡事故の結果、批判を受けたときはなおさらそうだった」[40]

大組織によくみられることだが、「批判を抑え込もうとする企業文化」は737型機の不具合に直接かかわっていた人に限られたものではなかった。二件の死亡事故を受けて厳格な調査が行われた結果、ボーイング787ドリームライナーを製造していたサウスカロライナ州の工場では、作業員が過度に野心的な製造スケジュールを守るプレッシャーを感じ、品質に関する懸念を表明したら職を失うのではないかと恐れていたことが明らかになった。[41]不運な結末を迎えた737シリーズにはかかわっていなかったものの、サウスカロライナ工場の作業員の経験は声をあげれば感謝されるどころか報復に遭うという空気が現場に蔓延していたことをはっきりと示していた。

ライオンエアの最初の墜落から一年と少し経った二〇一九年一二月、ボーイングはCEOを解任し、737MAXの製造を中止した。株価は下落し、同社の価値は急落した。追い打ちをかけるように三年後にはアメリカ司法省がボーイングを詐欺罪で起訴した。その結果、同社は罰金と犠牲者への賠償金として二五億ドル以上を支払うことになった。[42]

トリー・キャニオン号や737MAXの失敗を見れば、怒りを感じるのももっともだ。だが後から振り返れば、誰だって視力二・〇レベルに状況がよく見える。どうすればもっとうまくやれたのかは後知恵でしかない。私たち一人ひとりが肝に銘じるべきは、今日では生活のあらゆる側面で不確実性と相互依存性が高まっており、それは複雑な失敗の増加を意味するということだ。学術研究はその理由を教えてくれる。そしてこれから見ていくように、私たちがもっとうまくやれるように助けてくれる。失敗の要因、それがあなたの組織や人生にどのような意味を持つかを理解すると、最初は恐ろしいと思うかもしれない。だが実際にはそれは新たな力になる。身の回りの世界で複雑な失敗がどれほど起こりやすいかを直視すると、これから待ち受ける不確実な未来にうまく対処していく備えができる。

増加する複雑な失敗

現代の複雑な失敗の原因として最もわかりやすいのは、プライベートや仕事のあらゆる側面を支えている情報技術（ＩＴ）が一段と複雑になっていることだ。工場やサプライチェーンのほか、さまざまな産業のオペレーションは高度なコンピュータ制御に依拠しており、システムのどこかで小さな異常が起きると、たちまち制御不能になったりする。

エクイファックスという信用調査会社が、自社のソフトウエア・プラットフォームから一億五〇〇〇万人近いアメリカ人の社会保障番号、住所、クレジットカード番号が盗まれたと報告したのを覚えているだろうか[43]。二〇一七年一〇月の連邦議会でのリチャード・スミスＣＥＯの証言によると「データ漏洩が起きたのは人的ミスと技術的失敗の両方があった」ためだ。ハッカーは三つのサーバーのログイン情報を入手し、それによってさらに四八個のサーバーにアクセスできるようになった。複雑な失敗がこれほど深刻になったのは、データ漏洩が発覚するまでに七六日を要したためだ[44]。おかげでハッカーはシステム内をうろつき、個人情報を引き出すだけでなく、エクイファックスのデータの設計やインフラについてたっぷり情報を得る時間があった。

みなさんもデータをバックアップすることの重要性を知っていたのに、それを怠ったためにパソコンに保管しておいた重要な情報を失ったことがあるかもしれない。データを失ったことの弊害が、イギリスのウェールズ在住のシステムエンジニア、ジェームズ・ハウェルズほど悲惨なものでなければいいのだが[45]。二〇一三年にハウェルズは古いコンピュータに付いていたハードドライブを誤って廃棄してしまった（ゲーム用に使っていたノートパソコンにレモネードをこぼしてしまったので、ハードドライブを取り外したのだ）。だが捨てた後で、ささやかに始めたばかりのビットコイン投資のアカウントにアクセスするのに必要な六四文字の秘密鍵がそこに保存されていたことに気づいた。市の埋め立て地から大切なハードドライブを回収する許可を得るために必死に努力してきたが、八年が過ぎても今や五億ドルの価値があるビットコインを引き出すことはできていない。

ソーシャルメディアは企業経営、政治、友情のあり方を変え、「バズる」という言葉が日常的に使われるようになった。グローバルな金融システムによってあらゆる銀行、あらゆる国の無数の家計がつながったことで、私たちは地球の裏側で起こる人的ミスの影響を受けやすくなった。私の友人で、戦略が専門のコロンビア大学教授リタ・マクグラスによると、以前はほとんどの組織が独立しており、それによって外部で起きるミスの影響から守られていた。だが今は違う。コンピューティングのコストが低下するにつれて、膨大な情報のデジタル化が指数関数的に進んだ。自律的に通信するスマートシステムの開発によって、起こりうる故障の種類は無限大になった。この相互依存性は複雑な失敗の温床になる。「かつては別々に保たれていたものが互いにぶつかり合うと（つまりかつて独立した複雑なシステムだったものが複合化すると）、次に何が起こるか予測するのははるかに難しくなる」とリタは語る[46]。相互依存性は小さな失敗の影響を瞬時に拡散することから、ＩＴは新たな脆弱性を生む。

グローバルな相互依存性によって複雑な失敗が起こりやすくなった例としては、二〇一九年に中国の武漢で発生した新型コロナウイルス感染症が世界に広がったことを思い出せば十分だろう。小さな例を紹介しよう。二〇二〇年初頭に防護用マスクの需要が世界的に一気に膨れ上がったとき、中国の工場が製造を拡大し、貨物船に載せて世界中に発送しはじめた。その結果、中国がさらにマスクを輸出するために輸送コンテナを切実に必要としているときに、世界各地に空のコンテナが積みあがるようになった[47]。

感染者が誰と一緒にいたかを確認し、全員を隔離することでウイルスの拡散を防ぐ試みである「接触者追跡」は、複雑な失敗を認めるところから始まる。一人ひとりの感染者あるいは濃厚接触者はパンデミックという失敗につながったたくさんの原因の一つかもしれない。私の友人のクリス・クリアフィールドとアンドラーシュ・ティルシックは、まさに複雑な失敗とそれが増加している理由というテーマで本を書いた[48]。『巨大システム失敗の本質：「組織の壊滅的失敗」を防ぐたった一つの方法』と題した興味深く、ときに恐ろしいこの本は「原発事故、ツイッター炎上、原油流出、ウォール街の失敗、あるいは不正行為などに共通するＤＮＡ」を説明する。クリスとアンドラーシュは私と同じように、社会学者のチャールズ・ペローに影響を受けている。ペローはある種のシステムで故障が起こりやすくなる、リスク因子を特定した。

システムで複雑な失敗が起こる仕組み

最終的に失敗を分類するフレームワークに結実した私の研究は、三〇年前に始まった。それまで私は、なぜ医療ミスがなくならないかを研究していた[49]。一流病院であっても、専門家や国民の医療ミスへの関心が高まっても、状況は変わらなかった。一九九〇年代末に病院で不慮の事故が蔓延しているという事実が明らかになったときには、国民も医療関係者も一様にショックを受けた[50]。推計ではアメリカの病院で医療ミスにより命を落とす人は毎年二五万人にのぼるとみられる[51]。しっかり訓練を受けた善意の医療関係者は患者に危害を加えないことを誓約しているにもかかわらず、なぜそれをしつづけるのか。私の研究で、原因のほとんどは複雑な失敗の性質にあることが明らかになった[52]。

もともと工学専攻だった私は一九八四年に出版され、安全やリスクについての専門家の考え方に大きな影響を与えたペローの名著『Normal Accidents(「ふつうの事故」、未邦訳)』を愛読していた[53]。ペローは個人ではなくシステムがどのように重大な失敗を引き起こすかに注目した。この区別の重要性はどれほど強調しても足りない。システムがどのように失敗を引き起こすか、とりわけどのようなシステムが失敗を起こしやすいかを理解すれば、失敗への対応から非難という要素を排除できる。また欠陥のあるシステムで働く個人を交代させたりクビにしたりするのではなく、システムを変えることによって失敗を減らそうとするように意識が向く。

私がペローの研究に目を向けたのは、医療事故がなくならない理由を解明するのに役立つと思ったからだ。ペローは「ふつうの事故」(敢えて挑発的な表現を選んだ)を、相互作用的な複雑性と緊密な結合を特徴とするシステムの当然の(つまりふつうの)帰結と定義している。相互作用的な複雑性とはたくさんの要素が相互作用するために、行動の結果を予想するのが難しいことを指す。たとえばルジャーティ船長の船がわずかに針路を変更したことで二隻のロブスター漁船と鉢合わせしてしまい、急遽実行するのが難しいほどの方向転換を迫られ、結局最悪の事故につながったように。一方、緊密な結合とは工学から借用した表現で、システムのある部分での行動が否応なく別の部分の反応につながることを指す。事象の連鎖を止めることは不可能だ。銀行のATMがキャッシュカードを吸い込むと、このハードウエアを制御するソフトウエアと銀行のアプリケーションは緊密に結合しているため、て取引を完了させる。一つの構成要素が故障すれば、システム全体が故障する。緊密に連携したシステムには「ゆとり」がない。

ペローが「ふつうの事故」という表現を使ったのは、一部のシステムでは事故が起こるべくして起きているからだ。設計そのものが危険なのだ。そういうシステムが故障するのは時間の問題だ。対照的に、相互作用的複雑性が低く、結合が緩いシステム（たとえば小学校）では、ふつうの事故は起こりにくい。複雑性は高いが結合が緩いシステム（たとえば複数の学部が比較的自由に運営されている大規模大学）では、一部で問題が起きてもシステム全体の大規模な問題には直結しない。

ペローの教え子であるクリスとアンドラーシュは『巨大システム失敗の本質』のなかで、今日の社会ではより多くの組織がペローのいう危険ゾーンに移行していると指摘した。[54]「ペローが一九八四年に著書を発表した時点では危険ゾーンは閑散としていた。そこに含まれていたのはせいぜい原子力発電所、化学工場、宇宙ミッションぐらいだ。だがそれ以降、大学やウォール街の金融機関からダムや油井まで、さまざまなシステムが複雑になり、緊密に結合するようになった」

ペローが『Normal Accidents』を執筆したのは、一九七九年にペンシルベニア州のスリーマイル島の原子力発電所でメルトダウンに近い事故が起こった後だ。誰もが注目するような失敗だった。ペローは原子力発電所を緊密に結合した相互作用的複雑性の高いシステムであり、それゆえに本質的に安全ではないと評価した。ただ原子力技術者ではなく社会学者であったため、評価の際に技術的細部を見落とした可能性があり、のちに専門家から異論も出ている。[55] ただペローのフレームワークは安全と事故に関心を持つ研究者に、そのコンテキスト（状況）を研究する新しい有益な方法を示してくれた。図4.1にペローの古典的モデルを示した。各領域の呼称は私が考えたものだ。右上の領域は、相互作用的複雑性と緊密な結合は「危険領域」を生み出す（たとえば原子力発電所）というペローの

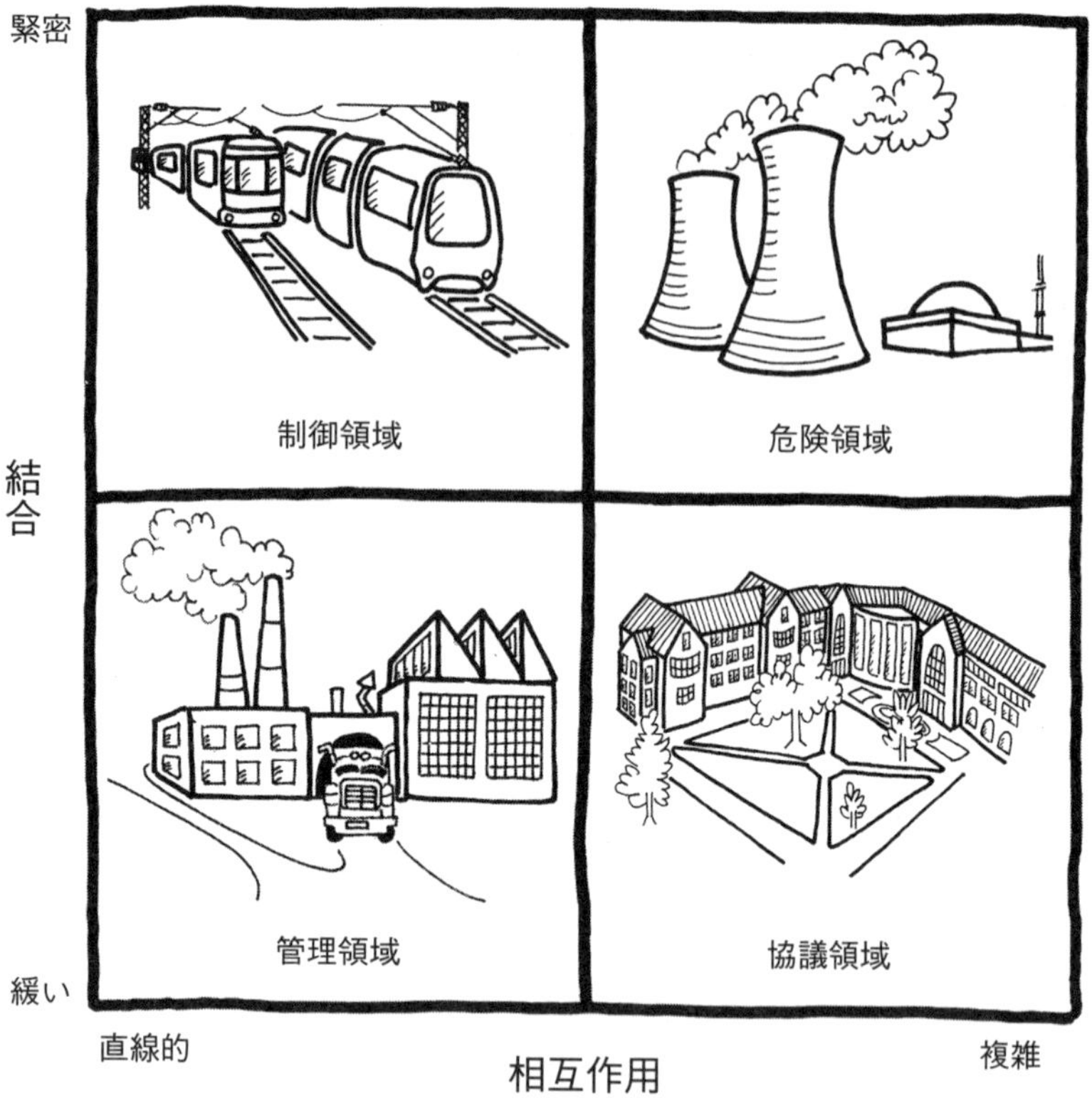

図 4.1　改良版ペロー・モデル

中核的アイデアをとらえている。緊密な結合と直線的相互作用を特徴とするシステムの例としてペローが挙げたのは鉄道で、私はこれを「制御領域」と呼ぶ。典型的な製造業の工場は緩い結合と直線的相互作用を特徴とする。こうしたコンテキストでは古典的管理がきわめてよく機能するので、私はこれを「管理領域」と呼ぶ。そして最後に大学に見られるような、複雑な相互作用と緩い結合によって常に協議しながら秩序と機能を維持していくシステムを「協議領域」と呼ぶ。

私は医療事故を研究するなかで、病院の患者を治療するシステムの相互作用は複雑か、結合が緊密かと考えた。両方の問いの答えが「イエス」なら、ペローのフレームワークによると病院が患者の治療に失敗するのはどうしても避けられない、減らせないということになる。

病院における緩い結合

一九九六年の時点で、この二つの問いに対する私の答えは「イエス」と「ノー」だった。[56] 今日でもそれは変わらない。病院での患者の治療は相互作用の複雑性がかなり高い。たとえば医師が処方箋を書き、それを薬剤師が処方し、誰かが薬を病棟に届け、患者の入院中は複数の看護師がそれを投与する。ただこの一連の作業の結合は緩いと私は考えた。システムのどこかで失敗が起きても、どこかで発見され、修正される可能性がある。仕事を引き継いでいくのが人間であること。これが病院での複雑な失敗の希望だった。病院はペローの考える最悪の領域には含まれない、というのが私の結論だった。つまり事故ゼロを達成するのは可能なはずだ。

それでもシステムの失敗は起こり続けたため、私はさらに詳しく調べることにした。結合の緩さによって必ずしもシステムの失敗が起こらなくなるわけではないことがわかった。複雑な失敗が起こる前に、ミスを見つけて修正することは可能であるというだけだ。病院での調査中に遭遇した実例を紹介しよう。一〇歳の少年（ここではマシューと呼ぶ）が、誤って過剰なモルヒネを投与された。マシューは単独で見れば無害な要因がいくつか重なったことで起きた複雑な失敗の犠牲者だった。

複雑な失敗はどのように起こるか

分析の結果、私は事故の要因を七つ特定した。[57] ＩＣＵが過密（第一の要因）であったため、マシューは手術後すぐに通常病棟に移されたが、そこには専門的スタッフが少なかった。病棟の担当は新米看護師（第二の要因）で、病室の片隅の薄暗い場所にあった（第三の要因）輸液ポンプを調整し、術後の痛みを和らげるためのモルヒネを処方量投与しはじめた。だが機器の扱いに不慣れだったため（第四の要因）、同僚に助けを求めた。同僚看護師はベテランで、急いでいた（第五の要因）ものの立ち止まり、ダイヤルを見ながら調整を手伝った。ポンプは二つの数値を正しく設定する必要がある。モルヒネの濃度と注入速度だ。薬のラベルは薬剤部が印刷し、カセット容器に巻き付くように貼られていたが、濃度の数値が一部隠れていた（第六の要因）。ベテラン看護師は判読可能な情報から正しい（はずの）数値を計算し、ポンプを設定した。一人目の看護師は、二人目の看護師の背後から入力される数字を確認したものの、自分で検算はしなかった（第七の要因）。七つの要因はそれぞれが事故の発生を防ぐ機会だった。

数分も経たないうちにマシューの顔は真っ青になり、呼吸は明らかに荒くなった。一人目の看護師は輸液ポンプを停止し、医師を呼び、マシューに酸素マスクをはめた。すぐに医師が駆け付け、マシューはモルヒネを適正量の数倍も過剰投与されていたことがわかった。医師は即座に影響を緩和する薬剤を投与し、すぐにマシューの呼吸は正常に戻った。

七つの要因の一つでも排除できれば、この命にはかかわらなかったもののきわめて重大な医療過誤を防げたはずだ。関係者すべてが善意で、そして真面目に任務を果たそうとしていたが、この小さなパーフェクトストームによってやや異例の出来事が悪い方向に積み重なって失敗が起きた。今日、医療ミスの専門家は「スイスチーズ・モデル」を使ってこの種のシステムによる失敗を説明する。

スイスチーズ・モデル

イギリスのマンチェスター大学で失敗を研究するジェームズ・リーズン博士が一九九〇年に提唱したスイスチーズ・モデルは、通常であれば病院のような複雑なシステムで重大な失敗が起こるのを防ぐ防御策に目を向けるよう促す。[58] スイスチーズの穴をささやかなプロセスの欠陥やミスになぞらえている。スイスチーズの穴は栄養的には何の価値もない空っぽの空間なので、欠陥といえるかもしれない。幸いチーズの穴は内部のところどころに散在するので、外から見ればチーズは無傷だ、とリーズンは説明する。だがときとしていくつかの穴がつながり、チーズの内部にトンネルができる。欠陥がつながり、問題を悪化させ、最終的に重大な事故に発展する。看護師がすぐにマシューの異変に気づかなければ、一連の因果ははるかに悪い失敗につながり、取り返しのつかない事態になっていたかもしれない。

チーズを穴のあるものとして認識することは、偶然が介在すること、そしてささやかな欠陥が重なって最悪の事態が起こる前にそれを発見し、修正する機会は常にあることを理解するのに役立つ。システムの失敗はよくあることだが、（通常は）システムの幾重にも重なった防御のレイヤーによって防ぐことができるとリーズンは強調する。今ではみなさんが病院の幹部のオフィスに足を運んだら、スポンジでできたスイスチーズの断片のレプリカが置いてあるのを見かけるかもしれない。それはミスが起こりうること、だからそれに気づき、実害が生じる前に止めなければならないことを誰もが肝に銘じるためだ。

病院のような複雑なシステムで「実害ゼロ」を目指すのは、人的ミスの撲滅を目指すということと同義ではない。人間はミスを犯すものだ。ミスを免れることは誰にもできない。だが誰もがミスは必然的に起こることを意識し、実害が生じる前に立ち止まり、ミスを見つけて修正するような社会的システムをデザインすることはできる。それはスイスチーズの穴は時間的にも距離的にも離れていてもときとしてつながってしまい、複雑な失敗が何にも妨げられずに通過するトンネルができるという事実を理解することに他ならない。

複雑な失敗はささやかなものから甚大なものまで幅がある。その複雑さや増加傾向を考えると、防ぐことなどできないのではないかと悲観的になるかもしれない。だが蓄積された知見が役に立つかもしれない。その出発点となったのは、一部のシステムは危険すぎておよそ安全に運用することはできないとするペローの説を正面から否定する、一九八九年に発表された学説だ。

どうすれば複雑な失敗を減らせるのか

相互作用が複雑で結合が緊密な組織は安全に機能できないというペローの学説には問題がある。そのような性質を持ちながらも実際に何年も、ときには何十年も事故なく機能している組織がたくさんあるという事実だ。原子力発電所ではほぼ事故は起きない。航空管制システムも、原子力空母も、それ以外の本質的に危険なさまざまなシステムもそうだ。カリフォルニア大学バークレー校のカーリーン・ロバーツ率いる小さな研究チームは、なぜそれが可能なのか調べることにした。その結果明らかになったのは、技術より行動にかかわる要因だ。[59]

「高信頼性組織（ＨＲＯ）」という言葉が、この理論の要諦だ。ＨＲＯが安全に関して信頼性が高いといえるのは、絶えず逸脱を発見して重大な害が発生する前に修正する行動をとるように、組織のメンバー全員が互いに責任を負っているからだ。ひと言でいえば警戒心だが、それだけではない。

ＨＲＯの研究で私が一番興味を引かれるのは、ＨＲＯで働く人々は失敗を軽視するどころか、なによりも失敗を重視しているという洞察だ。私の同僚のカール・ワイク、キャシー・サトクリフ、デビッド・オブストフェルドの画期的な論文はＨＲＯの文化の特徴として、失敗のことばかり考えている、物事を単純化しない、進行中の作業にとにかく敏感である（ちょっとした想定外の変化でもすぐに察知する）、レジリエンスを重視する（ミスは起きないと想定するのではなく、ミスを見つけて修正する）、組織の序列より専門能力を重視する、を挙げている。[60] 言葉を換えれば、HROというのはおかしな組織なのだ。部下は上司がどう思うかを様子見せず、必要とあればすぐに声をあげる。危機を避けるためには最前線の平社員でもCEOに何をすべきか進言できる。失敗は常にそこにあるリスクだが、常に回避することが可能だという明確な認識がある。

複雑なシステム、人的ミス、そしてHROに関する研究成果からわかるのは、複雑な失敗は闘う価値のある敵だということだ。待ち受ける困難を過小評価すべきではないが、怯《ひる》むべきでもない。あなたがスイスチーズ・モデルあるいはHROの文化的特徴のどちらに興味を持つかにかかわらず、専門家のメッセージは一貫している。いくつかのシンプルな（かといって容易ではないが！）行動によって人生における複雑な失敗は減らすことができる、というものだ。その第一歩がすでに起きた複雑な失敗からできるだけ多くを学ぶことだ。

過去の複雑な失敗から学習する

甚大な被害を生んだ複雑な失敗は関係者の目を覚まさせ、徹底的調査、研修や技術や規制の変更につながることが多い。トリー・キャニオン号の事故からほどなくして、国際的な緊急時対応機関は原油管理を強化するため、石油タンカーに建造（船体二重化）と装備の両面で新たな防護策を義務づけるルールを制定した。[61] 船主は従来過失責任のみを負っていたが、より厳格に責任を問われるようになった。

アメリカが一九九〇年に制定した油濁法は、重大な原油流出事故に対応する法的プロセス、原油保管に関する規制、緊急時対応計画の要件などを定めている。[62]今日ではより毒性の低い薬剤を使って流出した原油を除去する方法、影響を受けた地域をあえてそのままにすべきケースなど、さまざまな知見が蓄積されているが、その一部はフランスが自国の海岸線に到達したトリー・キャニオン号の油膜に対処した経験から得られたものだ。[63]浄化剤は使われず、海洋生物への影響は抑えられ、原油はより効果的に分解される。

トリー・キャニオン号の原油流出事故によって一九七〇年代には環境意識やアクティビズムが高まり、それは今日の環境ムーブメントに直結している。海岸には油まみれになった鳥たちを救出し、洗浄しようとボランティアが殺到した。記者や海洋生物学者は海鳥だけでなく、イギリス南岸からフランスのノルマンディー海岸におよぶ海域の海洋生物の大部分が死んだ事実に世間の注目を集めた。それから五〇年。プリモス大学海洋研究所ディレクターのマーティン・アトリルは、この失敗が天然資源に対する私たちの考え方をどのように変えたかを説明する。[64]「トリー・キャニオン号が沈没したとき、私たちはまだ海をなんでも捨てられる巨大なゴミ捨て場と認識していた。『自然環境が何とかするだろう』と。だから主な関心事は船であり、どうすれば船を回収できるかだった」。同じようにハリナ・ハッチンズの事故死は映画業界において、撮影現場での銃の扱いに関するルールや監視の厳格化に関する議論が高まるきっかけとなった。[65]また今日スキューバダイビング関係者はブライアン・バッジのような溺死事故を防ぐため、安全文化の強化に積極的に取り組んでいる。[66]

事故後の調査は重要だが、複雑な失敗の頻度や重大性が高まっていることを考えると事後対応だけでは不十分だ。複雑な失敗を減らす第一歩は、私が「曖昧な脅威」と名づけたものに注意するところから始まる。明らかな脅威（「カテゴリー五のハリケーンが明日地域を襲う」など）はすぐに修正行動（避難）につながるものの、私たちは曖昧な脅威を軽視し、被害を防ぐ機会を逸する傾向がある。

高信頼性組織では曖昧な脅威に対して、軽視とは真逆の対応をする。

曖昧な脅威が軽視されるという現象は、ＮＡＳＡのスペースシャトル計画、ウォール街、医薬品開発など幅広い組織で見られる。このようなバラバラな状況に、複雑性という以外にどんな共通点があるのか。それは背負っているものの大きさと、成功への意欲だ。この意欲があまりにも強いために、関係者にはささやかな警告サインが見えなくなってしまう。

早期警告サインに注意する

二〇〇三年二月一日、ＮＡＳＡのスペースシャトル計画が所有していた五機の宇宙船のうち最も古いコロンビア号は、地球の大気圏に再突入する際に空中分解し、搭乗していた七人の宇宙飛行士全員が死亡した。その後の調査で発射時に外部燃料タンクの発泡断熱材が剝落《はくらく》して左主翼に大きな穴が空いたことが事故原因となったことが判明した。[67] このニュースを聞いたとき自分がどこにいたか、あなたも覚えているかもしれない。あるいはその一七年前に起きたチャレンジャー号発射事故のときに。私はこの二つの瞬間をはっきりと覚えている。どちらも防ぐことのできた失敗ではないかという恐ろしい予感があったのも一因だ。

ときにはまったく予想できなかった失敗というものもある。みなさんも間違いなく経験したことがあるだろう。誰も予見できず、その可能性すらまったく考えていなかったような失敗だ。だがコロンビア号の事故はそうではなかった。

コロンビア号の打ち上げが成功したと思われた翌日、そして空中分解する一五日前にあたる二〇〇三年一月一七日、ＮＡＳＡの技術者だったロドニー・ロチャは目を皿のようにして発射時の録画を観た。どうも様子がおかしい。動画には粒状の斑点が映っていた。何かはわからなかったが、外部燃料タンクの断熱材が剝離して左翼に当たったのではないかという不安を抱いた。[68] つまり曖昧な脅威を見つけたわけだ。早期警告サインである。詳しく調べるために、スパイ衛星が撮ったシャトルの翼の写真を入手したい、とロチャは思った。そのためには国防総省の助けがいる。ロチャの要望をＮＡＳＡの管理職は退けた。主な理由は断熱材が多少剝がれたとしても大した危険ではないと思い込んでいたからだ。スパイ衛星の画像が入手できていたら、大惨事は防げたかもしれない。

曖昧な脅威とは、その名のとおり曖昧だ。失敗につながる本物の脅威かもしれないし、なんでもないかもしれない。あなたのクルマは問題なく走行するかもしれないし、ティーンエイジャーの子どもは責任ある行動をとるかもしれないし、落ち込んだ株価はすぐに回復するかもしれない。フロリダのコンドミニアムを検査した技師が見つけた腐食は、あとから考えれば建物の崩壊が迫っている明白なシグナルだが、その時点では間違いなく曖昧な脅威だった。曖昧な脅威が問題なのは、人間にはそれを軽視する傾向があるためだ。何も問題はないと考え、様子見を決めこむほうが自然で、より快適だ。

みなさんも確証バイアスという言葉を聞いたことがあるかもしれない。[69] 自分が見たいものを見る、そして都合のよいデータに注目し、都合の悪いデータを見落とすことで既存の信念や予想への確信を深めていく傾向だ。次章で紹介するように、自己認識を高めることは早期の警告サインに気づくための、そして万一を考えて自分に都合の悪いデータを積極的に探し求めることの訓練になる。しかし普段とは違うささやかなサインに興味を持ち、じっくり調べるより、様子見するほうが人として自然だ。

金融業界は返済に充てる資産も収入もない人々への怪しげな住宅ローンばかり集めた不動産担保証券のリスクからこぞって目を背けた。[70] 住宅バブルが弾けると、住宅ローンに紐づけされたありとあらゆる金融資産の価値が暴落し、パーフェクトストームが巻き起こった。ボーイングの経営陣はパイロットを訓練する費用を払いたくないために、新たなソフトウエアの不具合が引き起こすリスクを軽く見た。私の研究では、人々がささやかなリスクの兆候を軽視するのは自然な傾向だが、だからといってどうでもいいと思っているわけではないことが明らかになった。物事がうまく運ぶだろうという自信は、願望や期待、そしてたいてい物事はうまくいったという過去の経験によって強化される。

　公的部門で起きた失敗を研究することのメリットは、情報入手が容易であることだ。二〇〇三年八月二六日にアメリカ政府のコロンビア号事故調査委員会（ＣＡＩＢ）が長大かつ詳細な報告書[71]を発表すると、私は同僚のマイク・ロベルトとともに組織的観点からのシャトル事故の分析に乗り出した。まもなく同じく同僚で医師でもあるリチャード・ボーマーも仲間に加わり、私たちは何カ月もかけてコロンビア事故に関する資料やメールを調べた。最終的に私たちは、曖昧な脅威という現象が事故を理解するうえでカギとなることに気づいた（そして「曖昧な脅威」という言葉をつくった）。

　曖昧な脅威は、少なくとも一人の人物が潜在的リスク（まったく明白ではないもの）に気づくことで生じる。車のエンジンからおかしな音が聞こえるのは、まもなく故障する兆しだろうか、それとも何ともないのか。ティーンエイジャーの子どもが盛大なパーティに出席することになったが、お酒が出されるかもしれない。住宅差し押さえ件数の増加は金融市場の崩壊の兆しだろうか。ロドニー・ロチャは動画で粒上の斑点を見つけた。だがスペースシャトル計画は何年も成功が続いていた。チャレンジャー号の発射事故以来、一七年にわたって一一〇回以上も連続でミッションを成功させてきたのだ。それがコロンビア号のミッションでＮＡＳＡ幹部陣が曖昧な脅威を軽視する姿勢につながった。技術陣に十分なデータはなかったが、動画を観るともっと大きな（つまり落下速度が速い）断熱材がシャトルの翼に向かって落下しているようだった。ただ幹部陣は断熱材の落下をメンテナンスの問題と見て、面倒ではあるが重大な問題ではないと判断した。幹部陣の共通認識があまりに強かったために、さらなる調査は阻まれた。

人間の認知と組織体制が相まってささやかな危険の兆候を覆い隠し、複雑な失敗を起こりやすくする。ＮＡＳＡの幹部陣が技術陣の懸念を退けたのは、彼らの認知と行動様式が断熱材の落下はどう転んでも単なる厄介事であるという確信をもたらしたからだ。これまでにも小規模な断熱材落下はあったが、シャトルはもう何年も安全に地球に帰還してきた。新手のコロナウイルスが世界の動きを止め、数百万人の防げたはずの死者を出す可能性に多くの国家指導者が気づけなかった理由も、同じ認知要因によって説明できる。彼らが新型コロナウイルスの脅威をもっと早く認識できていたら、より早く強い確信をもって感染拡大を防ぐための公衆衛生措置を実施できたはずだ。

　曖昧な脅威に対応することが本能的に難しいという事実を踏まえ、生きていくうえで複雑な失敗を減らすために何ができるだろうか。この問いに答えるため、それに成功している稀有な組織をいくつか見ていこう。

挽回のチャンスを活かす

　曖昧な脅威を軽視する人間の本能に抗うために、複雑な失敗が起こる前に挽回できる束の間のチャンスについて考えてみよう。このチャンスは誰かが失敗が起こるかもしれないサイン（どれほど微弱でもかまわない）をキャッチした瞬間に出現する。そして失敗が起こった時点で消滅する。チャンスが存在する期間は数分のこともあれば数カ月のこともある。チャンスが認識されれば、問題を特定し、評価し、対応する決定的機会になる。まず何が起きているかを調べ、是正行動をとるのだ。たとえばＮＡＳＡがスパイ衛星の画像を要求していたら、断熱材が左主翼に当たったことによって乗組員が重大な危険にさらされていることが明らかになっただろう。だがＮＡＳＡはこの挽回のチャンスを握りつぶしてしまった。同じように映画『Ｒｕｓｔ』の撮影現場で最初に銃が暴発してからハリナ・ハッチンズの悲劇的事故までの一週間は挽回のチャンスだったが、これも見過ごされた。ボーイングMAXの1つめの墜落事故から2つめの事故までの数カ月も同じである。この間にパイロットはNASAとFAAが開発した匿名の通報制度（ASRS、航空安全報告システム）を使い、四回レポートを上げている。新しいボーイング737MAXを飛ばすことになるパイロットにシミュレーター訓練を実施していれば、MCASの誤作動に対応する経験を積むことができ、飛行機が急降下しはじめたときにパイロットは対応できたかもしれない[72]。

挽回のチャンスは高速学習の貴重な機会と見ることができる。たとえ脅威がたいしたものではないと判明した場合でもそれは変わらない。たとえば親がティーンエイジャーの子どもと飲酒運転の危険性について話し合い、「いつでも車で迎えに行く、理由は問わない」と説明しておくというのは、曖昧な脅威への優れた対応であり、悲劇的事故を防ぐことになるかもしれない。ただこうした機会を活用できるかは、失敗が起こるか定かではなくても声をあげる意欲があるかどうかにかかっている。心理的に安全な環境が間違った失敗を防ぐのに役立つのはこのためだ。

誤警報を歓迎する

どうすれば複雑な失敗が起こる前に察知できるだろうか。多数の要因が過去に例のない特異なかたちで絡み合って生じるという複雑な失敗の性質を考えると、そんな試み自体が無駄に思える。だが実際にはシンプルで洗練されたやり方がある。

それは誤警報に対する考え方を改めるところから始まる。

トヨタ自動車の工場ではミスが本格的な失敗に発展する前に作業員がアンドンを引いてチームリーダーに知らせる仕組みがあるというエピソードを思い出してほしい。チームリーダーとメンバーは潜在的問題を大小にかかわらず調査し、問題を解決するか、脅威はなかったものと判断する。アンドンが引かれて生産ラインが停止したケースが一二回あったとしよう。そのうち実際に問題があったのが一回だけだったとしたら、会社は残りの一一回の誤警報についてスーパーバイザーの時間を無駄にしたといって怒るだろうか？

まさにその逆である。本当のミスではなくアンドンが引かれた場合、それは有益な訓練とみなされる。誤警報は貴重な学習の機会、どんなミスが起こりうるか、それを減らすために何ができるかを学ぶ場とみなされる。これは企業文化の話ではない。実用的アプローチだ。アンドンが引かれるたびに長い目でみれば時間を節約し、品質を高める機会が生まれる。

同じようなアプローチが医療現場でも使われている。緊急対応チーム（ＲＲＴ）と呼ばれるイノベーションだ。病室の看護師が患者のちょっとした変化（顔色が悪い、具合が悪そうだ）に気づいたとする。それは心臓発作のような差し迫った危険の表れかもしれないし、そうではないかもしれない。そんなとき数分以内に専門医や看護師を病室に招集し、状況を評価し、必要とあれば治療する仕組みがＲＲＴだ。ＲＲＴ導入以前は、看護師は実際に心臓発作が起きたときなど本当の緊急事態しか医師の協力を求めず、それは重篤な状態にある患者を蘇生するためのコードブルー《緊急事態》に直結した。

二〇年前にオーストラリアで初めて導入されたＲＲＴによって心臓発作の発生頻度は低下した。[73] それから一〇年後、私はマイク・ロベルト、デビッド・エイジャーとともにハーバード大学の学部生ジェイソン・パクの卒業論文を指導した。優秀賞を受賞したこの論文[74]は、アメリカでいち早くＲＲＴを導入した四つの病院を調査した。私たちはＲＲＴを曖昧な脅威を増幅させるツールとみなすようになった。群衆に語りかけるときにはメガホンを使って拡声するように、ＲＲＴやアンドンは複雑な失敗の曖昧なシグナルを増幅させる。増幅は誇張とは違う。小さな音を聞こえるようにするだけだ。

患者の様子が何かおかしいかもしれないという曖昧な脅威を増幅することが、最終的に心臓発作の減少につながった。まず看護師（病院のヒエラルキーのなかでは比較的権力の低い最前線の労働者）がたとえば患者の心拍や意識状態の変化など初期の警告サインを報告した場合に無視されるリスクが減った。[75] ＲＲＴがそのような報告を正当なものと位置づけたからだ。こうして新米看護師でも患者の様子がおかしい、あるいはちょっと具合が悪そうだと思ったら安心して声をあげられるようになった。

みなさんも『オオカミ少年』のイソップ童話をご存じだろう。羊飼いの少年が「オオカミが来たぞ！」と何度もウソの警告を発する。ついに本物のオオカミが現れたときには誰も耳を傾けず、結局すべての羊が（バージョンによっては少年も）食べられてしまうという話だ。世界中の子たちへの教訓は？　もとは「ウソをついてはいけません」だったのかもしれないが、多くの人は「確信が持てるまでは発言するな」という意味だと解釈しているようだ。

悪い予感がしたから声をあげたものの、結局なんでもなかった。そんな状況に陥って周囲から白い目で見られるのは誰だって嫌だ。誤警報になったら困るからと、懸念があっても口にしなかった経験はみなさんにもあるだろう。周囲に笑われるかもしれない、見識不足だと思われそうだと考えたのだろう。他の人が指摘するのを待っているほうが楽だ。こうした一般的な傾向を克服するため、ＲＲＴのベストプラクティスには看護師が声をあげるのが妥当か判断するために参照する、初期警告サインのリストの作成が含まれている。このリストがあることで看護師は曖昧な直感をもとに声をあげやすくなった。それが業務手順に従った行動になるからだ。ＲＲＴが患者のベッドに到着したら、本当に患者の容態が悪化しているのか熟練した目で評価できる。

これは単に警戒心を持つというだけではない。従業員に微弱なシグナルを増幅したり評価したりする権限（アンドンやＲＲＴ）を付与するというのは、彼らに全力で業務に取り組むよう促すことに他ならない。自らの仕事が本質的に不確実なものであることを受け入れ、自らの目と耳と頭脳を信じるよう促すのだ。優れたRRTシステムは、死亡事故を防ぐことにつながるなら診断に費やす時間は価値ある投資だという姿勢を強く示すために、インクルージョン（包摂性、全員をチームの一員として受け入れること）を重視する。これから起ころうとしている問題を事前に察知すれば、解決や実害の回避につながりやすい。スタンフォード大学の調査ではRRTが導入されて以降コードブルー（心停止に陥った患者を救うための困難な医療行為で、失敗に終わることが多い）は七一％減少していた。[76]またリスク調整後の死亡率も一六％低下していた。* 興味深いことに他の研究ではRRTの導入によるパフォーマンス改善は見られなかった。なぜこのような差が生じたのだろうか。

RRTプログラムを導入すると発表するだけでは不十分だ。それをどのようなものとして提示するかが重要なのだ。RRTが招集されるたびに死の脅威に直面する患者が発見されるものと病院スタッフが期待すれば、誤警報が発せられるたびにみんなうんざりして、プログラムはしりすぼみになっていくだろう。

一方、誤警報がチームの技能を向上させるための有効な訓練と位置づけられれば、トヨタと同じように誰もが誤警報はムダではなく価値あるものと感じるだろう。[77]マイク・ロベルトは名著『なぜ危機に気づけなかったのか：組織を救うリーダーの問題発見力』（英治出版）のなかで、RRTのもたらすマインドセットの変化を「消火活動から煙探知へ」と表現する。[78]これをどうすればあなたのチーム、あるいは家族に応用できるだろうか。誰かが懸念を表明したら、それが最終的に妥当であったか否かにかかわらず、感謝を表明する姿勢を身につけるだけでいい。確信がなくても声をあげるというささやかなリスクをとった人に感謝をすれば、そういう行動が助長され、それはときに重大な事故を回避するのに役立つだろう。

「その先」を考える

工場でも病院でも航空機でも、ミスを発見して是正することで真に安全な職場をつくろうと思えば、警戒する文化が必要だ。小さなミスが重大な失敗に発展しないようにアンドンを導入するのはそうした文化の醸成に役立つし、業務時間中の居眠りを罰するのも同様だ。そうした行為から問題が生じるのは確実だからだ。

私は最近、元海軍パイロットのアーロン・ディモックにインタビューをして、複雑な失敗を首尾よく回避した経験を語ってもらった。すでに引退していたが、現役時代は「海軍航空訓練運用手順標準化」プログラムの教官パイロットとして運用や訓練のためのフライトに数えきれないほど搭乗したという。なかには航空機が使用に耐えうる状態になっているか評価するためのフライトもあった。インタビューでは数年前にプエルトリコで乗った定期メンテナンスのためのフライトの話をしてくれた。目的は航空機の使用準備が整っているか確認することだ。アーロンのほかには副操縦士とフライトエンジニア、監視官が乗り込んでいた。

フライト中に四つ、予想外の事象が起きた。①離陸後、着陸装置が完全に格納されなかった、②シャットダウン後再起動されるはずのエンジンが再起動しなかった、③第二エンジンの調子がおかしくなった、④着陸態勢に入った後、着陸装置がうまく機能しなかった。すべての逸脱、すなわちスイスチーズの穴がたまたまつながってしまったら、墜落、装備の喪失、あるいは乗組員の死亡事故といっ

＊　医療業界では研究に参加するグループの品質パフォーマンスを比較する際に、患者の容態の深刻さを考慮してリスク調整を行う。

た複雑な失敗につながっていたかもしれない。だがアーロンらは無事着陸した。それは一つひとつのチーズの穴に対して是正行動をとったからだ。いったいどうやったのか？

何かがおかしくなるたびに、チームは「その先を考えた」とアーロンは説明した。「目の前の事象」、つまり今起きているエラーにとらわれるのではなく、「その先」を考え、「キャッチ&コレクト（捕捉と是正）」と呼ばれる対応をとった。

一つずつ見ていこう。まずそれぞれの状況で、着陸装置なりエンジンなり、何かがおかしいことに気づいた。これが「キャッチ」の部分だ。続いて発生しているエラーに体系的かつ慎重に対応した。「自信を持ちつつ、自信過剰にはならないようにした。そして機内にいた四人全員が議論に貢献できるように冷静さを保った。『エンジンの状態はどうか。あなたの耳にはどう聞こえるのか』と。全員がそれぞれの考えをできるだけ正確に共有し、集まった情報を総合して意思決定をした。そこには安心して互いの意見に異を唱え、意見を共有する空間があった」

これがキャッチ&コレクトの「コレクト」の部分だ。

「誰もが意見を言えるようにしなければならない」。チームリーダーの責任として最も重要なことは何かと私が尋ねると、アーロンはこう答えた。「フライトエンジニアの意見はとても役に立ったが、彼が自分の意見こそ絶対的なものだという態度をとったことが二、三度あった」。そこでアーロンは介入した。他の乗組員に意見を求めたのだ。「トム、キミはどう思う？」「ロビンス下士官、キミはどうだ？」と。心理的安全性を心して醸成しなければ、重要な意見が失われてしまう。これは心理的安全性の重要な特徴だ。全員の意見に耳を傾けるのは、それが礼儀だからとか包摂性が大切だからではない。航空機を安全に運行し、着陸させるのに役立つからだ。

対照的に技術者のロドニー・ロチャが声をあげるのを阻んでいた組織文化は、スペースシャトル

「コロンビア号」の発射準備期間を通じてそのミッションのリスクを高めていた。会議の議事録を見ると、ＮＡＳＡの経営陣は自分たちとは異なる意見を積極的に求めようとはしなかったのがはっきりわかる。技術陣は潜在的リスクについて率直に議論したり、厳しい問いを投げかけたり、上司と異なる意見を表明したりするのはきわめて難しいと感じていた、と報告している。ボーイングのＭＡＸが墜落する前の技術陣も同様だった。

失敗を減らすために失敗の可能性を受け入れる

数十年にわたってミスやその弊害、失敗について研究を続けるなかで、こうしたテーマがどれほど複雑なものであるかを痛感してきた。技術、人間心理、マネジメント、システムなどさまざまな要因がかかわっているという事実は、何事についても「私たちは完璧だ」と言えるほど知り尽くすのは不可能であることを意味する。ただ私の研究から、複雑な失敗を防ぐのに役立つシンプルな行動がいくつか明らかになった。それは私たち全員に、自らの人生あるいは大切に思う組織において大きな違いを生む力を与えてくれる。

その出発点は「フレーミング」、つまり問題を正しくとらえることだ。状況の複雑性や新奇性をはっきりと認めれば、正しい心構えができる。さもないと私たちは物事がうまくいくだろうと考えがちだ。「私は完璧なフライトを成し遂げたことはない」と語ったのは、第六章で詳しくとりあげるベン・バーマン機長だ。地位が上の自分に部下が意見を言うのを躊躇するリスクを理解していたバーマンは「私はきっと何かミスをするよ」と部下に伝えることでそのリスクを抑えた。ごく平凡なものになりそうな自分たちのフライトを、決してそうではないとフレーミングしてみせたわけだ。

次のステップが「増幅」だ。弱いシグナルを抑え込むのではなく、確実に増幅しよう。自分が群衆の前に立ち、何かを伝えようとしている場面を思い浮かべてほしい。あなたの小さな声は風にかき消されてしまう。言葉は伝わらない。メガホンを使わなければ、人々に声は届かない。同じことがどんなチーム、組織、家族にもいえる。人間には複雑な失敗の前兆かもしれない弱いシグナルを無視したり（映画『Rust』の撮影現場）、軽視したり（ボーイング737MAXやコロンビア号の断熱材落下）する傾向があるのはすでに見たとおりだ。そうしたシグナルが何を伝えるか把握できるくらい増幅するかどうかは私たち次第だ。増幅するとは誇張したり、いつまでもそれに拘泥《こうでい》したりすることではない。シグナルが確実に聞こえるようにする、というだけだ。そして最終的に把握できたメッセージが「万事問題なし」であったとしても、聞けてよかったと感謝する姿勢を身につけなければならない。

そして最後が「練習」する習慣をつけることだ。ミュージシャンもスポーツ選手も、講演者も俳優も、みな本番前にできるだけリハーサルをして準備する。ポール・オニールが率いた時代のアルコアなど、傑出した安全実績を誇る組織では社員が当たり前のように予行演習や訓練、練習をしている姿を目にする。こうした組織の安全実績がすばらしいのは、人的ミスをどうにかして撲滅する方法を見いだしたからではない。ミスを「キャッチ&コレクト」するからだ。そのためには練習が必要だ。そして練習を重視する文化を醸成することも大切だ。航空機のシミュレーター、火災訓練、銃乱射からの避難訓練、RRTなどはいずれも問題が本当に起きたときにうまく対応できるようにするためのリハーサルだ。あらゆる失敗を想定して対応策を講じるのは不可能だ。しかし人的ミスや想定外の出来事に迅速かつ冷静に対処できるように、感情的および行動的準備を整えておくことは可能だ。

ここに挙げた三つの行動は、私が「自己認識」「状況認識」「システム認識」と呼ぶ能力を身につけることで可能になり、また上達する。次章ではこの三つの能力を詳しくみていこう。

第二部

上手に失敗する技術　実践篇

第五章　「われわれはすでに敵と遭遇している。それはわれわれ自身だ」

刺激と反応のあいだには空白がある。
その空白に自らの反応を選択する力が宿る。
どう反応するかに自らの成長と自由がかかっている。

——ヴィクトール・E・フランクルの言葉（とされる）

レイ・ダリオはある経済予想に全財産を突っ込んだが、結局その見立てはとことん間違っていた。誰もが羨むようなエネルギーと頭脳を持ち、ハーバード大学のMBAで武装した起業家のレイは、成功するのが当たり前だと思うようになった。二六歳で設立した投資会社ブリッジウォーター・アソシエーツは七年にわたって驚異的リターンをもたらし、ダリオは全国放送されるビジネスニュース番組に頻繁に招かれて景気や株式市場を論じるようになった。とりわけ長期トレンドを正確に予測する能力には自信があった。だが一九八二年、三三歳のダリオは突然生活費にも事欠くようになった。

いくつかの経済指標が不穏な兆候を示していたため、ダリオはアメリカ経済がまもなく危機に突入すると確信していた。自分の予想に異論が多いことは重々承知していたが、自分が正しいという自信は揺るがなかった。ほとんどの人はただ間違っているのだ、と自分に言い聞かせていた。そこで莫大なリターンをもたらすはずの賭けに全財産を投資するというとんでもないリスクをとった。[1] すると景気後退が始まるどころか、アメリカ経済史上まれに見る長期拡大期が始まった。[2]

本書をここまで読み進めた読者のみなさんなら、間違えることは複雑で不確かな世界で生きていくうえで避けられないことだと理解しているはずだ。未来予測を間違えることは恥ずかしくもなんともない。どれだけしっかり調べても、どれだけじっくり考えても、予測のなかには外れるものも出てくる。トーマス・エジソンやジェニファー・ヒームストラに聞けばわかる。リスクをとらなければ何も得られない。とりわけ賢い失敗についてはそれがいえる。しかしダリオの失敗が賢い失敗の要件をすべて満たしてはいなかったことは指摘しておくべきだろう。確かに新たな領域でチャンスを追い求めていたし、やるべき準備もしっかりやった（市場行動をレイ・ダリオほどしっかり勉強した学生はいなかった）。しかし全財産を賭けるという行動は、小さなリスクをとるという賢い失敗の重要な条件に反している。経済が本来不確実なものであることを考えれば、ダリオの賭けは賢いと呼ぶには大きすぎた。

「この賭けに負けたのは、頭を野球のバットで殴られたような衝撃だった」とダリオは振り返る。[3]「僕は破産して、生活費を賄うために親父から四〇〇〇ドルの借金をしなければならなかった」。さらにつらかったのは「とても大切に思っていた従業員を解雇しなければならなかった。結局残ったのは一人だけ、つまり会社には僕しかいなくなった」。ダリオの失敗は私がめぐりあったなかで最も有名なものの一つだ。そして個人の人生における最も劇的な転機となった事例の一つでもある。

今日ダリオはこの失敗こそがその後の驚異的成功の大きな要因だと考えている。彼の会社は史上最大かつ最も収益力の高いヘッジファンドの一つとなった。「今にして思えば、あの失敗は僕の人生に起きた最良の出来事の一つだ。自分のイケイケな部分を抑制するのに必要な謙虚さを与えてくれたし、

『自分が正しい』というマインドセットから『なぜ自分が正しいと言えるのか？』と自問するそれに変化した」[4]

なぜ自分が正しいと言えるのか？

これは非常に重要な問いだ。上手に失敗するためには、もっと言えば上手に生きるためには、とことん謙虚で、それでいて好奇心旺盛でなければならない。これが大人にはなかなか難しい。心理学者や神経科学者は、自分が正しいというある種自然な感覚が健康や成功を手に入れる妨げになることが多いことを明らかにしている。ここでも悪さをするのは確証バイアスで、都合の悪いエビデンスが文字どおり目に入らなくなる。あるいは心の中では自分が失敗したことに気づいていても、それをなかなか認めようとしなくなる。レイ・ダリオが誰の目にも明らかだった自分の大失敗を、最終的に天からの贈り物と考えるようになったのはまさにこのためだ。ダリオの失敗はおよそ無視することなど不可能なものだった。「あれほどの大間違いを犯し、しかもそれが周囲に知れ渡っているというのは本当に屈辱的で、しかもブリッジウォーターで築いてきたものをすべて失うことになった」[5]

だからそこから学ぶ以外に選択肢はなかった。

ほとんどの人はダリオほど幸運ではない。人間には失敗が提供してくれる貴重な教訓を学ぶのを難しくするような傾向があることは、さまざまな研究によって明らかになっている。だが私たちはそうした傾向を放置し、あるいはそれらが存在することに気づかずに仕事や生活をしている。問題なのは私たちが自らの失敗を他者と共有しようとしないことだ。今に始まったことではないが、今日ではソーシャルメディアによってその傾向に拍車がかかっている。それによって全員の失敗から学ぶ力が抑えられている。重要な情報が失われ、私たちは防げたはずの失敗を繰り返すことになる。

認めざるを得ないほどの大失敗を一度経験するだけで失敗から学ぶようになる人もいる。歩みを止め、どこで間違えたのか考えはじめるには、一度自分の間違いによって頭をバットで殴られるような思いをする必要がある。ダリオの失敗はその条件を十分に満たすもので、金銭的のみならず、知的にも感情的にも悲惨なものだった。自分以外に責める相手はいなかった。それまではまわりに自分より頭が良い人はいないという状況が当たり前だったので、間違っている側になるのはなおさらつらかった。しかしだからこそその後の仕事との向き合い方を決めるうえで非常に有益だったのだ。

日常のありふれた、それほど大きくもない失敗がもたらす不都合や屈辱にうまく対処する方法を学ぶために、大っぴらに恥をかく必要はない。知識よりも学習を重んじる、新しいモノの考え方を身につければいいだけだ。

「えっ、わたし？　ちがうよ！」

手はじめに、ほんの些細なことでも誰か（あるいは何か）責める相手を探そうとする本能を克服してみよう。あなたも子ども時代に『クッキーを盗んだのはだれ？』を歌ったことがあるかもしれない。同じやりとりを延々繰り返す、無限ループの曲だ。誰かが「クッキーを缶から盗んだ人はだれ？」と歌い出すと、子どもたちは一人ずつ元気よく、「えっ、わたし？　ちがうよ！」と否定し、次の誰かを責める。みんなが飽きるまでそれが続く。責めを否定し、他の誰かに押しつけるという儀式は笑いとともにある気づきをもたらす。私たちは本能的に責めを避けようとする。私の友人サンダーの三歳になる子どもが、父の車のサイドミラーが停車中の車にぶつかってしまったとき、即座に自らの関与を否定したというエピソードを覚えているだろうか。

ここまでは好奇心とレジリエンスをもってさまざまな失敗、とりわけ賢い失敗から学習した人々のエピソードを紹介してきた。ジェームズ・ウエストやジェニファー・ヒームストラ、クラレンス・デニスらは成功をつかみ、充実した人生を築くうえで、つらい挫折から引き出した教訓を上手に活かしてきた。しかし人間は本来、失敗に思慮深く向き合うようにはできていない。**それは学習を通じて身につけなければならないスキルだ。**本章では本能的な思考回路が良質な賢い失敗でさえも建設的に向き合うのを難しくしている実態、それでも向き合うのに役立つ方法を詳しく見ていく。本書で紹介してきた一流の失敗実践者のようになりたいと思う人なら、誰でもこの方法を活用できる。それは私生活にも職業生活にも同じように役に立つ。心理学者、芸術家、スポーツ選手、科学者、医師らが発展させ、また自ら実践してきた方法論だ。ただ一つ共通点がある。誰もあなたの代わりに実践することはできない、ということだ。

人間の本能

失敗を忌避する傾向は、神経科学から組織行動学までさまざまな分野で研究されてきた。私が初めて人間の脳と社会システムの相互作用について知ったのは一九八七年、ダニエル・ゴールマンの著書『Vital Lies, Simple Truths: The Psychology of Self-Deception（「重要なウソ、シンプルな真実：自己欺瞞の心理学」、未邦訳）』がきっかけだった。私はすぐに夢中になった。ゴールマンは認知、集団力学、社会制度という三階層のメカニズムが相互に強化し、私たちの目に不都合な真実が映らないようにしていると指摘した。[6] 失敗は不都合な真実だ。この多層的な自衛のメカニズムはその場では私たちの気分を和らげてくれるものの、長期的に見れば人生や人間関係にマイナスだ。

「論より証拠」ならぬ「論が証拠を選ぶ」

そもそも私たちの脳は失敗を見逃しやすいようにできている。おめでたくも自分がしくじったことにすら気づかないことも多い。意識的に否認しているのではなく、是正行動が必要であることを示す重要なシグナルを本当に見落としてしまうのだ。たとえ確証バイアスという概念を知っている人でも、それが自らの日々の生活でどのような役割を果たしているのか、改めて考えてみることはまずないだろう。あなたも順調に目的地に向かっていると思い込んで車を運転していたのに、気づいたら道に迷っていたという経験がないだろうか。おそらく道中、ヒントとなったはずの不可解な兆候（「なんであの看板がなくなっているのだろう？」）があったのに無視したのだろう。私は身に覚えがある。突然、自分がミスしたことが否定できなくなる瞬間が訪れると（日が沈む方向がおかしい、とか）、恥ずかしさと笑い出したくなる気持ちが半々になる。

データ分析のエキスパートでさえ、自らの信念に騙されることがある。誰でも自分の既存の信念を強化するシグナルにはすぐ気づくのに、それに反するものは無意識のうちに排除してしまう。これは個別の状況（今自分はどこに向かって運転しているのか）と世界に対する一般的認識（気候変動は作り話だ）の両方についていえる。特定の出来事に対する自分の見方を肯定するようなニュースフィードばかりに自然と吸い寄せられてしまうのは、こうした傾向の最たる例だ。[7]

レイ・ダリオは経済の先行きに対する自分の解釈を否定するようなシグナルをなぜ見落としてしまったのか、考えてみよう。ダリオは自分の予測を肯定するシグナルばかりに気づきやすくなっていたのだ。本章を読みながら、あなた自身の人生のどこで確証バイアスが作用しているか考えてほしい。おそらく誰しも自分の失敗を見逃す（会議で失言する）こともあれば、見逃せないような失敗（会社をクビになる）に不意打ちをくらう（シグナルを見逃す）こともあるだろう。

「サンクコスト（埋没費用）の誤謬」とは何かがうまくいっておらず、打ち切ったほうが賢明なのに、すでに時間や資金を投資したために固執する傾向を指すが、これも確証バイアスの一種だ。当初の評価が間違っていたことを認められず、再検討することは受け入れられず、結果としてさらに深みにはまって「泥棒に追い銭」のような状況に陥る。当初の評価が間違っていたことを認めようとしない姿勢は、未知の領域における賢い失敗になりえたもの（企業におけるイノベーション・プロジェクトなど）が、あまり賢くない失敗になってしまう一因だ。みんなが心の中ではプロジェクトに先はないと思っているのに、チームとして努力を続けてしまうといった具合に。

確証バイアスは自尊心を保ちたいという人間の自然な動機づけに支えられており、自分が間違っている可能性を示すシグナルを無視するようそそのかす。自己愛傾向が強い人ほど確証バイアスに陥りやすい。[8] そして残念ながら私の同僚の研究者であるトマス・チャモロ‐プリミュージクはこう指摘している。「もう何十年も自己愛のレベルは高まりつづけている」と。[9] だがこれは度を越えて自己中心的で自信過剰な人々だけの問題ではない。私たちはみな自尊心に邪魔されて、「改善するために学ぶ」という明らかに合理的で最善の道を選べないことが多い。合理的ではあっても楽な道ではないのだ。

近道をする

神経科学の研究から脳には基本的に二つの道があることが明らかになった。近道と王道である。[10] それを世に知らしめたのは、私たちは得をするより損を避けることのほうに重きを置くという「損失回避性」を発見したダニエル・カーネマンであり、彼の二〇一一年の著書『ファスト＆スロー：あなたの意思はどのように決まるか？』だ。[11]

遅い思考（王道）は思慮深く、合理的、正確である一方、速い思考（近道）は直感的で自動的だ。なぜ両者の区別が重要なのか。私たちにとって失敗は、脳内の速く直感的で本能的な近道で処理するほうが簡単で自然だ。問題は近道で認知すると、失敗に対して脳の扁桃体（自衛のために恐怖を感じる部分で、今日の世界ではリスクテイクを阻むこともある）が即座に反応することだ。すでに見てきたように、起きた出来事をどう解釈するかが感情的反応に影響を与える。幸い、人生で起きる出来事を解釈し直し、不毛なネガティブな感情に溺れるのを避ける方法は学習することができる。そのためには脅威を認識すると一気に恐怖を呼び起こす扁桃体をオーバーライド（無効化）して、その自動的反応に情報や理性で抗わなければならない。

このメカニズムを理解するには、あなたが予想外の出来事に対して強い感情的反応をしたときのことを思い出してほしい。たとえばチームのメンバーが一斉にランチタイムにいなくなり、あなた一人がわざと仲間外れにされたと感じたとしよう。だがその後一人は歯医者の予約があり、もう一人は子どもの親子面談があり、三人目は急いでサンドイッチを買いに行っていたことがわかったら、おそらくすぐに気持ちが穏やかになっただろう。最初の反応に疑問を呈し、心の均衡を取り戻すのに十分な情報はすぐに集まらないことが多い。だがひと呼吸おき、最初の反応を問い直す習慣は学習することができる。

一方、車を運転していて、交差点で突然別の車が向かってきたら、事故を防ぐために思い切りブレーキを踏み込むだろう。それには扁桃体が引き起こす強い恐怖反応が一役買っている。この場合、速い思考が命を救う。だが現代社会においては真の脅威ではなく、認知上の脅威によって扁桃体が作動することのほうが多い。

先史時代には人間をたくさんの本物の脅威から守ってくれた扁桃体は「用心するに越したことはない」というロジックで動く。あなたが夜森を歩いていて、何か巨大なものの姿が見えたとしよう。クマだろうか、それとも巨岩だろうか。生き延びるという観点から言えば、偽陽性に過剰反応する（巨大な影が危険なクマかもしれないから逃げたり隠れたりする）ほうが、偽陰性を信じて淡々と歩き続けてクマに喰われるよりよほどいい。だが今日扁桃体は生存を脅かすことなどない、キャリアや人生をより良くするための対人リスクをとることの妨げとなる。

「本能的恐怖」にとらわれる

私たちは心理学者が「本能的恐怖」と呼ぶものを背負っている。たとえば危険な動物、大きな音、急な動きといったものへの恐れだ。このリストには部族から追放される恐怖も加えるべきだろう。バージニア大学教授のジェームズ（ジム）・ディタートと私は集団に拒絶されることを、生存欲求に基づく本能的恐怖と考えている。[12] 上司のような権威から無能と見られるリスクは、脳内に部族から追放されるのに類する本能的恐怖を引き起こす。遠い昔ならそれは孤独死あるいは餓死に直結するような事態だ。だが今日私たちが失敗を恐れて声をあげないと、同僚が他人の経験から学ぶ機会を失う。そして私たちも防ぐことが可能な失敗を避ける機会を失うことになる。

不合理な本能的恐怖にとらわれると、遅い思考を必要とする長期的な危険を示すシグナルを見逃してしまう。たとえば気候変動による食料供給への影響や海面上昇などの真の脅威だ。本能的な速い思考は確証バイアスを強め、慢心を助長し、失敗の有益な教訓を覆い隠してしまう。王道の遅い思考は立ち止まり、本能的思考に疑問を抱き、何が起きているか、それが何を意味するかを考えることだ。何より重要なのは、それは私たちが立ち止まり、「自分はこの失敗にどのようにかかわったのか」と自問するときに起こるということだ。

本能的思考と理性的思考の違いというテーマで私が興味を引かれるのは、専門家たちが人間の習慣的な認知パターンを無効化するために編み出したさまざまな手法が、根本的なところで似ていることだ。精神医学、神経科学、組織行動学など多様な分野から生まれたものでありながら、どの手法も決まって「立ち止まって自分がどう反応するか選択する」可能性に注目している。本章ではこうした重要な選択を可能にする方法を考案した思想家のなかから、私のお気に入りを何人か紹介していく。ただその前にもう一つ、失敗に対処する妨げとなる要素として吟味すべきものがある。私たちは自分が失敗したとわかっているときでも、必ずしも同じ失敗を繰り返さないために学ぶべきことを学ぶとは限らないのだ。

失敗から学ぶことに失敗する

私たちは失敗を価値ある教訓をもたらすものとして歓迎すべきだとする社会に生きている。ただ実際には、自らが無視あるいは隠している失敗から何かを学ぶのは難しい。失敗に対する一般的反応が、何か貴重な教訓を学ぼうというより無関心であったらどうか。行動科学者のローレン・エスクライス・ウィンクラーとアイェレット・フィッシュバックはそれこそ現実に起きることだと語る。

失敗は学習を促すどころか妨げるという仮説を検証するため、二人は五つの研究を行った[13]。ある研究では参加者に、架空の古代文字に描かれた二つの記号のうちどちらが生物だと思うかという問いを皮切りに、質問を重ねていった。その後、一つのグループの参加者には「正解です（成功のフィードバック）」と告げ、もう一つのグループには「不正解です（失敗のフィードバック）」と伝えた。それぞれのフィードバックからどれだけ学習したかを確認するため、参加者にフォローアップテストを行った。今回は前回とまったく同じ二つの記号を見せ、どちらが非生物かと尋ねた。とても簡単に答えられると思うだろう。しかし初回のテストで「正解」というフィードバックを受けたグループのスコアのほうが「不正解」と告げられたグループよりも高かった。実験を何度繰り返しても、「何を間違えたか」という情報を与えられた被験者は「何を正解したか」という情報を与えられた人々よりも学習しなかった。

これは成功のフィードバックのほうが次に活かしやすいからだろうか。この説明が正しいか検証するため、次の研究では失敗のフィードバックを次の作業に活かすための「心的推論」や手順が少なくなるようにデザインした。つまり失敗のフィードバックの認知的負担が成功のフィードバックよりも低くなるようにした。それにもかかわらず失敗のフィードバックを受けた参加者の結果は成功のフィードバックを受けた人々を下回り続けたのだ！　さらに失敗のフィードバックを活用すれば金銭的インセンティブを受けられるようにしても、このパターンに変化は見られなかった。人々の学習を促すためには失敗のフィードバックよりも成功のフィードバックのほうが依然として有効だった。

二人の研究者は、失敗は「自尊心を脅かすため、人々はフィードバックに耳を貸さなくなる」と結論づけた。[14]五つめの研究ではさらにこの説明を裏づける結果が出た。今回実験の参加者は自らテストを受けるのではなく、他者が同じようなテストを受ける様子を観察した。その結果、彼らは成功と同じように失敗（のフィードバック）からも学習した。自尊心が脅かされなければ、失敗のフィードバックの問題は消え去った。どうやら他者の失敗から学ぶことにかけては、私たちはかなり優れているらしい！　だが現実には他者の失敗について耳にすることはめったにない。

特に意外性はないが、エスクライス‐ウィンクラーとフィッシュバックは私たちは自らの成功と比べて失敗に関する情報を共有しない傾向があることも明らかにした。[15]一つめの理由は明らかだ。他人にマヌケと思われたくないからだ。しかし二つめの理由のほうは、もう少し奥深いものだった。公立学校教師五七人に過去の失敗と成功ではどちらのエピソードを共有したいかと尋ねたところ、回答者の六八％は成功を選んだ。エピソードは匿名で共有することにして、他人にマヌケと思われるリスクを排除したものの、教師たちはやはりサクセスストーリーを共有することを選んだ。なぜか。二人の研究者は失敗談からは何をすべきではないかは学べるが、次に成功するために何をすべきかは学べないからだと考えた。失敗がもたらす有益な情報に気づいていないことが、失敗からの学習を困難にしていると結論づけた。そこで参加者がそれぞれの失敗から有益な情報を見つけるのを支援するような実験をデザインしたところ、失敗を共有する人の割合は高まった。

私の同僚のブラッドリー・スターツとフランチェスカ・ジーノ（研究を行った時点ではともにノースカロライナ大学教授）が行ったまったく趣《おもむき》の異なる研究でも、同じような結論が出ている。二人は七一人の外科医が一〇年間に実施した六五一六件の心臓外科手術について、彼らが失敗と成功からどれだけ学習したかを調べた。外科医たちは自らの失敗より成功から多くを学んだが、他者については成功よりも失敗から多くを学んだ[16]。この傾向は医師自身が多くの成功を経験しているほど明確ではなくなった。過去の成功という緩衝材があると、失敗の痛みはそれほど強く感じられないようだ。

エスクライス‐ウィンクラーとフィッシュバック、スターツとジーノの研究は、学術誌に掲載されるすべての研究がそうであるようにピアレビュー（査読）を受け、他の研究者にその弱点や問題点を批判されていることを改めて指摘しておきたい。私自身、この「学習プロセス」がどれほど心理的につらいものになりうるか、経験から知っている。論文をもっと良いものにしたいという善意に基づく批判は、ある種の失敗のフィードバックだ。「この論文がそんなにひどいなら、書き直す必要などないのではないか」といった考えから批判に耳をふさぎたくなる。あるいは「アイツらは何もわかってないんだ！」というさらに非生産的な反応もある。だがつらい経験を通じて、最終的に私はこうした何の役にも立たない思考を止め、他者からの批判を自らの論文を改善するのに活用するすべを身につけた。

おそらくみなさんも人生においてニアミスを経験したことがあるだろう。あわやというところで幸運にも悲惨な結果を免れたといった場面だ。他の車に衝突しそうなところをギリギリ回避した。あと五分遅れていたら飛行機に乗り遅れていた。重大な非礼を働くところだったが、直前にはたと気づいた、など。ニアミスは実際の失敗ほど自尊心を脅かさないことは明らかだろう。恥をかいたり、もっとひどい目に遭ったりするのを免れるのだから。そうだとすれば私たちは実際の失敗よりもニアミスを冷静に振り返り、より多くを学習することができるのだろうか。これは近年、活発に研究されているテーマだ（私もいくつかにかかわっている）[17]。ここから明らかになったのは、フレーミングが重要ということだ。たとえば危うい目に遭ったことをどうとらえるかだ。失敗（ミスはほとんど起こりかけた）ととらえるか、それとも成功（よく気づいた）ととらえるか。ニアミスを成功ととらえれば、同僚や家族に話してきかせる可能性は高まり、結果としてあなたも周囲もそこからより多くを学ぶことができる。

失敗から学ぶことについての学術研究から、私たちは何を学ぶべきだろうか。失敗から学ぶことを難しくしている要因はたくさんある。失敗に気づかないこともあれば、自尊心を脅かされることもある。そこに価値ある情報などないと思うこともあれば、失敗について口を閉ざすこともある。これらの多くは認知的な阻害要因だが、それをさらにこじらせるのが失敗のもたらす不愉快な感情、とりわけ他者と比べて自分はどうかという気持ちだ。

恥の知られざる威力

成功にとらわれた世界において、失敗がどれほど脅威であるかはよくわかるだろう。ソローのいう静かな絶望というより、静かな恥を生きている人は多い。それを誰よりも深く研究し、恥のもたらす感情的苦痛を和らげてきたのがブレネー・ブラウンだ。

恥を追い払う

ヒューストン大学教授のブラウンは、恥、傷つきやすさ、共感についての自らの研究を著書やポッドキャスト、TEDトークを通じて世に広めてきた。誰もが自分の目あるいは他者の目から見て失敗を犯し、ブラウンのいう「恥の温水」を浴びた経験があるだろう。[18] ブラウンは恥を「自分には欠陥があり、それゆえに他者から受け入れられたり、集団に帰属したりする価値のない人間だというきわめてつらい感情や経験」と定義する。[19] 恥こそが「現代における感情的苦悩の最大の要因」と考える研究者もいる。[20] この猛烈につらい温水のなかに長くとどまっていたい人間などひとりもいない。

私たちは失敗を恥ととらえると、それを隠そうとする。そこから何かを学ぶために、じっくり調べようとしない。ブラウンは恥と罪悪感を明確に区別する。恥が「私はダメだ」という考えであるのに対し、罪悪感は「私のしたことはダメだ」という認識だ。「宿題をしなかったから私はダメだ」というのは、恥の意識を生む。だが私の行動が悪い（罪悪感）と考えれば、そこから責任という意識が生まれる。だから恥より罪悪感のほうが好ましい。ブラウンもこう言っている。「恥は中毒、鬱《うつ》、暴力、攻撃性、イジメ、自殺、摂食障害ときわめて相関性が高い。（中略）一方、罪悪感はこうしたものとは逆相関にある」[21]

失敗をこのようにとらえなおしたら、どんな変化が起きるだろう。状況のとらえ方を「私がダメだから昇進できなかったんだ」から「今回は昇進できなかった」に改めるだけで、失敗から学ぶことができるようになるだろう。「あんなミスをするなんて私はダメな看護師だ」という発想を「私はミスをした」という認識に変え、そのうえで「次に同じミスをしないように、今回の失敗から何を学ぶべきだろう」と自問するようにしたら、私たちと失敗との関係は改善する。

比較的新しいコミュニケーション手段であるソーシャルメディアは、失敗を共有したがらないという私たちの昔ながらの特徴につけ込む。ソーシャルメディアがひっきりなしに視覚に訴えてくるので、私たちは自分が他の人の目にどう映っているかばかり考え、集団の考える完璧さを満たしていない自分を恥ずかしく思う。ある大学生はインスタグラムを使っているときの気持ちをこう描写している。[22]

「いいね！」と「シェア」

私は当時のインスタグラムの基準をまるで満たしていなかったので、すごく不安を感じた。（中略）写真を投稿すれば「いいね！」が付く。そして写真を加工するほど「いいね！」が増えることに気づいた。こんなに「いいね！」が集まるなら、私には価値があるんだ。（中略）そして思ったほど「いいね！」が来ないと、ちょっとダメ出しされた気になる。（中略）インスタグラムは人生のさまざまな瞬間を共有する場だとされているけれど、今はもう違う。「映《ば》える」ものだけをシェアする場。いいことをシェアする場。いいことしか存在しない場だ。

ソーシャルメディアの利用はティーンエイジャー（とりわけ女子）の自意識に悪影響を及ぼし、ボディイメージの問題を深刻化させ、自己肯定感を低くする要因となっていることが多くの研究で示されている。[23] フェイスブックは傘下のインスタグラムがボディイメージに及ぼす影響について二年にわたって社内調査を実施した（その内容は二〇二一年にリークされ、世界の知るところとなった）。そこではインスタグラムはとりわけ一〇代の少女たちに有害であることが一貫して示されていた。二〇一九年の社内プレゼンテーションにははっきりと書かれている。「当社のサービスによって一〇代の少女の三分の一にボディイメージ問題の悪化が見られる」[24]。その後の社内報告書は「一〇代少女の三二％が、自分の体形について悩んでいるときにインスタグラムを見ると気分がさらに落ち込むと回答した」と指摘している。

ある大学生は「おなかの引き締まった女の子たちの写真」や「最新流行のファッションや世界一魅力的な場所でのバケーションの写真」ばかりスクロールしていると「自分はつまらない人間なんだという気持ちが猛烈に湧いてくる」と書いている[25]。これも集団から排除されることへの内なる不安の一つの表れということができるだろう。排除されるかどうかは、他人から自分がどう見えるかを操作する能力にかかっている、と思うのだ。

学術研究もこのようなユーザーの心情を裏づける。ソーシャルメディアの使用、メンタルヘルス、ボディイメージに関する研究は多岐にわたり、また増えつづけている。ジャーナル・オブ・ソーシャル・アンド・クリニカル・サイコロジーに掲載された二〇一八年のある研究は、ソーシャルメディアの使用時間を減らすと気分が良くなることを示した[26]。研究のリーダーを務めたペンシルベニア大学のメリッサ・ハントは取材にこう語っている。「ソーシャルメディアの使用を減らしたほうが孤独感が減るというのは皮肉な話だ[27]」

社会的比較は自然な行為だ。それは人間社会の最も普遍的かつ持続的な特徴であり、幾世代にもわたって人々に社会の協調と健全性に寄与するような行動を促してきた[28]。しかし比較対象を簡単に拡大させるソーシャルメディアによってこの自然な人間的特徴はいびつに変化し、コンテンツを非現実的基準に向けてシステマチックに偏らせていく。またソーシャルメディアには相手にさとられずに他者の投稿を見ることができるという〝のぞき見的〟性質があり、それも社会的比較の機能を歪める。友人や同僚など他者と直接かかわりあうと、相手の行動、希望、悩みが比較的明確に伝わってくる。自分と相手との自然な比較が機能するのは、それが相互的なものだからだ。誰もが絶えず自らの行動を容認できるもの、好ましいものに調整しつづけることが集団をうまく機能させる。対照的に相手にさとられずに他者のきれいに加工された投稿を見るという行為からは現実生活のような本物のギブアンドテイクが失われ、歪んだ印象が残る。他者の虚飾にまみれた画像や成功のマウントばかり眺めていると、私たちの幸福感は脅かされる。ハントは一〇代少女のコメントを引きながら、こう語っている。「とりわけインスタグラムで他者の生活ぶりを見ていると、他のみんなは自分よりクールで幸せな人生を送っているという結論に陥りやすい[29]」

ソーシャルメディアの影響で、問題、ミス、失敗を共有するのがこれまで以上に難しくなっていると見るのが妥当だろう。研究も個人の経験談も、他者の成功や幸せ、加工された完璧なルックスにひっきりなしにさらされることの有害な影響を物語っている。失敗や失敗を回避した経験が具体的に語られるケースはまれだ。ソーシャルメディアが一点の曇りもない成功ばかり強調することで、失敗に対する健全な姿勢を育むのはさらに困難になっている。ソーシャルメディアに多くの時間を費やすことには、他者の編集された人生と比べて自分を失敗者と見てしまうリスクがある。

弱さを受け入れる

世間の目から見て完璧な人間だと思われるために「良いこと」だけを共有するというプレッシャーがこれほど高いことを考えると、ひとにぎりのスポーツ界のスーパースターが自らの弱さをさらけだし、認めたことはなおさら尊敬に値する。「オリンピックで史上最多のメダルを獲得した[30]」水泳選手のマイケル・フェルプスは、深刻なうつ病との闘いを率直に語っている。最近では「体操選手として史上最多のメダル[31]」を獲得した二四歳のシモーネ・バイルズが「ツイスティーズ」を理由に二〇二一年東京オリンピックを棄権した。ツイスティーズとは心身のバランスが崩れ、空中で平衡感覚を失う症状だ。バイルズは練習時に起きたことをこう語っている。「あれは生死にかかわる事態だ。私が両足で着地できたこと自体が奇跡だ。他の選手だったら担架で運ばれていたと思う。あの跳躍を終えたとき、私はすぐにコーチのところへ行って『もう続けられない』と伝えた[32]」。ずっと心身ともに酷使しつづけてきたバイルズは、それに終止符を打つことを選んだ。世界中のメディアとソーシャルメディアの「いいね！」にさらされつづけてきたバイルズが「悪いこと」を共有した。自分は完璧ではない、と。それに加えて堂々とした態度で負けを認め、その機会にチームメイトの成功を心からサポートすることを表明したのだ[33]。

バイルズの敗北を受け入れる力が称賛に値するのは、私たちが生まれた瞬間から社会が浴びせつづける「成功せよ」というメッセージに打ち勝ったことを意味するからだ。ブレネー・ブラウンが親の役割について書いているとおりだ。「完璧なちっちゃい赤ん坊を腕に抱いたとき、あなたが言うべきことは何か。『ほら、この子を見て。完璧だ。そして完璧なままでいさせることが私の役割だ。五年生までにテニスチームに入れ、飛び級でイェール大学に入学させよう』ではない。こう言うのだ。『あなたは完璧じゃない。たくさんの試練が待ち受けている。それでも愛され、ここにいる価値があるんだよ[34]』」

「知っている人」より「学ぶ人」になることを選ぶ

学術研究あるいはあなた自身の人生経験から、失敗との前向きな、学習を重視する関係を結ぼうと思っても一筋縄ではいかないことはすでに明白になっただろう。そんな関係こそ本書が育みたいと思っているものなのだが。恐怖や保身といった習性は、失敗のもたらす不快感を遠ざけ自尊心を保つのには役立つが、成長と成功の足かせとなる。幸い、違う考え方を身につけ、不確実で変化しつづける世界でより充実した幸せな人生を送っていく方法を見つけることは可能だ。ペンシルベニア大学ウォートン校のアダム・グラント教授は著書『THINK AGAIN 発想を変える、思い込みを手放す』で、私たちは意識的努力を通じて本能的思考に抗うすべを身につけることができると説いている。[35] 研究によって明らかになった、自らの限界を押し広げ、避けられない失敗を上手に受け入れるための提言をいくつか紹介しよう。

上手に失敗するためのセルフコントロール法はいくつかあるが、それを束ねる包括的スキルがフレーミングだ。より正確にいえば「リフレーミング」である。フレーミングは本能的かつ重要な認知機能で、私たちが絶え間なく降り注ぐ圧倒的で困惑するような情報の渦を理解する手段だ。絵画の額縁が観る者の視線を芸術家の作品の特定の色や形に集中させるように、フレームとはある状況のなかのいくつかの特徴にさりげなく関心を誘導するような前提条件のクラスターだと考えてほしい。私たちは認知的フレームというフィルターを通じて現実を経験する。それ自体は良いことでも悪いことでもない。しかし役に立たないフレームを無批判に受け入れると問題が生じる。失敗に直面すると、ほとんどの人は自動的にそれを悪いこととしてフレーミングする。自衛本能が作動し、好奇心は封印される。

幸いフレーミングはやり直し、すなわちリフレーミングできる。それは自動的な連想を問い直すのに十分な間《ま》をおく習慣を身につけることを意味する。たとえば重要な会議に遅れてしまうと気づいたとき、パニックに陥るという自然な反応に抗うことだってできる。深呼吸をして、謝罪すれば大丈夫、命をとられるわけじゃないと思い直すのだ。もっと極端な例をあげれば、ナチスの強制収容所を生き延びたヴィクトール・フランクルは不朽の名作『夜と霧』で、リフレーミングの威力を描き出している。[36]フランクルは将来自分が外部の人々に、アウシュビッツのような強制収容所で目の当たりにした勇気ある人々の物語を伝える姿を想像することで収容所の日々を生き抜いた。フランクルは自らが経験しているおぞましい出来事の意味を意識的にとらえ直したのだ。精神科医、心理療法士として教育を受けたフランクルはそうすることで、目の前の苦しみと恐怖が将来実現しうるビジョンに根差した希望に変わったと振り返っている。フランクルのすばらしいレジリエンスは、同じ状況を新しい視点からとらえ直すことで人生が良い方向に変わる可能性を示している。

リフレーミング

心理学者は近年、一方のほうがより健全で建設的だが、もう一方のほうがより一般的という対になる認知的フレームをいくつか発見した。基本的により建設的なほうのフレームは学習を重視し、挫折を人生に必要な有意義な経験ととらえる。対照的により一般的で本能的なフレームは、ミスや失敗を自分の至らなさを示す厳しいエビデンスととらえる。

そのなかでもとりわけよく知られていて重要なものの一つが、スタンフォード大学のキャロル・ドゥエックが発見した「硬直マインドセット」と「成長マインドセット」のペアだ。[37]ドゥエックらは多数の実験を通じて、硬直マインドセット（「成果マインドセット」と言われることもある）を持つ人々（とりわけ学童期の子ども）は成長マインドセットを持つ人々と比べてリスク忌避傾向が強く、障害にへこたれずに努力する意欲が低いことを示した。たとえば成果マインドセットの人は「わたしは算数が不得意だから、努力したってムダ」と考える。一方、成長マインドセットの人は「算数は難しいけれど、しっかり注意を払い、ミスをしたら質問すれば、もっと成績はあげられるだろう」と考える。困難な課題を学習や成長のチャンスととらえる成長マインドセットを持つ子どものほうが、難しい作業により長い時間取り組む。しかも成果マインドセットの子どもよりも多くを学ぶ。残念ながら教育システムのほとんどは、数年も過ごすと成果マインドセットがデフォルト（初期設定）になるようにできている。

私はキャロル・ドゥエックとワシントンDCで話をする機会に恵まれたことがある。二人ともオバマ政権の教育長官だったアーン・ダンカンに招かれ、それぞれの研究成果が学校教育に持つ意味を検討するのが目的だった。長官室に隣接する会議室でマホガニー材の長テーブルを囲んだ私たちは、まずそれぞれの研究を簡潔に説明してから、情報化時代に学童・生徒たちが直面する課題について意見交換をした。成長マインドセットは生徒たちが困難な作業に立ち向かい粘りづよく取り組むのに役立つというキャロルの研究と、心理的に安全な環境では質問を投げかけ、失敗を認めやすくなるという私の研究が重なり合い、また相互を補完することに気づき、私は胸を躍らせた。二人の話に熱心に耳を傾け、人々が困難や逆境から逃げず、むしろそこから学ぶ方法を研究していた。私たちはそれぞれ、鋭い質問をたくさん投げかけるダンカン長官が、次世代を担う子どもたちの教育を変えたいと思っていることははっきりと伝わってきた。あの日以来私は、学校や会社や家庭において成長マインドセットと学習環境がどのように互いを強化しあうかを考えつづけてきた。

キャロルの研究を真剣に受け止めたビジネスリーダーの一人がマイクロソフトCEOのサティア・ナデラで、自社の文化を成長マインドセットに変えようと懸命に努力した。二〇二二年一月に私が教えていた講座にビデオ出演してくれたナデラはこう語った。「社員の胸に響くようなメタファーを選ぶことができたのは幸運だった。成長マインドセットは職場でも家庭でも役立つ。より良いマネージャー、より良いパートナーになれるからだ。学習し、自らの組織を向上させようと努力するようになる。それはとても大きな意味があることなんだ」。さらにこう付け加えた。「心理的安全性を育み、社員が努力しやすいようにしたことが大きかった[38]」。ナデラが持ち前の温かく謙虚な姿勢でビジネススクールの学生たちに説いたように、成長マインドセットへの転換を促す努力は、学習と成長を重視する環境のほうがうまくいく可能性が高い。

キャロルが研究するマインドセットは、脳についての〝常識〟から生まれる。硬直マインドセットの子どもたちには知能は固定的なものだという常識が刷り込まれている。生まれつき賢いか、賢くないかだ。だから賢くないことが露見しないように、彼らは難しい課題を避け、ちゃんとできることがわかっている課題を好む。だが数は少ないが、違う常識を身につけている子どもたちもいる。彼らは脳を筋肉のようなものと考える。困難な課題に挑戦すれば賢くなれることがわかっている。この成長マインドセットによって、失敗にも好奇心と決意を持って向き合うことができる。

ハーバード大学教授で、メンターとして私の研究に大きな影響を与えた故クリス・アージリスも、人々の行動をかたちづくるモデルⅠとモデルⅡの「使用理論」（ほぼフレームと同義）という概念を打ち出した。モデルⅠ思考は無意識的に状況をコントロールし、勝利し、周囲から合理的と思われることを目指す。モデルⅠのフレームを通じて世界を見る人は他者の動機を勝手に想定するが、その多くはネガティブなものだ。さらに問題なのは、自分が何を見落としているか、何を学ぶことができるか考えないことだ。一方モデルⅡのフレームには好奇心が満ちていて、自らの思考には穴があることを自覚しており、学ぶことに積極的だ。モデルⅡの実践者は少ないが、努力すれば学習可能である、とクリスは主張する[39]。それは自らの成功だけでなく、弱点にも進んで目を向けようとする姿勢から始まる。それと関連するのが、次節で登場する精神科医のマキシー・モールツビーの提唱する「合理的な信念」と「不合理な信念」の区別だ。アージリスとモールツビーはまったく異なる学問分野に属するが、いずれも学習を志向せず、保身を重視するフレームが標準になっている大人が多いと見ている。とりわけ優等生タイプに多い「インポスター・シンドローム（ペテン師症候群）」もこのようなフレームの産物だ。ポジティブな態度やユーモアで隠していることもあるが、ほとんどの人は正しくなければ、あるいは成功しなければ価値がないという誤った概念を子ども時代に内面化し、無意識のうちに好奇心や学ぼうとする姿勢から保身や自衛を重視する姿勢に変わった。

だが、それは克服することができる。フロリダ州のモフィット癌センターに勤務する麻酔専門医、ジョナサン・コーエン医師がまさにそんな例だ。コーエン医師は最近、こんな問いをXに投稿している。「誰かに自分のミスを指摘されたらどんな気持ちがする？」続けて驚くべき答えを書いている。「実際、かなり嬉しいね。とはいえ、昔からそうだったわけじゃない」[40]。私が二〇二二年三月に話を聞いたところ、コーエン医師は誰かにミスを指摘されるのは「患者がより安全な治療を受けられるようになること」と同義だととらえるように自らを訓練したのだと説明した。自分のミスを指摘されたときに本能的に感じる不快感を克服するよう真剣に努力した。なぜならその不快感は患者にとっての危険を生むからだ。私のかつての研究対象であった看護師らは、心理的安全性を十分感じられたときにはミスを認めてチームの改善に貢献していた。それと同じようにコーエン医師は、ミスを患者ケアを向上させるための学習の一環としてとらえるように自らを訓練した。コーエンの事例からも明らかなように、学習思考のフレームのほうが成果主義のフレームよりも健全であるだけでなく、理にかなっているのだ。前者のほうが人生や仕事につきものの不確実性や絶え間ない試練と相性がいい。失意や失敗から完全に身を守る方法はない。だが挫折にも成功にも、健全かつ建設的に反応するすべを見つけることはできる。

考え方、感じ方

六〇年ほど前、ミネアポリスの若き保険セールスマン、ラリー・ウィルソンは落ち込んでいた。見込み客から断られるたびに自分はとんでもないダメ人間、気弱な負け犬の気分になり、次の電話をかけたくなくなった。硬直マインドセットの持ち主だったと言ってもいいだろう。どうせ失敗するのに、なんで電話なんてしなければいけないんだ、と。ほとんど仕事を辞めかけていたラリーに、上司が簡単なコツを教えてくれた。「考え方」を変えればいいのさ、と。駆け出しセールスマンは平均二〇件電話をしてようやく契約が一つとれる。契約の平均単価は五〇〇ドルだ。つまり電話一件には平均するとニ五ドルの価値があるといえる。そこでラリーは顧客から断られるたびに、「ニ五ドルをありがとう」と努めて明るく考えるようにした。このシンプルな変化によって、気持ちが楽になっただけではない。仕事の質も上がった。なぜなら自分がどれだけ惨《みじ》めか考えるのではなく、顧客に意識を集中するようになったからだ。

まもなくラリーは一〇件の電話で一〇〇〇ドルの契約が一つとれるようになり、断られるたびに「一〇〇ドルをありがとう」と考えるようになった。要するに失敗に対する考え方をリフレーミングしたわけだ。[41] 生命保険のエージェントとして大成功を収めたラリーは、当時としては最年少（二九歳）でエージェント業界の「一〇〇万ドルクラブ」の仲間入りを果たした。その後、研修プログラムをデザインする仕事を始めた。

私が一九八七年に出会ったときのラリーはすでに複数の会社を起業し、直近では企業向けにチームの有効性向上と文化変革プログラムを提供する会社を興したばかりだった。私はその会社のリサーチ・ディレクターとして採用された。会議に出てラリーの言ったことを書き留め、提案書や報告書の体裁にまとめるのが仕事だった。ラリーは哲学や心理学の本を読み漁り、人間性とは何かを熱心に学ぼうとしていた。興味を持った物書きや思想家と交流することにも積極的だった。その一人が精神科医のマキシー・モールツビーで、彼の提唱する合理的行動療法（ＲＢＴ）[42]を企業の教育プログラムにどう応用するかを議論するため、ニューメキシコ州のペコスリバー・カンファレンスセンターに赴いた。

サンタフェの澄み切った空と茶色のレンガ造りのカンファレンスセンターがよく見える広いバルコニーで、私はラリーとマキシーととめどなくコーヒーを飲みながら何時間も議論した。二人は親しい友人だったが、その性格は正反対だった。いつも満面の笑みを浮かべた陽気なラリーは表現力豊かで、新しいアイデアや可能性にすぐに夢中になった。一方のマキシーは注意深く、思索的で、どこまでも合理的で、対象をあらゆる角度から見て、細部まで吟味しようとした。二人のコンビは最強で、私の研究に大きな影響を与えた。人間は自らの思考法を見直す方法さえ身につければ、もっと幸福になり、もっと大きな成功を収められるというのが二人の強い信念だった。

マキシーの革新的考えとは、健全な脳を持つ人（重大な生物学的欠陥や損傷がないこと）は、正式な臨床的治療を受けなくても自らの力で感情的苦しみから自由になれる、というものだ。認知行動療法の先駆者である心理学者のアルバート・エリス[43]の薫陶《くんとう》を受けたマキシーは、それに自分なりの修正を少しずつ加えていった。簡単に言うと、私たちは自らの思考や姿勢をコントロールし、より幸福に、そして健康になれると考えたのだ。マキシーは次のように説明している。人間の感情は視床と扁桃体に組み込まれていて、外部刺激そのものではなく、外部刺激への自らの評価によって湧きおこる。この評価は大脳皮質で行われ、それが感情を喚起し、行動への衝動につながる。さまざまな事象そのものではなく、その事象について私たちがどう考えるかが重要なのだ、と。[44]残念ながら私たちの思考の大部分は、マキシーのいう「不合理だがもっともらしい思考」が占めている。このタイプの思考は有害だ。起きた事象がそのまま何らかの感情を引き起こすと考えると、私たちはただの被害者になってしまうからだ。
マキシーはあらゆる人により良いメンタルヘルスケアを届けるという強い決意を持っていた。自己啓発書を何冊も書くというのはもちろんのこと、精神科医になるというのは一九三二年にフロリダ州ペンサコラで生まれたアフリカ系アメリカ人の少年にはかなりまれなキャリアである。マキシーの母親はテレビン油をつくるプランテーションに作られた黒人専用小学校の教師だった。父親はプランテーションでテレビンノキから採れた松脂《まつやに》を蒸留する仕事に就いていた。母親の教える教室で過ごすことの多かったマキシーは幼いころから優秀な学生だった。一八歳で歴史的に黒人学生の多かったアラバマ州のリベラルアーツ大学のタラデガカレッジに進学し、一九五三年に卒業すると奨学金を得てケース・ウエスタン・リザーブ大学の医学部に進んだ。
医学部を卒業し、自分でクリニックを立ち上げた後、マキシーは四年間アメリカ空軍で働いた。そこで戦争によってトラウマを受けた患者やその家族の話を聞いたことをきっかけに、精神医学の道に足を踏み入れた。[45] これほど成功を収めながらも、マキシーは自分が人生で直面した最大の障害は「厳格に運用された抑圧的な人種隔離政策と、その結果としてアフリカ系アメリカ人の子どもである自分は質の低い教育に甘んじなければならなかったこと」と振り返る。[46] そして人生を通じてアフリカ系アメリカ人の苦しみを和らげる努力をし、その目的にRBTが最適だと考えるようになった。「RBTはすぐに効果が出て、長く持続する。アフリカ系アメリカ人のみならず、あらゆる人種的負担に敏感な患者に二重の意味で魅力的だ」と語っている。[47]
人々の苦しみを和らげるという目標を一途に追いかける点において、また人間は困難に立ち向かうことができると確信する点において、マキシーは理想主義者だった。ただ私がこれまで出会ったなかで最も合理的で、データを重視する人でもあった。マキシーから学べる最も重要な教訓は、ひと呼吸おくスキルを習得する大切さだ。つまり本能的反応に抗い、より健全で生産的な反応を習慣づけることだ。マキシー直伝のエピソードを使って説明しよう。二〇一六年に亡くなったマキシーは一二冊の著書、数十本の学術論文、そしてメンターとして指導した医師や科学者らが設立した多数のクリニック、研究所、団体から成るネットワークを遺した。[48]だが私の心に一番残っているのはマキシーが生前語ってくれた、考え方を変える方法を学んだふつうの人々の物語だ。

ブリッジに手こずる

ジェフリーは聡明でハンサム、誰からも好かれるタイプで、高校ではフットボールの選手になるなど人生最初の一七年でたくさんの成功を手にしてきた。勉強でも友人との交際でもスポーツでも、成功するために努力を惜しまない。ただ次第に何をやっても成功するだろうと、教師や友人から思われるだけでなく、自分でも思い込むようになった。[49]

冬休みになり、厳しい寒さで遊びの選択肢が減ったことから、ブリッジが大好きな三人の友人がゲームを覚えて一緒にやろう、とジェフリーを誘った。四人が二人一組になって対戦するブリッジは複雑で、初心者が上手にやるのは難しい。

ジェフリーはすぐにはブリッジを好きにならなかった。友人たちとプレーするのは楽しいと期待していたが、やっていると惨めな気持ちになった。ミスをするたびにイライラして腹が立った。ジェフリーの名誉のために言っておくと、友人たちやブリッジそのものを責めたりはしなかった。むしろ自分の「バカさ加減」に腹が立ったのだ。ゲームを続けるほどイライラは募り、楽しいひとときを過ごすという目標は（彼だけでなく友人たちも）達せられなかった。結局三回はつきあったが、ブリッジに恐怖すら抱くようになり、やめることにした。

それで話は終わりと思われたが、ジェフリーの高校ではモールツビーの合理的セルフカウンセリングの授業が選択できたので、ジェフリーは履修することにした。ブリッジとこのコースに関連性があると思ったからではなく、単におもしろそうで深く知りたいと思ったからだ。まもなくジェフリーは授業で学んだことを実践しはじめた。合理的思考と、モールツビーのいう非合理的（そして「もっともらしいだけの」）思考の違いを知り、ジェフリーは自分が最初からブリッジをうまくできると考えたのは非合理的だったと気づいた。客観的現実に基づいていない。ミスをするのはバカである証拠ではなく、単に経験不足の表れだった。何か新しいこと、とりわけ難しいことを習得しようとするときにミスをするのは必然だ。

ジェフリーは再びブリッジに挑戦した。初心者なのでミスは続いたが、もうそのたびに自分を責めることはなくなった。それによってミスから学ぶことも容易になった。誰でもつらいマイナスの感情にとらわれていると、失敗を評価し、その教訓を受け入れる認知能力が低下するとモールツビーは指摘している。これまでと比べてネガティブな感情をほぼ抜きに、ミスと思慮深く向き合えるようになったことで、ジェフリーのブリッジは上達しはじめた。まもなく友人たちと同じレベルに達し、そしてもっと重要なこととしてブリッジを楽しみ、友人たちもジェフリーとプレーするのを楽しむようになった。

自分の思考は非合理的だったという気づきによって、すぐにジェフリーの問題が解決されたわけではない。いらだったり腹を立てたりすることのない、より思慮深くバランスのとれた若者になったからといって一瞬にして目の前が開けたということもない。何度も練習を繰り返し、合理的なセルフカウンセリングの習慣を習得するしかなかった。ミスをしたときに自然と湧きあがるネガティブな感情をその場でキャッチし、ストップをかけ、方向性を変えるというスキルは徐々に磨いていく必要があった。やがてつらい感情に支配される前にキャッチして修正することができるようになった。新しいチャレンジで失敗を犯すことが愚かさの表れだという非合理的思考を笑い飛ばすことまでできるようになった。

ジェフリーのようにさまざまな分野で成功してきた高校生が壁にぶつかり、それを外的要因のせいにして新しい活動に挑戦するのをやめ、自ら成長の可能性を閉ざしてしまうという例は多い。私が教員を務めるハーバード大学では多くの学生が高校時代には成績トップでいるのが当たり前だったのに、入学してみたら人生で初めて勉強で苦労するという経験を味わう。彼らが苦労するのは講義が難しいという以上に、自分はダメなんだという自らの思考のせいだ。

立ち止まる、疑問を持つ、選択する

ラリー・ウィルソンはこの考えをシンプルな問いにまとめている。「勝つためにプレーするのか、それとも負けないようにプレーするのか」[50]。勝つためにプレーするとは、困難な目標や実りある人間関係を求めてリスクを取ろうとする姿勢だ。一方負けないためにプレーするというのは失敗しそうな状況を避けることであり、私たちの多くはたいていこちらを選ぶ。勝つためにプレーするとは、偉大な進歩や大きな喜びの一部だが、その過程では必ず挫折もある。負けないためにプレーするとは自分がうまくやれそうな活動、仕事、あるいは人間関係に安住するという安全な道を採ることだ。この決断は本質的に認知的なものだとラリーは説明する。勝つためにプレーしようと心を決め、自分の思考を変えるために一歩踏み出せばいい。

単純化の才に恵まれたラリーは、モールツビーの提唱した合理的セルフカウンセリングの多段階のステップを「立ち止まる」「疑問を持つ」「選択する」の三つに集約した。「立ち止まる」とはひと呼吸置くことだ。深呼吸し、自然と湧きあがる、たいていは有害な思考に疑問を持つ準備をする。これは合理的な考えだろうか。私を健康にし、目標達成を後押しするだろうか。答えが「ノー」なら、それはモールツビーのいう合理的反応、すなわち目標達成に資するような反応を選択すべきというサインだ。正しいか、間違っているかの話ではない。あなたが前へ進むのに役立つかどうかが重要なのだ。表5．1は三つの認知的習慣をさらに詳しく説明している。

具体的にはどういうことか。ジェフリーの例でいうと、友人たちともうブリッジをしたくないと思ったとき、「立ち止まって」なぜかと自問する必要があった。答えは「自分がバカに思えるから」だ。その考えに「疑問を持った」ことで、初めからすぐにブリッジをうまくできると考える理由は一つもないことに気づけた。ブリッジには練習が必要だ。学ぶためにはミスはなくてはならないものだ。そこでようやく友人たちとブリッジを続け、避けられないミスから学び、ゲームを楽しむという「選択」をすることが可能になった。

メラニーもこの方法によって救われた一人だ。独り暮らしをしていた父親が脳卒中で倒れ、体が麻痺してしまい、メラニーは打ちひしがれた。父親の性格や認知能力に変化はなかったが、車いすでしか動けなくなり、二四時間ケアが必要になった。メラニーは何カ月も、父親の生活を少しでも良くしようと全力を尽くした。医者に連れていき、介護スタッフを雇った。父親の好きな料理を作り、毎日のように家を訪ねたり電話をしたり、父親の友人に訪ねてやってほしいと頼んだり、父親が好きそうなオーディオブックや映画を探したり、父親の公共料金を払ったり納税の手続きを代行したり、プレゼントを贈ったり、思いつくかぎりのことをした。それでも足りなかった。父親は沈んだままで、自分の生活がどれほど不自由になったか愚痴をこぼした。こういう状態が半年ほど続き、メラニーは燃

習　慣	どういうこと？	何をする？	有効な質問
立ち止まる	外部からの刺激への本能的・感情的反応を止め、それを別の方向に振り向けるために、いったん止まる。	深呼吸して自分の考えを見直し、それが①自分の長期的健康につながるか、②選択肢を増やすような反応であるかを考える。	・今何が起きているのか。 ・全体像はどうなっているのか。 ・これが起きる前はどんな気持ちだったのか。
疑問を持つ	本能的思考の内容を吟味し、それが質の高い、自らの目標を達成するうえで有効なものか評価する。	今の状況に対して心の中で起きていることを（自分に対して）言語化し、①現実を客観的に反映しているもの、②自分の健康と成果に資するもの、③生産的対応につながるものはどれかと考える。 今の状況に対して客観的現実に基づき、生産的対応につながる可能性が高い別の解釈を考えてみる。つまり自分が前向きになり前進できるように、状況を意識的にリフレーミングしてみる。	・自分にかけているどんな言葉（信念）がこんな気持ちにさせているのか。 ・自分の解釈を裏づける、あるいは否定する客観的データはあるのか。 ・状況に対して他にどんな解釈が成り立つか。 ・今手にしているすべての情報を踏まえて、自分の解釈は自分の長期的利益に最善のものと言えるのか。
選択する	自らの目標の達成に近づくような発言もしくは行動をする。	リフレーミングの結果、正しいと思える反応をする。自分が前へ進むのに役立つ言動をする。	・私は本当は何を求めているのか。 ・目標を達成するのに一番役立つことは何か。

表 5.1　失敗にうまく対応するための認知的習慣[51]

え尽きてしまった。父親の細々とした世話に明け暮れ、気づけば自分の仕事や家庭がおざなりになっていた。血圧も上がってしまった。何かを変える必要があった。

メラニーは「立ち止まり」、自分の行動を振り返った。一歩、距離を置いたのだ。友人と長い散歩をして、自分のストレスや悩みを打ち明けた。今のペースで父のサポートを続けたら、自分の生活もおかしくなるだけでなく、健康も損なって父の世話を続けられなくなるかもしれない。友人の助けを借りて、メラニーは状況に対して自分が自然と抱いていたフレームに「疑問を持ち」、自分がどれほど至らないかではなく、自分がどれだけやったかに目を向けるようにリフレーミングした。自分は父が安全に暮らせるようにして、十分な介護を受けられるように手配した。良き娘として父に尽くした。どれだけメラニーが努力しても、父がかつての身体能力を取り戻すことはない。父の障害を家族は受け入れなければならない。ここまで来てメラニーはようやく、父を助けつつ、自分は自分の人生を生きられるようにする道を「選択」できるようになった。父を病院に送迎することは続けたが、家を訪ねるのは毎日ではなく週一、二回になった。料理もたまにする程度にした。兄妹にもっと協力し、責任を分担してほしいと頼んだ。まもなく遠方で暮らしている妹が長期休暇をとって父を訪ねてきた。兄は父の税金や家計管理を引き受けてくれた。父親は子どもたち全員とより頻繁に会えるようになって喜んだ。ようやくメラニーも休暇をとることができた。何より他の誰かのニーズと自分のニーズのバランスをとることを学んだ。

立ち止まり、疑問を持ち、選択するという枠組みの威力はそのシンプルさにある。リフレーミングの手段としても、私がクリス・アージリスとの研究から得た洞察と整合する。[52] アージリスが企業の経営幹部との研究から得た洞察によると、人間の抱える本質的問題は次の一文に集約される。

「すでに知っていることを学ぶのは難しい」

残念ながら私たちは、あたかも自分が知っていると思い込むようにできている。自分の中のバイアス、経歴、あるいは専門能力というフィルターを通して現実を見ているのではなく、現実そのものを見ていると思い込む。だが知っていると思い込む習慣を捨て、好奇心に再び火をつけることはできる。

「学ぶ人」になることを選ぶ

謙虚になり、自分は知らないということを認められるようになったら、新しい方法で状況にアプローチする準備が整ったサインだ。ジェフリーは自分なら何をやってもすぐに成功できるわけではないことを理解する必要があった。メラニーは自分が失ったものや限界を受け入れる必要があった。レイ・ダリオは壊滅的な失敗をするまで、自分の経済予想は正しいと確信していた。失敗の結果、マインドセットは「自分は正しい」から「自分が正しいと*どう*すれば*わかる*のか」[53]に変わったことを思い出してほしい。これは自己認識を高めるのに非常に有効な問いかけだ。新たなマインドセットは学ぶことに意欲的なものだった。だからダリオは「自分とは違う意見を持つ優秀な人を探し、彼らの思考を理解したい」と思った。[54]そしてこのマインドセットのおかげで「意見を持つ*べき*ではないタイミング」がわかるようになった。メラニーが自分は父親を〝救える〟はずだという現状認識を捨てなければならなかったように、ダリオも会社を立て直すためには、まず自分の脳みそが作りだした現状認識を手放し、他の人々から学べるようになる必要があった。

クリス・アージリスはこれを「学習しない使用理論」の発見と呼ぶ。学習しない使用理論は自尊心を守るのには役立つが、最高の成果を出すうえでは邪魔になる（とりわけ他者と困難な対話をしなければならないとき）。ダリオは自分の思考を変えることを学んだ。それは「ただ正しい判断をしたかった。その正解を出したのが自分かどうかなどどうでもよかった」からだ。[55]自分が常に正しくありたいという自尊心を守る必要がなくなったので、より効果的な意思決定ができるようになった。ジョナサン・コーエンが自分が正しいかどうかより患者の安全を重視すると意識的に決めたのも同じだ。クリスは認知プログラム（モノの考え方）こそ学習し、成果を出すため（そして私が思うに、より幸せに生きるため）の重要な手段であり、私たちはそれを活かす方法を学ぶことができると考えていた。自分の身に起きることとそれに対する自分の反応の連鎖は断ち切ることができる、という気づきは喜びである。それはリフレーミングに他ならない。フランクルもこう言ったとされる。「どう反応するかに自らの成長と自由がかかっている」[56]

マキシーとクリスに共通していたのは、どこまでも合理的な姿勢だった。ただその背後には人々が学び、成長するのを支援することで人生の苦しみや損失をなくしたいという真摯で情熱あふれる共通の志があった。この研究熱心でとびきり優秀な二人は、私たち一人ひとりには学校で身につけることのできない学習や成長の能力があると考えていた。二人は上手に失敗する可能性に私の目を開いてくれた。知っていることより学ぶことを選択する姿勢は、知恵と冷静さをもたらす。それはより思いやりがあり、賢明で、礼儀正しく、批判精神を持ち（とりわけ自分に対して）、最終的にはより満たされた人間になる道を指し示してくれる（この道を見つけられる人はあまりに少ない）。マキシー、クリスと過ごすなかで、人々が自らの成長を阻んでいること、自尊心によって学びや他者との心のつながりを阻まれていることに、二人がどれほど心を痛めているかがわかってきた。

ニューメキシコ州での日々を思い返すと、マキシーとラリーから学んだことが私のモノの考え方やその後の研究にどれほど影響を与えたかがよくわかる。染みついた思考パターンは変えられる、それは成功と幸福のカギとなると二人は信じていた。二人から学んだことが、私を大学院へと向かわせた。私は二人に心酔し、重厚で価値のある研究によって蓄積された知見に、自分も何かを加えることができるだろうかとひそかに思いを巡らせていた。同時にこうした知見を活用するのに貢献したいとも思っていた。

今、私がたどり着いた答えはこれだ。「知っている人」より「学ぶ人」になることを選ぼう。キャロル・ドゥエックの成長マインドセット、マキシー・モールツビーの健全な思考習慣、クリス・アージリスのモデルⅡ使用理論、あるいはヴィクトール・フランクルの心を揺さぶる回顧録。どれに惹かれてもいい。そこには通底するメッセージがある。あなたに苦痛や恥の意識をもたらす本能的思考に疑問を抱くため、立ち止まろう。そしてそうした思考をリフレーミングして、知っている人より学ぶ人になることを選択しよう。外に目を向けて、自分が見落としていたものを発見するエネルギーと喜びを見いだそう。リフレーミングという作業の中核となるのは、心のなかで、あるいは口に出して自分の考えを語るとき、どのような言葉を使うかだ。「私は失敗している」か、それとも「私は新しいことを発見している」か。「もっとうまくやれたはずだ、それができなかった自分はダメなヤツだ」か、それとも「自分の身に起きたことを受け入れて、そこからできるだけ多くを学ぼう」か。私は新しい経験につきものの不快感を受け入れられるだろうか。自分自身に人間らしくあることを許してやれるだろうか。学ぶことを許してやれるだろうか。

学ぶことを許す

新聞マンガのキャラクター、ポゴはこう言ったという。「われわれはすでに敵と遭遇している。それはわれわれ自身だ」。たしかに、問題の元凶はあらゆる失敗を避けたいという歪んだ非現実的な願望だ。だから上手に失敗する技術をマスターする第一歩は、自分自身と向き合うことだ。私たちが身につけるべき三つの能力のなかで最初に取り組むべき、そして最も重要なものが自己認識だ。あとの二つ、すなわち次章のテーマである状況認識とその次のテーマであるシステム認識は、私たちが自らに学び続けることを許さないかぎり決して身につかない。

第六章　状況と結果

風向きは変えられないけれど、帆の向きは変えられる。

――ドリー・パートン[1]

あなたは大きな部屋にいて、床には縦三メートル、横二メートルの黒と灰色の格子柄の絨毯《じゅうたん》が敷かれているとしよう。縦に九個、横に六個、まったく同じサイズのマス目が並んでいる。マス目には踏むと「ビーッ！」と大きなブザー音が鳴るものと、鳴らないものがある。絨毯の端からスタートして、隣り合うマス目を踏みながら音を鳴らさずに反対の端まで到達するルートを見つける、というのが課題だ。制限時間は二〇分で、早く終了すればボーナスポイントがもらえる。外見的にはルートはわからない。確かめるには実際に一つひとつのマス目を踏み、鳴るか鳴らないか試行錯誤を繰り返すしかない。

この「電気迷路」[2]はカリフォルニア大学バークレー校から二つの学位を取得した電気技師で、アフリカ系アメリカ人の発明家ボイド・ワトキンスが作ったものだ。ハーバード大学の学生たちに課題として与えるとき、私はまずチームを作らせ、いくつかルールを設定する。絨毯に乗れるのは一度に一人だけ。あるメンバーがブザーの鳴るマス目を踏んだら、絨毯から降りて他のメンバーと交代する。ブザーが鳴るたびに、チームは一番端の列に戻ってやり直さなければならない。課題を始める前に数分間の作戦会議の時間を与えるが、課題が始まったら会話は禁止。チームを勝利に導くため、絨毯に乗っているメンバーが早く先に進めるように音の鳴らないマス目を指さしたり、すでに音が鳴ることがわかっているマス目に乗らないように手で警告サインを送ったりするのは自由だ。

特段知力を問われるようなゲームでもなければ、専門知識が必要なわけでもない。ほとんどの学生ははるかに難しい問題、はるかに困難な状況に直面したことがあるはずだ。単にマス目を踏んで音が鳴るかどうか確かめ、場所を覚えておくだけの話だ。チームの中に課題の答えを知っている者は一人もいないので、失敗（ブザー音）をせずに正解に到達することは不可能だ。

だが実際にゲームがスタートすると何が起こるか。最初のメンバーが絨毯に乗り、一歩目のマス目で音が鳴らないと、二歩目を踏み出すのを躊躇するのだ。足を着かずに音のしないマス目を探し当てたいと思うのか、片足を持ち上げたまま固まってしまう。先述のとおりチームのパフォーマンスはルートを見つけるまでの所要時間で決まる。躊躇している時間はコストになる。片足を上げたまま固まっているのは賢い時間の使い方ではないが、気持ちはわかる。あなたが絨毯の上に立っていて、踏み出したマス目で「ブー！」と鳴ったとしよう。チームの仲間は「あーあ！」と声をあげるだろう。逆にマス目で音が鳴らなかったら歓声があがる。皮肉なことにチームの反応がさらなる躊躇を招く。次に絨毯に立つメンバーはさらに躊躇するため、最終的にチームの時間が足りなくなる。私の経験では、ほとんどのチームが二〇分以内に音が鳴らないルートを見つけられずにゲームオーバーとなる。

迷路の解を見つけるという課題に失敗した原因を参加者に理解させるため、反省会で私はこう尋ねる。「絨毯の上で次に踏むべきマス目を見比べながら迷っていたとき、あなたは何を考えていましたか？」するといつも同じ答えが返ってくる。「ミスをしたくなかった」と。さらに詳しい説明を求めると、音が鳴るマス目を踏んでしまうと恥ずかしいと思ったと白状する。

本書をここまで読み進めた方なら、それまで誰も踏んでいなかった音の鳴るマス目を踏んでしまうことはミスではないとすぐにわかるだろう。それは正しいルートを見つけるうえでの新しい情報に過ぎない。正しい失敗である。未知の領域で思いどおりに事が運ばないのは（音の鳴るマス目を踏んでしまう、初デートがうまくいかないなど）、失敗であってミスではない。すでに述べたとおり、ミスと呼べるのはそれを回避する方法がすでにわかっている場合だけだ。迷路の解を見つけるには、どのマス目で音が鳴るかという情報をできるだけ早く集めることが必要だが、それを実践できない人が多い。論理的に考えれば、メンバーが音の鳴るマス目を見つけたときも、鳴らないマス目を見つけたときも、チームは同じように喜ぶべきなのだ。どちらもルートに関する新しい重要な情報である。だが多くの人は音の鳴るマス目を踏むというささやかな賢い失敗をミスととらえ、それを恥ずかしいと感じる。そしてその感情は周囲の反応によって助長される。

これは状況への理解が欠如していることを示す。

新たに音の鳴るマス目を踏むことは、正しい失敗だ。これを「前向きなブザー」と呼ぼう。

これは私たちが人生で遭遇する不慣れな状況における失敗のメタファーだ。迷路が試行錯誤と失敗をともなう課題であり、ブザーの鳴るマス目を踏まずに解を見つけることができないのと同じように、人生で初めて遭遇する状況では、未知の領域を前進するなかで失敗を覚悟しなければならない。迷路でブザーを鳴らすのに恥ずかしさや不安を感じるのが（人間的ではあるが）不合理ならば、人生における「前向きなブザー」を恥ずかしいと思うのも不合理だ。

電気迷路に取り組むチームが躊躇する時間を無くし、組織的に音の鳴るマス目を明らかにしていったらどうなるか。七分以下で解に到達することができる。二〇分以内にこの課題を完了できない原因は、状況の誤認にある。

電気迷路の状況では試行錯誤が必要なので、メンバーが協力し、必然的に生じる失敗を支え合って切り抜けたほうがいい。それなのに学生たちはまるでいつ、どのマス目を踏めばいいかマニュアルに書かれているような定型業務をこなしているときのように、ブザー音に感情的に反応する。迷路を、一発で正しい解を見つけられるはずのテストのように見てしまうのだ。学習を必要とする課題に、遂行のマインドセットを持ち込んでしまう。

ミシガン大学の心理学教授フィオナ・リーと私はこのマインドセットを解明するため、迷路を使った心理学的実験を行った。各被験者にはパートナーを一人、無作為に割り当てたが、実は遂行志向（正解すること、ミスを回避することを重視する）あるいは学習志向（試行錯誤と学習を重視する）に沿った行動をとるよう指示された研究助手だった。学習状態に置かれた被験者のパフォーマンスは、遂行状態に置かれた被験者を上回った。[3]前者のパートナーが与える指示は課題の状況に合致したもので、被験者は試行錯誤をしやすくなった。成功するうえでは試行錯誤が不可欠だったので、与えられた課題と矛盾する遂行マインドセットを押しつけられた被験者は成功しにくくなった。

実際に迷路の入り口に立ち、正しいルートを見つけるよう迫られる場面は少ない。しかしこの実験は人生に役立つメタファーといえる。誰もが不確実な状況に直面する。そこにはリスクと発見の機会が同居している。日々の生活のなかで決定的な場面、あるいはそれほど決定的でもない場面において足を止め、状況を考えることは誰にとってもメリットがある。人生や職場における失敗には、状況に注意を払わないことが原因で起こるものがあまりに多い。しかも必要以上に感情的苦痛をともなう失敗があまりに多い。その実態はありふれたブザー音の鳴るマス目に過ぎないのに。

電気迷路の目的は、イノベーションを阻む心理的障害を明らかにすることだ。前向きなブザーを好きな人はいないが、それなしにイノベーションは起こらない。迷路は未知の領域を体現するが、それでも被験者は自分は答えを知っているはずだと感じる。本章の目的は、みなさんに状況についての新しい考え方を提示することだ。それによってある種の失敗を防ぐとともに、賢い失敗にともなう感情的負荷を軽くできればと思う。人生および会社における避けられる失敗には、状況に十分な注意を払わないために起こるものがあまりに多い。

上手に失敗する技術を実践するためには、状況の二つの側面を意識する必要がある。①どこまでわかっているのか、②どんなリスクがあるのか、だ。一つめは新奇性と不確実性の度合い、二つめは身体的、金銭的、あるいは社会的評価にかかわるリスクの度合いを問題にしている。ざっくり言って、リスクは高いのか低いのか。授業中にブザー音の鳴るマス目を踏むというのは、ローリスクな状況の良い例だ。軌道にスペースシャトルを打ち上げるのはハイリスクだ。これはたいてい主観的評価になる。たとえば私にとって金銭的にハイリスクであることが、あなたにはローリスクかもしれない。状況の不確実性とリスクの両方を検討することは、一流の失敗実践者に欠かせない能力だ。

状況は刻々と変わる

あなたは今日、失敗するだろうか。

それは主に今日あなたがどのような状況に身を置くかによって決まる。失敗する確率は不確実性のレベルによって大きく変わる。その失敗が「どれほど重大なものか」も変わる。人命が脅かされるのか。深刻な金銭的ダメージあるいは社会的ダメージをもたらす可能性があるだろうか。

本章では状況認識の「欠如」によって避けられたはずの失敗が起きたり、他者を不必要に不安にさせたりする状況を見ていく。反対に状況を認識すれば、必要なときは警戒心を高める一方、リスクが低いときにはリラックスできるようになる。これは「立ち止まり」「疑問を持ち」「選択する」、すなわち状況を評価し、それに対する本能的解釈に疑問を抱き、正しいマインドセットを選択する機会についての話だ。

今の状況は最大限の警戒が必要だろうか、それとも楽しく試行錯誤すべきだろうか——。この分析を日頃から実践するようにすると、さまざまな状況により適切に対応できるようになるだけでなく、多くの人を悩ませる余計な心配事とその感情的負担を和らげることができる。本能的反応にストップをかけるすべを身につければ、より思慮深く生きていくことができる。危険のない状況で危険に怯えることがなくなり、反対に危険があるときには警戒心を持つようになる。

状況は不確実性のレベルによってある程度決まる。不確実性のスペクトラムの一方の極にあるのは、有効性の証明された方法がわかっている作業、たとえばチョコレートチップクッキーを作る場面だ。結果は完全に保証されている。その反対の極にあるのがマニュアルの存在しない作業だ。たとえばあなたが新しいフィクション作品を書こうとして、まっさらなコンピュータ画面と向き合っているところを想像してみよう。

クッキー作りなら何をすべきか明確で、失敗する可能性は低い。一方小説を書く場合には無限の可能性があり、数えきれないほどのささやかな失敗（「前向きなブザー」）が待っている。まだ物語のアイデアさえないかもしれない。あるいはアイデアしかないかもしれない。どこから手をつけたらいいかわからない。本を出版して世界中の読者を夢中にさせるという好ましい結果は、およそ保証されていない。エジソンが蓄電池の発明に乗り出したころと同じ状況だ。この両極の間の広大な空間に、ありとあらゆるタイプの状況が存在する。

一貫性コンテキストから新奇性コンテキストへ

一貫性コンテキストには、新奇性コンテキストにはない確実性がある。クッキーの焼き方のように手順が知識として確立されていると不確実性は低く、失敗する確率は低い。反対に本を書く、新製品をデザインする、電気迷路でブザーの鳴らないルートを見つけるといった新奇性コンテキストでは、望ましい結果を得る方法についての知識は存在しないか、あっても不完全なものだ。不確実性が高い状況では、失敗はまず避けられない。だがそうした失敗は貴重な情報をもたらすもので、必ずしも苦痛ととらえる必要はない。正しい状況認識ができれば、それを理解しやすくなる。

あなたの人生において状況がどのように変化するかを理解するために、これまで経験してきたさまざまな仕事を思い浮かべ、それぞれ期待する成果を得るための方法がどれくらい明確に指示されていたか考えてみよう。ほとんどの会社には、定型業務（ファストフード店や自動車の組立ラインのような大量の反復作業）主体の製造部門から研究開発部門（科学的研究所や製品デザインチーム）まで、幅広い状況が存在する。[4] この両極のあいだに存在するのが変動性コンテキストだ。

たとえば病院では、どうすれば望ましい結果を出せるかという確固たる知識はあるものの、細やかな状況の変化に応じて常に調整やカスタマイズが求められる。救急治療室には次々と難しい状態の患者が運びこまれる日もあれば、比較的定型的に対処できる患者が多い日もある。私生活にも一貫性、変動性、新奇性コンテキストが混在する。重要なのは各カテゴリーの境界を見極めることではなく、その時々の状況の不確実性の度合いを見極める習慣を身につけることだ。なぜならそれによってどう対処すべきかが決まるからだ。

「目をつぶっていたってできる」？

最近、幼い子どもがタクシーに取り残されたというニュースが目に留まった。ある家族が空港から自宅までタクシーに乗ったが、精算してタクシーが走り去った後に子どもが一人いないことに両親が気づいた、という話だ。子どもは数時間後に見つかった。ケガはなく、町はずれの駐車場に停められたミニバン型タクシーの三列目でぐっすり眠っていたという。なぜこんなミスが起きたのだろう、と私は考えた。親の視点から状況を思い浮かべてみよう。夜遅く、あたりは暗い。長旅を終えてみんな疲れている。他にも手のかかる子どもたちがいる。荷物が山ほどあり、玄関の鍵も探さなければいけない。取り散らかった状況で、（このケースの両親がそうであったように）四歳の息子の世話は夫か妻がやってくれているだろうと思い込んでしまう。[5]

このエピソードは私たちが変動性コンテキストを見くびりがちであることを示している。空港から自宅までタクシーに乗るのは、予測可能でなじみのある行動であり、あまり注意を払わなくても良さそうだ。しかし大量の荷物、複数の子ども、深夜という状況は失敗が起こりやすいものだった。両親がこの状況は完全に予測可能なものではなく、比較的変動性の高いものであることを認識していれば、もう少し慎重になっただろう。タクシー運転手も一見定型的に思えた作業（シフト勤務を終えて車両を停車する）にしっかり注意を払わず、車両が無人であることを確認するのを怠った。これは変動性コンテキストにおける防げたはずの複雑な失敗で、全員に責任がある。

手順の決まった定型作業は一貫性のあるコンテキストの特徴だ。毎日同じルートで通勤する、必要な皿を見つけやすいように食器洗浄機から洗いあがった食器を棚の所定の位置に戻す。近所の公園の特定のコースを毎日ジョギングする。落ち込んだときに常に励ましてくれる兄妹や親友に電話をする。料理好きな人なら絶対に失敗しない定番料理がいくつかあるかもしれない。こうした活動や人間関係は一貫性コンテキストであり、何をすべきか、どうやるべきかといったストレスのかかる意思決定とは比較的無縁だ。

人生における一貫性コンテキストでは、望ましい結果を達成できるか否かについて一切不安は生じない。こうした状況では自信を持って「大丈夫だ」と言い切れる。食洗機から食器を棚にしまう行為でテンションが上がるというつもりはないが、それはどこまでもわかりきった行為だし、すべてがあるべき場所に収まると満足感がある。問題は私たちが変動性、場合によっては新奇性コンテキストを一貫性コンテキストとして扱ってしまうことがあまりに多いことだ。空港から自宅まで乗ったタクシーに眠っている子どもを置き去りにした家族がまさにその例だ。私がハーバード大学ビジネススクールで教壇に立つとき、去年も使ったケーススタディだから大丈夫だと自信過剰になったら同じ間違いを犯すだろう。目の前にいるのは、去年とは違う経験や期待を持った学生たちだ。私たちをとりまく世界は最近の出来事によって形づくられるので、教室内の議論は前回とは違う展開になるだろう。最善の授業をするためには、常に微妙な変化に気を配る必要がある。私たちをとりまく状況のうち、本当に一貫性や予測可能性があるものはごくわずかだが、それでも私たちは自らが一貫性コンテキストにいるかのようにふるまいがちだ。「こんなことは目をつぶっていたってできる」というセリフは、何度も経験したことがある状況だから注意を払わなくても大丈夫だ、という意味で使われる。

なじみはあるが変化する状況

人生のなかの**変動性コンテキスト**には意識的に向き合わなければならない。あなたはテニスの上級者かもしれないが、異なる相手と対戦するたびに、異なるダブルスパートナーと組むたびに、そしてもちろん試合に出るたびに新しい状況に直面し、全神経を集中させなければならないだろう。仕事で変動性コンテキストに身を置くこともあるだろう。医者や弁護士と同じように専門能力を活かして一日の間にさまざまな状況に向き合ったり、あるいは日によって異なるプロジェクトで異なる人々とチームを組まなければならなかったり。変動性コンテキストにおいては知識や専門能力を活かして、思慮深く行動を調整しながら目の前で起きている事態に対応しなければならない。真の一貫性コンテキストと比べると不確実性は高いが、自らの状況対応能力に疑問を感じることはめったにない。

私たちをとりまく世界は複雑であるため、日々遭遇する状況の大半は変動性コンテキストで、少なくとも多少は注意を払わなければならない。一貫性コンテキストに見えても、思った以上に変動性が高いかもしれない。家では何度も作ったことのあるスフレでも、週末に友人宅で作ったらうまくいくかはわからない。自宅の壁に絵を掛けるといった日曜大工作業にも変動性がある。自分の親指や壁を傷つけないようにするためには、入念にサイズを測る必要がある。

未知の領域

最後に、誰もがイノベーション・プロジェクトに取り組んでいるIDEO社のような新奇性コンテキストは、可能性を提示するものの結果は保証しない。新奇性コンテキストで成功を手にするためには何か新しいことに挑戦しなければならず、最初から完璧にうまくいく可能性は低い。あなたがあまり使ったことのない材料を組み合わせて新しい料理を作ろうとしているとしよう。料理には自信があり、新しいコンビネーションによっておもしろい味ができそうな気がするが、確かめるには実際に作ってみるしかない。あるいは初めて家を買おうとしているとしよう。さまざまな地区を見比べ、物件を見学に行き、インターネットで情報を集めて最適な資金調達方法を探らなければならない。ブラインドデート、初めてのスキューバダイビングなど、すべて新奇性コンテキストだ。

たまには新奇性コンテキストに身を投じないと、やったことのない活動に挑戦したり、新しい目標

	リスクが高い	リスクが低い
身体的	生死あるいは重大なケガをする可能性のある活動。たとえば航空機の操縦や外科手術	新しいスポーツにチャレンジしてみる。筋肉痛やかすり傷を負う可能性がある
金銭的	危ない投資話に大金を突っ込む	予備知識なしに映画のチケットを購入する
社会的	社会から注目されそうな活動で、あなたは準備不足・能力不足である可能性がある	パーティで初対面の相手に、賛否が分かれそうな持論を話す

表 6.1　結果には三つの側面がある

を達成したりする機会を逃し、人生が停滞するリスクがある。研究室で実験する科学者のように、私たちは未知の領域での失敗を受け入れなければならない。避けられないものなので、むしろ学習する機会として歓迎したほうがいい。ある家を買おうと思ったのに、もっと高い値段をつけた買い手に競り負けてしまうこともあるだろう。新しい料理は期待どおりでないどころか、とんでもなく不味《まず》いかもしれない。ブラインドデートについてはもはや言うまでもないだろう。ここに挙げた例はいずれも挑戦する価値のあるローリスク案件だ。なぜなら最悪の結果になったところで、そこまで悲惨ではないからだ。

どんなリスクがあるのか

状況認識の二つめの要因は、金銭的に、身体的に、あるいは社会的評価の面で「どんなリスクがあるのか」だ。大原則は結果が重大ではない失敗は気楽に受け入れる一方、リスクが高い失敗は未然に防ぐための対策を講じる、ということだ。状況は不確実性と起こりうる結果の組み合わせで決まる。身体的、金銭的、あるいは社会的にダメージを受けそうなとき、リスクは高い。表6.1は、三つの観点においてリスクが高い例、低い例を挙げている。

食洗機を空にする、料理を作る、あるいは電気迷路に挑戦するといったことは、失敗が重大な結果につながる可能性が低いローリスクな状況だ。食洗機から取り出した食器を落として割ってしまったとしても、それは予測可能なコンテキストにおける比較的軽微な失敗だ。「たいしたことじゃない」と割り切り、さっさと作業を続ける（ひと呼吸おいて、手が濡れているときはもっと注意しようと自分に言い聞かせてもいい）のが健全な反応だ。「スフレが膨らまないこと」が起こりうる最悪の事態であるような、変動性コンテキストにおけるローリスクな状況では「まあ、そんなこともあるよね」という態度でさっさとミスを振り払うのが望ましい。「自分を責めるな」「覆水盆に返らず」といった表現がぴったりだ。

一九六〇年代にテレビ番組に出演し、アメリカのお茶の間にフランス料理を広めた先駆的シェフのジュリア・チャイルドは、キッチンでのミスをまるで意に介さないことで有名だった。空中でひっくり返したホットケーキがフライパンではなく調理台に落下しても「こうなったら、サッとすくい上げてフライパンに戻せばいいのよ。キッチンにはあなたしかいないんだから、誰も見ちゃいないわ」と。[6] 輝かしい業績と技術を持つ有名シェフがまるで失敗にこだわらない姿を見せたことは、視聴者の共感を呼んだだけでなく、自分も作ったことのない料理にひるまず挑戦してもいいんだ、と思わせた。

試行錯誤を楽しむ

ジュリア・チャイルドのような一流の失敗実践者は新奇性コンテキストにおけるローリスクな状況を活用する。うまくいけば何か新しいことを発見できる。一方まずい結果が出たとしても、それは単に前向きなブザーに過ぎない。電気迷路の課題から学ぶべき最大の教訓は、リスクが低い状況では試行錯誤を楽しめ、ということだった。ローリスクな環境で失敗の経験を積むことは完璧主義に陥らないようにするのに役立つ。立ち止まり、リスクが高いか否かを検討する習慣は学習によって身につけることができる。私たちはともすれば不確実性を軽く見るのと同じように、リスクを過大評価しがちな傾向がある。ほとんどの人はテレビの全国番組に出るのはリスクが高いことだと思う。だがジュリアは違った。ホットケーキを調理台に、あるいは鶏肉を床に落としてしまうことさえローリスクと（正しく）分類した。人間らしいミスであり、恥ずかしさ、バツの悪さを感じる意味はない、と。

さまざまな活動のリスクレベルと、実際に活動したときにリスクが実現する可能性を再評価する習慣を身につけることは、より生き生きとした人生を送るのに欠かせない能力だ。この習慣を身につけることで、感情的負荷を軽くすることができる。生きていれば、警戒心を高めなければならない状況に十分すぎるほど遭遇する。だからそうではないときには、たとえそれが重要な活動であっても（料理をする、エッセイを書く、新しい言語を学ぶなど）、もっと気楽に遊び心を持って対応すればいい。ローリスクな一貫性コンテキスト（洗濯物を畳む、ジョギングに行く）には気楽な、ふだんどおりの姿勢で臨めばいい。立ち止まってリスクを評価（というか通常は再評価）することで、警戒心を適切な水準に調整し、感情的および認知的負荷を軽くすることができる。

警戒心を微調整する

反対にリスクが高いとき、とりわけ人命がかかっているときは「意識的遂行」から「慎重な行動」「注意深い試行錯誤」までの範囲で適切な対応を選びたい。それを示すのが図6.1で、グレーの部分は失敗する可能性が高くリスクも高い状況だ。つまりグレーの部分は特別注意が必要な領域を示している。バイオメーカーは二つの異なるワクチンが混ざることのないように、最大限の注意を払って業務を遂行しなければならない。ミスが起これば人命、会社の評判にかかわり、相当な費用もかかる。

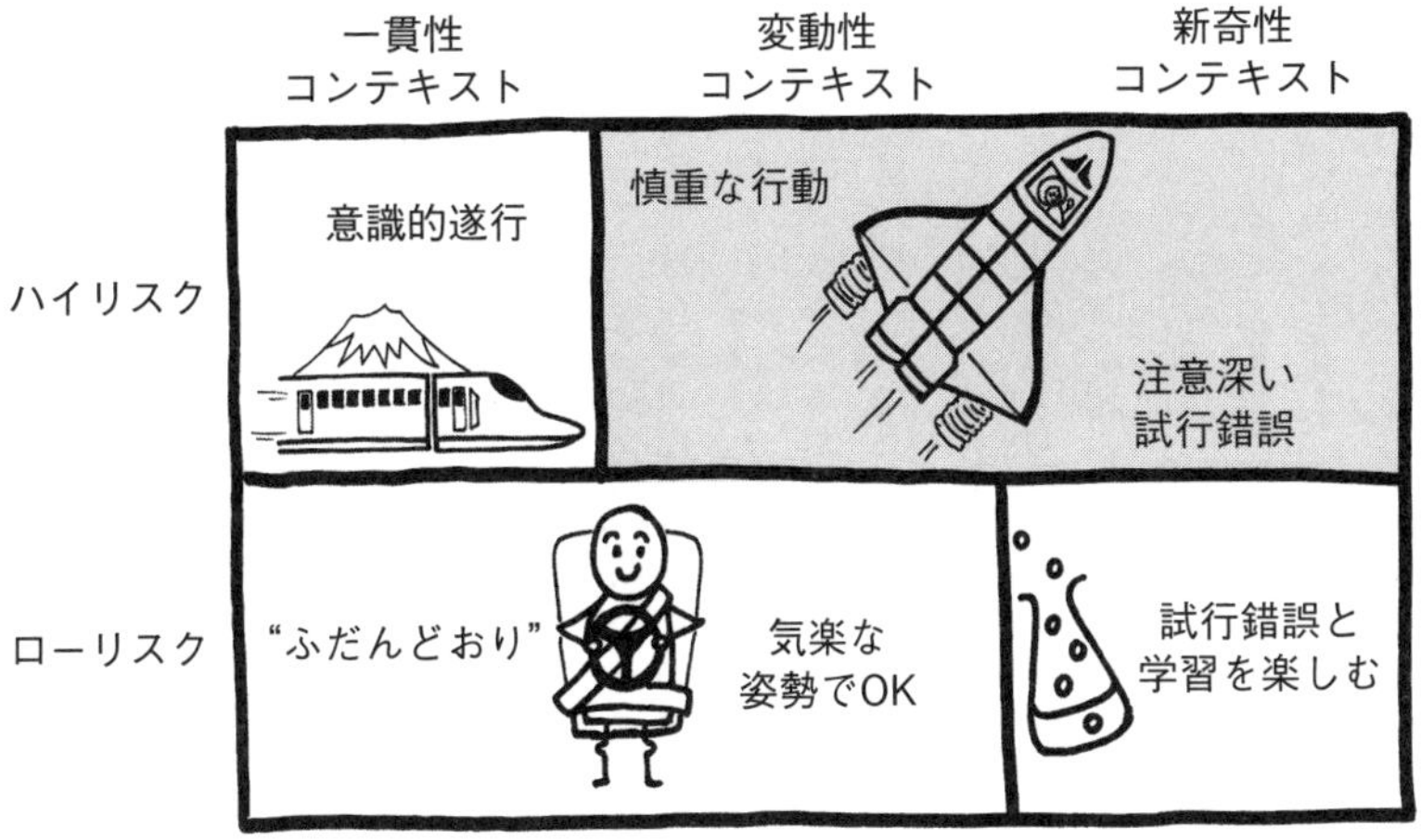

図 6.1　リスクの高低に応じたコンテキストへの対応

あるいはあなたが職場で、売り上げや昇進に影響を与えるようなプレゼンを準備しているとしよう。あなたにとって売り上げや昇進は重要なので、これは変動性コンテキストにおける比較的ハイリスクな状況といえる。だから前もってプレゼンを練習するなど、特別慎重に事に当たるべきだ。同じプレゼンを異なる聴衆の前で行うのは新奇性コンテキストなので、新しい聴衆に響くように内容に微調整を加えるなど、思慮深く実験するといい。

もちろん危険な状況で向こう見ずな行動はとるべきではない。しかしローリスクな状況で用心深くなりすぎて萎縮するのも誤りで、電気迷路の実験に参加した人のほとんどはこのミスを犯した。同じように他の人からどう見られるかを気にしすぎると、本来は警戒心を解いて他の人々と本音で接するべき場面を、ハイリスクな状況と誤認してしまうかもしれない。

リスクが高く、警戒心を持つことが必要な場面であっても、必ずしも苦痛あるいは負担に感じる必要はない。「いまここ」に徹底的に集中するとエネルギーがみなぎってくる場合もある。たとえばセーリングで船を風上に向かって走らせるときには、その瞬間の風、速度、バランスと真剣に向き合わなければならないので、懸念や不安はどこかへ行ってしまう。週末旅行としてニューメキシコ州でロッククライミングをしたときも同じような経験をした。変動性コンテキスト（とりわけ最高のパフォーマンスが求められるとき）に集中せざるを得ない状況を、過酷な労働や惨めな気持ちと同一視すべきではない。

状況認識の欠如と避けられるはずの失敗

状況認識の欠如は、さまざまなタイプの避けられるはずの失敗を引き起こす。たいていその原因は「ナイーブ・リアリズム」[7]と呼ばれる認知バイアスだ。スタンフォード大学の心理学者、リー・ロスによると、ナイーブ・リアリズムは自分には経歴や専門分野などのレンズによってフィルターのかかった現実ではなく、現実そのものが見えているという錯覚を引き起こす。それは自信過剰の原因となり、避けられたはずの失敗を招きかねない。ナイーブ・リアリズムに陥ると、変動性あるいは新奇性のあるコンテキストを予測可能なものと解釈してしまう。子どもがタクシーに置き去りにされた例、あるいは教員としての私の例ですでに見てきた。みなさんも手に入れたと思ったセールスを獲り逃したり、デートがうまくいったと思ったのに相手からの連絡が途絶えたり、といった経験があるのではないか。状況をよく知っていると過信し、その不確実性を過小評価すると、賢い失敗ではなく避けられたはずの失敗が起こりやすくなる。

失敗の技術における状況認識とは、不確実性のレベルとそれが引き起こす事態を理解することを意味する。たとえわずかな時間でも立ち止まり、一貫性から新奇性までのスペクトラムの　どこに自分は今いるのかを考え、適切なアプローチで前に進むこと。避けられるはずの失敗を避けるとともに適度な賢い失敗をするのに必要なリスクをとるために、想定外を想定する方法を身につけること。どんなリスクがあるかを常に意識することでもある。

危険を過小評価する

ジェイは工学とデザインを学ぶ学生で、公園、邸宅、アートギャラリー向けに大きな野外彫刻を制作する金属加工工房で働いていた。二〇二〇年六月に働き始めるとすぐ、安全ゴーグル、ヘルメット、保護マスク、つま先に鉄製ガードのついたブーツやグローブの使い方の研修を受けた。ジェイは真剣に耳を傾け、ルールを忠実に守った。鋼鉄やアルミを切断する大型機械の安全な操作方法や、鋭い刃や回転する歯車、溶接ツールの炎や熱からいかに距離をとるかも教わった。金属片同士を溶接した後、高速回転する研磨ディスクの付いた手持ちタイプのアングルグラインダを使い、溶接部を滑らかにするという作業を頻繁に担当した。

だが工房で働きはじめて一年ほど経ったある日の午後、ジェイは狭いスペースで溶接部分のでこぼこをなめらかにしようとかがみこんだ。ほんの一瞬、高性能の工具からの距離より溶接部の粗《あら》に意識が向きすぎ、状況認識を失って高速回転する研磨ディスクに顔を近づけすぎた。

その瞬間、手にしていたアングルグラインダが跳ね返り、下唇をえぐった。

上司はジェイを車に乗せて病院の救急治療室へ向かいながら、厳しい口調で言った。「ジェイ、キミは自分が危険な状況にいることを忘れたんだ」

ほんの一瞬ではあるが、ジェイは変動性のある環境を一貫性のあるものと取り違えたのだ。アングルグラインダを使った作業に慣れたことで、意識的ではなく流れ作業的に作業をしてしまった。なにより立ち止まり、自分が危険な状況にいること、ケガをするかもしれないことを再確認しなかった。危険な作業をする前に幾度もそうしたように、ひと呼吸おいてコンテキストを確認していたら、ケガをしないように頭の位置を溶接部から離したり、一歩下がって安全を確保したりしたかもしれない。防げたはずの失敗が常に身体的負傷をともなうわけではないが、この事例は立ち止まってコンテキストを評価しないと何が起こるかよく示している。コンテキストに最適なアプローチを選択する機会を逸するのだ。なにより、自分が何か想定外の事態が起こりうる危うい状況にいることを認識すれば、いつも以上の注意力と慎重さをもって事に当たることができる。

変動性を過小評価する

あなたが会社の既存商品を新しい市場、たとえば新しい国で発売するプロジェクトの責任者になったとしよう。こういうときは「遂行型」の業務としてアプローチするというワナに陥りやすい。すでに十分わかっている商品だから、どんな変動要因があるか真剣に考えないのだ。

二〇〇四年にコカ・コーラ社がそんな状況に陥り[8]、経済ジャーナリストから「大惨事」「PRの大失敗」と酷評されたケースを見ていこう[9]。

一九九〇年代のアメリカでペットボトル入りの水が便利で、炭酸飲料と比べて身体に良い選択肢と見られるようになったことで、同社の飲料水ブランド「ダサニ」は人気商品となった。対照的にイギリスではボトル入り水はずっと以前から市場に存在し、消費者に広く浸透していた。ただ大西洋の両側で、ボトル入り水に対する認識には違いがあった。アメリカでは単に携帯に便利な飲料水というだけだったが、イギリスのボトル入りミネラルウォーターはアルプスの氷河や自然の湧き水を使った体に良く、リフレッシュするための飲み物と見られていた。両者の違いを物語るようなエピソードが、一九九二年にBBCのコメディ番組『Only Fools and Horses（馬鹿と馬だけ）』で放映された。登場人物が水道水をそのまま瓶に詰めて売るという内容で、ふざけた話という位置づけで、さらには水道水が汚染されていたというオチまでついていた。祝日に放映されたこのエピソードは二〇〇〇万人が視聴し、その後も何度も再放送された。[10]

イギリスにおける「ダサニ」発売プロジェクトの課題が、テレビ番組で広がったボトル入り飲料水に対するネガティブなイメージを払拭することだけであったなら、まだ成功する余地はあったかもしれない。コメディ番組を理由にコカ・コーラ社の新製品に拒否反応を示した消費者はほとんどいなかった。実際発売から数週間、ダサニの水はよく売れた。

コカ・コーラはダサニのボトルのラベルに「精製水（水道水に化学処理を施した水）」と表記し、ミネラルウォーターではないことを明確に示していた。発売前には業界紙『ザ・グローサー』が「あるシニアバイヤーは（ダサニの）取水元が明記されていないことに不満を持つ消費者がいるかもしれないと警告している」と記事[11]に書いたが、気に留めた者はほとんどいなかった。ボトル水に対する先入観があったためかもしれない。

だがその後、不幸にも現実がテレビ番組を後追いするかのように、ダサニ水の処理をするロンドン南東部の工場で使用される化学物質の調査結果が明らかになり、ダサニ水に法定基準を上回る発がん性物質の臭素酸塩が含まれていることがわかった。含有量はどうみても健康被害が出るほどではなかったが、マイナスの評価が広がるのは避けられなかった。コカ・コーラ社は「ダサニ」五〇万本を回収せざるを得なくなった。[12]高い費用をともなう、おそらく避けられたはずの複雑な失敗だ。「ダサニ」はその後二度とイギリス市場で販売されることはなく、コカ・コーラ社は発売時の広告キャンペーン費用七〇〇万ポンドを損失処理した。[13]

イギリス市場へのダサニの参入が最終的に失敗したのを、運が悪かったためと片付けるのは簡単だ。

インパクトの強いテレビ番組、事前に水源をしっかり調査しなかったこと、そして二つの市場の違いを軽く考えていたことが重なり、パーフェクトストームとなって商品の命運が絶たれた。既存商品を新しい市場に投入するときには常に存在する変動要因をコカ・コーラ社が評価していれば、失敗は避けられたかもしれない。水が合うか（ダジャレである！）を事前に慎重に調べていれば、もっと早くリスクが明らかになり、アメリカなど他国の人気商品に対するイギリス人の懐疑主義を予想し、対策を打てたかもしれない。ジャーナリストのトム・スコットはこう結論づけている。「私はダサニの大失敗が必然だったとは思わない[14]」

新奇性を過小評価する

開発に二年間と一〇億ドルの資金をつぎ込んだ新しいウェブサイト[15]は、同時に五万〜六万人のアクセスを処理できるはずだった。待ちに待った開設の日、最初の数時間はすべてが順調なようだった。だがまもなく、なんとかログインできたひと握りのユーザーも画面が真っ白だったり、強制的に接続が切れたり、何時間もアクセスを待たなければならなかったりという報告が上がってきた。初日にサイトを問題なく利用できたユーザーはわずか六人。稼働一カ月で処理できたユーザーは事前予想のわずか五％に過ぎなかった。ウェブサイトの技術に対して、批評家からは「反直感的、操作しづらい、全般的に使いにくい」といった酷評が相次いだ[16]。

みなさんもご記憶かもしれないが、アメリカの公的医療保険サイト『HealthCare.gov』は、すったもんだの末に制定された「医療保険制度改革法（通称オバマケア）」を実施するためにつくられたオンライン・プラットフォームだ。それまで医療保険に未加入あるいは保障が不十分であった数百万人のアメリカ人に医療を受けられるようにするための仕組みだ。ウェブサイトは誰もがアクセスでき、連邦政府による医療保険市場で商品を比較し、選んだ保険に加入できるようにするためのパブリック・ポータルになるはずだった。だがサイトの立ち上がりは散々だった。失敗を受けてメディアから猛批判が沸き起こったのも覚えているだろうか。万人に医療を届けるための政策なのに、サイトにアクセスすることさえできないのはどういうわけだ？

なぜこのような事態になったのか、詳細が明らかになるなかで二つの主要な要因があったことがわかった。第一に、ワシントンDCの人々はオバマケアを成功させることで頭がいっぱいで、法案を通過させることに集中していた。法案成立を政策の実行と同一視していたといっても過言ではないほどに。数百万人のユーザーを、各州特有の複雑な規制を満たした医療保険を販売する数千の保険会社とマッチングさせる技術をどのように設計するか、という部分についてはそれほど検討されなかった。[17]ウェブサイトを開設すること自体はそれほど難しい作業ではない。みなさんもあらかじめパッケージ化されたコンテンツ・マネジメントシステム・ソフトウエアを使って、数時間で簡単なウェブサイト、ブログ、あるいはオンラインショッピングサイトを立ち上げた経験のある数百万人の一人かもしれない。しかし数万人のユーザーを同時に処理する、しかもそれぞれにカスタマイズした保険契約を提供する両面市場を構築するのには、個別のウェブサイトを作るのとはまるで次元の違う難しさがある。それ以上に重要なこととして、政治家に必要なものとはまったく違うスキルセットを必要とする。それと関連して、オバマ大統領とそのチームは、今回の医療保険加入サイトがどれほど新奇性のあるものか理解していなかった。暗黙のうちにそれをごく当たり前のサイトととらえていたため、このような新奇性の高いプロジェクトに必要なチームやプロセスを準備しなかった。私がこのケーススタディをハーバード大の授業で使うのは、ビジョンやカリスマ性だけでは事を成しえないという教訓を学生に示すためだ。傑出したマネージャーは状況を正しく評価し、それに見合った人員と資源を手当てする。さもないと防ぐことのできた失敗によって赤っ恥をかくことになる。

公的医療保険サイトの失敗は赤っ恥であっただけではない。それはオバマケアという取り組みそのものの足を引っ張った。明らかに技術面の失敗（ソフトウエアが機能しなかった）ではあったが、あまりにも注目度が高かったことからオバマ大統領の言葉を借りると「記録に残る大失敗」[18]になってしまった。

新しいテックプラットフォームのほとんどは非公開で開発が進む。ソフトウエア開発者にとって最初のバージョンがうまくいかないことは織り込み済みで、サイトを大規模なユーザー向けに公開する前には少数の限定されたユーザー向けに複数バージョンをテストする計画を立てる。彼らは潜在的リスクが高い新奇性コンテキストで活動していることをわかっている。

しかし公的医療保険サイトの場合、責任ある立場の人々は先例のない新奇性コンテキストを、なじみのある変動性コンテキストと誤認してしまった。成功するのに必要とされる仕事量やアップデートの回数を見誤った。まるで南極大陸に向かう初期の冒険家が、近場に週末旅行に出かけるような装備で出発したようなものだ。寒くなったときの備えが帽子と手袋だけで特別な装備もガイドもいなければ、南極の極端で予測できない気候に直面したら冒険はたちまち頓挫する。巨大な両面市場のインターネット・プラットフォームを開発し、稼働させるというのも同じような話で、「さっさとやっちまおう」といったタイプの作業ではない。重大なイノベーション・プロジェクトだ。

「連邦政府高官はプロジェクトが途方もないスケールであることを認識しておらず、統制がとれず分断されており、いつまでも修正が続く医療保険制度改革法の政策に足をとられ、契約方法は未熟で、手遅れになるまで問題を無視した」と、あるジャーナリストは断じた。[19] さらにまずいことに、テクノロジーがうまく機能していないという警告サインは無視された。問題は組織の下から上へと伝達されなかった。サイトが厄介な状況になっていることを上司に報告しても身の安全が保障されると誰も思っていなかった。

幸い、ただちにサイトを手直しするためシリコンバレーからテック業界のスーパースターたちが招集された。状況を診断する経験と、結果に応じてマネジメントするノウハウを有する新チームは、プロジェクトの文化と技術の両面の再構築に乗り出した。元の開発チームのメンバーの多くは残ったが、今回は何がうまくいき、何がうまくいかないかを明らかにするため、全員が徹底的かつ組織的に実験をした。サイトのコードを書き直すプログラマーチームのリーダーとなったのは、グーグルから来たマイキー・ディッカーソンだ。ディッカーソンは一日二回、進捗を確認するための短時間ミーティングを開き、心理的に安全で「責めない」文化の下で全員が問題を話し合い、ミスを認め、質問をできるようにした[20]。壁にはミーティングのルールをいくつか貼りだした。「ルール1　作戦会議やミーティングは問題解決のためにある。クリエイティブなエネルギーを発揮せよ、責任をなすりつけ合うのは他でやれ[21]」。ある会議でディッカーソンは、自分のコードミスでサイトがシャットダウンしてしまったことを認めたエンジニアに拍手を送った[22]。

公的医療保険サイトの開設は新奇性コンテキストにおける複雑な失敗であり、正しい失敗ではない。危険信号は無視され、仮説に基づく実験は行われなかった。開発途上の小さな失敗から何も学習されず、その結果必要以上にスケールが大きくなり、世間の注目を集めて社会的評価をぶち壊す大失敗となった。こうしたサイトと同じような新奇性のある領域における賢い失敗とは、痛みをともなう大混乱ではなく、もっと小規模な管理された失敗である。

「失敗の地図」をつくろう

コンテキストのタイプと失敗のタイプの関係性はすでにはっきりしたのではないか。たとえば新奇性コンテキストと賢い失敗は切っても切れない関係にある。トップレベルの科学者なら、失敗率七〇％（そのうちほぼすべてが賢い失敗）というのはよくある話だ。新奇性コンテキストで前進するためには失敗は不可欠で、新たな領域に賢い失敗はつきものだ。その一つひとつが有益な発見だ。作家の失敗率を定量化するのは難しいが、私が本書を書き終えるまでにはおそらく残った文章より消した文章のほうが多くなるだろう。新奇性コンテキストにおいては避けられないことだ。一方、民間航空機のほとんどが目的地に到着できなかったり、マクドナルドで提供される食事のほとんどがおかしな味だったりしたら、どうだろう。消費者は激怒するだろう。このような大量生産型の比較的一貫性のあるコンテキストなら、失敗率がたとえ1％でも会社は立ち行かなくなる。不確実性が高くなるにつれて失敗率も高くなり、それにつれて失敗のタイプも変わる傾向がある。

予測可能なコンテキストと基本的失敗

予測可能なコンテキストでは「目をつぶっていてもできる」モードに入ろうとするため、基本的失敗が起こりやすい。望んでいる結果を得るためには何をすればよいか、有効性が証明された方法がわかっているにもかかわらず失敗する。タイマーを設定するのを忘れてクッキーを焦がしてしまう、といった具合に。些細な失敗を犯した自分を責めてしまいがちだが、何の役にも立たない。失敗を認め、そこから学び、後ろではなく前を向くのが健全な反応だ。車を運転していて事故を起こすといった重大な結果を招いたミスについても、それは変わらない。大小にかかわらず失敗から学ぶというのが上手に失敗する技術の基本だ。

変動性コンテキストと複雑な失敗

複雑な失敗は変動性コンテキストで特に起こりやすい。あなたがどれだけテニスが得意でも、試合に負けることはたくさんあるだろう。太陽がまぶしくなければ、膝が痛くなければ、相手があの完璧なサーブを打ち返せなければ、結果は変わっていたかもしれない。試合に負けるのは複雑な失敗だが、悲劇というほどでもない。

人生における変動性コンテキストでうまくやっていくためには、警戒心と打たれ強さの両方が必要だ。みなさんも複雑な失敗を経験したことがあるだろう。とりわけ飛行機を利用して移動するときには複雑な失敗が起こりやすい。私は一九九〇年に大学院の面接を受ける際、ラリー・ウィルソンの下で働いていたニューメキシコ州からボストンに飛んだ。面接への不安を募らせながら、まず自宅から車で九〇分かけてアルバカーキ空港まで移動し、ダラスに飛んだ。ここまでは万事順調だった。だがダラスが猛烈な雷雨に見舞われたため、多数のフライトが遅延あるいは欠航し、ダラスフォートワース空港の航空管制は大混乱に陥った。ターミナルのすべてのゲートには乗務員が法定勤務時間を超過したために離陸できなくなった飛行機が横づけされ、交代要員もゲートがふさがっているために到着できなかった。空港は足止めされた乗客であふれかえり、レストランの食料は尽き、周辺のホテルは軒並み満室になった。私は変動性コンテキストにおける複雑な失敗に巻き込まれ、身動きがとれなくなった。その晩はターミナルの床に横たわり、翌日混乱が収拾するのを待つしかなかった。この失敗は私が何かしたため、あるいはしなかったために起きたわけではない（面接に確実に間に合うように、一日早くボストン入りしなかったことをのぞけば）。幸い面接官はこの複雑な失敗を私の落ち度とは見なさなかったため、一日遅れでボストンに到着したものの無事博士課程に受け入れてもらえた。

新奇性コンテキストと賢い失敗

新しい街に移り住む、新しい恋人と交際を始める、新しい言語を学びはじめる、新しい料理を考案するなど、未知の領域に踏み出せば失敗は避けられない。新しい化学反応や新しい天体の発見を目指す科学者は、そのような目覚ましい成功を手にするまでにたくさんの失敗を重ねることを覚悟する。企業においてすら新しい薬を開発しようとする試みの九〇％以上は実験段階で失敗し、市場化されずに終わる。[23] ほとんどの人は日々生活するなかで、それほどたくさんの失敗を繰り返すことはない。だが新奇性コンテキストにおける賢い失敗から教訓を得るためには、人生において実験することの価値を学ばなければいけない。

私の夫は料理が得意だ。本業は科学者なので、研究成果を発表するために他の大学に出張することも多い。出張先で会議の主催者から高級レストランに招かれたときは、そこで味わったすばらしい料理を自宅で再現しようと張り切って帰ってくる。数年前にニューヨークの有名レストランで食事をしたときには、そこで食べたタコの料理を作ってみようと考えた。タコをさばくのがどれほど難しいか、みなさんもご存じかもしれない。ただ夫は料理の世界における挑戦しがいのある新たな領域と考えた。

残念ながら結果は凶と出た。夫はレシピをもとに材料や調理法を自分なりに変更したようだ。出来上がった料理を正確に形容すれば「歯ごたえがあってゴムみたいだった」が、その味わいを説明するにはおよそ不十分だ。とにかく食べられたものではなかった（失敗に対して前向きに、相手をサポートするように対応したかったが、それも難しかった）。それでも挑戦するだけの価値はあっただろうか。それはもちろん「イエス」だ。夫は再び挑戦したか。その答えも「イエス」である。タコは決して私の好物ではないが、いまでは夫の作るタコ料理は美味しいと思う。

私たちの人生ではたくさんの基本的失敗、複雑な失敗、そして（懸命に努力すれば）賢い失敗が起こる。コンテキストと失敗のタイプの関係は明白だ。新奇性コンテキストでは賢い失敗が、一貫性コンテキストでは基本的失敗が、そして変動性コンテキストでは複雑な失敗が起こりやすい。

これは正しいが、説明として不完全だ。

全体像を完成させる

一貫性コンテキストにおいても賢い失敗が起こりうることは、みなさんもすでにお気づきだろう。一方、新奇性コンテキストでも基本的失敗は起こりうる。これらを「ホーム外の失敗」と呼ぼう。それ以外にもコンテキストと失敗の組み合わせはいくつもある。三つの失敗タイプと三種類のコンテキストがあれば、図6.2に示すように九通りの失敗とコンテキストの組み合わせがある。斜めに走る色づけされた三つのマス目は、三つの代表的な失敗タイプとそれぞれのホームグラウンドだ。ここからは残り六つの失敗のエピソードを見ながら、失敗という世界の全体像を把握することにしよう。

工場の生産ラインの管理者は、定期的にささやかな改善案を試してみようとするかもしれない。結果がうまくいかなかった場合、それは一貫性コンテキストにおける賢い失敗になる。あるいは普段はうまく稼働している工場が、突然のハリケーンによって遠方のサプライヤーから部品を調達できなくなり、しかもその部品をつくれたはずの作業員の四分の一がインフルエンザに罹患して出勤できなくなったケースを考えてみよう。身近なケースでは、いつものクッキーを焼こうとしたら停電で生焼けになってしまった、という状況が挙げられる。どちらも一貫性コンテキストにおける複雑な失敗だ。

ワシントンDCで吹雪の朝、フライト前チェックリストで「凍結防止装置オフ」を承認してしまったエア・フロリダのパイロットは、変動性コンテキストでどれほど簡単に基本的失敗が起こるかを体

図 6.2　失敗という世界の全体像

現している。研究者のH・クライトン・フーシェは、パイロットのチームにフライトシミュレーターで敢えて変動性コンテキストを経験させ、予想外の故障が発生しても安全に機体を着陸させるよう求めた。そこで生じた賢い失敗は、民間航空機の安全性をさらに向上させるのに役立った。みなさんがテニスのバックハンド・スウィングを改良しようと新しいグリップを試していて、成功するまで失敗を重ねたとする。それも変動性コンテキストにおける賢い失敗に該当する。

　最後に、世界を変えるようなアイデアや製品につながる賢い失敗が生まれやすい新奇性コンテキストにおいても、複雑な失敗や基本的失敗が起こりうるのは明らかだ。ジェニファー・ヒームストラがピペットの使い方を誤り、実験を台無しにしたエピソードなどがその例だ。新奇性コンテキストではどれほど入念に計画や仮説を立てても、さまざまな複雑な失敗が起こりうる。パンデミックによるサプライチェーンの断絶や、チームメンバーが母国に帰国したことで科学者の研究プログラムが頓挫してしまうというのがそれにあたる。

コンテキストの認識能力を身につけることが重要なのは、望まない失敗を防げるだけでなく、安全に試行錯誤できる場面では実験を楽しむことができるからだ。アプローチを変えることで、どんなコンテキストでもうまくやっていけるようになる。一貫性コンテキストは信頼性と継続性が保たれた状態で、有効性の証明されたスキルを磨く機会を与えてくれる。変動性コンテキストにおいては、警戒レベルを高めた覚醒した状態を楽しむことができる。（ニアミスを悪いものから良いものへとリフレーミングしたうえで）ミスを事前にキャッチできたことを喜ぶようにすると、ミスは起こりうるという意識を高めるのに役立つ。何より重要なのは、本当に重大なダメージが起こる前にミスに気づき、修正する能力だ。新奇性コンテキストのなかでもとりわけリスクが低いものは、思慮深い実験をして賢い失敗のもたらす教訓を学ぶ機会となる。そして「前向きなブザー」が鳴ったときに、笑って済ませられるようになる。

予想外を予想する

ベン・バーマンは数十年にわたって航空業界の安全に携わってきた。ユナイテッド航空の元機長であり、国家運輸安全委員会での事故調査や、ＮＡＳＡでの乗務員の不注意、中断、認知エラーといった人間的弱点がパフォーマンスに与える影響調査にかかわってきたバーマンからは、謙虚さがにじみ出ている。あらゆるフライトにはコンテキストの変動がつきものであることを注意喚起する賢明さも持ち合わせている。民間のフライトでそれを実践するため、新たにチームを組むコックピットのメンバーにはいつもこう声をかけたという。「私は完璧なフライトをしたことが一度もないんだ」と。誰よりも経験豊富な最高のパイロットでも予想外の試練に直面する可能性があり、完璧に反応できるとは限らないことをバーマンは理解しているのだ。

私は研究のなかで、これを「フレーミング・ステートメント」と呼んでいる。経験豊富なリーダーは自然にフレーミングを行う。それは部下がコンテキストを診断し、とらえ直し、最高のパフォーマンスを発揮するためには助けが必要であることを理解しているためだ。私が二〇二二年五月にインタビューした際、バーマンは新しいチームと最初に顔合わせしたときの思考を振り返ってくれた。

私はまずアイスブレーキングをして、コミュニケーションのチャネルを開こうとした。「実はこれまで完璧なフライトをしたことがないし、今日もそれをみんなに証明すると思うよ」と言う。するとみんなが笑うから、続けてこう言うんだ。「だから君たちが必要なんだ。私が何か間違ったことをしたら、声をあげ、指摘してほしい。なぜならそういう場面は必ず訪れるからだ。私も君たちに同じように接するよ」。そうするといつもみんなほほ笑み、うなずいてくれる。

バーマンは「いつもどおりのフライト」などというものは存在しないと考え、すべての乗務員には質問や気がかりなことがあれば、恐れることなくすぐに声をあげてほしいと思っていた。

一つの目的はみんなに疑問を呈してもらうこと、コミュニケーションのチャネルを開くことだ。

そしてもう一つの目的は私が失敗するだろうという事実を認めることだ。私は本当に一度も完璧なフライトをしたことがない。あと一歩というときはあるが、飛行中に自分自身にキレることがあり、そうすると押すべきボタンを押し忘れてしまい、副操縦士に指摘される。私が自分に腹を立てるのは完璧さを求めるからだ。副操縦士に失敗を指摘されて腹を立てることは絶対にない。

ベンの発言で最も私の印象に残ったのは、彼が自分の置かれたコンテキストを深く理解していたことだ。変動性コンテキストでやや不確実性が高く、リスクも高い。そのようなコンテキストにおいて完璧主義と自尊心は災いの元だ。彼はこう説明する。「変動性、注意散漫の原因、疲労、慢心が当たり前。いずれもミスにつながる要因だ。ミスは必ず起こる。私はミスをするはずで、クルー全員に参加してもらう必要がある。だから彼らにこんな言葉をかけるんだ」

どんなフィールドでもエキスパートと呼ばれる人々は、日ごろからコンテキストを考慮する。私たち一般人もそれを心がけるべきだ。状況認識を実践するとは、自分が今どこにいるのかを理解し、そのコンテキストやリスクにふさわしいマインドセットを取り入れることだ。あなたも職場で特定の役職あるいはプロジェクトで成功できるか、心配でたまらなかったことがあるのではないか。私は、ある。この本の執筆中にも何度かあった。状況認識によって自分がどこにいるかを見直すことで、ときには不要な不安を抑えたり、リスクを下げたりしながらうまく前進できるかもしれない。重要なのは立ち止まり、（今どんな反応をすべきか、そしてプロジェクトやイベントに向けて何をすべきか、という観点から）次の二つの重要な問いを自らに問いかけることだ。「私は今、コンテキストのスペクトラムのどこにいるのか」と「どんなリスクがあるのか」だ。

不確実性やリスクを測るなかで、「これは過去にも経験のあることだろうか。成功の確率を高めるために参考になる専門家の意見やガイドラインはないか」と自問してもよいだろう。たとえばどんな本でも、執筆を開始する時点では不確実性は高い。どんな構成にするのか、読みたい人などいるのか、といったことはまったく定かではない。だが執筆中のリスクは低い。まずい文章、あるいは自分の考えが明確に伝わらない文章を書いてしまったら、改善するまで何度でも書き直せばいい。編集のコストはゼロだし、私が「よし」と思うまで誰の目に触れることもない。この状況は二三五ページの図6.1の右下にある新奇性コンテキストと診断でき、「試行錯誤と学習を楽しめばいい」とわかるだろう。

一般的に状況認識は、実験しても安全なときには安心して実験し、不用意な失敗を避けるべきときには慎重になるように促してくれるものだ。

第七章　システムを理解する

悪しきシステムは常に良き人間を打ち負かす。

――W・エドワーズ・デミング[1]

スペンサー・シルバーは航空機製造で使用できる強度を持った接着剤を開発しようとしていた。ときは一九六八年、場所はミネアポリス近くのスリーエムの中央研究所だ。[2]ある日、実験をしていたシルバーが推奨されていた以上の量の化学反応体を加えてしまったところ、驚いたことに表面に貼り付けるのと同じくらい簡単にはがすことができる、薄くて弱い物質ができた。とはいえ、この不可思議な物質には極限下に置かれる飛行中の航空機の金属どころか、おもちゃの修理にさえ使えないほどの強度しかない。シルバーが与えられた研究課題に失敗したのは明らかだった。ふつうならこの接着剤は、せいぜいおもしろい発見としてお蔵入りになるところだ。[3]

みなさんもおそらくシルバーの実験室での「失敗」は、「ポストイット」と呼ばれる数十億ドル規模の付箋ビジネスの幕開けだったことは知っているだろう。しかしスリーエムがイノベーションの成功確率を大幅に高めるようなシステムを構築していたことは知らないかもしれない。

航空機用接着剤としての失敗作が大人気商品へと結実した軌跡、そして粘り強さと偶然の協力がなければこの機会が簡単に失われてしまう可能性があったという事実は、システムの性質について重要な洞察を与えてくれる。スリーエムのような組織的システムに加えて、誰もが日々の生活においてさまざまなシステムのなかで活動している。ほんの一例を挙げれば、家族、生態系、学校システムなどだ。システム認識、とりわけシステムがどのように不要な失敗を引き起こすかを理解することは、上手に失敗する技術における重要な要素だ。

システムの結果は個別の構成要素よりも、要素間の関係性によって決まる。このシンプルだが重要な事実は、みなさんが人生のなかでさまざまなシステムを分析・設計し、より良い結果を手に入れるのに役立つはずだ。本章の後半では再び、正しい失敗を促し、数えきれないほどのイノベーションを生み出すためにスリーエムがどのようにシステムをデザインしたのかという話に戻る。だがその前に、まずはシステムの観点から考えるとはどういうことかをじっくり見ていこう。

システムとシナジー

「まとめる」という意味のギリシャ語に由来する「システム」という言葉は、一つの意味のあるまとまり、すなわち家族、会社、自動車、野球チームなど認識しうる存在を形成する要素（部分）の集合だ。システムはシナジーを生む。全体は部分の合計を上回るのだ。少し言い方を換えれば、部分の行動を個別に見ても全体の行動は予想できない。要素間の関係性を検討することによってのみ、システムの行動は説明できる。人間のつくるシステムもあれば、自然のシステムもある。いずれにせよ最も重要なのは要素同士の相互関連性だ。

鉛筆の芯に入っている軟らかいグラファイト（黒鉛）と、婚約指輪によく使われる輝くダイヤモンドの違いを考えてみよう。両者がまったく異なる物質であることはわかっているが、どちらも炭素原子だけでできている。その差は炭素原子間の幾何学的関係にある。[4] ダイヤモンドでは原子が三角形のマトリックス構造に配列していて、それが安定した強固な物質をつくっている。一方グラファイトでは炭素原子が六角形に配列しているが、位置は変化するため、それが物質に軟らかさを与えている。バックミンスターフラーレンは自然界に存在する三つめの炭素の同素体だが、発見されたのは一九八五年のことだ。科学者が「バッキーボール」という遊び心のあるニックネームを付けたこの新たな物質は、六〇個の炭素原子が両隣と結びつき、サッカーボールのような幾何学的球体を形づくっている。バッキーボールの発見は一九九六年にロバート・カール、ハロルド・クロトー、リチャード・スモーリーにノーベル賞をもたらし、その後製薬、エレクトロニクス、塗料などに使われるいくつもの革新的物質の誕生につながった。[5] このバッキーボールの性質も、個別の部分（原子）ではなく、部分同士の関係性によって説明される。

　こうした事実、そして社会人になりたての頃にバックミンスター・フラーのチーフエンジニアとして働いた経験は、私にシステムへの深い理解を植えつけた。ほとんどの人はシステムを見るような教育を受けていないことを、フラーは鋭く見抜いていた。そして専門化の傾向が一段と強まるなかで、システムがどのように機能するか理解する能力が脅かされていると考えていた。それに加えて学校では、問題をいくつかの部分に分解するよう教えられる。それによってさまざまな知識分野にフォーカスし、前進することが可能になるが、反対により大きなパターンや関係性が見えなくなってしまう。伝統的なマネジメントシステムも同じように仕事を分解し、信頼性や効率性を高める代償として協力やイノベーションを阻害する傾向があった。

　第四章で見てきたように、相互作用する複雑性と緊密な結合を特徴とするシステムは不具合を起こすリスクが高い。時間をとってシステムがどのように機能しているか考えることで、複雑な失敗の多くを回避することができる。これはまずシステムの要素の相互関係性と、そうした関係性から生まれるリスクを理解するところから始まる。事故が「いつ起きてもおかしくない」というとき、私たちはシステムで事故が起こるリスクが高いと直感的に理解している。第四章でも指摘したが、複雑な失敗には複数の原因がある。しかし私たちは単一の原因あるいは犯人を求めがちだ。システム内の要素の関係性に目を向ける習慣を身につけると、さまざまな失敗や不具合を予測し、防げるようになるし、それと同じくらい重要なこととして実際に起こった失敗から多くを学ぶことができるようになる。その多くは事前に一歩下がってシステムを検討していたら、防げたはずのものであることがわかるだろう。

あなたの一二歳の息子が、すでに加入している地元の野球チームに加えて、広域で活動する強豪チームに入りたいと言ってきたとしよう。楽しそうだし、息子の野球のスキルも向上し、大好きな野球をできる時間も増えそうだ。それは当然「イエス」と言いたいところだが、ちょっと待った。まずひと呼吸おいて、その決定が息子の生活、息子の兄妹の生活、そして家族の他の活動といったさまざまな要素にどんな影響を与えるか考えてみよう。野球に費やす時間が増えるとすれば、それは他のどこから来るのか。おそらく宿題に充てる時間は減り、それは長期的に勉強習慣や学業成績にも悪影響を与えるかもしれない。試合は週に数回、夜間に予定されているので、保護者の送迎が必要になり、家族そろって夕食を囲む機会は減るだろう。強豪チームに加わればお金がかかるので、他のことに使える資金はたぶん減るだろう。他の子どもたちがやりたい活動はどうか。今、簡単に「イエス」と言ってしまうと、他の家族や将来にさまざまな影響が及ぶ。家族というシステムの一部で、ある時点で下した決定は、たいてい他の部分やその後に影響を与える。家族の営みに変化を与えそうなあらゆる可能性に「ノー」と言うべきだと言っているわけではない。最も重要な相互関連性を診断し、思慮深く「イエス」か「ノー」かを判断することが重要だ。こういうときは次の二つの問いを投げかけるというシンプルな行動が役に立つ。①これによって影響を受けるのは誰か、そして何か、②今、これをすることで後になってどんな影響が出そうか。

　システムを見るようになると、すなわち構成要素同士のつながりを見るようになると、みなさんの生活におけるもっとも重要なシステムや組織に変更を加え、不要な失敗を減らし、イノベーション、効率性、安全性など好ましい結果を増やすことができるようになる。映画『Ｒｕｓｔ』の撮影現場でのいい加減な銃器管理を思い出してほしい。もっとまっとうな管理システムがあり、それに加えて実弾を撮影現場から排除するためのチェックを繰り返し行っていたら悲劇は防げたはずだ。

　システム認識はみなさんの職場あるいはプライベートで何かがうまくいかなかったとき、落ち込みすぎないようにするのにも役立つ。システムがはっきりと見えるようになったら、ほとんどの失敗はあなただけに責任があるわけではないことがわかるだろう。自分がかかわった部分については責任を感じ、次はもっとうまくやろうと考えてもいいが、すべて自分のせいだという妄想で苦しまなくていい。

　システムデザインの目的は失敗を防ぐことだけではない。同じくらい重要なのが、特定の目的を達成するようにシステムを思慮深くデザインする機会を活かすことだ。本章の後段ではスリーエムが単にイノベーションをゴールに掲げ、それが増えることを期待するだけでなく、具体的にイノベーションを促すためのシステムを設計した例を見ていく。本章だけでシステム思考、システムダイナミクス、エコロジカルシステム、家族システム、組織システムといった領域すべてを網羅することはできない。[6]上手に失敗する技術におけるシステム認識の役割に絞って具体的に説明するつもりだ。一歩下がって広い視野でモノを見る能力、自分の関心事がより大きなシステムの一部かもしれないことを見きわめる能力は、練習によって身につけることができる。だがまずは世界中のビジネススクールで学生たちにシステムの驚くようなダイナミクスを示し、システム思考を身につけさせるために使われている古典的エクササイズをやってみよう。

システムを体験する

室内のあちこちで、いらだったような声があがる。ハーバード・ビジネススクールの学生たちが四人一組になり、二〇組ほどがそれぞれ長テーブルに並んでいる。「ビールゲーム」[7]という古典的なエクササイズに参加しているのだ。予想もしなかったような自らのばかげた失敗に呆れて、声をあげて笑っている者たちもいる。実際にビールを飲むわけではないが、一九六〇年代後半にMITのジェイ・フォレスター教授が開発したこのゲームは、今もマネジメント教育でよく使われる。私がアップルコンピュータのマネージャーたちを相手に初めてこのエクササイズを行ったのは一九八〇年代末のことで、その一〇年後にハーバード・ビジネススクールの一年生向け授業に持ち込んだ。当初はペン、紙、図柄の印刷されたテーブルクロス、ポーカーチップを使っていたこのシミュレーション・ゲームは、システムを見ること、放っておくと個々の構成要素に注目してしまう視点を広げ、要素同士の関係によって想定外の結果が生まれる様子を理解することを目的とする。

各チームにはそれぞれの学生が務める四つの役割がある。ビールのサプライチェーンのプレーヤー、すなわち工場、販売代理店、問屋、そして小売店である。小売店は問屋に、問屋は販売代理店に、販売代理店は工場にビールを発注する。小売店役の学生の脇にはカードの束が置かれ、めくると各「週」（シミュレーションの一ラウンドにあたる）に「消費者」が購入を希望するビールの量が書かれている。それぞれの学生は各ラウンド（シミュレーションは五〇週分続く）の自分の在庫と発注量、そしてパフォーマンスを追跡するため経済的コストをエクセルシートに記入する。各チームの四人のプレーヤーは（発注と納品を除いて）互いに会話はしないが、お互いの在庫は見ることができる。チームの最終スコアは全員のコストの合計で決まる。シミュレーションのあいだ、学生が行う意思決定は各ラウンドで発注するビールの量だけだ。

他に意思決定をともなうタスクはない。問屋、販売代理店、工場役の学生たちは（川下の顧客から）入ってきた注文に応じて、要求された量のビールをサプライチェーンに流す。注文をしてから商品が届くまでには三週間かかる。十分な在庫がなければ、サプライヤーはあるだけ出荷し、不足分（在庫切れと呼ばれる）を在庫に記録する。ビール一ケースを一週間在庫として抱えるコストは五〇セントだが、在庫切れのコストはその二倍、つまり週一ドルかかる。このコスト構造は、その場でお金を払おうとしている顧客に商品を提供できなかった企業が被るマイナスの影響をシミュレートしている。たいてい顧客は別の会社に行ってしまう。たいていの企業は売り逃しするよりは、多少余分な在庫を抱えるコストを引き受ける。だからこのゲームに組み込まれたインセンティブ構造は合理的なわけだ。サプライヤーから納品を受けたら、出荷が遅れた分を顧客に発送できる。

では、学生たちのいらだちの原因は何か。

ゲームを始めて数ラウンド経った頃、全員が川下の顧客の発注パターンの極端な変動に直面する。まず全員が在庫不足に、その後は在庫過剰に陥り、最後にまた在庫不足になる。発注と在庫の見事な「正弦波」だ。シミュレーションを始めたばかりの頃、発注量は急速に増えていくように見える。国民の祝日か何かで週末にビールの消費量が増えたのかな、と学生たちは考える。予想外の売り逃しに直面した彼らは、翌週と翌々週にはさらに発注量を増やすことにする。そこでようやくビールが納品されはじめるが、まもなく販売量をはるかに上回る在庫を抱えることになる。学生たちはエクセルシートト上で膨れ上がる在庫コストの重みにうめき声をあげる。

経営学者が「鞭《むち》効果」[8]と呼ぶ、この需要の極端な歪みはシステムデザインの産物だ。小売店から遠ざかるほど、歪みは大きくなる。最も変動が大きくなるのは、小売店からサプライチェーンで三段階離れた工場だ。小売店の受ける変動は比較的小さいが、それでも必要以上に大きい。シミュレーションが続くなかで、学生たちは積みあがったコストにうめき声（そして笑い声）をあげつづけることになる。

こうした手痛い在庫管理の失敗の原因はどこにあるのか。端的に言えば、システムである。一人ひとりはコストを最小限に抑えるため、毎週毎週自分にとって合理的と思える判断を下す。そこまでは問題ない。だがこうしたローカル（局所的）には合理的な個別の判断が組み合わさると、ゲームのサプライチェーンに見られるようにムダなコストが莫大な金額に膨れ上がる。現実にはこうした需要変動はレイオフ、ときには会社の倒産につながるなど、人々の暮らしを大混乱に陥れる。

フォレスターが生み出し、ピーター・センゲが著書『学習する組織：システム思考で未来を創造する』[9]で紹介して有名になったビールゲームは、かなりシンプルなシステムで成り立っている。サプライチェーンには四つの主体しか存在せず、つながりは単純な売買関係だけだ。現実のサプライチェーンには一つの工場につき複数の販売代理店、何十という問屋、何百あるいは何千という小売店が存在するだろう。それははるかに複雑なシステムで、世界的なコロナウイルス・パンデミックが示したように途方もない歪みを引き起こす。しかもビールゲームのプレーヤーは毎「週」、発注量というたった一つの意思決定しかしない。このシンプルさにかかわらず、あるいはこのシンプルさゆえに、それぞれの合理的意思決定が組み合わさると好ましからざるダイナミクスが生まれる様子がよくわかる。

ビールゲームでは三つの具体的特徴が重なり、システムの失敗を引き起こしている。一つめは在庫切れより在庫を抱えることを促すシンプルなコスト構造で、それが学生たちに緩衝在庫、すなわち顧客の前週の需要をわずかに上回る量を発注するよう仕向ける。二つめが発注してからサプライヤーから納品されるまでのタイムラグで、これは必要な在庫をじりじりと待っているプレーヤーに翌週は少し多めに発注させる要因となる。三つめがシミュレーションの四週目に、小売店の顧客からの注文が一度だけ増えることだ。それが小さなショックとなって在庫切れの不安に火をつけ、さらなる過剰発注を促す。

しかしシステムが破綻した本当の原因は、プレーヤーがシステムのなかの自分の領域だけを最適化しようとし、一歩下がって自分の行動が他の人々にどんな影響を与えるか考えなかったことだ。学生たちはパフォーマンスはチームの合計点で決まると知らされていたものの、全員が強固な思い込みを抱いていた。「全員が自分のパフォーマンスを最適化すれば、チームも最適化されるだろう」と。

残念ながら、このロジックは誤っている。一人ひとりの行動はシステム内の他の人々に影響を与える。誰かが相手の在庫以上の発注をすれば、その人が在庫切れという高いペナルティを払う。チームメンバーのコストを計算するのは簡単なはずなのに、自分がサプライヤーに過大な発注をする前に一歩下がってそのコスト面の影響を考慮する学生はまれだ。「私があなたの抱えている在庫以上の量を発注すれば、あなたの会社は高いペナルティを払うことになる（しかもあなたは私のチームメイトなのだから、あなたのコストはチームのパフォーマンスに影響を与える）」と。自分自身の状況という狭い視野から一歩下がり、自分の行動がシステム全体にどんな影響を与え、ひいては自分自身にどう跳ね返ってくるかを見きわめるというのは、多くの人に生まれつき備わった性質ではない。

私は授業でビールゲームをするたびに、事後報告会として失敗の原因を説明させる。あなたたちはなぜ、こんな途方もないムダなコストを支払うことになったの？　すると即座に、小売店からビールを買う消費者たちがろくでもなくて、最初に大量のビールを買い、そのあとぴたりと購入を止め、最後にまた買ったりするからだという答えが返ってくる。小売店にビールを買いに来る顧客の注文数が書かれたカードの束に責任がある、というわけだ。そこで私は種明かしをする。小売店の顧客の注文は基本的に一定だった。一度だけ、四週目に少しばかり増えたのを除けば、退屈な消費者たちは毎週毎週、同じ量のビールしか買わなかった、と。学生たちは愕然とする。シミュレーションの工場のなかには、ピーク時には小売店で購入された量の一〇倍以上を製造したところもあった。手痛い失敗を生み出したのは、学生たち自身の意思決定だったのだ。

この段階で、学生たちはようやく私の話に真剣に耳を傾けるようになる。

ビールゲームのようなシミュレーションが効果的なのは、私たち自身の思い込みに起因する予想外の失敗に驚く機会を与えてくれるからだ。現実の縮図として、ふだんは見えないパターンを見せてくれる。長年教えてきて、システム思考を実践することで自発的にコストを最小化したチームが一つだけあった。チームのメンバーだった学生に「なぜこれほど優れた結果になったのか」と尋ねたところ、「チームのメンバーが私の希望する量を納品できないことも、売り逃しはチームの負担になることもわかっていたから」という答えが返ってきた。別にロケットサイエンスのように難しい話ではない。それでもこういうケースは珍しい。システムの関係性やダイナミクスを反映しない思い込みを抱いていると、防ぐことの可能な失敗を犯すリスクがある。

サプライチェーンはとりわけシステム破綻を起こしやすい。新型コロナウイルス・パンデミックの最中に、ある国の工場が閉鎖されて出荷が遅れたことで、遠く離れた地域で消費者がモノを買えなくなったのが良い例だ。もっと多くの会社がシステム内の他のプレーヤーの能力に基づいて意思決定をしていたら、混乱は大幅に抑えられたかもしれない。ビールゲームはシステム内の他の部分とのつながりを考慮せず、ある部分のパフォーマンスだけを最大化しようとするとどんな弊害が起こりうるかを、教室内で生き生きと見せてくれる。シミュレーションがひどい結果になった原因は顧客のとんでもない発注パターンではなく、自分たちのメンタルモデルであったことに気づくと、学生たちは姿勢を正し、よく考えるようになる。人生の他の場面でも、自分のコントロールの及ばない他人や状況のせいにしていた失敗が、実は自分に原因があったというケースはないだろうか、と。

システム思考

第三章で触れた時間割引は、私たちが将来起こる出来事の重大性や重要度を過小評価する傾向のことだ。それに加えて、立ち止まって自らの判断や行動全般の想定外の影響に思いをめぐらすのを怠る傾向があることを思えば、不用意な体重増加から気候変動までさまざまな問題の原因がどこにあるかは簡単にわかる。システム思考は万能薬ではないし、システム思考を学べばその欠如から生じる問題が魔法のように解決されるわけでもない。しかし繰り返し練習することで思考の習慣が変わり、人生のなかにシステム認識を取り入れることができる。

システム思考の実践は、「今、ここ」に自然と集中してしまう自らのレンズを、「いつか、どこか」にも広げるところから始まる。

それに役立つ二つのシンプルな問いがある。

一　この判断あるいは行動によって、他の誰か、あるいは何かが影響を受けることはあるか。

二　この判断あるいは行動によって、将来生じる可能性のある影響は他にないか。

傷口はふさぐが、傷を根本的に治すわけではないバンドエイドのような応急処置は、注意して使うべきであることは誰でもわかっている。それでも私たちは問題が再発しそうな部分、あるいは悪化するような部分とのつながりを無視したり見落としたりして、手っ取り早い解決策を選びがちだ。センゲが「弥縫策《びぼうさく》」[10]と称したワナに陥りやすいのだ。これは対応しようとした問題をかえって悪化させてしまうような近視眼的解決策であり、古典的な「システムダイナミクス」だ。

責任の一端は私たちのメンタルモデルにある。メンタルモデルとは外部世界に存在する「何か」がどのように機能するか、という直感的概念をとらえた認知的地図だ。メンタルモデルが強力なのは、それが私たちにとって当たり前のものだからだ。自分のメンタルモデルに意識的に注意を払うことはないが、それは物事がどのように機能するのかという理解の根底にあり、そうとわからないかたちで物事への反応に影響を与える。何より重要なこととして、メンタルモデルには因果関係に関する考え方が織り込まれている。それが良い、悪い、という話ではなく、ただ私たちの脳がそういう仕組みになっているということだ。メンタルモデルは私たちを取り巻く複雑で混沌とした世界を理解するのに欠かせない。そのおかげで複雑な状況に直面しても（シンプルな判断さえ下すことができずに）硬直してしまうことなく、うまく対応できるのだ。しかし立ち止まって自然な思考を問い直す習慣を身につけないかぎり、デフォルト（既定値）のメンタルモデルにはたいていシステムの影響は織り込まれていない。

私たちは因果関係を一方通行かつ一度限りのローカルなものととらえがちだ。「XをすればYになる」と。強豪野球チームに入りたいという息子の要望に「イエス」と言えば息子は喜ぶ、以上。想定される結果（Y）が別の何か（Z）の原因になりうるということまで思いが至らない。たとえば仕事のストレスをお酒で解消すれば、そのときは不安が和らぐかもしれない。だが飲みすぎればアルコール依存になり、長期的には仕事にも人生にも悪影響を及ぼし、さらにアルコール依存とストレスが深刻化するリスクもある。

職場やプライベートで、あなた自身が経験した弥縫策に心当たりがないだろうか。仕事量が増えすぎたため、今週予定されていた会議を次週に延ばす。だが次の週になってみると仕事量は少しも減っておらず、しかも延期したために会議で議論すべき問題が深刻化してしまった、など。では、そんなときはどうすればよいのか。まずプロジェクトを引き受けるシステムの容量（あなたの能力）をきちんと評価し、一番重要なものを優先し、それ以外に「ノー」と言うことがスタートとなる。そうしなければトラブルを先送りするだけだ。弥縫策がほころぶのは、（往々にして差し迫った）対応を必要とするようなトラブルが発生し、慌てて目先の症状を抑えるような策を講じるものの、長期的にそれによって問題が悪化してしまうためだ。

よくたとえに挙げられるのが、買い物中に幼い子どもが「キャンディーが欲しい」と駄々をこねたときの対応だ。一番簡単なのは（特に親がクタクタなとき）、子どもにキャンディーを買い与えることだ。だがその効果は短命で、シュガーラッシュ（甘い物を食べたあとの興奮状態）が収まると子どもはまた不機嫌になる。さらに悪いことに問題行動に報奨を与えるという先例をつくったために、以降子どもの要求がエスカレートする可能性も高まる。手っ取り早い対応策は短期的なフィードバックループ（今日シュガーラッシュが起こる）も長期的な影響（問題行動を助長する）も考慮していない。

遠い先の結果を予想する

二〇二一年一二月、クリスマス休暇がまさに始まろうとする頃、アメリカ最大のロサンゼルス港付近に五七隻のコンテナ船が所在なく停泊していた[11]。クリスマスの買い物客のニーズに応えるために積み荷を降ろし、それぞれの航路に戻っていくことができないからだ。遅れはその後も数週間にわたって続き、問題が解決に向かうまでにそれから何カ月もかかった。同年にはスエズ運河で超大型船が立ち往生したことも記憶に新しい[12]。

海運業では世界的パンデミックの最中に複雑な失敗が特に多く起きた。パンデミックに起因する人員不足などの外因性ショックによって、本来健全であったシステムが不具合をきたしたのだろうか。システム思考を実践すると、さらに考慮すべき事柄が見えてくる。

スケールメリットを最大化し、積み荷一個単位のコストを抑えるため、コンテナ船の大型化はここ数十年で確実に進んだ。一九九一年の時点で、幅と深さの面から世界で数えるほどの港しか使用できない船も多かった。水平線にボトルネックが姿を現すのも当然ではないか。タイミングが完璧に調整されなければ、多くの船が港にアクセスできなくなる。増え続ける巨大船舶を受け入れ可能な港の数が減っていたため、人員あるいは通常業務のほんのささやかなトラブルの影響も増幅されるようになった。パンデミックの最中にはミスの許容範囲は一段と狭まった。

雑誌《ワイヤード》のマイケル・ウォーターズ記者はこう書いている。「コンテナ船の大型化はあまりに急激に進んだため、多くの港が船を収容できなくなり、作業に遅れが発生した。みなさんのクリスマスプレゼントが間に合わなくなった理由はここにある。それに加えて中小の港は、サイズの問題で完全に市場から締め出されるようになっている[13]」

どうすればシステムの混乱を収められるだろうか。システム思考を省いた直線的思考から生まれたのが、次に起きた事態だ。ウォーターズの報道によると「急増する超巨大船舶を受け入れるのに十分なスペースを確保するため、大規模な拡張工事に乗り出す港も出てきた。だが安い工事ではない。ジャクソンビルは航路を深くするために四億八四〇〇万ドルを支出する。ヒューストンの港湾拡張工事は一〇億ドル近くに達する見通しだ[14]」。気の遠くなるほどカネのかかるこうした工事によって短期的に事はうまく運びそうだが、たいていそれは問題の先送りに過ぎない。それは「この判断は将来、どんな結果を引き起こすのか」というシンプルな問いと向き合っていないからだ。正しい行動をとろうと努力している有能なプロフェッショナルでさえも「いつか、どこかで」より「いま、ここ」を優先するワナに陥る。

手っ取り早い解決策に流されない

ボストン大学教授のアニタ・タッカーと私は、病院で長時間のシフトに入って何十という業務をこなす看護師たちを研究した。九カ所の病院で仕事に励む医療職の仕事ぶりを記録するため、タイムスタンプ付きで詳細なメモをとった結果、アニタは看護師らが驚くほどの頻度で（ほぼ一時間に一回）「プロセス故障」に直面していることに気づいた[15]。

プロセス故障とは看護師の職務遂行を妨げること全般を指す。たとえばベッド用寝具や薬の在庫が切れるといったことだ。看護師らは日々直面するこうしたイライラの種を明確に認識していた。ただでさえ大変な仕事なのに！　彼女たちはやりかけの仕事を終わらせるため、職場を離れる前に平均四五分の（無報酬の）残業をしていた。

私たちは看護師たちのプロセス故障に対する反応は、二つのカテゴリーに分類できることに気づいた。まず「一次的問題解決」と名づけたのは、問題の根本原因に対処することなく、ただ業務を遂行するためにとる回避策だ。たとえば夜勤の看護師が患者のベッドのシーツを交換しようとしたのに倉庫に未使用のシーツがなかった場合、他の部門からシーツを借りてくるのがそれにあたる。問題はいったん解決だ。回避策にはわずかな時間と労力しかかからない。看護師は主体的に、機転をきかせて患者の世話をしたのだ。今度は別の部門でシーツが足りなくなるかもしれないが、知ったことではない。この例からは看護師が「この行動によって他に影響を受ける人がいるのか？」と自問しなかったのは明らかだろう。

対照的に、プロセス故障の七％で、看護師らは私たちが「二次的問題解決」と名づけた行動をとっていた。たとえば上司や寝具の管理担当者にシーツの準備が足りないことを報告するといったシンプルな行動もここに含まれる。二次的問題解決は目先の問題を解決するだけでなく問題の再発も防ぐ。キャンディーが欲しいと駄々をこねる子どもに対する二次的問題解決は、たとえばやさしくもきっぱりとした態度で子どもを落ち着かせたり、おもちゃを使って気をそらせたりしつつ、決して問題行動に報奨を与えないことだ。ひと呼吸おいて、昼寝をさせるべき時間だったかもしれない（それが駄々をこねる原因かもしれない）と振り返ること、あるいは今後は昼寝の前ではなく後に買い物をすると決めることなども二次的問題解決にあたる。

多忙な看護師たちがめったに二次的問題解決の行動をとらない理由はよくわかる。だが問題の回避策は将来のプロセス故障の頻度を減らすことにつながらないため、結果として彼女たちはイライラの種に悩まされつづける。看護師たちは勤務中にあちこちで数分ずつ回避策に時間を費やすため、その平均は三〇分に及んでいた。有能な専門職の時間の膨大な無駄遣いだ。あらゆる弥縫策がそうであるように、看護師たちの回避策も「有効性の幻想」を生んでいた。問題に直面したら回避策をとり、業務を続ける。万事解決、と。

だが実際には、何も解決していない。

病院の医療サービスをシステムとして分析したところ、回避策は短期的には有効だが、長い目で見るとシステムを悪化させていた。読み間違いではない。回避策に頼ることはシステムの改善につながらないばかりか、悪化させるのだ。それがどういうことかを示すのが図7・1で、応急処置のダイナ

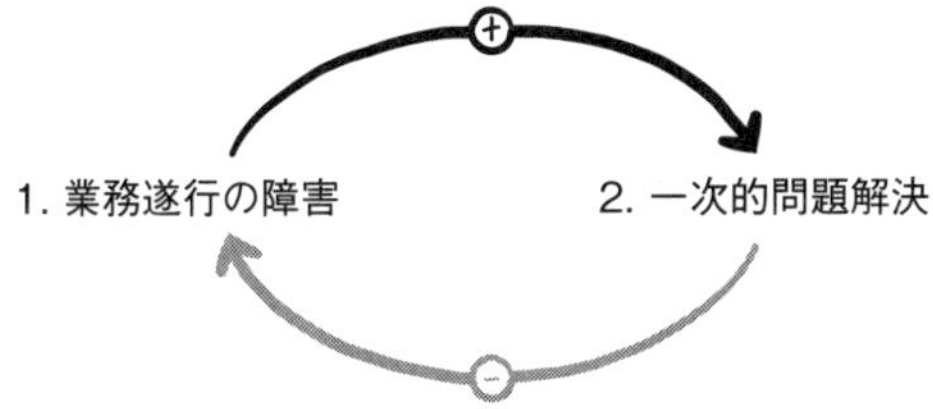

図 7.1　障害と問題解決を結びつける応急処置のバランス型ループ

ミクスと呼んでもいいだろう。

業務遂行の障害となるプロセス故障（要素1）の数が増えるほど、一次的問題解決（要素2）の数も増える。この図では私がピーター・センゲから学んだシステムを診断するときの慣例にならい、矢印上のプラス（＋）サインはシステムダイナミクスの図を構成する二つの要素の正比例の関係、すなわち一方の増加（減少）が他方の増加（減少）を招くことを示す。言葉を換えれば、二つの要素が同じ方向に動く。反対に矢印上のマイナス（－）サインは反比例、すなわち一方の増加が他方の減少につながることを示す。つまりこの灰色の矢印は、一次的問題解決が増えれば業務遂行の障害が減ることを示している。この二つの要素と二つの関係から成るシステムを、センゲをはじめとするシステムダイナミクスの研究者は「バランス型ループ[16]」と呼ぶ。一見すると、このシステムはうまく機能しているようだ。

だが一歩下がって、より広い視点からこのシステムを見てみよう。

境界を引き直す

「いま、ここ」の発想を脱却するというのは、自らの判断や行動の境界を引き直すことだ。ビールゲームでチームが成功するためには、メンバーが個人としてのコストを最小化することに拘泥《こうでい》するのではなく、チームのコストの合計を含むように境界を引き直す必要がある。息子の強豪野球チームへの加入を認めるべきかというささやかな問いは、関連するさまざまな問いを含め

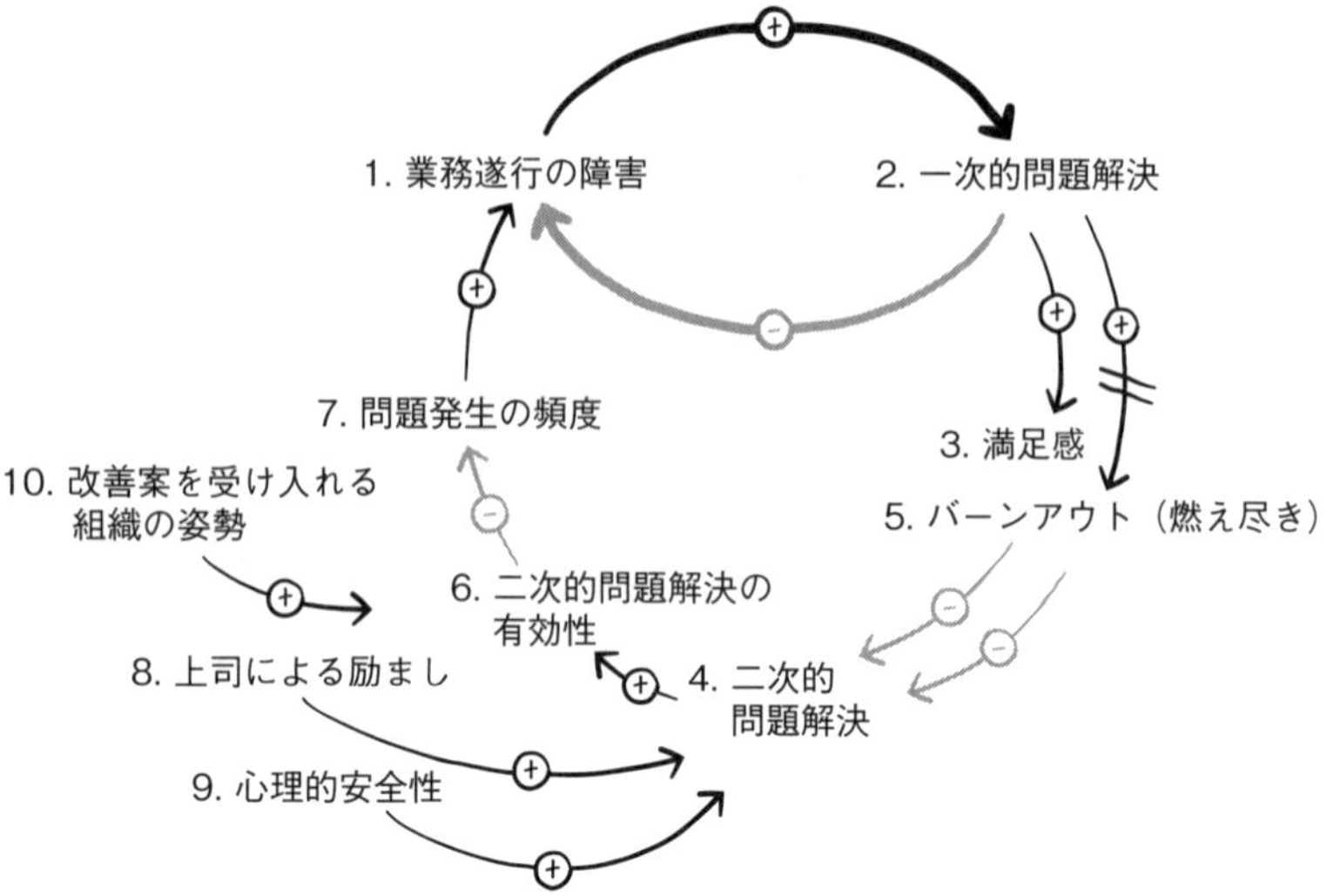

図 7.2 シンプルなシステムの境界を広げる

たもっと大きな問題の一部としてとらえることができる。息子とチームのまわりに境界を引くのではなく、家族の他のメンバー、数カ月後、あるいは数年後までの未来を、診断するシステムの中に意識的に含めるのだ。宇宙をまるごと境界の中に含める必要はない（できるわけもない）。どこまで含めるべきかは間違いなく主観的判断になる。

業務遂行の障害とその回避策にふりまわされている看護師たちが、図7．1の小さなシステムのすぐ外側にある要素にも目を向けたらどうなるだろう。長期的に作用する他のダイナミクスにもすぐ気づくはずだ。図7．2はさらに八個の要素を含めるように境界線を引き直し、最も関連性の高い要素やダイナミクスをかなり網羅した拡張版病院システムを示している。たとえば私たちがインタビューした看護師の多くは、回避策によって患者に適切なケアをしたときに「英雄気分」を味わうと語っていた。廊下の先まで必要なシーツを調達しにいったり、足りない薬を取りに調剤部まで足を運んだりしたとき、看護師たちは自らの業務遂行を阻んでいた数々のささやかなハードルを乗り越えた満足感（要素３）を引き出していたのだ。だがこの英雄気分は二次的問題解決へのモチベーションを下げていた。それは満足感と二次的問題解決（要素４）を結ぶマイナスの矢印によって示されている。

さらに問題なのは、回避策に時間と労力を費やす看護師たちは、時間が経つにつれて（要素間の矢印に斜線が二本入っているのは、効果が遅れて出ることを意味している）バーンアウト（要素５）してしまう。それによって二次的問題解決に取り組む余力はさらに削られ、プロセス故障は相変わらず発生しつづける（要素７）。システム思考を実践することで、最初の二つの要素間に見られた均衡は幻だったとわかる。[17]短期的には安定しているようだが、時間が経つにつれて（またシステムの他の部分では）事態が悪化していく。

このような問題の多いシステムダイナミクスを踏まえて、看護師（あるいは看護師長）は何をすべきだろうか。

目的達成の方策を見つける

問題がキャンディーが欲しいと駄々をこねる子どもの場合、目的達成の方策とは昼寝の時間を規則正しくするなど、子どもに健康的で好ましい行動を促すようなポジティブな誘導やしつけの方法を指す。それは子どもが癇癪《かんしゃく》を起こしたその場で実践するものではなく、子育てというより大きなシステムのなかで行うものだ。だからシステムの境界を引き直すところから始めよう。問題が起きたときにただ反応するのではなく、一歩下がって「いま、ここ」で有効と思われる判断が遠い先に引き起こすかもしれない影響に思いを馳《は》せるのだ。

同じ考え方に基づいて、多くの人を悩ませるストレスの問題に対処するならば、どうすべきだろうか。一次的解決方法はお酒を飲んでリラックスすることかもしれないが、境界を広げると、運動をすることでストレスを和らげるとともに長期的な健康を増進することが目的達成の方法であることに気づくかもしれない。システムの境界を広げて新しい要素（運動）を取り込むことで、弥縫策が生み出す悪化のダイナミクス（アルコール依存症）を止めるのだ。

図7.2の左側には悪化のダイナミクスを変え、システムを改善に向かわせる二次的問題解決を促す三つの要素が書かれている。上司が看護師たちに問題の再発を防ぐために追加的努力をするよう励まし、報奨を与える（要素8）のは、プロセス故障を減らす二次的問題解決を増やす一つの方法だ。二つめが看護師らが問題について声をあげたり、解決のためのアイデアを出したりしやすいような心理的に安全な職場づくり（要素9）だ。三つめは組織の改善案を受け入れる姿勢（要素10）で、それによって従業員は改善案を出しやすくなる。

システムを改善するための方策は、当初システムと思われていたもの、すなわち業務遂行の障害と典型的な看護師たちの反応という関係性の外側にあった。システムの境界を意識的に引き直すことで、重要な結果に影響を与える他の要素を見つけることができる。探しているのは好ましくない結果を引き起こす要素と、そうした結果を変えるのに役立つ要素の両方だ。

当然ながら、手っ取り早い回避策の魅力に抗うのは難しい。超大型船舶という魔神をランプに戻すのはもっと難しい。しかしほんのわずかな予測（「大型船を建造すれば目先は儲かるかもしれないが、使用できる港が限られる結果、洋上の渋滞や遅延などが増えるので、最終的にはコストや顧客の不満の増加につながるのではないか」）を自らに課すことで、システムのデザインをどうすればもっと思慮深いものにできるかに目が向く。たとえば台頭する「グリーン海運業ムーブメント[18]」は炭素排出ゼロの海上航路をつくることで温室効果ガス排出を減らそうとする試みだが、そこには港湾や巨大船がシステムデザイン見直しの要素として組み込まれている。そしてシステムデザインは「何を達成しようとしているのか」を明確にするところから始まる。

システムをデザインする

私と同じように、みなさんも非生産的行動を奨励するようなインセンティブが設定された組織に少なくとも一度は身を置いたことがあるのではないか。たとえば私が数年前に仕事をした製薬会社は、社員のチームワークの改善に努めていた。製薬のような知識集約型産業では、幅広い分野の専門家が力を合わせてイノベーションを生み出さなければ成功できないことを、経営陣はよくわかっていた。社員同士が協力しやすい組織をつくりたい、というリーダーたちの願いは本物だった。しかし同社の業績考課システムは管理職に、社員を最優秀から最下位までランク付けするよう求めていた。長年見直されずに放置されてきた、協力をぶち壊しにする仕組みである。

この手のミスマッチは珍しくない。複雑な組織システムの一部である専門家たちがデザインするマネジメントの仕組みは、彼らにとっては合理的なロジックを反映している。だがそれはシステムの別の部分で想定外の影響を引き起こし、せっかくの計画が台無しになる。たとえばある小売業が週の半ばにも買い物客を集めようと、それまで来店客の多い金曜日に実施していた特別セールを水曜日に移すことにしたとする。本社ではすばらしいアイデアに思えるかもしれない。だが店長たちは店員のシフトを金曜日から水曜日に移さなければならない。それは従業員に生活パターンの変更を強い、欠勤や退職が増えることにつながる。[19]

長年にわたる調査・研究の結果、私自身は常にシステム思考を実践するようになり、家族もその恩恵を大いに享受している……と言えればよいのだが、残念ながら私も「いま、ここ」のワナにはまることが多い。一例が息子に強豪野球チームに入りたいと言われたとき、安易に「イエス」と答えてしまったことだ。（よくあることだが）子どもを喜ばせたいというインセンティブが働いたのだろう。だが数カ月後に家族の生活はどうなったか。私は毎晩のように、何時間もベンチに座ったままの長男の姿を見守りつづけ、その間次男は外野席を走り回って遊んでいた。家族そろって夕食をとれなくなったこと、宿題をする時間が足りないこと、試合会場までの長時間ドライブなど、全員が不満をためていた。息子たちは野球が大好きだったが、野球が私たちの生活を支配するようになり、家族というシステムにおいてあまりに大きな地位を占めるようになった。幸い、このささやかなシステムの不具合は一シーズンで終わった。

システム思考はシステムデザインの改善に役立つ。組織においても家族においても、さまざまな要素が質の高さ、安全性、イノベーションといった優先事項を後押しするようなシステムをデザインすることは可能だ。それぞれの分野における最高のシステムを見ていこう。

イノベーションを促すシステム

接着剤の失敗作が大ヒット商品に転じる可能性を、どうすれば高められるだろうか。好奇心旺盛なリスクテイカーたちを引き合わせるシステムをつくる。境界の拡大を奨励し、歓迎する。社員に余分なリソースや時間を与える。賢い失敗を当たり前のものとして受け入れ、方向転換を容認する。会社の売り上げ（あるいは学校のカリキュラム、家族の活動）の相当部分を新しい商品（あるいは講座、エクスペリエンス）が占めるようにしたいと宣言する。優れたイノベーションは孤独な天才が生み出すものではない。そして重要なのは、これら定番的なイノベーションの構成要素は互いに強化しあうという側面だ。全体は部分の総和より大きくなる。

シルバーが航空機用接着剤の開発に失敗した数年後、アーサー・フライというスリーエムの別の科学者が会社所有のゴルフコース「タータンパーク」をラウンドしていた。読み間違いではない。当時のスリーエムは社員用のゴルフコースを所有していた。それは従業員同士の交流や、行き詰まったときの散歩、あるいは単に新鮮な空気を吸うことを奨励するためのシステムの一要素だった。フライは他の社員がどんな仕事をしているのか、いつも興味を持っており、また新製品開発に携わりたいという意欲もあったので、よくタータンパークに顔を出した。そして外歩きや新しい出会いを楽しんだ。この日二番ホールに差し掛かったところで、フライは同伴者と何気ない会話を交わした。

「スペンサー・シルバーって男がいるんだがね」と同伴者は語り出した。そしてシルバーが発見した風変わりな粘着性物質について説明した。「テクニカルフォーラム」[20]というスリーエムのイノベーションシステムのもう一つの構成要素がなければ、話はここで終わったかもしれない。社内で生まれたアイデアや発見を共有するためのレクチャーシリーズだ。フライはフォーラムでのシルバーの講演に足を運び、くだんの接着剤で掲示板をコーティングしようとして失敗した実験についての説明を聞いた。[21]当時シルバーはすでに別のプロジェクトに配属されていたものの、自分が発見した「アクリル酸系共重合体マイクロスフェア」には何らかの可能性があるという確信を持ち続けていた。特許まで取得したほどだ。周囲にあまりに執拗にこの接着剤を売り込むことから「ミスター・パーシステント（しつこいさん）」[22]というあだ名をつけられたほどだ。

シルバーもフライも真剣かつ楽しみながら探究する機会を大切にする、根っからの失敗実践者だった。二人とも優れた科学者だったが、イノベーションを生み出すようにデザインされたシステムの重要性も過小評価すべきではない。スリーエムのシステムには、他にはどんな要素があったのか。

最も過激（少なくとも、効率性が何より重視された当時の企業社会においては過激だった）な要素の一つが、勤務時間の一五％を失敗するかもしれないとんでもないアイデアに費やすことを技術者たちに認めていたことだ。[23] のちにグーグルやＩＤＥＯのようなシリコンバレー企業に採用されたこのルールは、科学者たちに給料を支払って実験させれば、たくさんの失敗とともに莫大な収益をもたらすひとにぎりの成功が生まれるという考えを反映していた。忍耐力さえあれば、これは経済的にペイするはずだ。言葉を換えれば、目先だけではなく将来的な会社の収益性まで含めるようにシステムの境界を広げれば、ということだ。

フライがシルバーと出会った頃のスリーエムの稼ぎ頭はテープだった。セロハンテープ、反射テープ、テレビ番組を録画するための磁気テープ、両面テープ、そして最新のヒット製品であった「スコッチ・マジックテープ」だ。

一九七四年の日曜の朝、ミネソタ州セントポールの長老派教会で礼拝中に讃美歌集を繰りながら目当ての曲を探していたフライが、シルバーの用途不明な接着剤を思い出したのはそのためかもしれない。毎週水曜日夜の聖歌隊のリハーサルの際、フライは讃美歌集に小さな紙片を挟み、礼拝のときに歌う曲をすぐに開けるようにしていた。だが日曜日に讃美歌集を開くと、紙片がパラパラ落ちてくることに悩まされていた。[24] この日曜日、何かピンと来るものがあった。フライはもっと便利なしおりがあれば、と思っている自分に気づいた。讃美歌集のページにひっつき、それでいてページが破れないようなしおりだ。もしかしたらシルバーの接着剤によって問題が解決できるかもしれない。[25] 台紙にくっついた付箋を作れないか、とフライは考えた。翌日出社するとマイクロスフェアのサンプルを取り寄せ、早速実験を始めた。同僚たちはこのアイデアに懐疑的だったので、[26] 自宅の地下室に実験スペースを作り、数カ月かけて付箋を製造する機械を開発した。

今日当たり前のように使われている「ポストイット」が誕生するまでに、それから六年かかった。その間にスリーエムで起きたことは「決して偶然ではなかった」と、のちに七〇歳代後半になったフライは振り返っている。[27] むしろそれは粘りづよくイノベーションを生み出そうとする姿勢を奨励するようにデザインされたシステムが、いくつもの賢い失敗をサポートした結果である、と。フライらが克服しなければならなかった障害をいくつか見ていこう。同僚や上司向けの試作品をつくるために、まずはマイクロスフェアを紙片の一端に細い幅で塗布するのに適した粘度にするという技術的ハードルがあった。だがそれに成功しても、まだ周囲は懐疑的だった。どれだけ気の利いたものであっても、現実問題としてしおりを求める顧客がどれくらいいるのだろう、と。

フライが「発想転換のひらめきの瞬間」[28]と振り返るのが、上司に報告書を提出する際、付箋にメモを書いて表紙に貼り付けたところ、上司もそれに書き込みを加えて返してきたときだ。違う場所に貼りかえることのできる付箋ならば、粘着式のしおりよりはるかに多くの人が、はるかに多様な用途に使える。

スリーエムの経営陣はフライの概念実証に納得したようで、粘着式の付箋を少量だけ生産することを承認した。ただこの希望に満ちた前進は、たちまちさらなる失敗に転じた。新たな製品をいくつかの都市で売り出したところ、消費者からの反応が芳しくなかったのだ。だがフライは、当時「プレス・アンド・ピール（押してはがす）」と命名されたこの製品は売れないと結論づけるのは早すぎると考えた。そこで再び実験をすることにした。今度は新しい顧客層、具体的にはスリーエムの従業員向けに売り込むことにしたのだ。フライは友人や同僚に一度に一組ずつ付箋を配った。そしてもっと付箋がほしければ、自分のところに来てくれと伝えた。重要なのは、顧客一人あたり付箋を何組使ったか、入念に記録をつけたことだ。フライが集めたデータからは、付箋に可能性があることが示された。

一人あたり年間最大二〇組もの付箋が使われたのだ。社内でさらにユーザビリティテストを重ねた末に（社内のあちこちに置かれた大量の付箋はすぐになくなった）、スリーエムがようやく確信をもって積極的なマーケティングキャンペーンを開始したのは一九八〇年のことだ[29]。その後の展開はご存じのとおりである。

高品質を促すシステム

基本的失敗を減らし、継続的改善を促すシステムを設計することにおいてトヨタ自動車に比肩する会社はない。トヨタが数十年にわたる試行錯誤によって進化させてきた手法を「トヨタ生産方式《システム》」と称するのももっともだ。この生産システムには個々の構成要素を足し合わせた以上の価値があるというのは、製造業の専門家の誰もが認めるところだ。

まずは「アンドン」から始めよう。工場の作業員は生産ライン上の車両にミスがあると感じたら、すぐに呼び出しボタンを押して知らせるよう求められている。トヨタ生産方式のなかで最もよく知られる要素であり、それも故あってのことだ。その象徴的意味（「私たちはみなさんの意見、とりわけ改善につながるような問題の報告を求めている」）にはシステム全体の精神が表れている。生産ライン上のいかなるミスも、それがプロセス上の他の工程に影響を及ぼす前に解決しようとする姿勢からは、トヨタがシステム効果も直感的に理解していることを示している。たった一つのささやかなミスも修正せずに放置しておくと、やがて重大な失敗に発展しかねない。アンドン・システムの起源は一九世紀に豊田佐吉が設計した、糸が切れたら安全に停止する機織《はた》り機だとされる。

トヨタ生産方式のもう一つの重要な要素が、徹底的にムダを省こうとする姿勢だ。過剰在庫もムダのひとつなので（ビールゲームを思い出そう！）、ジャストインタイム生産（顧客が必要なときに必要なものだけを生産する）はシステムの主要な柱なのだ。ジャストインタイム生産はアンドンを補完するものでもある。二つの要素を組み合わせることで、ミスを察知し、解決し、欠陥製品が生まれないようにしている。両者はともにシステムに「学習」という要素をもたらし、継続的改善（カイゼン）を可能にしている。

トヨタ自動車については数えきれないほどの記事や本が書かれてきた。本章でこのすばらしい生産システムやそれがなぜ機能するかについて、詳細に説明するつもりはない。ただ私のかつての教え子であるスティーブン・スピアとハーバードの同僚であるケント・バウエンが、トヨタ生産システムの個別の部分を結びつけ、その威力を簡潔に説明しているので引用しよう。

重要なのはトヨタ生産方式が「科学者のコミュニティ」[30]を生み出しているという事実を理解することだ。トヨタは仕様を決めるとき、常に検証すべき仮説をいくつか設定する。言葉を換えると、トヨタは科学的手法にのっとっているのだ。何かを変更する際には厳格な問題解決プロセスを適用し、そこでは詳細な現状評価と改善策が求められる。要は提案された変更を、実験を通じて検証しているわけだ。そのような科学的厳格さを欠いた変更は、場当たり的な試行錯誤と変わりなく、目隠しをしたまま人生を歩むようなものだ。

工場で「科学者のコミュニティ」をつくる。言い得て妙だ。トヨタ生産方式と、スリーエムやＩＤＥＯのイノベーションを促すために設計されたシステムの共通点は、科学者のコミュニティをつくるところにある。メンバーに科学者のような思考、すなわち好奇心を持ち、謙虚に、仮説を正しいと思い込むのではなく積極的に検証する姿勢を促すという点こそ三社の共通項だ。一方、トヨタとスリーエムの違いは実験の自由度の大きさにある。トヨタの科学者のコミュニティの目的は、好ましくないバラツキを排除し、完璧な品質を達成するように設計された生産システムを完成させることだ。そこにおいて許容される実験の範囲は、既存のプロセスを改善するものにほぼ限定される。対照的にスリーエムの科学者たちは大胆に型破りな発想をして、まだ存在すらしない有用な製品を考案することを求められている。ただどちらのシステムにおいてもカギを握るのは心理的安全性だ。

ジェームズ・ワイズマンがファストカンパニー誌の記者に語った経験談を紹介しよう。[31] 製造業でマネージャーとして相当な経験を積んだのち、一九八九年にケンタッキー州ジョージタウンのトヨタの工場に州全域で展開する広報プログラムの管理者として採用された人物だ。トヨタでの経験は、それまでワイズマンが経験してきたものとまるで違っていた。当時ケンタッキー工場の工場長を務めていたのは、のちにトヨタの会長となった張富士夫だ。トヨタの世界観についてのワイズマンの認識を根底から覆すような出来事が起きたのは、ある金曜日の上級スタッフ会議の場だったという。

この会議でワイズマンは発言の機会を与えられ、「自分のささやかな成功について報告した」という。「自分のチームが行った活動について良い話ばかりをした。多少成果を誇示したところもあった」。ここまではよくある話だ。上司のいる場で成果を誇示すること（少なくとも自分の仕事をできるだけよく見せようとすること）は、職場でのふるまいとしてごくふつうだ。誰にだって覚えがあるだろう。

だがここから話は思いがけない展開を見せる。ワイズマンはこう続けた。「二〜三分話して着席したところ、張さんがちらりと私を見た。困惑している様子だった。そしてこう言ったのだ。『ジムさん、あなたが有能なマネージャーだということはみんなわかっている。そうでなければそもそも採用していないのだから。でもぜひあなたが抱えている問題について話してほしい。そうすれば解決する

成長マインドセットがうかがえる。

ワイズマンはこのとき「雷に打たれたような」気がしたと語っている。[33]「総じてみれば成功したプロジェクトであっても、トヨタの人々は『もっと改善するためにうまくいかなかった部分を教えてほしい』ということ」に初めて気づいたのだ。ここからはキャロル・ドゥエックの画期的研究に通じる成長マインドセットがうかがえる。

この日ワイズマンが気づいたこと、すなわち「問題解決はチームスポーツであるという信念が組織に深く浸透している」のは、トヨタ生産方式の重要な要素といえる。失敗は改善の機会である。有能なプロフェッショナルはほとんどの任務をきちんと遂行するものであり、成功譚を語るのは同僚の貴重な時間をムダにすることだ。だから張氏は「困惑した」顔をしたのだ。困惑したのは期待されていた行動（みんなで協力して解決するために問題を共有する）ではなく、予想外の行動（成果の誇示）があったためだ。

私がこのエピソードを好きな理由は、ワイズマンのしたような成果の誇示は、私が研究した組織の九九％ではごくふつうの行動だからだ。私たちは上司の前では成果や良い報告を共有するように社会化されている。それなのに困惑されるなんて！　私から見るとトヨタ生産方式の最大の成果は、悪い報告、ヘルプの要請、問題発生など失敗を当たり前のものとしていることだ。それが科学者のコミュニティを生み出す。上手に失敗するための要諦が科学者のように思考することであるのは偶然でない。

安全や改善を促すシステムの基本的要素を理解すれば、それを日々の生活のさまざまな側面に応用するのは簡単だ。たとえば学校がある日に小さな子どもたちを時間どおりに送り出そうとすると、複雑な失敗がよく起こる。ベッドから起き上がりたくない、着て行く洋服がない、やったはずの宿題が見つからない、今日はとにかく嫌なことばかりだ、などなど。そうしたトラブルが起こると朝のストレスは高まり、スケジュールを守るのが難しくなる。だが朝のシステムを改善するようなささやかな変更を加えることで、さまざまな問題を解消することができる。

まずは一日、目覚ましを一〇分早く設定してみよう。前の晩に洋服を選んでおけば、朝に何を着ようか決める時間を減らせる。境界を大きく超えるような行動（丸一日学校をサボるなど）をとらなくても、システムをうまく機能させるのに役立つささやかな改善策をテストする機会はたくさんある。重要なのは朝のシステムのなかの変動要因（たとえば子どもが学校に対して抱いている感情、朝食にかかる時間、宿題が終わっているかどうかなど）の関係性に注目することだ。それがわかっていれば朝のスケジュールの遅れを回避するため、前の晩に宿題は終わっているのかと「アンドン」を引いてみる、朝食を十分食べられなかった場合に備えて軽食をカバンに入れておくといった手を打てる。

スリーエムがイノベーションを促すシステム、トヨタが予測可能なコンテキストにおいて品質を確保するためのシステムの代表格だとすると、変動性コンテキストにおいて基本的失敗と複雑な失敗の両方を防ぐためのシステムをデザインするにはどうすればよいのか。その答えは高度医療を提供する大病院にある。まさに変動性コンテキストの典型だ。

安全性を高めるシステム

現代の大規模病院では日々、膨大な数の医療従事者と患者をつなぐ数えきれないほどのプロセスが起きている。この複雑性と変動性が組み合わさり、膨大な数の複雑な失敗の可能性が生じる。第四章では一〇歳の少年マシューが命を落としかねない量のモルヒネを投与された事例を紹介した。そこでは術後ケアに不慣れな看護師ばかりのフロアに運ばれたこと、薬のラベルが読みにくかったことなど少なくとも七つの原因が重なり、複雑な失敗を引き起こしていた。幸い、もっとひどいことになる前に過剰投与は是正された。しかしこのコンテキストに内在するリスクを考えれば、運や英雄主義に頼るわけにはいかない。安全性を高めるシステム、言葉を換えれば学習を促すシステムをデザインしたほうがいい。学習の主眼はダメな失敗を回避しつつ、患者のケアを持続的に改善することにある。アニタと私の研究対象となった看護師たちが働いていたのは、必ずしもそのようなシステムではなかった。

二〇年ほど前、患者の安全性にかかわる先駆的研究者たちは、安全性を高めるシステムとはどのようなものかを明らかにしようと動き出した。私はその一人として患者の安全性問題に熱心に取り組み、学習を促すシステムの構築を主導したジュリアンヌ・モラスの業績に目を留めた。初めて本人に対面したのは二〇〇一年、当時モラスはミネソタ州の「ミネアポリス小児病院・クリニック」の最高執行責任者（COO）だった。穏やかかつ温厚で、意見をはっきり言うタイプのモラスは、病院で働くスタッフ全員を教育し、彼女が目標に掲げる「患者の安全一〇〇％[34]」という目標に取り組んでもらおうとたゆみなく努力していた。その後は患者の安全性ムーブメントの全国的リーダーとして知られるようになり、影響力のある報告書『被害を生まないために[35]』をとりまとめたり、患者の安全性向上のために全米患者安全財団・医療改善研究所内でルシアン・リープ研究所の立ち上げを支援したり[36]、医療施設認定合同機構で委員を一期務めるなど数々の成果を挙げた。

モラスは一九九九年にミネアポリス小児病院で働きはじめてまもなく、医療ミスに「昔ながらの医療のABC（Accuse（非難する）、Blame（責める）、Criticize（批判する）の頭文字）モデル[37]」で対応する文化が染みついていることに気づいた。文化やそれが生み出す行動を変えるため、モラスは病院運営にいくつか新しい要素を取り入れた。一つひとつはシンプルで変化を起こすには不十分なようだが、組み合わさると驚くほど学習に適したシステムを生み出した[38]。たとえばフォーラムを開き、現代の病院で医療ミスが蔓延していることについての研究を発表するといったことだ。当時アメリカの病院では毎年九万八〇〇〇人が防ぐことのできたはずのミスで命を落としていたとされる[39]。

システム思考でミスに対する考え方を変える

モラスが従業員のミスに対する考え方を変えるための講義で指摘することの一つが、医療は本質的に「複雑なミスが起こりやすいシステムである」[40]ということだ。好むと好まざるとにかかわらず、自分たちは誤りが起こるはずのシステムに身を置いていることを教えているのだ。残る問題は、患者に実害が及ぶ前にそうしたプロセス故障を迅速に正すため、声をあげられるかどうかだ。「ふつうの事故」という言葉をつくったチャールズ・ペローと同じように、モラスは本質的に危険なシステムが存在することを人々に理解させようとしたのだ。

ここから読み取るべき最も重要な点は何か。それは「責めを負うべき者がいると考えてはいけない」ということだ。医療事故を誰かが失敗した証と考える環境では、自分が責められるのではないか、恥をかくのではないかといった不安から声をあげるのは難しくなる。モラスが病院にもたらそうとしていた「システムという視点」のほうが、医療事故の現実を正確にとらえられる。モラスはスイスチーズのようなスポンジを聴衆に見せながら、ほとんどの事故は個人のミスではなく、いくつもの小さなプロセス故障が重なりあったときに起こると訴えた。

当然ながら、仕事熱心なミネアポリス小児病院の医療従事者たちは当初反発した。自分たちの病院に安全性の問題があるとは思ってもいなかったのだ。多くのメンバーがそれぞれ安全上の問題を経験したことはあったが、それは個人の問題ととらえていた。それまでこうした失敗について率直に話そうとした者はいなかった。

問いの力

どうすればスタッフは病院の失敗に気づき、受け入れるのか。モラスは「自分たちが複雑な失敗が起こりやすいシステムで働いていることがどうしてわからないの？　どうしたって失敗は起こるのよ！」などと畳みかけることはしなかった。代わりに全員にその週の患者とのかかわりを振り返ってもらい、それから「万事みなさんが『こうあってほしい』と思うとおりに安全に運びましたか？」と尋ねたのだ[41]。高い理想を示す問いによって、堰が切れたように対話が始まった。ほとんどのスタッフはモラスのいう「何かがうまくいかなかった医療的状況[42]」を経験しており、自分たちが気づいたさまざまな問題を振り返ったことで、何が起きたか、どうすれば改善できるのか、積極的に話し合おうとするようになった。

モラスはこの取り組みを進めるため、「患者の安全性運営委員会[43]」を立ち上げた。委員会はモラスが構築したシステムの中核となる要素で、病院全体からあらゆる意見を吸い上げるため、さまざまな部門と階層からチームメンバーを集めた。もう一つの新たな要素が、ミスについて声をあげやすくするための「責められない通報制度」だ。安全性を真剣に考える企業や家族が同じようなルールを設けていることは第三章でも述べたとおりだ。新たな制度とともに、組織階層のどこに属するスタッフでも懲罰を恐れず匿名で意見を言えるようにする新しいツールや手続きも整備された。航空業界で起きたのと同じように、これはスタッフが声をあげやすくするだけでなく、病院がシステムの弱点について、また失敗が起こる可能性が高い場所について情報を集めるのに役立った。通報を記述形式にしたことで、単一でなく複数の原因を特定できるようにもなった。

言葉遣いを変える

患者の安全性を高めるためのシステムのもう一つの要素は「用語集」[44]だ。責めるマインドセットから学ぶマインドセットへの転換を促すように考案された言葉遣いである。たとえばスタッフを守りの姿勢に入らせてしまう「調査」という言葉の代わりに「検討」を使うようにした。さらにもう一つの新たな要素は「集中的事象検討会」で、事故が発生した直後に少数の関係者が集まり、すべての原因を突き止めるためのミーティングを開くようにした。検討会の成果は同じようなミスの発生を防ぐためのプロセスの改善につながることが多かった。つまり二次的問題解決に役立ったのだ。検討会が成果を発揮した理由を深掘りしてみると、率直なやりとりを促し、透明性を確保するための明確な規範や基本原則が定められていたことがわかる。モデレーター（進行役）は心理的安全性の研修を受け、参加者の誰かが居心地の悪さを感じていないか、反対意見を言うのを躊躇《ちゅうちょ》していないか目を光らせた。集中的事象検討会は明らかになった事柄を文書としてまとめ、関係者の匿名性を守りつつ教訓を組織全体に共有した。

シナジー

こうした要素を単に並べただけでは、それらが組み合わさったときの威力は伝わらない。「用語集」は「声をあげた者を責めない通報制度」によって醸成された、ミスを積極的に報告しようとする姿勢をさらに強める。ミスが当たり前であるという教育と医療事故へのシステム思考が組み合わさることで、恥の意識や責任追及などが抑制される。全体は部分を足し合わせたより大きくなる。学習を促すシステムが新たに自らを強化するような要素を生み出しはじめたら、システムのデザインがうまくいった証拠だ。ミネアポリス小児病院ではまさにそれが起きた。

最前線で働く看護師たちが考案した二つの新たな要素が、患者の安全性を高めるシステムに追加されたのだ。「安全行動チーム」と「ナイスキャッチ・ログ」だ。[45]安全行動チームは臨床現場での潜在的ハザード（危険）を特定し、減らす方法を話し合うために、看護師たちが自発的に組織したグループだ。まさに二次的問題解決である。ナイスキャッチ・ログはニアミスを大切にする仕組みだった。ニアミスをきちんと記録することで、看護師たちはプロセス改善の新たな機会を見つけていったのだ。

社員の賢い失敗をサポートし、製品のイノベーションを促したスリーエムのシステムのように、また品質改善が当たり前に行われるようにしたトヨタのシステムのように、ミネアポリス小児病院は組織の全員を患者の安全性に積極的に貢献させる、強力な学習システムを構築した。モラスの取り組みはシステムデザインとは単に組織にやってきてスイッチを入れるという話ではないことをよく示している。重要なのはいくつものスイッチを入れ、それらがシステムとしてどう機能するかを理解することだ。

私は今もマイク・ロベルトとアニタ・タッカーとともに二〇〇一年に書いたケーススタディをハーバード・ビジネススクールで教えているが、企業幹部向けコースでもMBAコースでも、学生たちが最初はシステムが全体としてどう機能するかを理解するのに手こずることに驚かされる。彼らはたいがい部分を列挙して、一つひとつが良いか悪いか分析していく。木を見て森を見ず、だ。だがビールゲームのときと同じように、「わかった！」という瞬間が訪れ、全体は部分を足し合わせたよりも大きいことに気づく。それは胸の躍る、目から鱗の落ちるような経験だ。

上手に失敗するためにシステムを理解する

システムのダイナミクスを理解するのは、上手に失敗する技術を実践するための三つめの能力だ。

自己認識、状況認識ときて、最後がシステム認識である。システム認識を習得する第一歩は、部分に集中しようとする人間の自然な習性に抗い、全体を見るよう自らを訓練することだ。重要なのはたとえわずかな間でも視野を広げ、境界を引き直し、より大きな全体像とそれを構成する要素同士の関係性に目を向けることだ。

今日の教育や職場経験のほとんどは、部分を分析し、その道のプロになることを促す一方、部分と部分の関係性に目を向ける意義を過小評価している。だがシステムに目を向け、理解し、その知識を使って防ぐことのできる失敗を減らす姿勢は学習することができる。

システムを理解することは、身の回りで起きるすべての失敗の全責任が自分にあるわけではない、と気づくのにも役立つことを忘れてはいけない。失敗に対する自分の責任を気にしなくていいという話ではなく、自分がより大きなシステムの一部であり、それを構成する複雑な関係性のなかには自分の予測やコントロールの及ばないものがあると気づくことができる。この気づきは、近年の患者の安全性向上ムーブメントで重要な役割を果たしてきた。とりわけ医療従事者がミスが起きたとき、あるいは何かがおかしいと思ったときにすぐに声をあげるようにするのに役立ってきた。システム思考は私たちに、品質、安全性、あるいはイノベーションといった組織の目標を実現するのに役立つシステムをデザインする力を与えてくれる。

システム思考もシステムデザインも、単純でわかりやすいスキルではない。システムには無限の複雑性がつきまとう。システムの境界の引き方には常に別の選択肢がある。どの部分が自分にかかわるのかというのは主観的判断であり、境界を決めるのは本質的にクリエイティブな作業だ。たとえば息子に強豪野球チームに入りたいと言われたとき、私は息子と彼のその時点の希望だけでなく、家族全員のその先数カ月の生活まで含めるように境界を引くこともできた。あるいはさらに範囲を広げ、同じ町に住むすべての少年たち、あるいは（無茶な話だが）息子の人生全体までを含めるように境界を引くこともできた。まさに主観の問題だ。重要なのはシステムの境界を正しく認識することではなく、より慎重な意思決定をするためにシステム思考を実践することだ。正解がなくて大変だと思うかもしれないが、前向きにとらえる（「私には選択肢がある」）こともできる。どんな選択をするかによって、自らの実験と学習の機会を広げることができるのだから。

第八章　失敗しながら成功する

私にとってテニスの試合に負けることは失敗ではない。リサーチだ。

——ビリー・ジーン・キング

一七七七年にフランスのランスで生まれたバルブ・ニコル・ポンサルディン・クリコは、二七歳で突然未亡人となった。周囲は彼女が主婦および母親として静かな生活を送るものと考えた。[1]もしかすると再婚するかもしれない。当時女性は不動産を所有するどころか家の財産に関する決定を下すことさえ許されていなかったが、バルブ・ニコルは夫を失うという悲劇の結果、まったく違う状況に置かれることになった。実は未亡人になった女性には男性が享受していた経済的自由の大半が付与されたのだ。未亡人（フランス語で「ヴーヴ」）には亡き夫の思い出を胸に、たとえばシャンパーニュ地方の白亜土を活かしたワイン事業という共通の夢を追い続けることも許された。未亡人なら事業を経営し、新しいアイデアに挑戦し、失敗し、ことによると成功することも可能だった。

富裕な一族に生まれたバルブ・ニコルは、周囲から見目麗しい魅力的な女性とは見なされておらず、本人も華美なドレスや社交の場は好きではなかった。当時インスタグラムが存在していたら、彼女自身の凡庸なルックスより近隣のワイナリーの写真のほうがより多くの「いいね！」を集めただろう。二一歳のときに両親が見つけてきた縁談相手で、同じランスの富裕な商家の跡継ぎであったフランソワ・クリコと結婚した。

二人は良いコンビで、それから六年間、リスクの高いワイン事業に参入しようと、ともに研究と試行錯誤を続けた。フランス北東部のシャンパーニュ地方は白ワインで有名だったが、ロシアを中心にヨーロッパ全域で泡入りワインの人気が高まっていた。フランソワの一族は本業の銀行業と織物貿易を補完する事業として、ブドウ畑をいくつか所有し、ワインの流通を手掛けていた。フランソワはワイン事業を拡大するため、ドイツやスイスなどに何カ月も出張した。新参者として新規取引先を開拓し、なんとか市場に食い込もうとしていたのだ。しかしシャンパンはなかなか売れなかった。顧客は値段の高いシャンパンを購入できる比較的少数の貴族に限られており、有力なワイン醸造所との競争も激しかった。最初の何度かの出張では、思うような成果は得られなかった。

天候もあてにならなかった。フランソワとバルブ・ニコルがようやくそれなりの量を受注できるようになったころ、雨の降らない非常に暑い夏が何年か続き、ブドウの木は枯れてしまった。ブドウの栽培と収穫、さらにはワイン製造、瓶詰め、出荷など一つひとつの段階に失敗の種が山ほど潜んでいた。それでもクリコ夫妻は諦めなかった。二人の意志は固かったのだ。グリットがあった、と言ってもよいだろう。二人は地元のブドウ畑や小規模な地主をまわったり、石造りの貯蔵室を訪ねてあれこれ計測したり、テイスティングをしたり、学習を続けた。信頼できるセールスマンのルイ・ボーネと出会い、採用した。ボーネは一年がかりでロシアを歩き、新たな市場をなんとか攻略しようとしたが、これも計画倒れに終わった。この夏は雨が多すぎてブドウ畑はぬかるみ、またしても収穫量は少なかった。事業を始めて六年が過ぎたが、見るべき成果はあがっていなかった。

そんななか一八〇五年一〇月、フランソワが感染性の熱病にかかり、わずか一二日後に亡くなってしまう。ほどなくしてバルブ・ニコルは立ち上がったばかりのワイン事業を自ら経営するという驚くべき決定を下した。事業が倒産の瀬戸際で、フランソワの死によって成功の可能性がかつてないほど低くなったことなど問題ではない、とばかりに。ただバルブ・ニコルは直感的に状況認識を実践した。自分は不確実性が高く、それゆえに失敗の可能性が高い状況に直面しているが、リスクは管理できるレベルである、と。クリコ一族には賭けをするだけの資金力があった。あとはバルブ・ニコルがその一部をワイン事業に振り向けるように義父を説得できるかだ。両家の財政は何世代にもわたって銀行業と毛織物貿易の収益に支えられてきたが、シャンパンの可能性を追求するというバルブ・ニコルの意志は固かった。おそらくバルブ・ニコルはとびきり聡明で有能に見えたのだろう。自分が相続する予定の遺産を担保に今日の価値で一億ドル相当の資金を貸してほしいと頼んだところ、相当な事業リスクがあったにもかかわらず義父のフィリップは了承したからだ。ただ一つ、条件を付けた。

ワインメーカーのアレクサンドル・ジェローム・フルノーに弟子入りし、四年間にわたって技術や商売の機微を学ばなければならない、とフィリップ・クリコは主張した。不確実性に満ちた新たな領域に参入しようとしていたバルブ・ニコルは、懸命に努力し、備えを固め、既存の知識や経験をできるだけ学ぶ必要があった。すでにナポレオン・ボナパルトはヨーロッパ全域を巻き込んで一二年間にわたって続くことになる戦争を始めており、事業環境は恐ろしく厳しかった。海運業や貿易には制限が課され、港湾は突然封鎖されたりした。船で海上を輸送中にデリケートなワインの瓶が爆発することもしょっちゅうだった。ある年にはアムステルダムで船が長期にわたって足止めを食らったために、クリコの在庫の三分の一（五万本以上）がダメになった。それに加えて長引く戦争の負担は大きく、比較的限られた高級ワインの顧客層は、なかなか楽しく酒を飲もうという気にはならなかった。

約束していた四年間が終わると、フルノーはバルブ・ニコルとのパートナーシップを打ち切ることにした（その後息子とともに独自にワイン事業を立ち上げ、一九三一年にピエール・テタンジュに売却している。テタンジュはブランド名を一族の姓に変更した）。数々の失敗にもかかわらず、クリコ未亡人の固い決意は揺るがなかった。誰の目から見てもバルブ・ニコルは現場主義で細部にこだわり、誰よりも早く出勤して誰よりも遅くまで働くまじめな起業家だった。一人で物思いにふける時間も趣味もなかった。一八六〇年代の最晩年、押しも押されもせぬシャンパンの大御所となったバルブ・ニコルは、ひ孫に宛てた手紙にこう書いている。「世界は常に変化しているので、私たちは明日のための商品を生み出さなければなりません。他者に先んじ、固い意志と厳格さを持ち、知性に従って生きなさい。大胆に行動しなさい[2]」。大胆に行動しなさい！　要するに「勝つためにプレーせよ」ということだ。

　創業当初の一〇年は常に倒産の瀬戸際だったが、度重なるつらい失敗のなかにもいくつかの成功はあった。一八一一年は天候に恵まれて豊作になり、しかも彗星の接近と重なった。クリコをはじめとするワインメーカーは「縁起の良い年」を記念する星の刻印をコルクに入れた。三年後の一八一四年冬にロシア軍がランスを占領したときには、貯蔵庫に保存していたワインを売ることができた。戦争が始まってからロシア市場に商品を届けることができずにいたが、逆にお客の方が店先にやってきたわけだ。味にうるさいロシア人たちは帰国後、ヴーヴ・クリコの〝アンバサダー〟としてその評判を広めた。同年四月にはついにナポレオンが王位を退いたため、ランスのロシア兵はヴーヴ・クリコの泡立つシャンパンで祝杯をあげた。

　ようやく戦争が終わり、ヨーロッパ中で人々がシャンパングラスを傾けるようになった。まもなく輸送や貿易の封鎖措置も解除されるだろう。そう読んだバルブ・ニコルは、鮮やかな先手を打った。ひそかに船をチャーターして自社の最高級シャンパン（一八一一年コメット・ビンテージ）一万本をケーニヒスベルク経由でサンクトペテルブルクに送り、ライバルを出し抜いたのだ。船着き場ではなんとかヴーヴ・クリコのシャンパンを買おうとするワイン商人同士の諍《いさか》いが起き、ルイ・ボーネの宿泊先のホテルに押し掛けて「いくらでも出す」と騒ぐ者もいた。第二便もすぐに出荷された。ロシア皇帝アレクサンドルがヴーヴ・クリコびいきを公言したこともあり、バルブ・ニコルとヴーヴ・クリコのシャンパンの知名度は一気にあがった。

当時のシャンパンづくりは難しく、コストも時間もかかった。ロシアでの奇策が成功した今、注文が殺到し、生産のスピードを上げることがバルブ・ニコルの課題となった。糖分と酵母を加えて泡を生み出す二次発酵には数カ月かかる。濁ったワインを透きとおったシャンパンにするには、酵母がブドウ液の大部分に触れるように瓶を傾けて保管しなければならない。酵母が死に、澱《おり》（発酵後の残《ざん》渣《さ》）が残ると、瓶を傾けて瓶口に澱が溜まるようにして澱抜きをする。澱抜きが済むと（当時はブランデーを使って）瓶を満タンにして、再びコルクを締めて保管する。

大量のワインを保管・熟成させる必要が生じたことを受けて、バルブ・ニコルは「ピュピトレ（譜面台）」と呼ばれる独創的な棚を考案した。ピュピトレに置いた瓶は一定の角度になり、それを回転させると澱が瓶口に集まる仕組みになっていた。この一見シンプルなイノベーションは実は革命的で、ヴーヴ・クリコの代名詞となった透きとおったシャンパンができるようになった。またその効率性の高さは、安定した品質のシャンパンを大量生産するのに不可欠だった。こうしてクリコ未亡人の商品は戦後のシャンパン市場のトップに躍り出た。

一八一五年にはヴーヴ・クリコは圧倒的成功を収めていた。一族は巨万の富を得て、一大帝国が誕生した。バルブ・ニコル・ポンサルディン・クリコには引退して安楽な生活を楽しむ機会がいくらでもあったが、粘り強く事業に打ち込み、ワイン業界有数の偉大な会社を築いた。バルブ・ニコルのイノベーションによって、今日私たちがシャンパンと聞いて思い浮かべる透きとおった泡入りワインができあがった。一九世紀初頭の数少ない起業家という集団のなかで唯一の女性だった彼女は、シャンパン産業を田舎の職人的手工業から国際的ビジネスに変貌させるうえで決定的役割を果たした。経営とワイン造りの両方に携わった。

今日ではヴーヴ・クリコのワインメーカーとしての先進性や起業家精神ばかりが注目されるが、ニコル・バルブの生涯全体に目を向けると、失敗がその旅路における欠かせない要素であったことが明らかになる。一流の失敗実践者として、バルブ・ニコルは時代のはるか先を行っていた。度重なる失敗に直面した際に彼女が見せたレジリエンスは、天候や政治情勢など自らの事業に多大な影響を与えるものの、自分のコントロールの及ばない事柄を受け入れる冷静さがあることを示している。シャンパンの品質を向上させ、事業を拡大しようとするなかで思慮深くリスクをとろうとする姿勢からは、高級ワインを製造、販売、出荷するなかで経験したさまざまな失敗について自責の念にとらわれていないことがわかる。賢い失敗の要諦を本能的に理解していたのかもしれない[3]。新たな領域で新たな機会を追求し、克服できないほど大きなリスクはとらない、と。そうだとすれば事業が成功するまで何年ものあいだ、粘り強く決然と努力を続けることができた理由も説明できる。シャンパンは祝い事に欠かせないが、充実した有意義な人生を送るためには失敗に祝杯をあげるべきだと思わせてくれる。

「失敗する生き物」であることを受け入れる

「失敗する生き物として、どうすれば成長できるのか」。優れた精神科医であったマキシー・モールツビーの口からこの言葉を私が初めて聞いたのは、三〇年前のことだ。失敗する生き物であるすべての人に考え方を変えることを教え、成功を後押ししたいというマキシーの真摯な願いを思い出すと、温かい気持ちになる。成長は、人間は失敗するという事実を受け入れるところから始まるとマキシーは言うだろう。

本来の自分を受け入れるすべを身につけると、ある種の自由が生まれる。失敗を犯すのは、私たちの本来の姿だ。自己受容は勇気ある行為と見ることもできる。自分に対して正直になるのは勇気が要ることであり、それは他者に対して正直になる第一歩だ。失敗は人生の一部なので、失敗するかどうかではなく、「いつ」「どのように」失敗するかが重要だ。

失敗する生き物として成長するには、上手に失敗する技術を学ばなければならない。基本的失敗をできるだけ多く防ぎ、複雑な失敗を予測して予防あるいは影響を緩和し、賢い失敗への意欲を高めてその頻度を高めるのだ。三つの失敗タイプを認識し、それぞれから学習する力を身につけること、そして三つの認識領域（自己認識、状況認識、システム認識）を磨くことは生涯にわたって続くプロセスだ。

私たちは失敗する自分を受け入れつつ、楽しく生きる姿勢を習得することができる。直感に反するかもしれないが、失敗は好機かもしれない。たとえば失敗によって、自分が磨くべき能力がはっきりする。また自分が本当に好きなことに気づくことができる。私が大学時代に多変数微積分学の試験で落第したのは、勉強不足が原因だった。ただそのおかげで、自分が心から愛する仕事は何か、逆に他人を喜ばせ、評価されるためにやっている仕事は何かという困難な問いと向き合わざるを得なくなった。当時はとてもそうは思えなかったが、確かに好機だった。

「失敗する自由」にも格差がある

失敗は特権と見ることもできる。ジャーナリストでコロラド大学教授のアダム・ブラッドリーは、ニューヨーク・タイムズ紙の記事にこう書いている。「白人であることの知られざる最大の特権の一つは、恐れずに失敗する自由かもしれない」[4]。マイノリティ文化に属する人の場合、個人の失敗は（とりわけそれが公になった場合に）集団全体のそれと見られやすい、とブラッドリーは説明する。あなたの個人的失敗が、あなたと同じように見えるすべての人のイメージを下げてしまうのだ。カリフォルニア大学リバーサイド校でメディアおよび文化研究を教えるジョン・ジェニングス教授はブラッドリーに「黒人男性が安全でふつう、できれば凡庸とみなされるような時代になってほしい」と語った[5]。言葉を換えれば、黒人男性が失敗する自由を手にする時代ということだ。発明家で音響技師だったジェームズ・ウエストが賢い失敗を重ねた末に、エレクトレット・マイクロフォンを含む二五〇以上の特許を取得したことはすでに述べたが、彼がアフリカ系アメリカ人であった事実を考えると、その成功はなおさら特筆に値する。科学者として勤務していたベル研究所で清掃員に間違われるような人種差別のはびこる世界で成功を収めたのだから[6]。ベル研究所などの一流研究機関で後に続く黒人たちの機会を潰さないように、ウエストはどれほどのプレッシャーを感じていただろう。

学術界の女性科学者たちにも、ささやかな失敗をする余裕はない[7]。他の女性達の機会を潰さないように、どんなときも成功しなければならないというプレッシャーにさらされやすい。ジェニファー・ヒームストラは「科学界と学術界において、誰もがあとさきのことを心配せずに自らの失敗を率直に語れる文化」を大切にしている。そして現実主義者である彼女は「学術界で高い地位にある者ほど、自らの失敗を他者と共有する責任を負う」と付け加える[8]。エモリー大学で終身在職権と自らの研究室を持つヒームストラは現在、自らの失敗をきわめてオープンに語る。だが昔からそうだったわけではない。ヒームストラにとって最もつらい失敗は、（以前の職場で）初めて終身在職権を得る機会が巡ってきた際に教授会で否決されたことだった。だがその経験は結局、拾い物だったという。この失敗によってキャリアは中断し、ヒームストラは自らを振り返らざるをえなかった。情報技術の研究者で、失敗の研究にも取り組むヴェロニカ・チェプリジナにこう語っている。

終身在職権が教授会で否決されたことは、間違いなく私の人生における最もつらい出来事だった。家族や研究グループのメンバーといった、私が最も大切に思う人たちを失望させてしまったような気がしたからだ。同じ経験をしたことがない人のために言っておくと、本当に最悪の気分だ。ただ同時に、謙虚さを学ぶ非常に良い経験にもなる。失望させたと思っていた人たちがみな、私の苦しい時期を支えてくれた。その様子を目の当たりにしたことで、私の世界観や優先順位は根底から変わった。学術界の新たな可能性を発見し、それをなんとか実現したいという思いに火が点いた。またこの経験を通じて私には怖いものがなくなった。これは私が長い間、いつか自分の身に起こるのではと恐れていた出来事だった。心底恐れていたことが突然降りかかってきたので、なんとか向き合い、先へ進むしかなかった。苦難に負けずに努力を続け、成功し、最終的にそうした状況を乗り越えたことで、自分でも思ってもみなかったほど強い人間になれたし、また他人にどう思われるかによって自分の価値が決まるわけではないことに気づいた。[9]

ヒームストラが「本当に最悪の気分」を否定したり無視したりしなかったことに注目してほしい。自分の感情を認め、言葉で表し、しばし落ち込むことを自らに許した。これは二〇一七年にノエル・ネルソン教授が率いた研究の結果と一致している。そこでは失敗について考えるより（それは自己正当化につながりやすい）、自分の感情に集中するほうが学習や改善につながりやすいことが明らかになった。[10] ヒームストラは失敗に強い関心を抱くようになり、それは大学の学部生はＳＴＥＭ（科学、技術、工学、数学）教科での失敗をどう受け止めるのか、それは科学分野でのキャリアを継続するか否かの意思決定にどう影響するかという研究に結実した。そして仲間の研究者とともに、学生たちが実験室で演習をして、価値ある発見に不可欠な正しい失敗の経験を積めるような学部生向けの研究カリキュラムをデザインした。[11]

ヒームストラがつらい経験をする何年も前、学術界に身を置く若い女性だった私も、同じ経験をすることを覚悟していた。自分はきっといつか終身在職権を否決されるだろう、という事実を敢えて直視するようにした。大学でも民間企業でも、研究者あるいは教員として生きていく機会は他にもあるはずだ、と自分に言い聞かせた。今の仕事を失っても、きっと次が見つかるだろうと自分で自分にコーチングをした。失敗への備えをすることで失敗をそれほど深刻に考えなくなった。それは来るべき失敗を恐れずに好きな仕事に集中するのに役立った。

失敗を受け入れることは、クィア（ＬＧＢＴＱＩＡ）の理論と政治活動の土台である。トランスジェンダー・メディア理論を専門とするジャック・ハルバースタムは著書『失敗のクィアアート：反乱するアニメーション』[12]のなかで、成功の尺度や意味は個人ではなくコミュニティが決めるもので、「成功」の規範は「長いものには巻かれろ」的姿勢につながると主張する。[13]一方失敗を受け入れると、世間が押しつける前提を問い直す「再発明の余地」が生まれる。[14]ハルバースタムは、社会の期待に沿うことに失敗するという経験がクィア文化の土台にあると考えるクィア思想家の一人だ。クィアの人々は長年、差別的な養子縁組法、雇用差別、暴力や偏見、さらにはエイズの流行によって、生物学的繁栄、経済的安定、健康、長寿といった人生における主な「成功」とされるものをことごとく否定されてきた。異性愛を標準とする社会の期待に沿えない以上、クィアの人々は独自の「成功」の尺度を見つけなければならない。そんな成功の中核として今重視されているのが、まず失敗したと認めることなのだ。

たとえば芸術の一形態であるドラァグクイーン・ショーは、クィアの人々の経験を称えるものだ。社会の期待に沿わないことを蔑視するのではなく、むしろ歓迎するのだ。ショーでは誇張した対比によって、社会で当たり前とされる期待を鮮やかに映し出す。それによって観衆に自分たちが異性愛文化というレンズを通して世界を見ていることを意識させ、自分は客観的に現実を見ているという甘っちょろい認識から脱却するよう促すのだ。アメリカのリアリティ番組『ル・ポールのドラァグ・レース』[15]では、男性のクイーンたちが勝ち抜きコンテストに参加し、モデルや美人コンテストの出場者になりきって女性らしさを誇張したパフォーマンスを見せる。この番組は「プライムタイムのテレビ番組」の期待値からの解放を謳《うた》い、圧倒的人気を集めている。二〇二一年一月一日にはシーズン一三の放映が始まったが、この日の放送はリアルタイムでシリーズ史上最多となる一三〇万人が視聴した。[16] NBAの二〇二〇～二一年シーズンの一試合あたり平均視聴者数一三二万人と肩を並べる水準だ。

失敗を受け入れるとは、ときに社会が失敗することを受け入れ、不当な目に遭ったときに冷静さを持って対応することを意味する。アントニー・ヒューイッシュの研究助手として働いていた時期にパルサーの発見において重大な役割を果たした天体物理学者のジョセリン・ベル・バーネルは、一九七四年にヒューイッシュがノーベル賞を受賞した際に貢献を認められなかった。数年後バーネルは、研究のスーパーバイザーはプロジェクトが失敗した場合の最終責任を負うのだから、成功した場合も同じ理屈が通るべきだろうと語っている。「私自身はこの件について腹を立ててはいない。結局のところ、私は間違いなく良い仲間に恵まれているのだから！」と。[17]バーネルの成熟と揺るがぬ自我は称賛に値する。外部からの評価という裏づけがなくても、自分の貢献が重要であったという事実を認識できるのは間違いなく知者の証だ。高潔な道が後悔につながることはまずない。

ここ数年、社会の不平等が世界各国で最も重要な論点となるなか（ようやくこの問題に正当な関心が向けられるようになったのだ）、私は多様性、公正性、包摂性（ＤＥＩ）の領域における自分の知識不足をたびたび痛感するようになった。私の後に続く心理的安全性の研究者たちは、当然のことながら心理的安全性とＤＥＩの重要なかかわりに目を留めた。ただ私自身は両者のつながりを直接研究したことはなかった。心理的安全性の醸成と帰属意識の醸成は別物だが、近年多くの研究者が両者を融合させてきた。私の見方はこうだ。心理的安全性とは「ここで意見を言っても安全だ」という意識であり、それは帰属意識を感じるうえで非常に重要だ。ただ帰属意識というのはどちらかというと個人的なものであるのに対し、心理的安全性はどちらかというと集団的なもので（研究では集団の創発的性質として概念化されている）、個人と個人が帰属したいと願う集団がともにつくり上げるものだ。

不平等の心理学、社会学、経済学の研究を進めるほど、こうした社会的失敗を正すのは途方もない企てだと思えてくる。社会として最低限、誰もが平等に賢い失敗をする自由を謳歌できる世界の実現を目指すべきだと主張したい。現在はそのような状況ではない。だがほんの数年前と比べても、社会はこの夢に向かってほんの少しずつだが前進していると私は思う。社会の異性愛を基準とするレンズを自覚することは重要な一歩だ。いずれにせよ私はこうした問題にもっと早くから取り組まなかったことを後悔している。

人は何を後悔するのか

失敗と後悔はどんな関係にあるのだろう。直感的には、人は人生最大の失敗にとらわれ、後悔しそうに思える。だが研究では、そうではないことがわかっている。ベストセラー作家のダニエル・ピンクは後悔をよく理解するため、一〇五カ国一万六〇〇〇人以上に何を後悔しているか聞いた。[18]ピンクは後悔を四つのタイプに分類しているが、その一つが「大胆さにかかわる後悔」というもので、特に数が多かった。人々は事業あるいは長年の夢のためにリスクをとる大胆さがなかったことを後悔していた。あるいは気になる人をデートに誘う勇気がなかったことを後悔していた。マイナスの事態から身を守るためにプラスの可能性にフタをした（負けないために戦った）ことについて、多くの人が大きな後悔を抱えていた。興味深いことに、人々はリスクをとって失敗したことは後悔していなかった。[19] 後悔を分析することで、良い人生の条件は何かを学ぶことができるとピンクは主張する。誰もが失敗するのと同じように、誰もが後悔を抱いている。後悔と失敗はともに人間であることの一部であり、自らを軽蔑したり責めたりするのではなく、思いやりとやさしさを持ってそれらと向き合うすべを学ぶことによってのみ、バランス感覚や充実感を抱くことができる。失敗を打ち明けることでその重荷が多少なりとも軽くなるのと同じように、後悔も打ち明けることによって痛みが和らぎ、その意味を理解できるようになる。そして一般的に、自らの弱さを打ち明ける人の好感度は下がるどころか上がる。人々は彼らの勇気を尊敬するからだ。

完璧主義に抗う

完璧主義、すなわち自らに過度に高い基準を課したり厳しく自己批判したりする傾向については、多くの研究がなされてきた。[20] ロンドン・スクール・オブ・エコノミクス（ＬＳＥ）教授のトーマス・キュランはこのテーマの専門家だ。大学生の意識調査を行い、過去二七年で「完璧であらねばならない」と感じる若者の割合が大幅に増加していることを明らかにした。キュランは私たちが自らに課す完璧さへのプレッシャーと、他者や社会全体から課せられる期待を区別する。そしてどちらのタイプのプレッシャーも、鬱《うつ》などさまざまな精神疾患につながることを突きとめた。

もう一つ問題なのは、完璧主義にとらわれていると新しいことに挑戦するのが困難になることだ。

自分が失敗するかもしれない、という状況に耐えられないからだ。そんな具合に挑戦に及び腰だと、変化の激しいこの時代についていけないリスクがある。また完璧主義者は特に燃え尽き症候群になりやすい。「挫折や失敗というのは常に起こるものだが、完璧主義者は特にそれらに敏感で傷つきやすい。なぜなら挫折や失敗は、理想の自分、あるべき自分を脅かすものだからだ[21]」

完璧主義の罠に陥ると、失敗を免れない人間として成功するのは難しくなる。組織心理学者のアダム・グラントは高校生だった一九九〇年代に、オリンピックのメダリストも指導する飛込コーチ、エリック・ベストの薫陶《くんとう》を受けた。完璧主義者を自任するグラントは二〇二二年に自らのポッドキャスト『ワークライフ』でベストと対談し、およそ完璧とは程遠い飛込選手として苦労した話をユーモア交じりに振り返った。ベストは自分が指導する選手に限らず、あらゆる人が仕事や趣味と健全につきあう方法として、完璧ではなくエクセレンス（最高）を目指すようアドバイスする[22]。「一〇点満点を目指すのではなく現実的目標、すなわち現状から合理的な努力によって達成できるようなストレッチ目標を設定すべきだ、と。理想的状態からの距離ではなく、自分がどれだけ進歩したかを評価することを覚えよう。自分ができなかったことばかりに目を向けて絶望するのではなく、自分が向上したい分野をいくつか意識的に選ぼう[23]」

完璧主義の罠がはらむ心理的危険性と、学習や発達において失敗が果たす重要な役割を理解した親は、子どもの失敗と成功の両方を前向きに受け入れるようになる。転ばずに自転車に乗れるようになる子どもはいない。親や教師は安心して失敗できるようにすることで、子どもたちに学習を促す成長マインドセットを身につけさせることができる。子どもに完璧主義の傾向があることに気づいたら、親は失敗とは恥ずかしいこと、がっかりするようなことではなく、新しい何かを学ぶうえで不可欠な要素だとリフレーミングするのを手伝ってあげよう。「転ぶのは自転車に乗れるようになるために必要なことだよ」というほうが、「あーあ、転んだから服が汚れたじゃない」というより好ましい。ブリッジを学ぼうとしていたジェフリーが、その難しさを考えれば失敗するのは当たり前だし、必要なことだとリフレーミングしたのを思い出そう。上達がもたらす満足感に意識を集中させることで、私たちは自分や大切な人々が難しいことを簡単に習得できるという見当違いの考えを抱くのを防ぐことができる。

失敗の頻度を上げる

人間は失敗する生き物であることを受け入れるべき理由として一番大切なのは、それによって私たちは解放され、より多くのリスクをとれるようになるためだ。「勝つためにプレーする」機会を増やすことができる。二〇二二年一〇月二〇日、レイ・ダリオはこうツイートした。「誰もが失敗する。あなたが成功していると思っている人も、あなたが注目している分野で成功しているだけだ。彼らも他の分野でたくさん失敗していると保証してもいい。私が最も尊敬するのは上手に失敗する人たちだ。成功する人より尊敬していると言ってもいい[24]」

私の長男ジャックは高校最後の夏休みに、太陽光パネルの訪問販売の仕事を引き受けたと報告してきた。私はすぐに不安になった。息子はどれだけ多くの拒絶を受けることになるのだろう、と。文武両道の優等生で、思慮深く内向的なジャックがそんな目に遭って耐えきれるとは思えなかった。私が心配していたのはあらゆる営業マンが経験するありきたりのお断りだけではなかった。太陽光発電は気候変動とつながりが深く、議論になりやすい問題であり、「興味ありません」といった冷淡な拒絶では済まない可能性もあった。意味のないことではあるが、保護者として子どもを失敗から守りたいと思うのは自然なことだ。だが私は間違っていた。ジャックにとっては最高の夏になったのだ。多くの客がジャックの提案に「イエス」と答え、ジャックはニューイングランド地方の何軒もの屋根を変貌させられたことにワクワクしていた。もちろんほとんどの客の答えは「ノー」だったものの、ジャックは何年も前にラリー・ウィルソンから、心の中で「二五ドルをありがとう」とつぶやくというテクニックを学んでいた。もちろん最初から敵意むき出しの客もいたが、ジャックはすぐにそれを個人攻撃としてとらえないことを学んだ。この夏を通じてジャックは「失敗筋《きん》」を鍛え、再生可能エネルギーに強い関心を抱くようになった。

失敗の頻度を高めるもう一つの方法が、新しい趣味を始めることだ。幼馴染のローラが四〇代前半でアイスホッケーを始めたと聞いたとき、私は半信半疑だった。私たちがニューヨークシティで育った頃、アイスホッケーをする「女の子」はほとんどいなかった。しかも私たちは高校時代、とりわけ運動神経が良いほうではなかった。一緒に過ごすときはたいてい宿題をやったり、直近の学校でのダンスパーティのハイライトを振り返ったりしていた。それから何十年も経って、今も私の親友であり二人の子どもの母であり、実用的なスキルもたくさん身につけてきたローラが、なぜ貴重な自由時間に重い装備を背負い、氷の上ですっころび、上手くもない活動で苦労する道を選ぶのか。衆人環視のアリーナで不器用な姿をさらすことを厭《いと》わないローラに、私は敬意を抱いた。その気持ちは今も変わらない。ローラは同じチームでずっとアイスホッケーを続けている。大人向けホッケーリーグでプレーすることが彼女の生きがいになっている。今日ローラは「ホッケー命」だと話す。

新しいスポーツ、言語などに取り組もうとするとき、うまくいかないのではないかという恐れが挑戦を困難にする（ジェフリーがブリッジを完全にやめてしまおうとしたことを思い出してほしい）。その一因は完璧主義にとらわれ、成功への非現実的な期待を抱いてしまうことだ。もう一つは多くの人は他人の前で無様な姿、無能な姿を見せたくないと思っており、新しいことを始めれば自分より上手な人に囲まれる可能性があるからだ。

趣味は失敗を練習する格好の舞台だ。趣味は楽しむものであり、何かを達成するためや生活のためではなく、新しいことを学ぶシミュレーションの場だ。つまりリスクが低いコンテキストなのだ。しかも仕事と比べて、新しい趣味でしくじるのは恥ずかしくない。何かにおいて上達する途上で、うまくいかないのはまったく問題ないのだと自分に言い聞かせよう。新しい言語あるいはスキルなど、どんなコンテキストにおいても新しいことに挑戦すると、もっとリスクが高い場面でリスクテイクをするための〝筋肉〟が鍛えられる。

方向転換を称《たた》える

「失敗を称える」というスローガンはよく聞く。だが大手製薬会社、武田薬品工業のバイスプレジデント兼グローバル・ラーニング・ソリューション責任者だったジェイク・ブリーデンと初めて会ったとき、ほとんどの企業では失敗を称えるのは依然として困難だという話になった。「誰でも自分は成熟した人間だと思いたいが、何かを失敗と指摘されるとシャットダウンしてしまう傾向がある」とジェイクは語った。「失敗は終わりを意味する。それもバッドエンドだ」。だから失敗を称えるというのは心理的に非現実的な話だというのがジェイクの結論だった。

私がインタビューをした二〇二一年一二月、ジェイクは「実際に人は失敗をどのように経験するのか」という共感に基づく新たな対応法を見つけたと意気込んでいた。それまでジェイクが働いた企業では、ほとんどのプロジェクトがさらに多くのプロジェクトにつながっていた。とりわけ失敗したプロジェクトはそうだった。「私たちは日常的に方向転換をしている」とジェイクは説明した。だから失敗を称えるより、方向転換を称えるほうが簡単だ。方向転換を称えるとは、要は次のステップに集中すること、目標に向かって前進する機会に目を向けることだ。後ろではなく前を向くことであり、そこに後悔が入り込む隙はなく、可能性しかない。

新たなコンテキストにおいては、立ち止まり、次はどこで実験をすべきか検討することがとても重要だ。目指す場所へ到達するために、最も学ぶべきことはなんだろう？　方向転換とはストーリーを変えること、と考えてもいい。「私たちは計画を立てたが失敗してしまった。教訓はこれだ」という話ではなく、変化について語るのだ。「私たちは計画を立てたが、計画どおりにことは運ばなかった。だから方向転換したのだ」と。ここでジェイクが行ったリフレーミングは、単に言い方を換えただけの話ではない。「ストーリーはこれからどこへ向かうのか」に照準を合わせている。恥の要素はなく、ドキドキ・ハラハラ感がある。

当然と言うべきか、ジェイクの提案に人々は当初反発した。「単に言葉の問題じゃないか」と。ジェイクはそれを認めつつ、「だが言葉によって意味が変わるんだ」と指摘する。「『単に言葉の問題』というのは、正しい言葉を使うことの重要性を軽く見ている。言葉遣いを換えただけで、失敗について議論する人が一気に増えたのだから！」。これは状況認識と自己認識の融合といえる。失敗とうまく向き合うためには、正しい言葉が必要なのだ。

ジェイクは武田薬品の研究開発担当プレジデントに連れられ、残念な結果が出たばかりの医薬品開発チームを訪問したときのことを振り返る。社内で最も有望とされ、多大な希望、夢、資金がつぎ込まれた薬の臨床試験で安全上問題がある可能性が示され、開発が停止されたのだ。会社の株価にも影響が出たほどだ。臨床部門責任者をはじめプロジェクトにかかわった人々とのミーティングで、ジェイクは失敗を称えるのではなく、誰かに危害が及ぶ前にリスクを迅速にキャッチできたというストーリーにフレーミングするよう心を砕いた。

この状況で私たちは何を称えるべきか。それは実際に誰かに深刻な危害が及ぶ前にこのプロジェクトを止められるように、適切なシグナルが設定されていたという事実。すべての卵を同じカゴに入れず、開発中の製品がたくさんあるという事実。今回の事案を隠し立てせずに共有しているという事実、「この治療領域に」今後もコミットしつづけるという事実だ。

プロジェクトをより良い方向に転換させるのか、あるいは自分自身を新しい役割やパートナーとの関係に向けて方向転換するのかにかかわらず、新奇性コンテキストがもたらす不確実性に対処するうえで方向転換は欠かせない。会社におけるマネージャー、家庭における両親、あるいは交際関係におけるパートナーにとって、方向転換を称えるのは「人間やプロジェクトや計画には失敗がつきものである」という認識を浸透させるのに有効な手段だ。

上手に失敗する技術をマスターする

人間は失敗する生き物であることを受け入れるのが第一ステップだとすれば、この不完全な世界で失敗しながら成長するために、他に何ができるだろうか。上手に失敗する技術は精密科学ではない。マニュアルはまだ作成中で、改訂は永遠に続くだろう。

まず新しいことをしようと意識的に困難に挑戦すると、必然的に失敗のリスクが生じる。[25] そうした経験を重ねるなかで私たちは失敗に慣れていく。リスクを取るほど失敗は減るどころかむしろ増えていく。だがそこには二つ利点がある。第一に、恥ずかしい思いをしたところで死にはしないと気づくことだ。第二に、失敗筋が鍛えられ、失敗をするたびに痛みは和らいでいくことだ。多くの失敗を経験するほど、それでも問題ないと気づく。問題ないどころか、成長できる。

そのためには日常生活に失敗にかかわる基本動作をいくつか取り入れる必要がある。たとえば何かに粘り強く取り組むこと、振り返りの時間を持つこと、責任を引き受けること、謝罪することだ。リストとしておよそ網羅的でも完璧でもないが、どれもあなたが失敗と健全な関係を築くのに役立つ習慣だ。

粘り強さ

ファックスの訪問販売員だった二七歳のサラ・ブレイクリーは、ある晩パーティに行く準備をしていたとき、パンティストッキングのくるぶしから先を切り落とし、クリーム色のズボンの下にはいてみた。ストッキングはずり上がってきてしまったものの、おかげでスタイルがよく見え、着心地も良かった。デザインに手を加えたところ、まもなく家族や友人のあいだで評判になった。こうしてサラは、体形補整効果のあるくるぶし丈のストッキングを他の女性たちにも販売してみようと思いついた。

失敗が始まったのはそこからだ。

製造業者や特許弁護士らはサラのアイデアを嘲笑したり、オフィスから追い出したりした（両方のケースもあった）[26]。そもそもサラにはファッション、事業経営、製造業の経験などひとつもなかった。たいていの人ならそこで諦めていただろう。だがサラは粘った。小学生の頃から両親に、失敗は充実した人生に欠かせない要素であり、受け入れ、歓迎すべきだと教えられてきたことを思い出したからだ。家族で夕食をとりながら、父はサラと弟に「今日は何を失敗したんだい？」とよく尋ねた[27]。そして二人が挑戦したことを褒めた。失敗しても大丈夫だと、子どもたちに教え込もうとしたのだ。

サラは一層の努力を誓った。失敗に対する健全で明るい態度に加えて、サラにはバルブ・ニコルと同じような長期的目標を追いかける粘り強さと情熱があった。二人はともにペンシルベニア大学心理学教授のアンジェラ・ダックワースが「グリット」[28]と名づけたものを持っている。サラは自分で調べて特許申請書を書き上げ、アトランタから車でノースカロライナまで出かけて靴下工場を訪ね歩いた。誰も彼女のアイデアを評価しないなか、ようやく一人、賭けてみようという工場オーナーが見つかった。

　言葉の響きをあれこれ検討した結果、社名は最終的に「スパンクス」に落ち着いた。創業当初は自ら梱包をデザインし、配送センターは自宅のバスルームだった。月日は流れ、スパンクスは水着やレギンスにも事業を拡大した。二〇一二年、フォーブス誌はサラに史上最年少の「セルフメイド《たたき上げの》・ビリオネア」[29]の称号を贈った。翌年サラは資産の半分を慈善団体に寄付すると約束した。[30]その大部分は女性の支援に使われる。

　サラ・ブレイクリーの成功において粘り強さが重要な役割を果たしたのは明らかだ。グリットに関するダックワースの研究は、長期的目標に対する粘り強さや情熱はさまざまな分野における成功を予測するのにきわめて有効であることを明らかにしている。[31]グリットは知能指数（ＩＱ）とは無関係で、才能を補完する重要な要因だ。長期間にわたって努力を続けることは成功に欠かせない。ダックワースの業績によって教育や子どもの発達といった分野でグリットへの関心は大幅に高まった。成功におけるグリットの役割を否定するのは困難だろう。しかし失敗をテーマとする本書は、粘り強さと頑固さの微妙な違いについて触れないわけにはいかない。データを見れば手を引くべきことがとっくに明らかになったアイデアにいつまでも固執し、キャリアの大事な時期を棒に振り、ときにはその分野から完全に身を引くことになった研究者たちを私は知っている。上手に失敗するとは、思い切った方向転換をすべきタイミングを心得ていることだと私は思う。事業のアイデア、研究プロジェクト、あるいはパートナーとの関係を諦め、未来に向けて新たな一歩を踏み出すべきタイミングを知っていることだ。

粘るべきか、諦めるべきか、どうすれば見きわめられるのか。粘り強く取り組むことを正当化するには、あなたが実現しようとしているがまだ実現していない目標に、時間とリソースを投資しつづける価値が本当にあるという信頼性のある根拠を見つける必要がある。あなたの頑固さが見当違いなものではなく、非現実的な夢にしがみついているのではないことを確認するためには、自分の主張をターゲット・オーディエンス（対象顧客）にぶつけて検証しなければならない。ここで重要なのは、本音を語ってくれる相手に聞きに行くことだ。ブレイクリー自身は開発中の製品に魅力を感じ、欲しいと思っていた。友人や家族が新しいデザインに夢中になる様子を目の当たりにして、その思いは強まった。初期のターゲット・オーディエンスからの熱狂的な反応は、製造を引き受けてくれる工場さえ見つければスパンクスは売れるという自信につながった。粘り強さと頑固さの微妙な境界を見きわめるうえで欠かせないことの一つが、真摯な振り返りの時間を持つことだ。

振り返る

本格的な音楽家のほとんどは練習日誌をつけている。たいていは日記のように時系列的に、各セッションで何をしたか、どんな感じだったたか、次は何に取り組むか、そしてもちろんどんな失敗をしたかをノートに書きこんでいく。ある楽曲を舞台で演奏するために準備する過程では、リハーサルでたくさんのミスをして、そこから学習する。単に正しい音符を弾くというだけでなく、表現やテンポといった細やかな部分も改善するためだ。

自らのミスや失敗について膨大な時間をかけて内省してきた打楽器奏者のロブ・クノッパーは、今では他の音楽家にミスへの対処法や生産的な活用法を指導するエキスパートになった。とりわけ得意な分野はオーディションでの失敗だ。今でこそメトロポリタン・オペラ・オーケストラの打楽器奏者となったが、その仕事を得るまでには「オーディションを受けては落ち、応募しては不合格になり、何年も失敗しつづけた[32]」とあっさり認める。クノッパーが成功を夢見る音楽家たちに与えるアドバイスの一つが、楽曲別の練習日誌をつけることだ。そこには将来、必要に応じて読み返せるように、どのような壁にぶつかり、どのような解決策を見つけたかを体系的に記録していく[33]。自らのキャリアの決定的場面での演奏についても、手が震えた、音符を間違えた、音楽家としてなってなかったなど率直かつ詳細に語る。いずれもつらい、身の縮むような思いのする経験だ。そこからクノッパーは何を学んだのか。「ひどい演奏をすると、上達するのに最も重要な二つの要素が手に入る。何を改善すべきかという手がかりと、改善しようというモチベーションだ[34]」

音楽の練習と同じように、人生のなかにも学びの対象となる失敗は十二分にある。それらを否認して目を背けるより、深掘りし、そこから学習したほうがいい。とりわけニアミスを深掘りすると得るものが多い。たとえばパイロットが機体のコントロールを失い、取り戻した経験を記録し、振り返ると、解決すべき問題があるのか否か、じっくり調べるきっかけになるかもしれない。患者の症状が心不全の前兆か否か見きわめる訓練を受けた救急医療チームは振り返りの結果を活用し、患者対応を改善する対策を実施できるかもしれない。日々の生活のなかで防ぐことの可能な基本的失敗と複雑な失敗を減らすには、意識的かつ真摯な振り返りに時間を費やすことがきわめて重要だ。

たとえばあなたの身に、車のカギを見つけられない、会議に遅刻する、凍結した歩道で転倒しそうになるといったニアミスが数時間のうちに立て続けに起きたとする。たまたまかもしれない。だがあなたがストレスを抱え、疲労し、何かに気をとられていた可能性もある。しばし時間をとって振り返ると、たとえば凍結した道路で重大なケガをする前に休憩をとる、あるいは少しペースを落とすことが必要だと気づくのではないか。突然問題行動が増え、学校の成績が下降しはじめた生徒がいたらどうか。心理学者なら、それは子どもが悩んでいる証拠であり、根本原因をじっくり検討し、介入したり、何か前向きな変化を起こしたりすべきだとアドバイスするだろう。これもニアミスだ。一日の最後にきちんと振り返りをすると、日々の生活のなかで起こるさまざまな失敗に、自分の行動が大なり小なりどのように影響していたか、より自覚的になることができる。

責任を引き受ける

自らの失敗の責任を引き受けるには、少しばかり勇気が要る。しかし感情的にメタメタになったり自責の念や恥の意識にどっぷり浸ったりすることなく、自らの責任に気づき、それを引き受けることは失敗する生き物として成長するうえで重要な要素だ。責任を引き受けるとは、たとえば次のような言葉を口にすることだ。「台所の流しの水漏れについて水道業者に私が連絡すると約束したのに、ずるずる先延ばししたから床がこんなことになってしまった」「私がチームに出した指示がわかりにくかったので、誤解につながってしまった」「あなたがあのサッカーの試合がとても大事だから来てほしいと言ったときにきちんと耳を傾けなかったから、仕事を詰め込みすぎて試合に行けなかった」

誰かを責めるというありがちな行動（私たちが悪人だからではなく、人間の脳に基本的な帰属の誤りが組み込まれているから）ではなく、「確かに私のミスだった」と進んで認めるのは、すばらしい強さの証だ。グローバル企業のある上級幹部（ここでは仮にジムと呼ぼう）のケースを考えてみよう。ジムは会社の重大な誤りにおける自らの役割を認めたことで、深い安堵を抱いたという。その数カ月前、周囲がある会社を買収する案を熱心に議論していたとき、ジムは強い懸念を抱いたものの何も言わなかった。その後、防ぐことができたはずの失敗が起き、社内で反省会が開かれたとき、ジムは同僚たちに「あのとき懸念を表明しなくて申し訳ない」と打ち明けた。感情を高ぶらせ、謝罪の言葉を口にしながら、ジムは「ピクニックをぶち壊しにするスカンクになりたくなかった」ことを認め、自分の失敗の責任をすべて引き受けた。失敗に自分がどのように影響したか、真摯な関心を持つことは、失敗する生き物としてより賢く、健全に生きていくうえで欠かせない。

もちろん懸念をその場で表明していたら、水道業者に早く連絡していたら、チームに明確な指示を出していたら、そして子どものスポーツの試合を観に行っていたら、そのほうが良かった。だが自らの責任を認められたら、失敗から立ち直るためのクリエイティブな方法を模索したり、将来的にミスを減らすのに役立つシステムをデザインしたりすることができる。あなたより家のメンテナンスに注意を払える家族がいるかもしれない。あるいはスマホの連絡先に水道業者を登録しておけば、電話するハードルが下がるかもしれない。チームが混乱していることが把握できたなら、立て直すために指示を見直したり、同じような誤解が生じる方法についてチームメンバーからフィードバックを求めたりすることができる。子どものスポーツイベントの少なくとも一部には参加できるように、今後は仕事の予定を調整する努力もできるだろう。責任を引き受けることと謝罪が表裏一体の関係にあるのは明らかだ。

「ごめんなさい」と言う

失敗する生き物である以上失敗は生まれ、失敗すれば謝罪する機会が生まれる。良い謝罪には失敗によって生じた人間関係のダメージを修復する魔法のような力がある。許しに関する最近の研究では、「心のこもった謝罪」はポジティブな気持ち、共感、感謝、許しにつながるだけでなく、ネガティブな感情を抑え、心拍数まで下げることが明らかになった。[35]だが謝罪がそれほど効果的なら、なぜ私たちは往々にしてそれを避けようとするのか。そしてすべての謝罪が同じように効果的なのだろうか。

まず個人間の謝罪、すなわちあなたが誰かに謝るケースから考えてみよう。

あなたが何か悪いことをしたとき（意図的か否かにかかわらず）、あなたと相手のあいだに存在する目に見えない何かに亀裂が入る。謝罪の役割は、その亀裂を修復することだ。優れた謝罪は、あなたが自尊心より二人の関係を優先させているシグナルになる。効果的謝罪はあなたが相手のことを大切に思っているという明確なメッセージを送るのだ。効果的謝罪は関係性を修復するだけではなく、それを深め、改善することもある。同じ理屈で、悪い謝罪は事態を悪化させる。

ただ残念ながら良い謝罪は当たり前でもなければ、簡単でもない。[36]なぜなら自分が誰かを傷つけたことを受け入れるのは、自分は良い人間であるというセルフイメージを脅かすことにほかならないからだ。[37]それは自尊心を傷つける。他者を傷つけた責任を取るというのはこの脅威と向き合うことだが、ほとんどの人はそれを嫌がる。人格全般について硬直マインドセットを持つ人の場合、この傾向は特に強まる。他者を傷つけるというのを、良い人間が過ちを犯したのではなく、悪い人間である証拠とみなすからだ。キャロル・ドゥエックが明らかにしたように、能力は変化すると信じる成長マインドセットの人は保身に走らない。過ちから学習しようとする。謝罪を妨げる二つめの要因は、傷つけた相手との関係をどうでもいいと思ってしまうことだ。三つめの要因は謝罪しても仕方がないという考えだ。[38]黙っていれば身を守ることができる、という暗黙の規範も謝罪の妨げになっている。およそ犯罪とは程遠いような失敗でも、黙っているほうがいいという気がする。

正しく謝罪する

謝罪の質は重要だ。多くの研究が効果的な謝罪について同じような特徴を挙げている。[39] 後悔の念をはっきりと表す、責任を引き受ける、将来的な修正あるいは変化を申し出るといったことだ。

言い訳（「目覚まし時計が鳴らなかったので、私のせいではありません」）はたいてい裏目に出るが、自分の行動を説明するのは効果的なこともある（「電話をしなくて申し訳ありません。母が倒れたので、早く病院に連れていくことで頭がいっぱいで、失念してしまいました」）。良い謝罪は、あなたが相手との関係を大切に思っていて、自分の欠点を直す意思があることを伝えるものだ（「ぜひあなたと話したいと思っています。改めてお電話をするのに都合が良い日時を教えていただけませんか」）。つまるところ謝罪とは、あなたが失敗したことを受け入れ、認めることだ。

謝罪がうまくいかない要因はさまざまだが、失敗の責任を引き受けるのを恐れる気持ちが根本原因であることが多い。責任を引き受けるのは相手を傷つける意図があったと認めること、自分が悪い人間だと認めるのと同じようなことに思える。混みあっている店で誰かにぶつかってしまったとき謝るのがとても簡単なのは、そうしたささやかな基本的失敗が意図的でないことは明らかなので、恐れる必要がないからだ。

あなたが人生において謝罪を迫られたもっと重大な場面を思い出してみよう。謝罪するとき、「あなたがそんなふうに受け取ったなら申し訳ない」「私の発言をあなたがそんなふうに誤解したなら申し訳ない」「あなたがそんなに傷つくとは思わなかった」といった、ありがちな悪い謝罪をしなかっただろうか。反対に効果的謝罪でよく使われるのは「私がしたことを本当に申し訳なく思っている」「あれは間違いだった、なぜなら〜」「責任は私にあり、今後は〜すると約束します」といった表現だ。自分の責任を引き受ける恐れを和らげるには、謝罪の言葉を考える際に自分の意図ではなく、行動がもたらした影響に意識を集中するといい。この文章を書いている間にも、私自身の至らなさを痛感している。私は自分にとって一番大切な人たちにどれだけ効果的な謝罪をしているだろうか、と。失敗から学ぶとは、何よりもまず自分自身の失敗から学ぼうとすることだ。

私の研究者としてのキャリア（そして本書の企画）は、優れたチームは必ずしも多くのミスを「犯す」のではなく、多くのミスを「報告する」のだという意外な発見から始まった。医療ミスの専門家であり、私の共同研究者であったルシアン・リープは、医師と患者の信頼関係の維持や患者の回復において、謝罪の持つ重要性を指摘する。「申し訳ない」という言葉の使用については多くの誤解がある、とルシアンは言う。とりわけ重要なのが、それは単に責任を認める言葉ではないということだ。ルシアンは私に、誰かを傷つけた責任を認めることは患者と医療従事者の双方にとってプラスであるため、医療現場において謝罪はきわめて重要であると教えてくれた。後悔の念を示すことは償《つぐな》いの一つの方法であり、患者に対して「私たちはチームだ」と示すことでもある。ルシアンの研究は、心からの謝罪のもう一つの効用を示している。従業員がミスやアイデアについて語っても大丈夫だと感じられる、心理的安全性の高い組織風土を醸成するのだ。

リーダーが公の場で謝罪するとき

リーダーが世間一般に向けて謝罪する場合も、個人間の謝罪と同じ基本原則が働く。有名な例をいくつか考えてみよう。二〇一八年にスターバックスの従業員が、二人の黒人男性が何も注文せずにテーブルに座っているのを見て警察を呼んだという事件が発生したとき、同社はこれまで丁寧につくりあげてきた顧客との関係性が危険にさらされていることにすぐに気づいた。スターバックスは長年、顧客にとって職場と自宅に次ぐ「サードプレイス（第三の居場所）」になるという価値命題を掲げてきた。[40] サードプレイスにいる人が、何もしていないのに警察を呼ばれるなどということはあってはならない。[41] 同社は八〇〇〇店舗を半日休業にして、従業員に良識ある対応についての研修を実施した。

この対応を信用情報会社エクイファックスの例と比較してみよう。二〇一七年にアメリカの人口の半分近くに関する機密情報が流出するという事件が起きたとき、同社幹部がそれを公表するまでに六週間近くかかった。しかも真摯で意味のある償いを申し出るどころか、データが漏洩したかもしれないので、もう一度社会保障番号を提出してほしいと消費者に求めた。[42] そのうえ信頼がすでに失われていることを認めず、アイデンティティ盗難防止サービスを有料で提供すると申し出た。エクイファックスは慢心した、良識のない、信頼に足りない会社という印象を与えた。二〇一三年にヤフーメールの大規模な障害があり、一〇〇万人のユーザーに影響が出たときに、ヤフーCEOだったマリッサ・メイヤーが発信した謝罪ツイートも同じ印象を与えた。[43]「今週は当社のユーザーの皆さまにとって非常に不愉快な一週間でした。本当に申し訳ありません」

公の場での謝罪でも個人間の謝罪と同じように、効果的なものにするためには後悔の念を示し、責任を引き受け、償いをすることによって関係性を大切にする姿勢を示さなければならない。オバマケアのウェブサイト（HealthCare.gov）の開設当日、数千人が保険を契約しようとアクセスが集中したことでサイトがクラッシュした。保健福祉長官のキャスリーン・セベリウスは国民が「ひどく苛立たしい経験」をしたことに対して謝罪した。セベリウスは全責任を引き受け、共感と決意を示した。下院エネルギー・商業委員会の公聴会ではこう語った。「申し訳ございません。私はみなさんに対して責任を負っています。みなさんからの信頼を取り戻すことに全力で取り組みます」。[44] バラク・オバマ大統領はNBCニュースで、自分にも失敗の責任があると認めた。[45]「私が保証を与えたことで、国民がこのような状況に陥った」と。

二〇一三年のクリスマスシーズンに百貨店のニーマン・マーカスで顧客のクレジットカード情報が漏洩し、窃盗や不正使用のリスクが生じたとき、CEOのカレン・カッツはすぐに動いた。顧客に謝罪する手紙を公表し、過去一年間にカードを使ってニーマン・マーカスで買い物をしたすべての顧客に無料でクレジット・モニタリングサービスを提供する方針を示したのだ。手紙には「皆さまには常に安心してニーマン・マーカスでお買い物をしていただきたいのです。そして皆さまに信頼していただくことが、私たちの絶対的プライオリティ《最優先事項》です」と書いた。[46] カッツの謝罪は、信用情報に対する顧客の不安に直接言及し、償い（無料のクレジット・モニタリングサービス）を提示していた。

二〇一八年、コメディショーの脚本家でプロデューサーのダン・ハーモンは、自らが主宰するポッドキャスト『ハーモンタウン』で公式な謝罪をした。[47] インディーズ系のヒットコメディ『コミュニティ』や、批評家から高く評価されたアニメ・シチュエーションコメディ『リック・アンド・モーティ』のクリエイターとして知られるハーモンは、その一〇年ほど前に一緒に働いていた脚本家メガン・ガンツに対して繰り返しセクハラや仕事上の不適切なふるまいをしていた。二〇一八年一月にガンツが別のポッドキャストで、そうした出来事があったことをほのめかした。それから一週間後、ハーモンは公式に謝罪をし、弁護士を含めて多くの人からこの件については一切口を開くなとアドバイスされたと語った。そして謝罪の理由、それもガンツに個人的に伝えるのではなく公の場で謝罪する理由は、自分の失敗の報いや影響を引き受けるためだと説明した。そして自らの不品行を直接的に、そして明白に、ときに聞いていて胸が痛むような詳細を語った。そのときの状況を説明しつつ、決して責任逃れをしようとはしなかった。そして最後に、それまで沈黙していた理由を語った。

当然私は申し訳ないと思っていますが、重要なのはそこではありません。最後に言いたいのは、私があのような行為をしたのは考えが至らなかったからであり、それでも逃げおおせてきたのも考えが至らなかったためです。もし彼女が何も言わなかったら、私は相変わらず何も考えずにいたかもしれません。胸の中にモヤモヤを抱えつつ、こんなふうに釈明しなければならない状況にはならなかったでしょう。

謝罪のなかでハーモンは、間違ったことをしているという自覚はあったと認め、だからこそその後はそうした行動は繰り返さなかったと語った。ガンツに魅力を感じていることを「汚らわしい、気持ち悪い」方法で表現したことを認めた。自分の失敗を理解し、そこから学んだようだった。ハーモンの行動のどこが正しかったのか。それは自分が何を語るか慎重に考え、ガンツへの気遣いを示し、自分が何をしたかを言い訳せず、報いを受けることを避けようとせずに語ったことだ。ささやかではあるが、真摯な謝罪は他の人々のために健全な失敗文化を醸成するのに役立つ。

健全な失敗文化

私はチームの人間関係が病院での医療ミスの報告に多大な影響を及ぼすことを発見して以来、どのような環境であれば人々は過度に恐れを感じずに働き、学習できるかを研究しつづけてきた。人々が継続的学習やリスクテイク、問題が起きたときに迅速に報告することの必要性を理解している環境だ。そのような環境では人々は反対意見を歓迎する。失敗が起きたら、くよくよせず、オープンマインドでそこから学習し、前へ進み続ける。保身から解放され、勝つためにプレーできる。本書の目的はみなさんが個人として上手に失敗する技術を実践するのを助けることだが、健全な失敗文化の下ではそれははるかに容易になる。あなたにとって大切なコミュニティでそんな文化を醸成するのに役立つ、いくつかの行動を紹介しよう。

まわりの人たちにコンテキストに関心を持ってもらう

自分たちが直面するリスクや不確実性のレベルを考慮したうえで、あなたがとるべきシンプルだが強力なステップは、まわりの人たちにもあなたが見ている景色を見てもらうことだ。ベン・バーマン機長がフライトのクルーに「私は完璧なフライトというものを経験したことがないし、今日も経験しないだろう」と言うのは、彼らにコンテキストに関心を持ってもらうためだ。小児病院のジュリアンヌ・モラスCOOがスタッフに「医療は複雑な失敗が起こりやすいシステムだ」と伝えるのは、コンテキストに関心を集めるためだ。

アルファベットで「ムーンショット」と呼ばれる大胆なプロジェクトを担当するXラボラトリーズの責任者、アストロ・テラーは、自分たちが身を置くコンテキストをよくわかっている。Xラボラトリーズの挑戦は常軌を逸しているといっても過言でないようなものばかりだという。「私たちは五～一〇年先にならないと答えが見えてこないような課題を意識的に選んでいる」[48]。テラーのメッセージはこうだ。「今日成功しようと思うな。今年成功しようとさえ思うな。ありえないことをやってみろ」

テラーはその心を人気ブログで説明している。「私たちが今世紀に直面している途方もない課題を解決するには、できるだけ多様な人材と、できるだけ奇想天外な発想と、膨大な時間、リソース、関心が必要だ。（中略）私の一番重要な仕事は、Xのメンバーを目に見えない有害なしがらみから解放し、その才能を解き放つのを助けることだ」。テラーの試みはうまく行っているようだ。Xで働く人々は「さあ、今日はプロジェクトをどうやって潰そうか？」と言いながら出勤してくる、と笑う[49]。

プロジェクトを潰せば、貴重なリソースに余裕が生まれる。頻繁に失敗するのは、取り組んでいるアイデアの強靭さをテストする方法でもある。たとえばXラボラトリーズが自動運転車の研究に取り組んだきっかけは、人的ミスによる自動車事故という重大な問題に取り組むためだった。自動車の運転に人間が介在しないほうが、乗客は安全になるのではないか?

自動運転車プロジェクトは二〇〇九年、既存の自動車に自動運転ソフトウエアといくつかのハードウエアを追加するかたちで始まった。だが運転者を乗せた実験で、デザイン上の不具合が見つかった。運転者が注意散漫になり、必要なときに運転の主導権を取り戻せなかったのだ。そこで開発チームは方向転換をして、さらに野心的な新しい目標を掲げた[50]。一〇〇%自動運転車をデザインする、というのだ。二〇二〇年二月、テラーはこう書いている。「ときには何十回もやり直すこともある。Xで今、人々の聴力を高める方法を研究しているチームは、三五通りの方法を試したうえでようやく『これだ』という方法を見つけた[51]」。とことんイノベーティブな企業では賢い失敗が歓迎されるだけでなく、それを広く世間に公表する企業文化も浸透している。

失敗を共有するよう促す

あなたがXで目標としていた数のフォロワーを獲得した、重要なコンテストでライバルに勝った、あるいは周囲よりも大きな成功をつかんだとしよう。その場合、心理学者が「悪意ある嫉妬[52]」と呼ぶものの対象になるかもしれない。悪意ある嫉妬は「嫉妬の対象となる人物にダメージを与えることを目的とする破壊的な対人感情」と定義される。私の同僚であるハーバード大学の研究者たちが複数の実験を通じて、自分の失敗を公表すると、他者からの悪意ある嫉妬を抑えられることを示した。直感的に腑に落ちる結果だ。体操選手のシモーネ・バイルズ、レイ・ダリオ、サラ・ブレイクリーのような途方もない成功を収めた人々に、私たちは嫉妬ではなく敬意を抱く。彼らが失敗したにもかかわらずではなく、むしろ失敗したからこそだ。自分の成功を自慢ばかりする人を好きになる（そして退屈せずに話を聞く）のは難しい。傲慢さが感じられる場合はなおさらだ。失敗を共有するほうが共感や好感、人間味を感じてもらいやすい。

ヨーロッパのファッション小売業、Ｃ＆ＡのＣＥＯであるジニー・ボーアは「ともに働く人たちを中心に考え、彼らが成長できるような文化を確立すること」を重視していると私に語った。「その土台となるのが誰もが大切にされていると感じられ、失敗しても大丈夫だと思えるような安全な環境だ」。ボーアが「金曜日は失敗の日」としたのはこのためだ。「社員が集まり、うまくいかなかったこと、そしてさらに重要なこととしてそこから何を学んだかを共有する場だ。社員は自らの経験を語ることで、他の人々が学習するのを助けている」と説明する。

失敗の共有は親密な人間関係を育むだけでなく、イノベーションを強く後押しする。新たなワクチンの候補を研究している科学者は、それがうまくいかないとわかったらあらゆる人に伝えるべきだ。賢い失敗が隠蔽されたり議論されなかったりしたら、他の人が同じ失敗を繰り返すかもしれない。それは非効率性につながる。組織内で共有されなかった失敗が繰り返されるほどムダなことはない。だからＩＤＥＯのようなイノベーションを生み出す会社は、従業員に失敗を広く共有するよう促すのだ。だからといって失敗する生き物である私たちが、気軽に失敗を共有できるようになるわけではない。

これについては興味深い例がある。若き科学者のメラニー・ステファンが科学誌『ネイチャー』に短い記事を寄せた。自分は仕事において、成功をはるかに上回る数の失敗を経験している。みんなが自らの失敗と成功を集計し、「失敗の履歴書」をつくれば、拒絶された痛みで意気消沈している同僚を励ませるのではないか、と。[53] ステファンの提案を受けて、自らの失敗を公表したのが当時プリンストン大学経済学教授だったヨハンズ・ハウスホーファーだ。今もハウスホーファーの個人サイトに掲載されているこの文書には、応募して不合格となった学位プログラム、不採用となった学術誌や仕事、逃した賞などが列挙されている。リストが広く拡散した一因は、ハウスホーファーのユーモアのセンスだろう。最後の項目にはこう書かれている。「この忌々しい失敗の履歴書が、これまでの学術研究をはるかに上回る注目を集めていること」[54]

メリーランド州の教育者、ジョン・ハーパーは『My Bad（私のヘマ）』と題したポッドキャストを運営している。各回では（すでに配信回数は一〇〇回を超える）ゲストに招かれた教師が、自分の失敗をリスナーと共有する。ポッドキャストの目的は教師たちに「あなたは一人じゃないよ」と気づかせることだとハーパーは語る。ただ生徒や同僚の前でどんな失敗をしたかという話に加えて、ゲストはそこから自分が何を学んだかも話す[55]。たとえばベンジャミン・キッツラーという小学校の校長先生は、新学年が始まった六週間後に育児休暇を終えて仕事に復帰したという。ちょうどパンデミック中のリモート授業が終わり、教師たちは教室での対面授業を再開したばかりで、さまざまな新しい問題に直面していた。キッツラーの頭のなかには実行すべきアイデアがたくさんあり、自分では部下の教師たちを励ましているつもりだった。だが教師の一人からメールを受け取ったことで、キッツラーは自分が間違っていたことに気づいた。メールには、キッツラーはさまざまな新たな対策を求められる教師たちのストレスを理解していない、新しい要求を次々と出すのは控えるべきだ、と書かれていた。あのメールには感謝している、とキッツラーは語った。これが「目を覚ますきっかけ」となり、「教員たちの様子をもっとよく観察するようになった」という[56]。実際に教師たちに要求を出すペースを落とし、彼らとのコミュニケーションのチャネルを確保しておく大切さも学んだ。キッツラーがこのように態度を変えられたのは、自己認識能力が高かったためだ。

社会的企業のザ・フェイリュア・インスティテュートは多くの人が仕事やプライベートでより正直に生きられるように、商標登録したイベント「Fuckup Nights（失敗の夕べ）」を開催する。参加者は舞台に上がって聴衆の前で自らの失敗を語り、ポップスターさながらの拍手喝采を受ける。五人の創業者は友人同士で、二〇一二年のある晩、メキシコシティでそれぞれの人生最大の失敗を正直に語り合ったことで人生が変わったといい、そこから事業のアイデアが生まれた[57]。五人は毎月、イベントを開くようになった。失敗は成功の母であるという格言を地で行くように、この取り組みはグローバルな事業に発展し、今では九〇カ国三〇〇の都市に広がった。同社のイベントは好循環を生み出す仕掛けと見ることもできる。参加者が失敗について語るというリスクをとることで、称賛を受け、報われたと感じ、誰もが心理的安全性の高い環境とはどのようなものかを知る。その経験をそれぞれが職場や家庭に持ち帰ることができるだろうか。

正しい失敗を評価する

会社や家庭で失敗の〝表彰〟を始めるには、明るいユーモアのセンスが必要だ。イーライリリーでの失敗パーティの例を覚えているだろうか。目的はプロジェクトが失敗したらなるべく早く声をあげるよう奨励することだった。失敗であることが明白なプロジェクトを打ち切り、研究者たちを新しいプロジェクトに再配置すれば数十万ドルのコスト削減になる。しかし失敗に見返りを与えるのは危険なように思える。そんなことをすれば失敗も成功と同じような良いことだと誰もが考えるような、なんでもありの弛緩した空気が生まれるのではないかと心配する経営者や親は多い。だがそれは情報開示や透明性を評価することと、だらしなさ、くだらない失敗、挑戦しなかったことを評価することを混同している。たいていの人は成功したいという意欲を持ち、自分の能力を認められたいと思っている。ただ失敗を明らかにし、分析しようとする意欲は低いので、それを促すには多少背中を押してあげることが必要なのだ。それにはユーモアのある儀式が使われることが多い。

リスクテイクを促すために失敗パーティや失敗賞を設ける企業は、もはや珍しくなくなった。

たとえば広告会社のグレイ・アドバータイジングには「英雄的失敗賞」がある。[58] 賞をつくったのは社員たちが保守的になりすぎているという懸念を抱いた、当時の最高クリエイティブ責任者でのちに社長となったトア・ミレンだ。このアイデアのもとになったのは、ミレン自身の失敗の経験だ。二〇〇六年にキャデラックのために制作したコマーシャルが「スーパーボウル史上最悪の広告」と酷評されたのだ。世間の注目を集めたこの失敗の後、ミレンはグレイに転職し、二〇〇七年にイー・トレードのスーパーボウル用広告「トーキング・ベイビー」を制作した。今度は大成功を収め、トーキング・ベイビーはその後何年にもわたってイー・トレードの広告で使用された。グレイで英雄的失敗賞の初の受賞者となったのはアマンダ・ゾルテンだ。社内でのプレゼン会議が始まる前に、会議室のテーブルの下に見込み客の製品である猫砂（猫のトイレ用砂）を仕込んでおいたのだ。しかも〝使用済み〟になったばかりのものを。[59] プレゼンの場でゾルテンが隠しておいた猫トイレを取り出したところ、複数の経営幹部が怒って退席してしまった。だがミレンは感心して、まだ顧客を獲得できるかわからなかったにもかかわらず、ゾルテンに新たな賞を授与すると発表した。

タタグループも同じように、失敗に終わった野心的なイノベーションを対象とする「勇気ある挑戦賞」を創設した。[60] コストが高すぎて実装できなかったものの、革新的なトランスミッションを開発した技術チーム、そして消費者の信頼を得られなかったものの、安全で高性能な自動車用プラスチック製ドアを開発したチームなどが受賞している。NASAはスペースシャトル「コロンビア号」の悲劇の後、新しいアイデアや懸念があればすぐに声をあげる文化を醸成しようと、「リーンフォワード・《前のめりであれ》

フェイルスマート《賢く失敗せよ》賞」を創設した[61]。

健全な失敗文化は、賢い失敗を評価する。賢い失敗なくしてイノベーションは生まれない。イノベーションなくして長期的に存続できる組織はない。挑戦しない者に対するやんわりとしたネガティブな評価は、健全な失敗文化をさらに強固なものとするのに役立つ。二〇一九年秋にグーグルの美しい本社にあるXラボラトリーズを訪ねたとき、アストロ・テラーが集まった社員に発した言葉は、私がずっと経営者から聞きたいと思っていたものだった（だがそれまでは聞いたことがなかった）。テラーはある質問への回答で、Xラボラトリーズで人員整理が絶対に行われないと約束できる者は自分を含めて誰もいない、と語った。ただ人員整理が行われるとしたら、最初に解雇されるのは一度も失敗したことのない人だ、と。この発言をきちんと解釈するには、コンテキストを理解することが欠かせない。ムーンショットを大量に生み出そうとする組織のリーダーは、チームにリスクテイクを嫌がる人材を抱えておく余裕はない。賢くリスクテイクする者が時折失敗するのは必然だ。優れたパフォーマンスとはそういうものだ。一方病院のリーダーやフライトの機長であれば、言い方は違うだろう。「最初に解雇されるのは、ミスや不運な出来事を経験しても報告しない者だ」と。健全な失敗文化においては、学習と失敗は切っても切れない関係にあるという認識が共有されており、そのおかげで迅速に声をあげることが多少容易になっている。

　家庭においては、たとえばティーンエイジャーの子どもが失敗を認めたときに、失敗したにもかかわらず困難な状況で粘り強く頑張ったことを褒め、感心していると伝えることがそれにあたる。これはアンジェラ・ダックワースのグリットに関する研究と完全に一致している。そこではグリットは長期的目標に対する粘り強さと情熱と定義されている。グリットにはうまくいったことだけでなく、うまくいかなかったことに対して自分がどのように関与したかを認め、進んで責任を引き受ける資質が

あなたが耳にする割合が多いのはどちらか？

良い報告	vs	悪い報告
進歩	vs	問題
賛成意見	vs	反対意見
「万事順調」	vs	「助けてほしい」

表 8.1　健全な失敗文化の診断法

含まれている。

私は世界中の経営者からこんな質問を受けてきた。「私のチームに健全な失敗文化があるか、どうすればわかるのか」と。私はその組織の業務に不確実性、新奇性、相互依存性があるかを確認したうえで、逆質問する。「一週間のあいだにあなたが耳にする良い報告と悪い報告の割合、進歩と問題の割合、賛成意見と反対意見の割合、『万事順調』と『助けてほしい』の割合はどんなものか？」と。たいてい私は表8．1のモデルを示す。

経営者が耳にするのが主に表の左側であれば、きっと満足だろう。そのほうが気分がいい。だが残念ながら、おそらくそれは好ましい兆候ではない。各社の業務の不確実性や直面している課題を考えれば、社員が悪い報告、問題、反対意見を抱えておらず、助けを必要としないことは考えづらいからだ。単にそれらが経営者の耳に入っていない可能性のほうが高い。

そう聞くと、ほとんどの経営者はたちどころに理解する。彼らにとって気分の良いことは、問題や懸念や疑問を口にすることへの心理的安全性が高い健全な失敗文化という観点からは好ましいことではないと気づき、思わず目を丸くする人が多い。

違いを理解する知恵

バルブ・ニコル・クリコは今日のような研究成果や概念の助けを借りずに、上手に失敗する技術をマスターしなければならなかった。基本的失敗、複雑な失敗、賢い失敗の違いを直感的に理解していたのだろうか。だからあれほどすばらしい失敗のポートフォリオをつくることができたのだろうか。リスクをとり、自らの強みを活かし、挫折に耐え、前に進みつづける能力は、バルブ・ニコルが上手に失敗する技術に習熟していたことを示している。優れた自己認識があったために、自らの強み（明晰な頭脳、意志の強さ、ワインづくりへの情熱）と弱み（容姿に恵まれていない、娯楽に疎い）をよく理解し、強みで勝負した。状況認識に優れた起業家として、卓越したリスク管理ができた。自らの愛するシステム全体を理解し、大胆な行動、創意工夫、途方もない忍耐力でそれを形づくり、グローバルなシャンパン市場の創出に貢献した。システム思考を実践し、収穫、製造、流通というプロセス全体に遅延のリスクが存在することを受け入れ、規律と計画性をもって市場を成長させた。

どんな分野でもそうだが、上手に失敗する技術もやっていて愉快なことばかりではない。うまくいく日もあれば、うまくいかない日もある。失敗する生き物が個人として、あるいは集団として実践するのだから仕方がない。ただ確かなことが一つある。それは新たな気づきをもたらすということだ。あなたにとって重要な目標を達成するうえで役に立つこと、立たないこと、そしてあなた自身についての新たな気づきをもたらす。私はスポーツ選手、発明家、起業家、科学者など世界中の、そして時代を超えた一流の失敗実践者たちから、好奇心、理性、誠実さ、意志の強さ、情熱といった上手に失敗するのに不可欠な資質のユニークなコンビネーションについて多くを学んできた。彼らの生き様は私にとって、自らのスキルや習慣を改善しつづける励みとなり刺激となってきた。みなさんにとってもそうであればと願っている。

不完全なこの本が、不完全でしかありえない結末に近づきつつある今、私は「見きわめ」という厄介な問題を繰り返し考えている。神学者ラインホルド・ニーバーの有名な「平安の祈り」では、変えることのできるものとできないものを「見きわめる知恵」が平安を得るカギとされる。上手に失敗する技術においても、そこから平安と自己受容を得るうえで見きわめが肝心だ。

失敗を分類する枠組みを提示すると、その背後にある境界を引くことの難しさという問題がうやむやになってしまう。たとえば賢い失敗とそれほど賢くない失敗の境界はどこにあるのか。新しい領域とは、どれほど新しいものでなければいけないのか。そこに新たな機会があるという確信は、どれほど強くなければいけないのか。仮説の検討はどこまでしなければならないのか。大きすぎるリスクとは具体的にどれほどの大きさか。同じように、一歩引いて状況をより大きなシステムとしてとらえると、既知の領域における単一原因による基本的失敗と、複雑な失敗との境界はたちまちあやふやになる。たとえば一見単純ミスと思われるものも、直接的原因は本人の睡眠不足だが、その原因に子どもの病気、そのまた原因に保育園での風邪の流行など、複合的な原因があったかもしれない。ただ枠組みとは、人々に新しいモノの考え方を示し、より思慮深い行動を促すためのものだ。厳格な分類法を提示し、それを押し付けることが目的ではない。

状況やシステムについて判断を下すのにも、見きわめは必要だ。リスクはどれくらい高いのか。不確実性はどのように評価すべきか。システムの作用を予測するうえで最も重要な要素間の関係性はどれか。あなたが判断し、変更しようとするシステムの境界はどこに引くべきなのか。これらの問いの答えは、最終的にすべて主観と経験にかかってくる。上手に失敗する技術の実践を重ねるほど、本書で説明したさまざまな概念を使うのに慣れ、上達していく。本書の締めくくりに正しい失敗について試験を課し、合否を判定するつもりはない。みなさんにも上手に失敗する技術を実践し、その発展に協力していただきたいというお願いをもって締めくくろうと思う。

何より重要なこととして、私たちが自己認識能力を磨き、プライベートや職場で経験する大小さまざまな失敗と向き合っていくためにも、見きわめる力は大切だ。自らの至らない部分を認めるのには知恵が必要で、またそれを通じて知恵は磨かれていく。知恵が身につけば自分が全力を尽くしたときにはそうとわかる。自分自身と向き合うのは、上手に失敗する試みにおいて一番難しい作業だ。

それは同時に、一番心が解放される作業でもある。

謝 辞

本書を書くのは、新たな気づきと不安が半々の冒険だった。どんな本を書く場合もそうだが、そもそも始めたこと自体が間違いだったのではないかと思ったことが（何度も）ある。冒険をともにしてくださった多くの方々がいなければ、私は今、ノートパソコンを前に最後の不安を味わってはいないだろう。これから述べる言葉は、一人ひとりへの感謝の気持ちを伝えるのにまるで足らないだろうと痛切に感じている。

最初に、数年前に私に連絡してきて、失敗についての本を書いてみないかと打診してくれたエージェントのマルゴ・フレミングに感謝する。私は全力でその申し出に抵抗しつづけた。「『ハーバード・ビジネスレビュー』に失敗について記事を書いた。それで十分じゃない？」「これ以上失敗についての本が本当に必要かしら」など、何カ月にもわたり言いつづけた。マルゴはこの厄介な（それでいて非常にタイムリーな）テーマについて、自分が読みたいと思うような本はまだ存在しないと、どうしても私が書かなければならないと言い続けた。ついには「企画書だけでも書いて」と巧みに説き伏せ、巻き込んだので、私は根負けしてしまった。

しばらく経つと、私もマルゴが正しかったのだと思いはじめた。この本は書かなければならない、だから私が腹をくくってやらなければならない、と。ひとたび執筆を始めると、マルゴは常に寄り添い、励まし、本書に登場するアイデアを自らの生活のなかで実践し、出版社を紹介し、なにより私はきっとやりぬくと静かに信頼しつづけてくれた。

とはいえ、このような本を完成させるにはチームの存在が不可欠だ。本書に貢献してくださった多くの人のなかでも、とりわけ感謝しているのが本プロジェクトで思考と執筆のパートナーを務めてくれたカレン・プロップだ。自分の考えを本としての完成形にまとめるうえで、さまざまな概念やエピソードを章立てに落とし込んでいくためには声に出して考える必要があり、そのプロセスにおいてカレンは不可欠の存在だった。概念や枠組みに命を吹き込むエピソードを見つけるのにも力を貸してくれた。ダン・フォーク、ジョーダン・ガンス、イアン・グレイ、パトリック・ヒーリー、スーザン・ソルター、ペイジ・ツァイなど他の同僚や研究助手の皆さんにも、貴重なバックグラウンド・リサーチをしていただいた。執筆の旅路が終わりに近づいた頃には、ファクトチェック、参考文献の調査、細部への目配り、注意深い読者としてのヘザー・クライドラーの驚くべき才能に気づかされた。本書の土台が確かなものであるよう確認し、それと同時に参考文献、書式、許可など退屈だが重要な確認事項の管理に、情熱と穏やかさをもってあたってくれた。最後に校閲担当のスティーブ・ボルツ、知性と鋭い目で組みあがった原稿の修正を担当し、私も見逃していた間違いを見つけてくれたジェイ・グレンの入念さと技術に心から感謝している。

アトリア社で私を担当してくれた編集者のステファニー・ヒッチコックは、旅路を通じて随所で的確なフィードバックと励ましを与えてくれた。意味が通らない部分は細部まで確認する一方、視野を広げて全体像を見ながら足りない要素を見つけてくれた。ときとして彼女のアドバイスにどう対応してよいか、すぐにはわからないこともあった。たとえば「この概念は読者のみなさんに寄り添い、一緒に見ていこう」といった提案だ。だがやがて「そうか！」という瞬間が訪れ、彼女の知恵を実行に移すことができた。ステファニーは最初から最後まで、読者の代弁者であり続けた。私がみなさんの仕事や職場だけでなく、人生に役立つことを語っているか、常に確認してくれた。

オーストラリア在住のアーティストで医師のアメリア・クラブツリーには、私の提示する枠組みを明るい図表に転換し、淡々とした学術的概念を血の通ったものにしてくれたことに感謝する。私をアメリアに引き合わせただけでなく、このプロジェクトをやり抜くうえで大いに力を貸してくれたナンシー・ボグホシアンに感謝している。オランダ在住のデザイナー、ブレンダン・ティマーズは、第七章で使ったシステムダイナミクスの美しい図表を作成してくれた。おかげで複雑な因果関係の相互作用がたどりやすく、わかりやすいものになった。

常にシステム思考を実践する者として本書の最初のきっかけを探っていくと、ハーバード・ビジネスレビュー誌のスティーブ・プロケシュに感謝しないわけにはいかない。二〇一一年の失敗に関する特集で、私を見込んで原稿を依頼してくれた。徹底的に明白さと論理性を求めるスティーブのおかげで、私の文章は上達したし、今も上達しつづけていると思う。

本書で紹介するさまざまな概念の裏づけとなる研究については、私の学術研究を快く受け入れてくださったさまざまな組織で働く、優秀な看護師、医師、技術者、CEOの皆さんに本当にお世話になった。私のインタビューや調査に進んで協力してくださったことを感謝している。ハーバード大学研究部門には、私の研究への潤沢な資金援助に感謝したい。

そして最後に、家族に感謝を伝えたい。まず誰よりも夫のジョージ・デイリーに。その愛情と信頼、そしてもちろんすばらしい料理の腕に大いに支えられ、本書を完成するために多くの時間を割くことができた。私と私の研究への揺るぎない信頼を持って、過去三〇年にわたって私のすべての成功と失敗に寄り添ってくれた。ジョージ自身も科学者として上手に失敗すること、そしてすばらしい成功を収めることに膨大な時間を費やしてきた。私の理論が自分の成功に役立ったと言ってくれる謙虚な彼のおかげで、それが他の人たちの役にも立つかもしれないと自信を持つことができた。それでも本書は息子たち、ジャックとニックに捧げる。二人の好奇心と、より良い世界をつくりたいという真摯な思いは、日々私に力を与えてくれる。

解説
学習は失敗の認定から始まる

チーム研究者
村瀬俊朗

二〇二〇年から日本国内で心理的安全性に火がついて、すでに丸四年以上が経過した。多くの企業では心理的安全性を高める取り組みが行われており、組織の風通しを良くするために必要な態度や行動規範の組織的改善が進んでいる。一部の組織ではこれらの取り組みによって、実際に職場で声が上げやすくなっている。これはこれで良いことだが、心理的安全性の向上はあくまでも目的ではない。心理的安全性を職場に根付かせるのであれば、心理的安全性の先にある何かに変化が起こらなければならない。しかし、多くの組織的活動は心理的安全性で止まっており、その先の変化までは活動内容に含まれてはいない場合が多い。

心理的安全性を高めて従業員に沈黙を打ち破らせて、組織は一体何を手に入れたいのだろうか。心理的安全性の生みの親であるハーバード・ビジネススクール所属であり、本書の著者のエドモンドソン教授によれば、心理的安全性は、集団としての学習を促すことで職場の連携や協力の向上、または変化する環境にチームを適合させて、最終的にはパフォーマンスに影響を及ぼすとされている。したがって、心理的安全性の活動には、その目的となる学習が視野に入っていなければ不十分で終わってしまう。心理的安全性を高める取り組みと同時に、職場やチーム、そして組織にとって、必要な活動を向上させるには何を学習すべきかを考えて、その学習を起こす為に心理的安全性を活用することを考えて欲しい。

何のための心理的安全性か

エドモンドソン教授が一九九九年に心理的安全性を初めて発表した論文では、[1] オフィス家具の大手企業に所属する営業や製造チームを分析することで、かれらのチームのパフォーマンス向上には学習が必要であり、学習を促進させる要因こそが心理的安全性であることを突き止めた。ここでの学習とは、単なる個人の学習ではなく、チームが対象である。チームが学習するためには、目標と現状の乖離に目を向けてその原因を探り、様々な意見が共有される建設的議論を通して改善点を洗い出し、最後に新しい態度や行動が身に付かなければならない。エドモンドソン教授の研究でも、生産性の高いチームでは、メンバーはチームワークを向上させるために互いに意見を伺い、進捗状況を積極的に確認して改善箇所を見直し、活動が困難な際には支援を取り付け、目標達成の確率を高めるために奮闘していた。

チームは人の集まりであるため、各自が個別に働き方を判断して実行するだけではメンバー間のシナジーは不発に終わる。メンバー達がチームの現状の連携や協力活動における不備を正直に議論して、多くのメンバーが態度や行動を変化させられて初めて、単なる人の集まりであった集合体は組織的に機能する集団へと変化する。しかし多くのチームでは、チームとしての働き方に問題があったとしてもメンバー間の指摘には至らない。なぜなら、リーダーやメンバーが互いの改善箇所を正直に指摘して議論するためには心理的安全性が必要不可欠であるからだ。指摘はチームが変わるための切っ掛けであり、指摘によって初めて課題が浮かび上がり、課題に対して建設的議論が起こると新しい態度や行動パターンの学習へと繋がる。

本書においてエドモンドソン教授がチームの基準の高さを重視した理由は、高い基準の組織環境下では学習が不可欠であるからだ。基準が高くなるほど目標達成のための最適な方法が不明瞭であったり、通常の業務方法を抜本的に見直す必要が高まるため、チームのメンバー達は試行錯誤の繰り返しを通して最適解を模索する学習活動が必要となる。一方で、基準の低く設けられているチームは、目標達成の過程で必ずしも学習が必須ではないため、心理的安全性の優先順位が低下する。

したがって、心理的安全性の向上活動に従事する際、各チームは心理的安全性の先にある学習にこそ目を向けて欲しい。どの程度基準は高いのか、その目標に達成するためにチームとしての学習は十分か、これらを併せて吟味することで心理的安全性の構築がより強く最終目標と結びつくため、組織の潜在的な成長が促されるはずだ。

失敗を学習材料に変える

「失敗は成功の母」と言われているが、これは必ずしも正しいわけではない。たとえば、「基本的失敗」をいくら犯したところで成功に近づける保証はないが、一方で、「賢い失敗」は未知なる領域での成功過程で必要不可欠な要素であり、そこでの失敗の許容と徹底的な学習がチームに浸透されなければならない。したがって、失敗の種類を見極めなければ有効的な学習には結びつかない。そのために、失敗の種類を理解し、各種の失敗に対して効果的な対応を行う必要がある。エドモンドソン教授はまさにこの重要性に目をつけ、組織で生じる無数の失敗を三種類に分類して、各失敗の仕組みとの付き合い方を明らかにした。

失敗の分類の重要性は、遭遇する失敗の解析度を高めて、冷静な対応法を模索させる点にある。間違って異なる種類の失敗を一様に捉えてしまうと、基本的失敗を許容し、複雑な失敗の織り交ざった複数の原因を洗い出さずに最後の要因だけを非難し、賢い失敗を恐れて回避してしまう。たとえば、製造現場では失敗が大事故に繋がる恐れがあるため、基本的失敗の防止に力が入りすぎた結果、失敗に対する不寛容さが組織文化として醸成されてしまい、新しい挑戦に必須の賢い失敗に対しても不快を感じさせてしまう。失敗の種類を理解することで、必要な失敗と防止すべき失敗、連鎖的に起きる「複雑な失敗」、これらの分類が可能となるため学習も可能となる。

心理的安全性を世に広めるきっかけとなったグーグルのアリストテレス・プロジェクトは、心理的安全性が多様な意見の共有や未知なる挑戦を促すことで創造性への最初の一歩となる仕組みを明らかにした。そのため、賢い失敗の重要性は十分認識されているのではないだろうか。一方で、基本的失敗は初歩的ミスや注意不足により発生すると考えられて、軽視されてしまう。しかし、基本的失敗は組織の日々の営みの至るところに潜んでおり、基本的失敗の防止が不十分であると、直面する課題の原因が基本的失敗にも見えれば、他の失敗が原因であることも排除できず、失敗の種類の見極めが難しくなる。

本書に登場した銀河の電波からパルサーを発見したジョセリン・ベル博士も、収集していたデータの中に理論的に説明のつかないシグナルが目に留まった際、より時間を投資すべき重要なデータなのか、それとも望遠鏡の単純ミスかがわからなかった。基本的失敗に対して真摯に対応できているチームであれば、基本的失敗の可能性が排除しやすいためその様なデータの潜在的重要性に気が付きやすい。しかし、基本的失敗が放置されがちなチームでは、貴重な情報は無数の単純ミスの中に容易に埋もれてしまうため、その情報を学習過程に活かせずに終わってしまう。実際に、ミスやエラーを重視して精力的に防止のみならず学習する文化が組織に根付いていると、チームの創造性や企業の業績の向上が確認されている。[2]

学習は失敗の認定から始まる

学習は、望まぬ過程や結果を失敗として認識して初めて可能となる。しかし、本書で紹介された人間の心理的仕組みが失敗の認定の邪魔を行い、失敗が目の前で起こっているにもかかわらず失敗の事実に目が届かず、学習が始まらない。チームには、対処すべき失敗を見抜く力が求められ、失敗が認定されることでチームの学習活動が動き出す。

コロナ禍では多くの組織がリモートワークを推進し、職場の一体感の低下、相互の支援不足やコミュニケーションの不備が至る所で起きていた。その中で私はチーム研究者として、リモートワークにおけるチーム力強化の支援を多くの企業に提供していた。企業とのやり取りをする中、ほとんどの職場ではリーダーもメンバーもそれらの問題を認識していたものの、徹底した改善努力を行っていた職場に出会ったことがなかった。しかし、ある職場では新しく赴任してきた部長によって、それまで行われなかった改善努力が始まる。

その部長は、チームの一体感の欠如などの問題は部署の力を削ぐ重要課題であり、今まで行われた改善活動は不十分であることを認定した。部長が職場の活動は失敗していると認定したため、各グループリーダーは、チーム力を削ぐリモートワークでの活動の問題点を洗い出して改善方法を考えた。たとえば、使用するマイクロソフト社のTeams等のツールにおいて、メンバー同士がメッセージのやり取りを直接行っているため、他のメンバーからは他者が誰と何をやっているのか一切見えていなかった。その解消方法として、みんなから見える公共のスレッドでのコミュニケーションが推奨されて、メンバー同士の動きを可視化する改善が図られた。それ以外にも、ウェブでの朝礼を行いメンバーの状況把握を行ったり、改善活動を定期的に見直して内容の調整を継続することで、メンバー同士の連携も徐々に取りやすくなっていった。

組織では、私たちの多くの活動の理想と現状には必ず乖離が存在し、常に失敗している状態である。そして、仮に問題があろうとも現時点で事故にならない限りは、私たちは目先のゴールに集中し、問題を先送りにしてしまう。

リーダーの重要な役割は、どこに組織の意識を向かわせるかを操作することである。どんなにチームメンバーが様々な気づきを共有して、失敗が大きくなる前に情報を伝えても、リーダーの考えによって、意識を向けるべき優先順位の高い失敗かどうかのメンバーの判断は大きく変化する。どんなに小さな失敗もリーダーが重視すれば大きな問題として認識されるし、大きな失敗であってもリーダーが過小評価してしまえば、学習対象から外される場合もある。したがってリーダーは自チームの学習を促したいのであれば、そこで重要な失敗を明確に認定することが必要である。

組織成長に向けて

エドモンドソン教授は、失敗とそこからの学習こそがチームや組織の成長に繋がることを本書に書き記した。そして、多くの研究からすでに明らかになっているように[3]、心理的安全性なくしては失敗の報告が現場から上がることはないだろう。そのため、組織は心理的安全性の構築を行う必要があり、これこそが組織の最も重要な社会的財産の一つであることは間違いない。しかし、心理的安全性の構築そのものを目的としたとき、組織の意識はその先にある失敗の報告や学習に対しては届かないのではないかとの懸念も生じる。

心理的安全性が日本企業に浸透し来てきた今だからこそ、何のための心理的安全性であるかを今一度考え、各チームや組織に必要な学習も心理的安全性の向上活動の一環にすることを考慮することで、日本の組織の更なる飛躍へと繋がるのではないだろうか。

二〇二五年一月

参考文献

1. Edmondson, A. (1999). Psychological safety and learning behavior in work teams. *Administrative science quarterly*, *44*(2), 350-383.

2. Guchait, P., Qin, Y., Madera, J., Hua, N., & Wang, X. (2020). Impact of error management culture on organizational performance, management-team performance and creativity in the hospitality industry. *International journal of hospitality & tourism administration*, *21*(4), 335-361.

Van Dyck, C., Frese, M., Baer, M., & Sonnentag, S. (2005). Organizational error management culture and its impact on performance: a two-study replication. *Journal of applied psychology*, *90*(6), 1228-1240.

3. Frazier, M. L., Fainshmidt, S., Klinger, R. L., Pezeshkan, A., & Vracheva, V. (2017). Psychological safety: A meta-analytic review and extension. *Personnel psychology*, *70*(1), 113-165.

原 注

プロローグ

1. Amy C. Edmondson, "Learning from Mistakes Is Easier Said Than Done: Group and Organizational Influences on the Detection and Correction of Human Error," *Journal of Applied Behavioral Science* 32, no. 1 (March 1, 1996): 5–28, doi: 10.1177/0021886396321001.

序章

1. H. C. Foushee, "The Role of Communications, Socio-psychological, and Personality Factors in the Maintenance of Crew Coordination," *Aviation, Space, and Environmental Medicine* 53, no. 11 (November 1982): 1062–66.
2. Robert L. Helmreich, Ashleigh C. Merritt, and John A. Wilhelm, "The Evolution of Crew Resource Management Training in Commercial Aviation," *International Journal of Aviation Psychology* 9, no. 1 (January 1999): 19–32; Barbara G. Kanki, José M. Anca, and Thomas Raymond Chidester, eds., *Crew Resource Management*, 3rd ed. (London: Academic Press, 2019).
3. チームに関するハックマンの研究の概略は以下を参照。J. Richard Hackman, *Groups That Work (and Those That Don't): Creating Conditions for Effective Teamwork*, 1st ed., Jossey-Bass Management Series (San Francisco: Jossey-Bass, 1990).
4. Ruth Wageman, J. Richard Hackman, and Erin Lehman, "Team Diagnostic Survey," *Journal of Applied Behavioral Science* 41, no. 4 (2005): 373–98, doi: 10.1177/0021886305281984.
5. Sim B. Sitkin, "Learning through Failure: The Strategy of Small Losses," *Research in Organizational Behavior* 14 (1992): 231–66.
6. 「すべての失敗は良いものだ」という文化の例やそれへの反論は以下を参照。Shane Snow, "Silicon Valley's Obsession with Failure Is Totally Misguided," *Business Insider*, October 14, 2014, https://www.businessinsider.com/startup-failure-does-not-lead-to-success-2014-10; Adrian Daub, "The Undertakers of Silicon Valley: How Failure Became Big Business," *Guardian*, August 21, 2018, sec. Technology, https://www.theguardian.com/technology/2018/aug/21/the-undertakers-of-silicon-valley-how-failure-became-big-business; Alex Holder, "How Failure Became a Cultural Fetish," *ELLE*, February 22, 2021, https://www.elle.com/uk/life-and-culture/elle-voices/a35546483/failure-cultural-fetish/.

7. 現在アンディはブランダイス大学正教授で、心理学と国際ビジネスを専門としている。
8. Amy C. Edmondson, "Psychological Safety and Learning Behavior in Work Teams," *Administrative Science Quarterly* 44, no.2 (June 1, 1999): 350–83.
9. この研究の概要については著者の以下の著書の第2章を参照。*The Fearless Organization: Creating Psychological Safety in the Workplace for Learning, Innovation, and Growth* (Hoboken, NJ: John Wiley and Sons, 2018)（『恐れのない組織：「心理的安全性」が学習・イノベーション・成長をもたらす』エイミー・C・エドモンドソン著、野津智子訳、英治出版、2021年）. さまざまな状況で学習とパフォーマンス向上を促すうえで心理的安全性の果たす役割についての学術的レビューは以下を参照。Amy C. Edmondson and Zhike Lei, "Psychological Safety: The History, Renaissance, and Future of an Interpersonal Construct," *Annual Review of Organizational Psychology and Organizational Behavior* 1, no. 1 (2014): 23–43; Amy C. Edmondson et al., "Understanding Psychological Safety in Healthcare and Education Organizations: A Comparative Perspective," *Research in Human Development* 13, no. 1 (January 2, 2016): 65–83; M. Lance Frazier et al., "Psychological Safety: A Meta-Analytic Review and Extension," *Personnel Psychology* 70, no. 1 (Spring 2017): 113–65; Alexander Newman, Ross Donohue, and Nathan Eva, "Psychological Safety: A Systematic Review of the Literature," *Human Resource Management Review* 27, no. 3 (September 1, 2017): 521–35; Róisín O'Donovan and Eilish Mcauliffe, "A Systematic Review of Factors That Enable Psychological Safety in Healthcare Teams," *International Journal for Quality in Health Care* 32, no. 4 (May 2020): 240–50.
10. 以下などを参照。Atul Gawande, *The Checklist Manifesto: How to Get Things Right*, 1st ed. (New York: Metropolitan Books and Henry Holt, 2010).

第1章　「正しい失敗」を求めて

1. この逸話について、あるいは心臓外科手術の草創期について詳しく知りたい方は以下を参照。G. Wayne Miller, *King of Hearts: The True Story of the Maverick Who Pioneered Open-Heart Surgery* (New York: Crown, 2000)（『キングオブハート』G・ワイン・ミラー著、田中裕史訳、鳥影社、2020年); James S. Forrester, *The Heart Healers: The Misfits, Mavericks, and Rebels Who Created the Greatest Medical Breakthrough of Our Lives* (New York: St. Martin's Press, 2015)
2. Forrester, *Heart Healers*, 63.
3. Peter Zilla et al., "Global Unmet Needs in Cardiac Surgery," *Global Heart* 13, no. 4 (December 2018): 293–303, doi: 10.1016/j.gheart.2018.08.002.
4. この研究の概要は以下を参照。Roy F. Baumeister et al., "Bad Is Stronger than Good," *Review of General Psychology* 5, no. 4 (2001): 323–70, doi: 10.1037/1089-2680.5.4.323.
5. Paul Rozin and Edward B. Royzman,"Negativity Bias, Negativity Dominance, and Contagion," *Personality and Social Psychology Review* 5, no. 4 (November 2001): 296–

320, doi: 10.1207/S15327957PSPR0504_2.
6. John Tierney and Roy F. Baumeister, *The Power of Bad: How the Negativity Effect Rules Us and How We Can Rule It* (New York: Penguin, 2019).
7. Amos Tversky and Daniel Kahneman, "Loss Aversion in Riskless Choice: A Reference-Dependent Model," *Quarterly Journal of Economics* 106, no. 4 (1991): 1039–61.
8. Daniel Kahneman, Jack L. Knetsch, and Richard H. Thaler, "Experimental Tests of the Endowment Effect and the Coase Theorem," *Journal of Political Economy* 98, no. 6 (December 1990): 1325–48.
9. Sydney Finkelstein, *Why Smart Executives Fail and What You Can Learn from Their Mistakes* (New York: Portfolio, 2003). 以下にて論じている。Mark D. Cannon and Amy C. Edmondson, "Failing to Learn and Learning to Fail (Intelligently): How Great Organizations Put Failure to Work to Innovate and Improve," *Long Range Planning* 38, no. 3 (June 2005): 299–316.
10. " 'The Buck Stops Here' Desk Sign," Harry S. Truman Library & Museum, National Archives and Records Administration, https://www.trumanlibrary.gov/education/trivia/buck-stops-here-sign.
11. ウエイン・グレツキーが1983年に『ホッケー・ニュース』誌の編集者ボブ・マッケンジーに語った言葉。何かに熟達する過程での失敗について語ったもう1つの優れた例が、マイケル・ジョーダンが出演したナイキのコマーシャル「Failure（失敗）」だ (Wieden+Kennedy, 1997).
12. Maya Salam, "Abby Wambach's Leadership Lessons: Be the Wolf," *New York Times*, April 9, 2019, sec. Sports, https://www.nytimes.com/2019/04/09/sports/soccer/abby-wambach-soccer-wolfpack.html.
13. Abby Wambach, "Abby Wambach, Remarks as Delivered" (commencement address, Barnard College, NY, 2018), https://barnard.edu/commencement/archives/2018/abby-wambach-remarks.
14. Victoria Husted Medvec, Scott F. Madey, and Thomas Gilovich, "When Less Is More: Counterfactual Thinking and Satisfaction among Olympic Medalists," *Journal of Personality and Social Psychology* 69, no. 4 (1995): 603–10, doi: 10.1037/0022-3514.69.4.603.
15. Neal J. Roese, "Counterfactual Thinking," *Psychological Bulletin* 121, no. 1 (1997): 133–48, doi: 10.1037/0033-2909.121.1.133.
16. たとえば以下を参照。James P. Robson Jr. and Meredith Troutman-Jordan, "A Concept Analysis of Cognitive Reframing," *Journal of Theory Construction & Testing* 18, no. 2 (2014): 55–59. これについては評価理論も参考になる。Klaus R. Scherer, "Appraisal Theory," in *Handbook of Cognition and Emotion*, ed. Tim Dalgleish and Mick J. Power (New York: John Wiley and Sons, 1999), 637–63.
17. Judith Johnson et al., "Resilience to Emotional Distress in Response to Failure, Error or Mistakes: A Systematic Review," *Clinical Psychology Review* 52 (March 2017):

19–42, doi: 10.1016/j.cpr.2016.11.007.
18. Ibid.
19. Martin E. P. Seligman and Mihaly Csikszentmihalyi, "Positive Psychology: An Introduction," 以下より。Mihaly Csikszentmihalyi, *Flow and the Foundations of Positive Psychology* (Dordrecht, Netherlands: Springer, 2014).
20. Joseph E. LeDoux, "The Emotional Brain, Fear, and the Amygdala," *Cellular and Molecular Neurobiology* 23, no. 4–5 (2003): 727–38, doi: 10.1023/A:1025048802629; Joseph E. LeDoux, "The Amygdala Is Not the Brain's Fear Center," *I Got a Mind to Tell You* (blog), *Psychology Today*, August 10, 2015, https://www.psychologytoday.com/us/blog/i-got-mind-tell-you /201508/the-amygdala-is-not-the-brains-fear-center.
21. 以下の第2章を参照。Amy C. Edmondson, *Teaming: How Organizations Learn, Innovate, and Compete in the Knowledge Economy* (San Francisco: Jossey-Bass, 2012)（『チームが機能するとはどういうことか：「学習力」と「実行力」を高める実践アプローチ』エイミー・C・エドモンドソン著、野津智子訳、英治出版、2014年）
22. Helmut von Moltke, "Über Strategie," in *Moltkes militärische Werke*, ed. Großer Generalstab (Berlin: E. S. Mittler, 1892–1912), vol. 4, pt. 2, 287–93. 以下も参照。Graham Kenny, "Strategic Plans Are Less Important Than Strategic Planning," *Harvard Business Review*, June 21, 2016, https://hbr.org/2016/06/strategic-plans-are-less-important-than-strategic-planning.
23. Naomi I. Eisenberger, "The Pain of Social Disconnection: Examining the Shared Neural Underpinnings of Physical and Social Pain," *Nature Reviews Neuroscience* 13 (June 2012): 421–34, https://www.nature.com/articles/nrn3231; Matthew D. Lieberman and Naomi I. Eisenberger, "The Pains and Pleasures of Social Life: A Social Cognitive Neuroscience Approach," *NeuroLeadership Journal* 1 (September 11, 2008), https://www.scn.ucla.edu/pdf/Pains&Pleasures(2008).pdf.
24. Pankaj Sah and R. Frederick Westbrook, "The Circuit of Fear," *Nature* 454, no. 7204 (July 2008): 589–90, doi: 10.1038/454589a; LeDoux, "Emotional Brain, Fear, and the Amygdala." ルドゥーは最近、扁桃体と恐怖の結びつきは当初考えられていたよりはるかに複雑だと指摘している。たとえば以下を参照。Joseph E. LeDoux and Richard Brown, "A Higher-Order Theory of Emotional Consciousness," *Proceedings of the National Academy of Sciences* 114, no. 10 (2017): E2016–25, doi: 10.1073/pnas.1619316114; LeDoux, "Amygdala Is Not."
25. LeDoux, "Amygdala Is Not."
26. 学習において恐怖などの感情が果たす役割が簡潔にまとまった資料として以下を参照。Ulrike Rimmele, "A Primer on Emotions and Learning," OECD（2021年11月13日に閲覧）. https://www.oecd.org/education/ceri/aprimeronemotionsandlearning.htm.
27. Jean M. Twenge, *iGen: Why Today's Super-Connected Kids Are Growing Up Less Rebellious, More Tolerant, Less Happy—and Completely Unprepared for Adulthood: And What That Means for the Rest of Us* (New York: Atria Books, 2017).

28. このエビデンスについての概要は以下を参照。Amy C. Edmondson, *The Fearless Organization: Creating Psychological Safety in the Workplace for Learning, Innovation, and Growth*, 1st ed. (Hoboken, NJ: John Wiley and Sons, 2019).
29. いくつか例を挙げる。Ingrid M. Nembhard and Amy C. Edmondson, "Making It Safe: The Effects of Leader Inclusiveness and Professional Status on Psychological Safety and Improvement Efforts in Health Care Teams," *Journal of Organizational Behavior* 27, no. 7 (2016): 941–66; Amy C. Edmondson, "Learning from Failure in Health Care: Frequent Opportunities, Pervasive Barriers," *Quality and Safety in Health Care* 13, suppl. 2 (December 1, 2004): ii3–9; Amy C. Edmondson, "Speaking Up in the Operating Room: How Team Leaders Promote Learning in Interdisciplinary Action Teams," *Journal of Management Studies* 40, no. 6 (2003): 1419–52; Amy C. Edmondson, "Framing for Learning: Lessons in Successful Technology Implementation," *California Management Review* 45, no. 2 (2003): 34–54; Fiona Lee et al., "The Mixed Effects of Inconsistency on Experimentation in Organizations," *Organization Science* 15, no. 3 (May–June 2004): 310–26; Michael Roberto, Richard M. J. Bohmer, and Amy C. Edmondson, "Facing Ambiguous Threats," *Harvard Business Review* 84, no. 11 (November 2006): 106–13.
30. Amy C. Edmondson, "Strategies for Learning from Failure," *Harvard Business Review* 89, no. 4 (April 2011).
31. "The Hardest Gymnastics Skills in Women's Artistic Gymnastics (2022 Update)," *Uplifter Inc.*,October 9, 2019, https://www.uplifterinc.com/hardest-gymnastics-skills.
32. Miller, *King of Hearts*, 5.
33. Ibid.
34. Ibid.
35. Forrester, *Heart Healers*, 70.
36. Ibid., 87.
37. McMaster University, "Better Assessment of Risk from Heart Surgery Results in Better Patient Outcomes: Levels of Troponin Associated with an Increased Risk of Death," *ScienceDaily*, March 2, 2022, https://www.sciencedaily.com/releases/2022/03/220302185945.htm. 以下も参照 "Surprising Spike in Postoperative Cardiac Surgery Deaths May Be an Unintended Consequence of 30-Day Survival Measurements," Johns Hopkins Medicine, April 10, 2014, https://www.hopkinsmedicine.org/news/media/releases/surprising_spikein_postoperative_cardiac_surgery_deaths_may_be_an_unintended_consequence of_30_day_survival_measurements.
38. Amy C. Edmondson, Richard M. Bohmer, and Gary P. Pisano, "Disrupted Routines: Team Learning and New Technology Implementation in Hospitals," *Administrative Science Quarterly* 46, no. 4 (2001): 685–716, doi: 10.2307/3094828.

第2章 これだ！

1. 1997年にリリースされたアメリカのＳＦ映画『ガタカ（原題 *Gattaca*。G、A、T、C はDNAを構成する4つの核酸塩基を示す）』の舞台は、特別な遺伝子工学でつくられた「Valid」と通常の妊娠で生まれた人類「In-Valid」に分断された未来社会だ。後者は単純労働のみを強いられる。知的に劣るとされるIn-Validが、最終的に土星の月へ向かう宇宙飛行士に選ばれるという物語だ。監督・脚本はアンドリュー・ニコル（Columbia Pictures, Jersey Films, 1997).
2. Steve D. Knutson and Jennifer M. Heemstra, "EndoVIPER-seq for Improved Detection of A-to-I Editing Sites in Cellular RNA," *Current Protocols in Chemical Biology* 12, no. 2 (2020): e82, doi:10.1002/cpch.82.
3. Steve D. Knutson et al., "Thermoreversible Control of Nucleic Acid Structure and Function with Glyoxal Caging," *Journal of the American Chemical Society* 142, no. 41 (2020): 17766–81.
4. Jen Heemstra (@jenheemstra), "The Only People Who Never Make Mistakes and Never Experience Failure Are Those Who Never Try," Twitter, January 13, 2021, 8:04 a.m., https://twitter.com/jenheemstra/status/1349341481472036865.
5. たとえば以下を参照。Margaret Frith and John O'Brien, *Who Was Thomas Alva Edison?* (New York: Penguin Workshop, 2005); Edmund Morris, *Edison* (New York: Random House, 2019); Randall E. Stross, *The Wizard of Menlo Park: How Thomas Alva Edison Invented the Modern World* (New York: Crown, 2007).
6. Frank Lewis Dyer, *Thomas Edison: His Life and Inventions*, vol. 2 (Harper and Brothers, 1910), chap. 24, 369.
7. Ben Proudfoot, "She Changed Astronomy Forever. He Won the Nobel Prize for It," *New York Times*, July 27, 2021, sec. Opinion, https://www.nytimes.com/2021/07/27/opinion/pulsars-jocelyn-bell-burnell-astronomy.html.
8. Ben Proudfoot, "Almost Famous: The Silent Pulse of the Universe" (video), featuring Jocelyn Bell Burnell, July 27, 2021, at 5:42, https://www.nytimes.com/2021/07/27/opinion/pulsars-jocelyn-bell-burnell-astronomy.html.
9. Ibid., at 6:54.
10. Martin Ryle and Antony Hewish, "Antony Hewish, the Nobel Prize in Physics in 1974," Nobel Prize Outreach AB, https://www.nobelprize.org/prizes/physics/1974/hewish/biographical/.
11. "Design Technology," Brighton College（2021年10月22日に閲覧）, https://www.brightoncollege.org.uk/college/arts-life/design-technology/.
12. Jill Seladi-Schulman, "What Is Avocado Hand?," Healthline, November 16, 2018, https://www.healthline.com/health/avocado-hand.
13. "Avogo—Cut and De-stone Your Avocado at Home or on the Go," Kickstarter（2021年10月22日に閲覧）, https://www.kickstarter.com/projects/183646099/avogo-cut-and-de-stone-your-avocado-at-home-or-on.
14. Tom Eisenmann, "Why Start-Ups Fail," *Harvard Business Review*, May–June 2021,

https://hbr.org/2021/05/why-start-ups-fail.
15. Ibid. 以下も参照。Tom Eisenmann, Why Startups Fail: A New Roadmap to Entrepreneurial Success (New York: Currency, 2021).
16. “The 10 Worst Product Fails of All Time,” *Time*, https://time.com/13549/the-10-worst-product-fails-of-all-time/. クリスタル・ペプシの失敗に関して詳しく論じた別の資料として以下も参照。Reuben Salsa, “Pepsi’s Greatest Failure: The Crystal Bubble That Burst,” May 27, 2020, https://bettermarketing.pub/pepsis-greatest-failure-the-crystal-bubble-that-burst-9cffd4f462ec.
17. Proudfoot, “Almost Famous,” at 5:42.
18. “Avogo,” Kickstarter.
19. 以下でのビシュヌ・アタルのコメントより。“A Conversation with James West” (video), Acoustical Society of America, March 4, 2021, at 1:12:23, https://www.youtube.com/watch?v=yWExMa38o88.
20. Astro Teller, “The Unexpected Benefit of Celebrating Failure,” TED2016, https://www.ted.com/talks/astro_teller_the_unexpected_benefit_of_celebrating_failure.
21. Thomas M. Burton, “By Learning from Failures, Lilly Keeps Drug Pipeline Full,” *Wall Street Journal*, April 21, 2004, https://www.wsj.com/articles/SB108249266648388235.
22. このエピソードの詳細は以下を参照。Edmondson, *Teaming*, chap. 7.
23. Blake Morgan, “50 Leading Female Futurists,” *Forbes*, March 5, 2020, https://www.forbes.com/sites/blakemorgan/2020/03/05/50-leading-female-futurists/.
24. Amy Webb, “How I Hacked Online Dating,” TEDSalon NY, 2013, https://www.ted.com/talks/amy_webb_how_i_hacked_online_dating.
25. Carol S. Dweck, *Mindset: The New Psychology of Success* (New York: Ballantine, 2006)（『マインドセット：「やればできる!」の研究』キャロル・S・ドゥエック著、今西康子訳、草思社、2016年）.
26. Rachel Ross, “Who Invented the Traffic Light?,” Live Science, December 16, 2016, https://www.livescience.com/57231-who-invented-the-traffic-light.html.
27. Ibid.
28. Biography.com editors, “Garrett Morgan,” Biography（2021年11月4日に閲覧）, https://www.biography.com/inventor/garrett-morgan.
29. “Garrett Morgan Patents Three-Position Traffic Signal,” History（2021年10月24日に閲覧）, https://www.history.com/this-day-in-history/garrett-morgan-patents-three-position-traffic-signal.
30. “Engineering for Reuse: Chris Stark,” Engineering Design Workshop: Engineering Stories, Boston Museum of Science（2021年10月22日に閲覧）, https://virtualexhibits.mos.org/edw-engineering-stories.
31. ジェームズ・ウエストに関する情報は以下より引用した。“James West: Biography” and “James West: Digital Archive,” HistoryMakers（2021年10月23日に閲覧）, https://www.thehistorymakers.org/biography/james-west; “Meet Past President of ASA, Dr. Jim West,” *Acoustics Today* (blog), September 17, 2020, https://

acousticstoday.org/meet-past-president-of-asa-dr-jim-west/.
32. James West, "James West Talks about His Father's Career," interviewed by Larry Crowe, HistoryMakers A2013.039, February 13, 2013, HistoryMakers Digital Archive, sess. 1, tape 1, story 7.
33. "Meet Past President," *Acoustics Today.*
34. James West, "James West Talks about His Experience in the U.S. Army," interviewed by Larry Crowe, HistoryMakers A2013.039, February 13, 2013, HistoryMakers Digital Archive, sess. 1, tape 4, story 3.
35. James West, "James West Describes His Earliest Childhood Memories," interviewed by Larry Crowe, HistoryMakers A2013.039, February 13, 2013, HistoryMakers Digital Archive, sess. 1, tape 1, story 9.
36. James West, "James West Remembers Being Electrocuted at Eight Years Old," interviewed by Larry Crowe, HistoryMakers A2013.039, February 13, 2013, HistoryMakers Digital Archive, sess. 1, tape 2, story 5.
37. Ibid., at 5:23.
38. James West, "James West Talks about His Experience Interning at Bell Laboratories, Part 1," interviewed by Larry Crowe, HistoryMakers A2013.039, February 13, 2013, HistoryMakers Digital Archive, sess. 1, tape 4, story 5.
39. Ibid.
40. W. Kuhl, G. R. Schodder, and F.-K. Schröder, "Condenser Transmitters and Microphones with Solid Dielectric for Airborne Ultrasonics," *Acta Acustica United with Acustica* 4, no. 5 (1954): 519–32.
41. West, "James West Talks about His Experience Interning at Bell Laboratories, Part 1."
42. Ibid.
43. James West, "James West Talks about His Experience Interning at Bell Laboratories, Part 2," interviewed by Larry Crowe, HistoryMakers A2013.039, February 13, 2013, HistoryMakers Digital Archive, sess. 1, tape 4, story 6.
44. James West, "James West Talks about the Electret Microphone, Part 2," interviewed by Larry Crowe, HistoryMakers A2013.039, February 13, 2013, HistoryMakers Digital Archive, sess. 1, tape 5, story 5.
45. Biography.com editors, "James West," Biography（2022年12月2日に閲覧）, https://www.biography.com/inventor/james-west.
46. Tienlon Ho, "The Noma Way," *California Sunday Magazine*, February 2, 2016, https://story.californiasunday.com/noma-australia-rene-redzepi.
47. Ibid.
48. Stefan Chomka, "René Redzepi: 'With Noma 2.0, We Dare Again to Fail,' " 50 Best Stories, November 10, 2017, https://www.theworlds50best.com/stories/News/rene-redzepi-noma-dare-to-fail.html.
49. Tim Lewis, "Claus Meyer: The Other Man from Noma," *Observer* (blog), *Guardian*,

March 20, 2016, sec. Food, https://www.theguardian.com/lifeandstyle/2016/mar/20/claus-meyer-the-other-man-from-noma-copenhagen-nordic-kitchen-recipes.
50. René Redzepi, *René Redzepi Journal* (New York and London: Phaidon, 2013), 44.
51. Ho, "Noma Way."
52. Ibid.
53. Redzepi, *René Redzepi*, 18–19（2013 年 2 月 9 日の日記）.
54. Ibid., 19.
55. Chomka, "René Redzepi." 以下も参照。Pierre Deschamps et al., *Noma: My Perfect Storm* (Documentree Films, 2015).
56. Stefano Ferraro, "Stefano Ferraro, Head Pastry-Chef at Noma: Failing Is a Premise for Growth," trans. Slawka G. Scarso, Identità Golose Web Magazine internazionale di cucina, March 1, 2020, https://www.identitagolose.com/sito/en/116/25235/chefs-life-stories/stefano-ferraro-head-pastry-chef-at-noma-failing-is-a-premise-for-growth.html.
57. Redzepi, *René Redzepi*, 25.
58. Redzepi, *René Redzepi*, 48–49, Thursday, March 24.
59. Ho, "Noma Way."
60. Ibid.
61. Redzepi, *René Redzepi*, 160.
62. Ibid., 26.
63. Alessandra Bulow, "An Interview with René Redzepi," Epicurious, https://www.epicurious.com/archive/chefsexperts/celebrity-chefs/rene-redzepi-interview.
64. Deschamps et al., *Noma*.
65. "Noma," Michelin Guide（2022 年 12 月 1 日に閲覧）, https://guide.michelin.com/us/en/capital-region/copenhagen/restaurant/noma.
66. Redzepi, *René Redzepi*, 59.
67. Pete Wells, "Noma Spawned a World of Imitators, but the Restaurant Remains an Original," *New York Times*, January 9, 2023, https://www.nytimes.com/2023/01/09/dining/rene-redzepi-closing-noma-pete-wells.html?action=click&module=RelatedLinks&pgtype =Article.
68. 以下を参照。Amy C. Edmondson and Laura R. Feldman, "Phase Zero: Introducing New Services at IDEO (A)," Harvard Business School, Case 605-069, February 2005 (revised March 2013); Amy C. Edmondson and Kathryn S. Roloff, "Phase Zero: Introducing New Services at IDEO (B)," Harvard Business School, Supplement 606-123, June 2006 (revised March 2013).
69. IDEO に関する詳細や同社のデザインに対するユニークなアプローチについては以下を参照。Edmondson and Feldman, "Phase Zero."
70. "Bill Moggridge," IDEO（2021 年 10 月 22 日 に 閲 覧）, https://www.ideo.com/people/bill-moggridge.
71. Edmondson and Feldman, "Phase Zero."

72. 2009年に人気テレビ番組『ABC Nightline』でIDEOのチームが5日間で斬新なスーパーマーケット用ショッピングカートを開発する様子が特集された。カート自体も洗練されていて機能的だったが、番組の目玉はIDEOの企業文化と魅力的なデビッド・ケリーだった。ケリーは失敗の必要性を説くだけでなく、社内に並ぶ数々の失敗作を得意げに視聴者に披露した。"ABC *Nightline*—IDEO Shopping Cart," December 2, 2009, https://www.youtube.com/watch?v=M66ZU2PCIcM. 以下も参照。"Why You Should Talk Less and Do More," IDEO Design Thinking, October 30, 2013, https://designthinking.ideo.com/blog/why-you-should-talk-less-and-do-more.
73. Edmondson and Feldman, "Phase Zero," 2.
74. Ibid., 5.
75. Edmondson and Roloff, "Phase Zero."
76. "Eli Lilly's Alimta Disappoints," Yahoo! Finance, June 4, 2013, http://finance.yahoo.com/news/eli-lillys-alimta-disappoints-183302340.html. 以下も参照。Steven T. Szabo et al., "Lessons Learned and Potentials for Improvement in CNS Drug Development: ISCTM Section on Designing the Right Series of Experiments," *Innovations in Clinical Neuroscience* 12, no. 3, suppl. A (2015).
77. Eric Sagonowsky, "Despite Drug Launch Streak, Lilly Posts Rare Sales Decline as Alimta Succumbs to Generics," Fierce Pharma, August 4, 2022, https://www.fiercepharma.com/pharma/lillys-new-launches-shine-alimta-drags-sales.

第3章　人間は失敗する生き物だ

1. Chris Dolmetsch, Jennifer Surane, and Katherine Doherty, "Citi Trial Shows Chain of Gaffes Leading to $900 Million Blunder," *Bloomberg*, December 9, 2020, https://www.bloomberg.com/news/articles/2020-12-09/citi-official-shocked-over-900-million-error-as-trial-begins.
2. Eversheds Sutherland, "The Billion Dollar Bewail: Citibank Cannot Recover $900 Million Inadvertently Wired to Lenders," JD Supra, March 11, 2021, https://www.jdsupra.com/legalnews/the-billion-dollar-bewail-citibank-9578400/.
3. Atul Gawande, *The Checklist Manifesto: How to Get Things Right* (New York: Metropolitan Books and Henry Holt, 2010)（『アナタはなぜチェックリストを使わないのか？：重大な局面で"正しい決断"をする方法』アトゥール・ガワンデ著、吉田竜訳、晋遊舎、2011年）
4. この事故の分析については以下を参照。J. Richard Hackman, *Leading Teams: Setting the Stage for Great Performances* (Boston: Harvard Business School Press, 2002).
5. この基本的失敗についてさらに詳しく知りたい場合は以下を参照。Thomas Tracy, Nicholas Williams, and Clayton Guse, "Brooklyn Building Smashed by MTA Bus at Risk of Collapse, City Officials Say," *New York Daily News*, June 9, 2021, https://www.nydailynews.com/new-york/ny-brooklyn-mta-bus-crash-video-20210609-j5picmqwkfghbipx6w2omdu3dy-story.html.

6. " 'Disturbing' Video Emerges in MTA Bus Crash into Brooklyn Building Case" (video), *NBC News 4 New York*, June 9, 2021, at 1:06, https://www.nbcnewyork.com/on-air/as-seen-on/disturbing-video-emerges-in-mta-bus-crash-into-brooklyn-building-case/3097885/.
7. Martin Chulov, "A Year on from Beirut Explosion, Scars and Questions Remain," *Guardian*, August 4, 2021, sec. World News, https://www.theguardian.com/world/2021/aug/04/a-year-on-from-beruit-explosion-scars-and-questions-remain.
8. Sharon LaFraniere and Noah Weiland, "Factory Mix-Up Ruins Up to 15 Million Vaccine Doses from Johnson & Johnson," *New York Times*, March 31, 2021, sec. U.S., https://www.nytimes.com/2021/03/31/us/politics/johnson-johnson-coronavirus-vaccine.html.
9. Sharon LaFraniere, Noah Weiland, and Sheryl Gay Stolberg, "The F.D.A. Tells Johnson & Johnson That About 60 Million Doses Made at a Troubled Plant Cannot Be Used," *New York Times*, June 11, 2021, sec. U.S., https://www.nytimes.com/2021/06/11/us /politics/johnson-covid-vaccine-emergent.html.
10. LaFraniere, Weiland, and Stolberg, "F.D.A. Tells Johnson & Johnson."
11. LaFraniere and Weiland, "Factory Mix-Up Ruins."
12. 工場における問題のある安全文化について、さらに詳しく知りたい場合は以下を参照。Chris Hamby, Sharon LaFraniere, and Sheryl Gay Stolberg, "U.S. Bet Big on COVID Vaccine Manufacturer Even as Problems Mounted," *New York Times*, April 6, 2021, sec. U.S., https://www.nytimes.com/2021/04/06/us/covid-vaccines-emergent-biosolutions.html.
13. LaFraniere and Weiland, "Factory Mix-Up Ruins."
14. U.S. Centers for Disease Control and Prevention,"Sleep and Sleep Disorders," National Center for Chronic Disease Prevention and Health Promotion, Division of Population Health, September 7, 2022, https://www.cdc.gov/sleep/index.html.
15. 睡眠不足が運転に及ぼす負の影響については以下を参照。U.S. Centers for Disease Control and Prevention, "Drowsy Driving: Asleep at the Wheel," National Center for Chronic Disease Prevention and Health Promotion, Division of Population Health, November 21, 2022, https://www.cdc.gov/sleep/features/drowsy-driving.html.
16. Jeffrey H. Marcus and Mark R. Rosekind, "Fatigue in Transportation: NTSB Investigations and Safety Recommendations," *Injury Prevention: Journal of the International Society for Child and Adolescent Injury Prevention* 23, no. 4 (August 2017): 232–38, doi:10.1136/injuryprev-2015-041791.
17. Christopher P. Landrigan et al., "Effect of Reducing Interns' Work Hours on Serious Medical Errors in Intensive Care Units," *New England Journal of Medicine* 351, no. 18 (October 28, 2004): 1838–48, doi:10.1056/NEJMoa041406.
18. Josef Fritz et al., "A Chronobiological Evaluation of the Acute Effects of Daylight Saving Time on Traffic Accident Risk," *Current Biology* 30, no. 4 (February 2020): 729–35.e2, doi: 10.1016/j.cub.2019.12.045.

19. この事故についてさらに詳細は以下を参照。R. D. Marshall et al., *Investigation of the Kansas City Hyatt Regency Walkways Collapse*, NIST Publications, Building Science Series 143 (Gaithersburg, MD: National Institute of Standards and Technology, May 31, 1982), https://www.nist.gov/publications/investigation-kansas-city-hyatt-regency-walkways-collapse-nbs-bss-143.
20. Rick Montgomery, "20 Years Later: Many Are Continuing to Learn from Skywalk Collapse," *Kansas City Star*, July 15, 2001, A1（2017 年 5 月 20 日に元記事からアーカイブされた。https://web.archive.org/web/20160108175310/http://skywalk.kansascity.com/articles/20-years-later-many-are-continuing-learn-skywalk-collapse/）
21. Henry Petroski, *To Engineer Is Human: The Role of Failure in Successful Design*, 1st ed. (New York: Vintage, 1992), 88.（『人はだれでもエンジニア：失敗はいかにして成功のもとになるか』ヘンリー・ペトロスキ著、北村美都穂訳、パンローリング、2019 年）
22. Montgomery, "20 Years Later." 以下も参照。*Duncan v. Missouri Bd. for Architects*, 744 S.W.2d 524, January 26, 1998, https://law.justia.com/cases/missouri/court-of-appeals/1988/52655-0.html.
23. Staff, "Hyatt Regency Walkway Collapse," engineering.com, October 24, 2006, https://www.engineering.com/story/hyatt-regency-walkway-collapse.
24. Petroski, *To Engineer Is Human*.
25. Kansas City Public Library, "The Week in KC History: Hotel Horror,"（2021 年 11 月 9 日に閲覧）, https://kchistory.org/week-kansas-city-history/hotel-horror.
26. Montgomery, "20 Years Later."
27. "Champlain Towers South Collapse," National Institute of Standards and Technology, June 30, 2021, https://www.nist.gov/disaster-failure-studies/champlain-towers-south-collapse-ncst-investigation.
28. "Pets.com Latest High-Profile Dot-Com Disaster," CNET, January 2, 2002, https://www.cnet.com/news/pets-com-latest-high-profile-dot-com-disaster/.
29. Andrew Beattie, "Why Did Pets.com Crash So Drastically?," Investopedia, October 31. 2021, https://www.investopedia.com/ask/answers/08/dotcom-pets-dot-com.asp.
30. Kirk Cheyfitz, *Thinking inside the Box: The 12 Timeless Rules for Managing a Successful Business* (New York: Free Press, 2003), 30–32.（『「型はまり経営」のすすめ：時代に左右されないビジネス原則 12』カーク・チェイフィッツ著、嶋田水子訳、阪急コミュニケーションズ、2004 年）
31. Beattie, "Why Did Pets.com Crash."
32. Claire Cain Miller, "Chief of Pets.com Is Back, Minus the Sock Puppet," *New York Times*, August 1, 2008, sec. Bits, https://archive.nytimes.com/bits.blogs.nytimes.com/2008/08/01/chief-of-petscom-is-back-minus-the-sock-puppet/.
33. Julie Wainwright and Angela Mohan, *ReBoot: My Five Life-Changing Mistakes and How I Have Moved On* (North Charleston, SC: BookSurge, 2009), 63.
34. Maggie McGrath, Elana Lyn Gross, and Lisette Voytko, "50 over 50: The New

Golden Age," *Forbes*, https://www.forbes.com/50over50/2021/.
35. John Haltiwanger and Aylin Woodward, "Damning Analysis of Trump's Pandemic Response Suggested 40% of US COVID-19 Deaths Could Have Been Avoided," *Business Insider*, February 11, 2021, https://www.businessinsider.com/analysis-trump-covid-19-response-40-percent-us-deaths-avoidable-2021-2.
36. Steffie Woolhandler et al., "Public Policy and Health in the Trump Era," *Lancet* 397, no. 10275 (February 20, 2021): 705–53, doi: 10.1016/S0140-6736(20)32545-9. 以下も参照。Haltiwanger and Woodward, "Damning Analysis."
37. Gary Gereffi, "What Does the COVID-19 Pandemic Teach Us about Global Value Chains? The Case of Medical Supplies," *Journal of International Business Policy* 3 (2020): 287–301, doi: 10.1057/s42214-020-00062-w; Organisation for Economic Co-operation and Development, "The Face Mask Global Value Chain in the COVID-19 Outbreak: Evidence and Policy Lessons," OECD Policy Responses to Coronavirus (COVID-19), May 4, 2020, https://www.oecd.org/coronavirus/policy-responses/the-face-mask-global-value-chain-in-the-covid-19-outbreak-evidence-and-policy-lessons-a4df866d/.
38. Aishvarya Kavi, "Virus Surge Brings Calls for Trump to Invoke Defense Production Act," *New York Times*, July 22, 2020, sec. U.S., https://www.nytimes.com/2020/07/22/us/politics/coronavirus-defense-production-act.html.
39. Erin Griffith, "What Red Flags? Elizabeth Holmes Trial Exposes Investors' Carelessness," *New York Times*, November 4, 2021, sec. Technology, https://www.nytimes.com/2021/11/04/technology/theranos-elizabeth-holmes-investors-diligence.html.
40. Cathy van Dyck et al., "Organizational Error Management Culture and Its Impact on Performance: A Two-Study Replication," *Journal of Applied Psychology* 90, no. 6 (2005): 1228–40, doi:10.1037/0021-9010.90.6.1228; Michael Frese and Nina Keith, "Action Errors, Error Management, and Learning in Organizations," *Annual Review of Psychology* 66, no. 1 (2015): 661–87; Paul S. Goodman et al., "Organizational Errors: Directions for Future Research," *Research in Organizational Behavior* 31 (2011): 151–76, doi: 10.1016/j.riob.2011.09.003; Robert L. Helmreich, "On Error Management: Lessons from Aviation," *BMJ* 320, no. 7237 (2000): 781–85.
41. Carol Tavris and Elliot Aronson, *Mistakes Were Made (but Not by Me): Why We Justify Foolish Beliefs, Bad Decisions, and Hurtful Acts*, 3rd ed. (New York: Houghton Mifflin Harcourt, 2020)(『なぜあの人はあやまちを認めないのか：言い訳と自己正当化の心理学』キャロル・タヴリス、エリオット・アロンソン著、戸根由紀恵訳、河出書房新社、2009 年)
42. Lee Ross, "The Intuitive Psychologist and His Shortcomings: Distortions in the Attribution Process," *Advances in Experimental Social Psychology* 10 (1977): 173–220.
43. Donald Dosman, "Colin Powell's Wisdom," *Texas News Today* (blog), October 19, 2021, https://texasnewstoday.com/colin-powells-wisdom/504875/.

44. Dan Schawbel, "A Conversation with Colin Powell: What Startups Need to Know," *Forbes*, May 17, 2012, https://www.forbes.com/sites/danschawbel/2012/05/17/colin-powell-exclusive-advice-for-entrepreneurs/?sh=e72e3600251e.
45. Steven M. Norman, Bruce J. Avolio, and Fred Luthans, "The Impact of Positivity and Transparency on Trust in Leaders and Their Perceived Effectiveness," *Leadership Quarterly* 21, no. 3 (2010): 350–64, doi: 10.1016/j.leaqua.2010.03.002.
46. アルコアでのポール・オニールの優れた安全への取り組みについて詳細は以下を参照。Kim B. Clark and Joshua D. Margolis, "Workplace Safety at Alcoa (A)," Harvard Business School, Case 692-042, October 1991 (revised January 2000); Steven J. Spear, "Workplace Safety at Alcoa (B)," Harvard Business School, Case 600-068, December 1999 (revised March 2000); Charles Duhigg, *The Power of Habit: Why We Do What We Do in Life and Business* (New York: Random House Trade Paperback, 2014), chap. 4, 97–126.（『習慣の力』チャールズ・デュヒッグ著、渡会圭子訳、早川書房、2019年）
47. Duhigg, *Power of Habit*, 98.
48. Ibid.
49. Ibid., 99.
50. Ibid.
51. Ibid., 98.
52. Ibid.
53. Ibid., 99.
54. オニールのIHIでの講演より。IHI blogより引用。Patricia McGaffigan, "What Paul O'Neill Taught Health Care about Workforce Safety," April 28, 2020, https://www.ihi.org/communities/blogs/what-paul-o-neill-taught-health-care-about-workforce-safety.
55. Duhigg, *Power of Habit*, 116.
56. Ibid., 100.
57. Ibid.
58. "The Story of Sakichi Toyoda," Toyota Industries（2021年11月11日に閲覧）, https://www.toyota-industries.com/company/history/toyoda_sakichi/. 以下も参照。Nigel Burton, *Toyota MR2: The Complete Story* (Ramsbury, Marlborough, UK: Crowood Press, 2015).
59. Satoshi Hino, *Inside the Mind of Toyota: Management Principles for Enduring Growth* (New York: Productivity Press, 2006), 2.
60. Burton, *Toyota MR2*, 10.
61. James P. Womack, Daniel T. Jones, and Daniel Roos, *The Machine That Changed the World: The Story of Lean Production—Toyota's Secret Weapon in the Global Car Wars That Is Revolutionizing World Industry* (London: Free Press, 2007)（『リーン生産方式が、世界の自動車産業をこう変える。：最強の日本車メーカーを欧米が追い越す日』ジェームズ・P・ウォマック他著、沢田博訳、経済界、1990年）
62. Kazuhiro Mishina, "Toyota Motor Manufacturing, U.S.A., Inc.," Harvard Business School, Case 693-019, September 1992 (revised September 1995).

63. Ibid.
64. David Magee, *How Toyota Became #1: Leadership Lessons from the World's Greatest Car Company*, paperback ed. (New York: Portfolio, 2008).
65. Mary Louise Kelly, Karen Zamora, and Amy Isackson, "Meet America's Newest Chess Master, 10-Year-Old Tanitoluwa Adewumi," *All Things Considered*, NPR, May 11, 2021, https://www.npr.org/2021/05/11/995936257/meet-americas-newest-chess-master-10-year-old-tanitoluwa-adewumi.
66. "Yani Tseng Stays Positive After 73," *USA Today*, November 1, 2012, sec. Sports, https://www.usatoday.com/story/sports/golf/lpga/2012/11/15/cme-group-titleholders-yani-tseng/1707513/.
67. Tim Grosz, "Success of Proactive Safety Programs Relies on 'Just Culture' Acceptance," Air Mobility Command, February 5, 2014, https://www.amc.af.mil/News/Article-Display/Article/786907/success-of-proactive-safety-programs-relies-on-just-culture-acceptance/.
68. Amy C. Edmondson, "Learning from Mistakes Is Easier Said Than Done: Group and Organizational Influences on the Detection and Correction of Human Error," *Journal of Applied Behavioral Science* 32, no. 1 (March 1, 1996): 5–28.
69. ムラーリーのフォード再生について詳細は以下を参照。Bryce G. Hoffman, *American Icon: Alan Mulally and the Fight to Save Ford Motor Company* (New York: Crown Business, 2012); Amy C. Edmondson and Olivia Jung, "The Turnaround at Ford Motor Company," Harvard Business School, Case 621-101, April 2021 (revised March 2022).
70. Hoffman, *American Icon*, 102.
71. Alan Mulally, "Rescuing Ford," interview by Peter Day, *BBC Global Business*, October 16, 2010, https://www.bbc.co.uk/programmes/p00b5qjq.
72. Hoffman, *American Icon*, 124.
73. Alan Mulally, "Alan Mulally of Ford: Leaders Must Serve, with Courage" (video), Stanford Graduate School of Business, February 7, 2011, at 31:25, https://www.youtube.com/watch?v=ZIwz1KlKXP4.
74. Ibid., at 32:59.
75. Jan U. Hagen, *Confronting Mistakes: Lessons from the Aviation Industry When Dealing with Error* (Houndmills, Basingstoke, Hampshire, UK: Palgrave Macmillan, 2013).
76. Ibid., 143.
77. Ibid., 146, Figure 3.10.
78. Ibid., 145, Figure 3.9b.
79. Ibid., 148.
80. Susan P. Baker et al., "Pilot Error in Air Carrier Mishaps: Longitudinal Trends among 558 Reports, 1983–2002," *Aviation, Space, and Environmental Medicine* 79, no. 1 (January 2008): 2–6, 以下に引用された。Hagen, *Confronting Mistakes*, 143.

81. Andy Pasztor, "The Airline Safety Revolution," *Wall Street Journal*, April 16, 2021, sec. Life, https://www.wsj.com/articles/the-airline-safety-revolution-11618585543.
82. 以下などを参照。Kris N. Kirby and R. J. Herrnstein, "Preference Reversals Due to Myopic Discounting of Delayed Reward," *Psychological Science* 6, no. 2 (1995): 83–89. 「時間割引」は「現在バイアス」とも言われる。
83. Stephen J. Dubner, "In Praise of Maintenance," *Freakonomics*, episode 263, produced by Arwa Gunja, October 19, 2016, at 41:41, https://freakonomics.com/podcast/in-praise-of-maintenance/.
84. Gawande, *Checklist Manifesto*.
85. National Academy of Sciences, "The Hospital Checklist: How Social Science Insights Improve Health Care Outcomes," From Research to Reward, https://nap.nationalacademies.org/read/23510/.
86. "Doctor Saved Michigan $100 Million," *All Things Considered*, NPR, December 9, 2007, https://www.npr.org/templates/story/story.php?storyId=17060374.
87. Andy Pasztor, "Can Hospitals Learn about Safety from Airlines?," *Wall Street Journal*, September 2, 2021, https://www.wsj.com/articles/can-hospitals-learn-about-safety-from-airlines-11630598112.
88. Ibid.
89. Hagen, *Confronting Mistakes*, 7.
90. *Aircraft Accident Report: Eastern Airlines, Inc., L-1011, N310EA, Miami, Florida, December 29, 1972* (Washington, DC: National Transportation Safety Board, June 14, 1973).
91. CRM の歴史、原則、実践について詳しくは以下を参照。Barbara G. Kanki, José M. Anca, and Thomas Raymond Chidester, eds., *Crew Resource Management*, 3rd ed. (London: Academic Press, 2019).
92. Mark Mancini, "The Surprising Origins of Child-Proof Lids," Mental Floss, February 14, 2014, https://www.mentalfloss.com/article/54410/surprising-origins-child-proof-lids.
93. Shigeo Shingō and Andrew P. Dillon, *A Study of the Toyota Production System from an Industrial Engineering Viewpoint*, rev. ed. (Cambridge, MA: Productivity Press, 1989).
94. ノーマンについてさらに詳しくは彼のウェブサイトを参照。About Don Norman, December 21, 2020, https://jnd.org/about/.
95. 人間中心設計について詳しくは以下を参照。"What Is Human-Centered Design?," IDEO Design Kit, IDEO.org（2021年11月11日に閲覧）, https://www.designkit.org/human-centered-design.
96. Don Norman, "What Went Wrong in Hawaii, Human Error? Nope, Bad Design," *Fast Company*, January 16, 2018, https://www.fastcompany.com/90157153/don-norman-what-went-wrong-in-hawaii-human-error-nope-bad-design.
97. Pamela Laubheimer, "Preventing User Errors: Avoiding Unconscious Slips," Nielsen

Norman Group, August 23, 2015, https://www.nngroup.com/articles/slips/.
98. Ibid.
99. "How a Kitchen Accident Gave Birth to a Beloved Sauce," Goldthread, November 26, 2018, https://www.goldthread2.com/food/how-kitchen-accident-gave-birth-beloved-sauce/article/3000264.
100. Bee Wilson, "The Accidental Chef," *Wall Street Journal*, September 18, 2021, sec. Life, https://www.wsj.com/articles/the-accidental-chef-11631937661.
101. Ibid.

第４章　パーフェクトストーム

1. Richard Petrow, *The Black Tide: In the Wake of Torrey Canyon*, 1st UK ed. (United Kingdom: Hodder and Stoughton, 1968), 245.
2. Adam Vaughan, "*Torrey Canyon* Disaster—the UK's Worst-Ever Oil Spill 50 Years On," *Guardian*, March 18, 2017, sec. Environment, https://www.theguardian.com/environment/2017/mar/18/torrey-canyon-disaster-uk-worst-ever-oil-spill-50tha-anniversary.
3. Petrow, *Black Tide*, 246.
4. Ibid., 158.
5. Ibid., 182.
6. Ibid., 184.
7. Amy C. Edmonson, *The Fearless Organization: Creating Psychological Safety in the Workplace for Learning, Innovation, and Growth*, 1st ed. (Hoboken, NJ: John Wiley and Sons, 2019), chap. 3（『恐れのない組織：「心理的安全性」が学習・イノベーション・成長をもたらす』エイミー・C・エドモンドソン著、野津智子訳、英治出版、2021年）.
8. Wendy Lee and Amy Kaufman, "Search Warrant Reveals Grim Details of 'Rust' Shooting and Halyna Hutchins' Final Minutes," *Los Angeles Times*, October 26, 2021, sec. Company Town, https://www.latimes.com/entertainment-arts/business/story/2021-10-24/alec-baldwin-prop-gun-shooting-halyna-hutchins-search-warrant.
9. Wendy Lee and Amy Kaufman, " 'Rust' Assistant Director Admits He Didn't Check All Rounds in Gun before Fatal Shooting," *Los Angeles Times*, October 27, 2021, sec. Local, https://www.latimes.com/california/story/2021-10-27/rust-assistant-director-dave-halls-protocol-alec-baldwin-shooting.
10. Julia Jacobs and Graham Bowley, " 'Rust' Armorer Sues Supplier of Ammunition and Guns for Film Set," *New York Times*, January 13, 2022, sec. Movies, https://www.nytimes.com/2022/01/12/movies/rust-film-ammunition-supplier-sued.html.
11. Emily Crane, " 'Rust' Set Had Two 'Negligent Discharges' before Fatal Shooting, New Police Report Reveals," *New York Post*, December 5, 2022, https://nypost.com/2022/11/18/rust-set-had-two-negligent-discharges-before-fatal-shooting-cops/.

12. Matthew Shaer, "The Towers and the Ticking Clock," *New York Times Magazine*, January 28, 2022, https://www.nytimes.com/interactive/2022/01/28/magazine/miami-condo-collapse.html.
13. Ibid.
14. Kevin Lilley, "Navy Officer, 35, Dies in Off-Duty Diving Mishap," *Navy Times*, June 7, 2018, https://www.navytimes.com/news/your-navy/2018/06/05/navy-officer-35-dies-in-off-duty-diving-mishap/.
15. Gareth Lock, *If Only . . .* (documentary) (Human Diver, 2020), at 34:03, https://vimeo.com/414325547.
16. Ibid.
17. Ibid.
18. Meg James, Amy Kaufman, and Julia Wick, "The Day Alec Baldwin Shot Halyna Hutchins and Joel Souza," *Los Angeles Times*, October 31, 2021, sec. Company Town, https://www.latimes.com/entertainment-arts/business/story/2021-10-31/rust-film-alec-baldwin-shooting-what-happened-that-day.
19. Mark D. Cannon and Amy C. Edmondson, "Failing to Learn and Learning to Fail (Intelligently): How Great Organizations Put Failure to Work to Innovate and Improve," *Long Range Planning* 38, no. 3 (June 1, 2005): 299–319.
20. Vaughan, "*Torrey Canyon* Disaster."
21. Raffi Khatchadourian, "Deepwater Horizon's Lasting Damage," *New Yorker*, March 6, 2011, http://www.newyorker.com/magazine/2011/03/14/the-gulf-war.
22. Vaughan, "*Torrey Canyon* Disaster."
23. Ved P. Nanda, "The *Torrey Canyon* Disaster: Some Legal Aspects," *Denver Law Review* 44, no. 3 (January 1967): 400–425.
24. Vaughan, "*Torrey Canyon* Disaster."
25. Alan Levin, "Lion Air Jet's Final Plunge May Have Reached 600 Miles per Hour," *Bloomberg*, November 2, 2018, https://www.bloomberg.com/news/articles/2018-11-03/lion-air-jet-s-final-plunge-may-have-reached-600-miles-per-hour.
26. Tim Hepher, Eric M. Johnson, and Jamie Freed, "How Flawed Software, High Speed, Other Factors Doomed an Ethiopian Airlines 737 MAX," *Reuters*, April 5, 2019.
27. Bill Chappell and Laurel Wamsley, "FAA Grounds Boeing 737 Max Planes in U.S., Pending Investigation," NPR, March 13, 2019, sec. Business, https://www.npr.org/2019/03/13/702936894/ethiopian-pilot-had-problems-with-boeing-737-max-8-flight-controls-he-wasnt-alon.
28. Sumit Singh, "The Merger of McDonnell Douglas and Boeing—a History," Simple Flying, September 29, 2020, https://simpleflying.com/mcdonnel-douglas-boeing-merger/.
29. Jerry Useem, "The Long-Forgotten Flight That Sent Boeing off Course," *Atlantic*, November 20, 2019, https://www.theatlantic.com/ideas/archive/2019/11/how-boeing-lost-its-bearings/602188/.

30. Ibid.
31. Natasha Frost, "The 1997 Merger That Paved the Way for the Boeing 737 Max Crisis," Quartz, January 3, 2020, https://www.yahoo.com/video/1997-merger-paved-way -boeing-090042193.html. 以下も参照。Michael A. Roberto, *Boeing 737 MAX: Company Culture and Product Failure* (Ann Arbor, MI: WDI Publishing, 2020).
32. Roberto, *Boeing 737 MAX*.
33. Ibid.
34. Ibid.
35. Ibid., 6.
36. Ibid., 7.
37. David Gelles, " 'I Honestly Don't Trust Many People at Boeing': A Broken Culture Exposed," *New York Times*, January 10, 2020, sec. Business, https://www.nytimes.com/2020/01/10/business/boeing-737-employees-messages.html.
38. Ibid.
39. Dominic Gates, Steve Miletich, and Lewis Kamb, "Boeing Rejected 737 MAX Safety Upgrades before Fatal Crashes, Whistleblower Says," *Seattle Times*, October 2, 2019, https://www.seattletimes.com/business/boeing-aerospace/boeing-whistleblowers-complaint-says-737-max-safety-upgrades-were-rejected-over-cost/.
40. Ibid.
41. Natalie Kitroeff and David Gelles, "Claims of Shoddy Production Draw Scrutiny to a Second Boeing Jet," *New York Times*, April 20, 2019, sec. Business, https://www.nytimes.com/2019/04/20/business/boeing-dreamliner-production-problems.html; Amy C. Edmondson, "Boeing and the Importance of Encouraging Employees to Speak up," *Harvard Business Review*, May 1, 2019, https://hbr.org/2019/05/boeing-and-the-importance-of-encouraging-employees-to-speak-up.
42. U.S. Department of Justice, "Boeing Charged with 737 Max Fraud Conspiracy and Agrees to Pay over $2.5 Billion" (press release), Office of Public Affairs, January 7, 2021, https://www.justice.gov/opa/pr/boeing-charged-737-max-fraud-conspiracy-and-agrees-pay-over-25-billion.
43. "Equifax Data Breach," Electronic Privacy Information Center, n.d., https://archive.epic.org/privacy/data-breach/equifax/.
44. 2017年10月2日の米連邦議会下院エネルギー・商業委員会、デジタル商取引と消費者保護に関する小委員会のためにリチャード・F・スミスが準備した証言（エクイファクスCEO、リチャード・スミスの発言）。
45. D・T・マックスは家庭内で起きた一連の出来事をまとめて「誤ってハードドライブを廃棄してしまった」と表現している。ハウェルズはデスクを整理している際にハードドライブを見つけ、本当に捨てるべきものと一緒にゴミ袋に入れた。その晩ハウェルズは妻との会話で、ゴミ袋を町のゴミ捨て場に捨てに行くと語った。その時点でハウェルズはハードドライブは捨ててはいけないことを認識していたが、ゴミ袋から回収する時間は十分あると思っていた。翌朝、妻がハウェルズに何も言わず

にゴミ袋をゴミ捨て場に持って行ってしまった。きわめて人間的で、取り返しのつかない過ちだ。詳しくは以下を参照。D. T. Max, "Half a Billion in Bitcoin, Lost in the Dump," *New Yorker*, December 6, 2021, https://www.newyorker.com/magazine/2021/12/13/half-a-billion-in-bitcoin-lost-in-the-dump.
46. Rita Gunther McGrath, "The World Is More Complex Than It Used to Be," *Harvard Business Review*, August 31, 2011, https://hbr.org/2011/08/the-world-really-is-more-compl.
47. Lazaro Gamio and Peter S. Goodman, "How the Supply Chain Crisis Unfolded," *New York Times*, December 5, 2021, sec. Business, https://www.nytimes.com/interactive/2021/12/05/business/economy/supply-chain.html.
48. Chris Clearfield and András Tilcsik, *Meltdown* (New York: Penguin, 2018), 78（『巨大システム失敗の本質：「組織の壊滅的失敗」を防ぐたった一つの方法』クリス・クリアフィールド、アンドラーシュ・ティルシック著、櫻井祐子訳、東洋経済新報社、2018年）
49. Amy C. Edmondson, "Learning from Failure in Health Care: Frequent Opportunities, Pervasive Barriers," *Quality and Safety in Health Care* 13, suppl. 2 (December 1, 2004): ii3–9.
50. Lucian L. Leape, "Error in Medicine," *JAMA* 272, no. 23 (December 21, 1994): 1851–57, doi: 10.1001/jama.1994.03520230061039; Lisa Sprague, "Reducing Medical Error: Can You Be as Safe in a Hospital as You Are in a Jet?," *National Health Policy Forum* 740 (May 14, 1999): 1–8.
51. Andy Pasztor, "Can Hospitals Learn about Safety from Airlines?," *Wall Street Journal*, September 2, 2021, https://www.wsj.com/articles/can-hospitals-learn-about-safety-from -airlines-11630598112.
52. Edmondson, "Learning from Failure."
53. Charles Perrow, *Normal Accidents: Living with High-Risk Technologies* (Princeton, NJ: Princeton University Press, 1999).
54. Clearfield and Tilcsik, *Meltdown*, 57.
55. Perrow, *Normal Accidents*. 以下も参照。Andrew Hopkins, "The Limits of Normal Accident Theory," *Safety Science* 32 (1999): 93–102.
56. Amy C. Edmondson, "Learning from Mistakes Is Easier Said Than Done: Group and Organizational Influences on the Detection and Correction of Human Error," *Journal of Applied Behavioral Science* 32, no. 1 (March 1, 1996).
57. Amy Edmondson, Michael E. Roberto, and Anita Tucker, "Children's Hospital and Clinics (A)," Harvard Business School, Case 302-050, November 2001 (revised September 2007), 1–2.
58. James Reason, "Human Error: Models and Management," BMJ 320, no. 7237 (2000): 768–70.
59. Karlene H. Roberts, "New Challenges in Organizational Research: High Reliability Organizations," *Industrial Crisis Quarterly* 3, no. 2 (June 1, 1989): 111–25; Gene I.

Rochlin, "Reliable Organizations: Present Research and Future Directions," *Journal of Contingencies and Crisis Management* 4, no. 2 (June 1996): 55–59, doi: 10.1111/j.1468-5973.1996 .tb00077.x.
60. Karl E. Weick, Kathleen M. Sutcliffe, and David Obstfeld, "Organizing for High Reliability: Processes of Collective Mindfulness," in *Research in Organizational Behavior* 21, eds. R. I. Sutton and B. M. Staw (Amsterdam: Elsevier Science/JAI Press, 1999): 81–123.
61. Bethan Bell and Mario Cacciottolo, "*Torrey Canyon* Oil Spill: The Day the Sea Turned Black," BBC News, March 17, 2017, sec. England, https://www.bbc.com/news/uk-england-39223308.
62. "The Oil Pollution Act of 1990," U.S. Environmental Protection Agency, Public Law 101-380, 33 U.S. Code § 2701, https://www.law.cornell.edu/uscode/text/33/2701.
63. Bell and Cacciottolo, "*Torrey Canyon* Oil Spill."
64. Ibid.
65. Joe Hernandez, "The Fatal Shooting of Halyna Hutchins Is Prompting Calls to Ban Real Guns from Sets," *Morning Edition*, NPR, October 24, 2021, https://www.northcountrypublicradio.org/news/npr/1048830998/the-fatal-shooting-of-halyna-hutchins-is-prompting-calls-to-ban-real-guns-from-sets.
66. Lock, *If Only* . . .
67. コロンビア号事故のエピソードは以下より引用。Michael Roberto, Richard M. J. Bohmer, and Amy C. Edmondson, "Facing Ambiguous Threats," *Harvard Business Review* 84, no. 11 (November 2006): 106–13.
68. Rodney Rocha, "Accidental Case Study of Organizational Silence & Communication Breakdown: Shuttle *Columbia*, Mission STS-107" (presentation), HQ-E-DAA-TN22458, September 2011, https://ntrs.nasa.gov/citations/20150009327.
69. 確証バイアスを証明する初期の研究は以下を参照。Clifford R. Mynatt, Michael E. Doherty, and Ryan D. Tweney, "Confirmation Bias in a Simulated Research Environment: An Experimental Study of Scientific Inference," *Quarterly Journal of Experimental Psychology* 29, no. 1 (February 1977): 85–95, doi: 10.1080/00335557743000053.
70. Federal Deposit Insurance Corporation (FDIC), *Crisis and Response: An FDIC History, 2008–2013* (Washington, DC: FDIC, 2017).
71. Columbia *Accident Investigation Board Report*, vol. 1 (Washington, DC: National Aeronautics and Space Administration, August 2003).
72. Roberto, *Boeing 737 MAX*.
73. "Rapid Response Teams: The Case for Early Intervention," Improvement Stories, https://www.ihi.org/resources/Pages/ImprovementStories/RapidResponseTeamsTheCaseforEarlyIntervention.aspx.
74. Jason Park, *Making Rapid Response Real: Change Management and Organizational Learning in Patient Care* (Lanham, MD: University Press of America, 2010).

75. Majid Sabahi et al., "Efficacy of a Rapid Response Team on Reducing the Incidence and Mortality of Unexpected Cardiac Arrests," *Trauma Monthly* 17, no. 2 (2012): 270–74, doi: 10.5812/traumamon.4170.
76. Ibid.
77. Michael A. Roberto, *Know What You Don't Know: How Great Leaders Prevent Problems Before They Happen* (Upper Saddle River, NJ: Pearson Prentice Hall, 2009)（『なぜ危機に気づけなかったのか：組織を救うリーダーの問題発見力』マイケル・A・ロベルト著、飯田恒夫訳、英治出版、2010 年）; Park, *Making Rapid Response Real*.
78. Roberto, *Know What You Don't Know*, 5–6.

第５章　「われわれはすでに敵と遭遇している。それはわれわれ自身だ」

1. ヘッジファンドであるブリッジウォーターの投資判断にはさほど制約はない。ヘッジファンドは高リターンを求めるために高リスクを厭わない投資家向けに、高度な投資方法を用いて金融資産を取引する金融サービス機関だ。一般の銀行や投資信託と比べて、ヘッジファンドは政府による規制をほとんど受けず、顧客の多くは富裕な個人や法人である。ヘッジファンドについてさらに詳しい情報は以下を参照。"Hedge Funds," U.S. Securities and Exchange Commission, https://www.investor.gov/introduction-investing/investing-basics/investment-products/private-investment-funds/hedge-funds.
2. David John Marotta, "Longest Economic Expansion in United States History," *Forbes*, January 21, 2020, https://www.forbes.com/sites/davidmarotta/2020/01/21/longest-economic-expansion-in-united-states-history/.
3. Ray Dalio, "Billionaire Ray Dalio on His Big Bet That Failed: 'I Went Broke and Had to Borrow $4,000 from My Dad," CNBC, December 4, 2019, https://www.cnbc.com/2019/12/04/billionaire-ray-dalio-was-once-broke-and-borrowed-money-from-his-dad-to-pay-family-bills.html.
4. Ibid.
5. Ibid.
6. Daniel Goleman, *Vital Lies, Simple Truths: The Psychology of Self-Deception* (New York: Simon & Schuster, 1985).
7. Rich Ling, "Confirmation Bias in the Era of Mobile News Consumption: The Social and Psychological Dimensions," *Digital Journalism* 8, no. 5 (2020): 596–604.
8. Yiran Liu et al., "Narcissism and Learning from Entrepreneurial Failure," *Journal of Business Venturing* 34, no. 3 (May 1, 2019): 496–521, doi: 10.1016/j.jbusvent.2019.01.003.
9. Tomas Chamorro-Premuzic, "Why We Keep Hiring Narcissistic CEOs," *Harvard Business Review*, November 29, 2016, https://hbr.org/2016/11/why-we-keep-hiring-narcissistic-ceos; Jean M. Twenge et al., "Egos Inflating over Time: A Cross-Temporal

Meta-Analysis of the Narcissistic Personality Inventory," *Journal of Personality* 76, no. 4 (July 2008): 875–902, discussion at 903–28, doi: 10.1111/j.1467-6494.2008.00507.x.
10. Joseph LeDoux, *The Emotional Brain* (New York: Simon & Schuster Paperbacks, 1996).
11. Daniel Kahneman, *Thinking, Fast and Slow* (New York: Farrar, Straus and Giroux, 2011) (『ファスト＆スロー：あなたの意思はどのように決まるか?』ダニエル・カーネマン著、村井章子訳、早川書房、2014年).
12. Jennifer J. Kish-Gephart et al., "Silenced by Fear: The Nature, Sources, and Consequences of Fear at Work," *Research in Organizational Behavior* 29 (December 31, 2009): 163–93.
13. Lauren Eskreis-Winkler and Ayelet Fishbach, "Not Learning from Failure—the Greatest Failure of All," *Psychological Science* 30, no. 12 (December 1, 2019): 1733–44.
14. Ibid., 1733.
15. Lauren Eskreis-Winkler and Ayelet Fishbach, "Hidden Failures," *Organizational Behavior and Human Decision Processes* 157 (2020): 57–67.
16. K. C. Diwas, Bradley R. Staats, and Francesca Gino, "Learning from My Success and from Others' Failure: Evidence from Minimally Invasive Cardiac Surgery," Harvard Business School, Working Paper 12-065, July 19, 2012, https://hbswk.hbs.edu/item/learning-from-my-success-and-from-others-failure-evidence-from-minimally-invasive-cardiac-surgery.
17. いくつか例を挙げる。Catherine H. Tinsley, Robin L. Dillion, and Matthew A. Cronin, "How Near-Miss Events Amplify or Attenuate Risky Decision Making," *Management Science* 58, no. 9 (September 2012): 1596–1613; Palak Kundu et al., "Missing the Near Miss: Recognizing Valuable Learning Opportunities in Radiation Oncology," *Practical Radiation Oncology* 11, no. 2 (2021): e256–62; Olivia S. Jung et al., "Resilience vs. Vulnerability: Psychological Safety and Reporting of Near Misses with Varying Proximity to Harm in Radiation Oncology," *Joint Commission Journal on Quality and Patient Safety* 47, no. 1 (January 2021): 15–22.
18. Brené Brown, "Listening to Shame," TED2012, at 14:47, https://www.ted.com/talks/brene_brown_listening_to_shame?language=sc.
19. Brené Brown, "Shame Resilience Theory: A Grounded Theory Study on Women and Shame," *Families in Society* 87, no. 1 (2006): 43–52, doi: 10.1606/1044-3894.3483.
20. Robert Karen, "Shame," *Atlantic Monthly*, February 1992, 40–70; Paul Trout, "Education & Academics," *National Forum* 80, no. 4 (Fall 2000): 3–7.
21. Brown, "Listening to Shame," at 14:13.
22. "Instagram Worsens Body Image Issues and Erodes Mental Health," Weekend Edition Sunday, September 26, 2021, https://www.npr.org/2021/09/26/1040756541/instagram-worsens-body-image-issues-and-erodes-mental-health.
23. Nicole Wetsman, "Facebook's Whistleblower Report Confirms What Researchers Have Known for Years," Verge, October 6, 2021, https://www.theverge.

com/2021/10/6/22712927/facebook-instagram-teen-mental-health-research.
24. Georgia Wells, Jeff Horwitz, and Deepa Seetharaman, "Facebook Knows Instagram Is Toxic for Teen Girls, Company Documents Show," *Wall Street Journal*, September 14, 2021.
25. Nadia Khamsi, "Opinion: Social Media and the Feeling of Inadequacy," *Ryersonian. Ca* (blog), September 25, 2017, https://ryersonian.ca/opinion-social-media-and-the-feeling-of-inadequacy/.
26. Melissa G. Hunt et al., "No More FOMO: Limiting Social Media Decreases Loneliness and Depression," *Journal of Social and Clinical Psychology* 37, no. 10 (December 2018): 751–68, doi: 10.1521/jscp.2018.37.10.751.
27. Alice G. Walton, "New Studies Show Just How Bad Social Media Is for Mental Health," *Forbes*, November 16, 2018, https://www.forbes.com/sites/alicegwalton/2018/11/16/new-research-shows-just-how-bad-social-media-can-be-for-mental-health/.
28. 社会的比較理論のレビューの例として、以下のすばらしい文献を参照。Abraham P. Buunk and Frederick X. Gibbons, "Social Comparison: The End of a Theory and the Emergence of a Field," *Organizational Behavior and Human Decision Processes* 102, no. 1 (January 2007): 3–21.
29. Walton, "New Studies Show."
30. Jeré Longman, "Simone Biles Rejects a Long Tradition of Stoicism in Sports," *New York Times*, July 28, 2021, sec. Sports, https://www.nytimes.com/2021/07/28/sports/olympics/simone-biles-mental-health.html.
31. Camonghne Felix, "Simone Biles Chose Herself," Cut, September 27, 2021, https://www.thecut.com/article/simone-biles-olympics-2021.html.
32. Ibid.
33. Ibid. バイルズがチームメイトを１人ひとり抱きしめながら「ごめんね、みんなのことは大好き。きっとうまくいくよ」と言い聞かせた、と書かれている。
34. Brené Brown, *The Power of Vulnerability* (TEDxHouston, Houston, TX, 2010), https://www.ted.com/talks/brene_brown_the_power_of_vulnerability/, 17:00.
35. Adam Grant, *Think Again: The Power of Knowing What You Don't Know* (New York: Viking, 2021)（『THINK AGAIN 発想を変える、思い込みを手放す』アダム・グラント著、楠木建監訳、三笠書房、2022 年）
36. Viktor E. Frankl, *Man's Search for Meaning* (Boston: Beacon Press, 2006)（『夜と霧』ヴィクトール・E・フランクル著、池田香代子訳、みすず書房、2002 年）
37. Carol Dweck, "Developing a Growth Mindset with Carol Dweck" (video), Stanford Alumni, October 9, 2014, at 9:37, https://www.youtube.com/watch?v=hiiEeMN7vbQ. 以下も参照。Carol Dweck, "The Power of Believing That You Can Improve," TEDxNorrkoping, December 17, 2014, at 10:11, https://www.ted.com/talks/carol_dweck_the_power_of_believing_that_you_can_improve?language=en.
38. サティア・ナデラとの ZOOM を通じたインタビューより。SIP (Short Intensive

Program): Putting Purpose to Work 5033, Harvard Business School, December 14, 2021.
39. クリス・アージリスの業績については以下に詳細に書いた。Amy C. Edmondson, "Three Faces of Eden: The Persistence of Competing Theories and Multiple Diagnoses in Organizational Intervention Research," *Human Relations* 49, no. 5 (1996): 571–95. 私がアージリスの対人間行動についての優れた知見に初めて触れた以下の著作も推奨する。Chris Argyris, *Reasoning, Learning and Action* (San Francisco: Jossey-Bass, 1982).
40. Jonathan Cohen (@JonathanCohenMD), "One of My Favorite Parts of GRs: Sharing #PsychologicalSafety Lessons," Twitter, January 9, 2022, 11:07 a.m., https://twitter.com/JonathanCohenMD/status/1480209559159513091.
41. ラリー・ウィルソンについて詳しくは以下を参照。Larry Wilson and Hersch Wilson, *Play to Win: Choosing Growth over Fear in Work and Life* (Austin, TX: Bard Press, 1998).
42. Maxie C. Maultsby Jr., *Rational Behavior Therapy* (Seaton Foundation, 1990).
43. Albert Ellis and Debbie Joffe Ellis, *All Out! An Autobiography* (Amherst, NY: Prometheus Books, 2010).
44. Mariusz Wirga, Michael DeBernardi, and Aleksandra Wirga, "Our Memories of Maxie C. Maultsby Jr., 1932–2016," *Journal of Rational-Emotive & Cognitive Behavior Therapy* 37 (2019): 316–24, doi: 10.1007/s10942-018-0309-3.
45. Ibid.
46. Ibid., 319. 以下より引用。Charles H. Epps, Davis G. Johnson, and Audrey L. Vaughan, *African American Medical Pioneers* (Betz Publishing, 1994).
47. Wirga, DeBernardi, and Wirga, "Our Memories," 319, drawing from Maxie C. Maultsby Jr., "Rational Behavior Therapy," in *Behavior Modification in Black Populations*, eds. Samuel S. Turner and Russell T. Jones (New York: Plenum Press, 1982), 151–70.
48. Wirga, DeBernardi, and Wirga, "Our Memories."
49. Maxie Clarence Maultsby Jr., *Help Yourself to Happiness: Through Rational Self-Counseling* (New York: Institute for Rational Living, 1975), 22–23.
50. Wilson and Wilson, *Play to Win*.
51. Wilson and Wilson, *Play to Win*.
52. アージリスの業績の一例として以下を参照。Chris Argyris, *Knowledge for Action: A Guide to Overcoming Barriers to Organizational Change* (San Francisco: Jossey-Bass, 1993).
53. Ray Dalio, *Principles: Life and Work* (New York: Simon & Schuster, 2017), 36（『PRINCIPLES：人生と仕事の原則』レイ・ダリオ著、斎藤聖美訳、日本経済新聞出版社、2019年）
54. Ibid.
55. Ibid.

56. Franz J. Vesely, "Alleged Quote," https://www.viktorfrankl.org/quote_stimulus.html.

第６章　状況と結果

1. Dolly Parton (@DollyParton), "We Cannot Direct the Wind, but We Can Adjust the Sails!," Twitter, September 25, 2014, 12:59p.m., https://twitter.com/dollyparton/status/515183726918389761.

2. Boyd Watkins, "Guest Gamer: An Interview with Boyd Watkins," interview by Sivasailam "Thiagi" Thiagarajan and Raja Thiagarajan, Thiagi Gameletter, 2009, https://thiagi.net/archive/www/pfp/IE4H/september2009.html#GuestGamer.

3. Fiona Lee et al., "The Mixed Effects of Inconsistency on Experimentation in Organizations," *Organization Science* 15, no. 3 (May–June 2004): 310–26, doi: 10.1287/orsc.1040.0076.

4. Amy C. Edmondson, *Teaming: How Organizations Learn, Innovate, and Compete in the Knowledge Economy* (San Francisco: Jossey-Bass, 2012), chap. 1（『チームが機能するとはどういうことか：「学習力」と「実行力」を高める実践アプローチ』エイミー・C・エドモンドソン著、野津智子訳、英治出版、2014 年）第１章 .

5. " 'I'm Not Wrong': Taxi Driver Says He's Not Responsible for Sleeping Boy Left Alone in Cab," WBZ-CBS Boston, March 3, 2022, https://boston.cbslocal.com/2022/03/03/child-left-alone-in-taxi-weston-dorchester-massachusetts-state-police-logan-airport/.

6. Jeff Nilsson, " 'It Doesn't Have to Be Perfect': Honoring the Julia Child Centennial," *Saturday Evening Post*, August 11, 2012, https://www.saturdayeveningpost.com/2012/08/julia-child/.

7. Lee Ross and Andrew Ward, "Naïve Realism: Implications for Social Conflict and Misunderstanding," in *Values and Knowledge*, ed. Terrance Brown, Edward S. Reed, and Elliot Turiel (Mahwah, NJ: Lawrence Erlbaum Associates, January 1996), 103–35.

8. Bill Garrett, "Coke's Water Bomb," BBC News Online, June 1, 2004, sec. BBC Money Programme, http://news.bbc.co.uk/2/hi/business/3809539.stm.

9. Michael McCarthy, "Pure? Coke's Attempt to Sell Tap Water Backfires in Cancer Scare," *Independent*, March 20, 2004, sec. Environment, https://web.archive.org/web/20080522154932/http:/www.independent.co.uk/environment/pure-cokes-attempt-to-sell-tap-water-backfires-in-cancer-scare-567004.html.

10. Tom Scott, "Why You Can't Buy Dasani Water in Britain" (video), March 9, 2020, at 9:58, https://www.youtube.com/watch?v=wD79NZroV88.

11. "Water World Braced for Dasani," *Grocer*, September 5, 2003.

12. "Coke Recalls Controversial Water," BBC News, March 19, 2004, http://news.bbc.co.uk/2/hi/business/3550063.stm.

13. Scott, "Why You Can't Buy Dasani."

14. Ibid.

15. Alex Wayne, "Obamacare Website Costs Exceed $2 Billion, Study Finds," Bloomberg, September 24, 2014, https://www.bloomberg.com/news/articles/2014-09-24/obamacare-website-costs-exceed-2-billion-study-finds.
16. Leonard A. Schlesinger and Paras D. Bhayani, "HealthCare.gov: The Crash and the Fix (A)," Harvard Business School, Case 315-129, June 9, 2015 (revised November 1, 2016).
17. Brian Kenny, "The Crash and the Fix of HealthCare.gov," Cold Call (podcast), n.d., https://hbr.org/podcast/2016/11/the-crash-and-the-fix-of-healthcare-gov.
18. Robert Safian, "President Obama: The Fast Company Interview," *Fast Company*, June 15, 2015, https://www.fastcompany.com/3046757/president-barack-obama-on-what-we-the-people-means-in-the-21st-century.
19. Amy Goldstein, "HHS Failed to Heed Many Warnings That HealthCare.gov Was in Trouble," *Washington Post*, February 23, 2016, sec. Health & Science, https://www.washingtonpost.com/national/health-science/hhs-failed-to-heed-many-warnings-that-healthcaregov-was-in-trouble/2016/02/22/dd344e7c-d67e-11e5-9823-02b905009f99_story.html.
20. Leonard A. Schlesinger and Paras D. Bhayani, "HealthCare.gov: The Crash and the Fix (B)," Harvard Business School, June 9, 2015, 4.
21. Steven Brill, *America's Bitter Pill: Money, Politics, Backroom Deals, and the Fight to Fix Our Broken Healthcare System* (New York: Random House, 2015), 362.
22. Ibid., 2. 以下も参照。Brill, *America's Bitter Pill*, 361–62.
23. Asher Mullard, "Parsing Clinical Success Rates," *Nature Reviews Drug Discovery* 15, no. 447 (2016).

第７章　システムを理解する

1. W. Edwards Deming, Dr. Deming's Four Day Seminar, Phoenix, AZ, February 1993, https://deming.org/a-bad-system-will-beat-a-good-person-every-time/.
2. Richard Sandomir, "Spencer Silver, an Inventor of Post-it Notes, Is Dead at 80," *New York Times*, May 13, 2021, sec. Business, https://www.nytimes.com/2021/05/13/business/spencer-silver-dead.html.
3. Claudia Flavell-While, "Spencer Silver and Arthur Fry: In Search of an Application," *Chemical Engineer*, March 9, 2018.
4. Amy C. Edmondson, *A Fuller Explanation: The Synergetic Geometry of R. Buckminster Fuller, Design Science Collection* (Boston: Birkhäuser, 1987), chap. 2.
5. E. A. Katz, "Chapter 13: Fullerene Thin Films as Photovoltaic Material," in *Nanostructured Materials for Solar Energy Conversion*, ed. Tetsuo Soga (Amsterdam: Elsevier, 2006), 363.
6. 私が影響を受けた研究をいくつか挙げる。David Kantor and Lehr William, *Inside the Family* (HarperCollins, 1976)（『家族の内側：家族システム理論入門』D・カンター、

W・レアー共著、野々山久也訳、垣内出版、1988年）; Jay W. Forrester, "Industrial Dynamics—after the First Decade," *Management Science* 14, no. 7 (1968): 398–415; Peter M. Senge, *The Fifth Discipline: The Art and Practice of the Learning Organization* (New York: Currency, 1990)（『学習する組織：システム思考で未来を創造する』ピーター・M・センゲ 著、枝廣淳子、小田理一郎、中小路佳代子訳、英治出版、2011年）; W. Richard Scott and Gerald F. Davis, *Organizations and Organizing: Rational, Natural and Open Systems Perspectives* (Abingdon-on-Thames, Oxfordshire, UK: Routledge, 2015); Elinor Ostrom, "A General Framework for Analyzing Sustainability of Social-Ecological Systems," *Science* 325, no. 5939 (2009): 419–22.

7. Peter Dizikes, "The Secrets of the System," *MIT News*, May 3, 2012, https://news.mit.edu/2012/manufacturing-beer-game-0503.
8. Hau L. Lee, V. Padmanabhan, and Seungjin Whang, "The Bullwhip Effect in Supply Chains," *MIT Sloan Management Review*, Spring 1997, 11.
9. Senge, *Fifth Discipline*.
10. Ibid.
11. Michael Waters, "Supply Chain Container Ships Have a Size Problem," *Wired*, December 12, 2021, https://www.wired.com/story/supply-chain-shipping-logistics/.
12. Nadeen Ebrahim, "*Ever Given* Container Ship Leaves Suez Canal 106 Days after Getting Stuck," Reuters, July 7, 2021, https://www.reuters.com/world/ever-given-container-ship-set-leave-suez-canal-2021-07-07/.
13. Waters, "Supply Chain Container Ships."
14. Ibid.
15. Anita L. Tucker and Amy C. Edmondson, "Why Hospitals Don't Learn from Failures: Organizational and Psychological Dynamics That Inhibit System Change," *California Management Review* 45, no. 2 (Winter 2003): 55–72, doi: 10.2307/41166165.
16. Senge, *Fifth Discipline*.
17. Tucker and Edmondson, "Why Hospitals Don't Learn."
18. U.S. Department of State, "Green Shipping Corridors Framework" (fact sheet), April 12, 2022, Office of the Spokesperson, https://www.state.gov/green-shipping-corridors-framework/.
19. Zeynep Ton, "The Case for Good Jobs," *Harvard Business Review*, November 30, 2017, https://hbr.org/2017/11/the-case-for-good-jobs.
20. Paul Rosenthal, *Art Fry's Invention Has a Way of Sticking Around (podcast), Smithsonian Lemelson Center*, June 13, 2008, https://invention.si.edu/podcast-art-frys-invention-has-way-sticking-around.
21. Flavell-While, "Spencer Silver and Arthur Fry."
22. Sandomir, "Spencer Silver."
23. Rosenthal, *Art Fry's Invention*.
24. Jonah Lehrer, *Imagine: How Creativity Works*, 1st ed. (New York: Houghton Mifflin, 2012).

25. Rosenthal, *Art Fry's Invention.*
26. Ibid.
27. Ibid.
28. Sarah Duguid, "First Person: 'We Invented the Post-it Note,' " *Financial Times*, December 3, 2010.
29. "Arthur L. Fry: How Has He Transformed the Scene?," Minnesota Science & Technology Hall of Fame,（2022年6月18日に閲覧）, https://www.msthalloffame.org/arthur_l_fry.htm.
30. Steven Spear and H. Kent Bowen, "Decoding the DNA of the Toyota Production System," *Harvard Business Review*, September 1, 1999, 3, https://hbr.org/1999/09/decoding-the-dna-of-the-toyota-production-system.
31. Charles Fishman, "No Satisfaction at Toyota," *Fast Company*, December 1, 2006, https://www.fastcompany.com/58345/no-satisfaction-toyota.
32. Ibid.
33. Ibid.
34. Amy Edmondson, "The Role of Psychological Safety: Maximizing Employee Input and Commitment," *Leader & Leader* 2019, no. 92 (Spring 2019): 13–19.
35. Julianne M. Morath and Joanne E. Turnbull, *To Do No Harm: Ensuring Patient Safety in Health Care Organizations*, with a foreword by Lucian L. Leape (San Francisco: Jossey-Bass, May 2005).
36. "Julianne M. Morath," MedStar Health: Advisory Board Bios（2022年6月17日に閲覧）, https://www.medstarhealth.org/innovation-and-research/institute-for-quality-and-safety/about-us/advisory-board/julianne-m-morath.
37. Amy Edmondson, Michael E. Roberto, and Anita Tucker, "Children's Hospital and Clinics (A)," Harvard Business School, Case 302-050, November 2001 (revised September 2007), 7.
38. Ibid.
39. Ibid.
40. Edmondson, "Role of Psychological Safety," 14.
41. Amy C. Edmondson, *The Fearless Organization: Creating Psychological Safety in the Workplace for Learning, Innovation, and Growth*, 1st ed. (Hoboken, NJ: John Wiley and Sons, 2019), 170（『恐れのない組織：「心理的安全性」が学習・イノベーション・成長をもたらす』エイミー・C・エドモンドソン著、野津智子訳、英治出版、2021年）.
42. Edmondson, Roberto, and Tucker, "Children's Hospital and Clinics (A)," 4.
43. Ibid.
44. Ibid.
45. Ibid.

第８章　失敗しながら成功する

1. このエピソードはティラー・J・マッツエオの優れた伝記から引用している。Tilar J. Mazzeo, *The Widow Clicquot: The Story of a Champagne Empire and the Woman Who Ruled It* (New York: HarperCollins, 2008)（『シャンパーニュの帝国：ヴーヴ・クリコという女の物語』ティラー・J・マッツエオ著、北代美和子訳、中央公論新社、2012 年）
2. Ibid., 181.
3. Natasha Geiling, "The Widow Who Created the Champagne Industry," *Smithsonian Magazine*, November 5, 2013, https://www.smithsonianmag.com/arts-culture/the-widow-who-created-the-champagne-industry-180947570/.
4. Adam Bradley, "The Privilege of Mediocrity," *New York Times*, September 30, 2021, https://www.nytimes.com/2021/09/30/t-magazine/mediocrity-people-of-color.html.
5. Ibid.
6. "James West: Digital Archive," HistoryMakers,（2021 年 10 月 23 日に閲覧）, https://www.thehistorymakers.org/biography/james-west.
7. Veronika Cheplygina, "How I Fail S02E08—Jen Heemstra (PhD'05, Chemistry)," Dr Veronika CH (blog), January 8, 2021, https://veronikach.com/how-i-fail/how-i-fail-s02e08-jen-heemstra-phd05-chemistry/.
8. Ibid.
9. Ibid.
10. Noelle Nelson, Selin A. Malkoc, and Baba Shiv, "Emotions Know Best: The Advantage of Emotional versus Cognitive Responses to Failure," *Journal of Behavioral Decision Making* 31, no. 1 (January 2018): 40–51, doi: 10.1002/bdm.2042.
11. Jennifer M. Heemstra et al., "Throwing Away the Cookbook: Implementing Course-Based Undergraduate Research Experiences (CUREs) in Chemistry," in *ACS Symposium Series* 1248, ed. Rory Waterman and Andrew Feig (Washington, DC: American Chemical Society, 2017), 33–63, doi: 10.1021/bk-2017-1248.ch003.
12. Judith Halberstam, *The Queer Art of Failure* (Durham, NC: Duke University Press, 2011)（『失敗のクィアアート：反乱するアニメーション』ジャック・ハルバースタム著、藤本一勇訳、岩波書店、2024 年）
13. Ibid., 51.
14. Ibid., 60.
15. David Canfield, "There Has Never Been a Show Like *RuPaul's Drag Race*," *Vanity Fair*, August 27, 2021, https://www.vanityfair.com/hollywood/2021/08/awards-insider-rupauls-drag-race-emmy-impact.
16. Dino-Ray Ramos, " 'RuPaul's Drag Race' Season 13 Premiere Slays as Most-Watched Episode in Franchise's History," *Deadline* (blog), January 4, 2021, https://deadline.com/2021/01/rupauls-drag-race-season-13-premiere-vh1-ratings-most-watched-episode-1234664587/; Brad Adgate, "Ratings: The 2020–21 NBA Season in Review and a Look Ahead," *Forbes*, July 21, 2021, https://www.forbes.com/sites/

bradadgate/2021/07/21/the-2020-21-nba-season-in-review-and-a-look-ahead/.
17. S. Jocelyn Bell Burnell, "PETIT FOUR," *Annals of the New York Academy of Sciences* 302, no. 1 (Eighth Texas Symposium on Relativistic Astrophysics, December 1977): 685–89, doi: 10.1111/j.1749-6632.1977.tb37085.x.
18. Daniel H. Pink, *The Power of Regret: How Looking Backward Moves Us Forward* (New York: Riverhead Books, 2022)(『THE POWER OF REGRET：振り返るからこそ、前に進める』ダニエル・ピンク著、池村千秋訳、かんき出版、2023年)
19. Ibid.
20. Thomas Curran and Andrew P. Hill, "Perfectionism Is Increasing over Time: A Meta-Analysis of Birth Cohort Differences from 1989 to 2016," *Psychological Bulletin* 145, no. 4 (April 2019): 410–29, doi: 10.1037/bul0000138.
21. Adam Grant, "Breaking Up with Perfectionism," interview with Thomas Curran and Eric Best, *WorkLife with Adam Grant* (TED podcast), May 3, 2022, https://www.ted.com/podcasts/worklife/breaking-up-with-perfectionism-transcript.
22. Ibid.
23. Nelson, Malkoc, and Shiv, "Emotions Know Best."
24. Ray Dalio (@RayDalio), "Everyone Fails. Anyone You See Succeeding Is Only Succeeding at the Things You're Paying Attention To," Twitter, October 20, 2022, 10:06 a.m., https://twitter.com/RayDalio/status/1583097312163004417.
25. Kayt Sukel, *The Art of Risk: The New Science of Courage, Caution, and Change* (Washington, DC: National Geographic Society, 2016).
26. Sara Blakely, "How Spanx Got Started," *Inc.*, https://www.inc.com/sara-blakely/how-sara-blakley-started-spanx.html.
27. Kathleen Elkins, "The Surprising Dinner Table Question That Got Billionaire Sara Blakely to Where She Is Today," Business Insider, April 3, 2015, https://www.businessinsider.com/the-blakely-family-dinner-table-question-2015-3.
28. Angela Duckworth, *Grit: The Power of Passion and Perseverance* (New York: Scribner, 2016)(『やり抜く力：人生のあらゆる成功を決める「究極の能力」を身につける』アンジェラ・ダックワース著、神崎朗子訳、ダイヤモンド社、2016年)
29. Rachel Makinson, "How Spanx Founder Sara Blakely Created a Billion-Dollar Brand," *CEO Today* (blog), October 28, 2021, https://www.ceotodaymagazine.com/2021/10/how-spanx-founder-sara-blakely-created-a-billion-dollar-brand/.
30. "About," *Spanx by Sara Blakely Foundation* (blog)(2022年6月27日に閲覧), https://www.spanxfoundation.com/about/.
31. Angela L. Duckworth et al., "Grit: Perseverance and Passion for Long-Term Goals," *Journal of Personality and Social Psychology* 92, no. 6 (2007): 1087–101, doi: 10.1037/0022-3514.92.6.1087.
32. Rob Knopper, "About," https://www.robknopper.com/about-3.
33. Rob Knopper, "What My Practice Journal Looks Like," *Auditionhacker* (blog), June 25, 2016, https://www.robknopper.com/blog/2016/6/25/what-my-practice-journal-

looks-like.
34. Rob Knopper, "What to Do When You Have a Disastrous Snare Drum Performance," *Percussionhacker* (blog), March 4, 2018, https://www.robknopper.com/blog/2018/3/2/pg0qmqdy07akmm6cmh8q8i1ysus4s1.
35, Charlotte V. O. Witvliet et al., "Apology and Restitution: The Psychophysiology of Forgiveness after Accountable Relational Repair Responses," *Frontiers in Psychology* 11 (March 13, 2020): 284, doi:10.3389/fpsyg.2020.00284.
36. Karina Schumann, "The Psychology of Offering an Apology: Understanding the Barriers to Apologizing and How to Overcome Them," *Current Directions in Psychological Science* 27, no. 2 (2018): 74–78, doi: 10.1177/0963721417741709.
37. Ibid.
38. Ibid.
39. Christine Carter, "The Three Parts of an Effective Apology," Greater Good, November 12, 2015, https://greatergood.berkeley.edu/article/item/the_three_parts_of_an_effective_apology.
40. Matthew Dollinger, "Starbucks, 'the Third Place,' and Creating the Ultimate Customer Experience," *Fast Company*, June 11, 2008, https://www.fastcompany.com/887990/starbucks-third-place-and-creating-ultimate-customer-experience.
41. Christine Hauser, "Starbucks Employee Who Called Police on Black Men No Longer Works There, Company Says," *New York Times*, April 16, 2018, sec. U.S., https://www.nytimes.com/2018/04/16/us/starbucks-philadelphia-arrest.html.
42. Cale Guthrie Weissman, "Equifax Wants You to Enter Your Social Security Number Here to Find Out If It Was Hacked," *Fast Company*, September 7, 2017, https://www.fastcompany.com/40464504/equifax-wants-you-to-enter-your-social-security-number-here-to-find-out-if-it-was-hacked.
43. Will Oremus, "Marissa Mayer Personally Apologizes for Yahoo Mail Debacle," Slate, December 16, 2013. 以下も参照。Marissa Mayer (@marisssamayer), "An Important Update for Our Users," Twitter, December 11, 2013, 2:31 p.m., https://twitter.com/marissamayer/status/410854397292593153.
44. Jennifer Bendery, "Kathleen Sebelius Takes Blame for Obamacare Glitches While Being Grilled by Marsha Blackburn," HuffPost, October 30, 2013, https://www.huffpost.com/entry/kathleen-sebelius-marsha-blackburn_n_4177223.
45. Chuck Todd, "Exclusive: Obama Personally Apologizes for Americans Losing Health Coverage," NBC News, November 7, 2013, https://www.nbcnews.com/news/us-news/exclusive-obama-personally-apologizes-americans-losing-health-coverage-flna8c11555216.
46. Tiffany Hsu, "Neiman Marcus Says Social Security Numbers, Birth Dates Not Stolen," *Los Angeles Times*, January 16, 2014, https://www.latimes.com/business/la-xpm-2014-jan-16-la-fi-mo-neiman-marcus-breach-20140116-story.html.
47. Megan McCluskey, "Dan Harmon Gives 'Full Account' of Sexually Harassing

Community Writer Megan Ganz," *Time*, January 11, 2018, https://time.com/5100019/dan-harmon-megan-ganz-sexual-harassment-apology/.
48. Astro Teller, "Tips for Unleashing Radical Creativity," *X, the moonshot factory* (blog), February 12, 2020, https://blog.x.company/tips-for-unleashing-radical-creativity-f4ba55602e17.
49. Astro Teller, "The Unexpected Benefit of Celebrating Failure," TED Talk, https://www.ted.com/talks/astro_teller_the_unexpected_benefit_of_celebrating_failure.
50. "Waymo: Transforming Mobility with Self-Driving Cars,"（2022 年 6 月 16 日に閲覧）, https://x.company/projects/waymo/.
51. Teller, "Tips for Unleashing."
52. Alison Wood Brooks et al., "Mitigating Malicious Envy: Why Successful Individuals Should Reveal Their Failures," *Journal of Experimental Psychology: General* 148, no. 4 (April 2019): 667–87, doi:10.1037/xge0000538.
53. Melanie Stefan, "A CV of Failures," *Nature* 468 (November 2010): 467, doi:10.1038/nj7322-467a.
54. Johannes Haushofer, "Johannes Haushofer Personal Page,"（2022 年 6 月 18 日に閲覧）, https://haushofer.ne.su.se/.
55. Jeffrey R. Young, "Encouraging Teachers to Share Their Mistakes on Stitcher," *EdSurge* (podcast), October 19, 2021, https://listen.stitcher.com/yvap/?af_dp=stitcher://episode/87639474&af_web_dp=https://www.stitcher.com/episode/87639474.
56. Jon Harper, "Pandemic Lesson #2: I Pushed My Teachers Too Hard; in Fact, I Pushed Some over the Edge," My BAD (podcast)（2022 年 6 月 27 日 に 閲 覧）, https://podcasts.apple.com/us/podcast/pandemic-lesson-2-i-pushed-my-teachers-too-hard-in/id1113176485?i=1000508349340.
57. "Failure Institute: About Us," Failure Institute（2022 年 6 月 18 日に閲覧）, https://www.thefailureinstitute.com/about-us/.
58. Gwen Moran, "Fostering Greater Creativity by Celebrating Failure," *Fast Company*, April 4, 2014, https://www.fastcompany.com/3028594/a-real-life-mad-man-on-fighting-fear-for-greater-creativity.
59. Sue Shellenbarger, "Better Ideas through Failure," *Wall Street Journal*, September 27, 2011, sec. Careers, https://online.wsj.com/article/SB10001424052970204010604576594671572584158.html.
60. Ramakrishnan Mukundan, Sabeel Nandy, and Ravi Arora, " 'Dare to Try' Culture Change at Tata Chemicals," *HQ Asia* 3 (2012): 38–41.
61. "Building a Better Workplace," Partnership for Public Service, https://ourpublicservice.org/about/impact/building-a-better- workplace/.

◎訳者略歴
土方奈美（ひじかた・なみ）
翻訳家。日本経済新聞記者を経て独立。訳書にガブリエル『倫理資本主義の時代』、ファデル『BUILD』、スローマン&ファーンバック『知ってるつもり』（以上早川書房刊）など多数。

失敗《しっぱい》できる組織《そしき》

2025年2月20日　初版印刷
2025年2月25日　初版発行

*

著　者　エイミー・C・エドモンドソン
訳　者　土《ひじ》方《かた》奈《な》美《み》
発行者　早　川　　浩

*

印刷所　株式会社亨有堂印刷所
製本所　大口製本印刷株式会社

*

発行所　株式会社　早川書房
東京都千代田区神田多町2－2
電話　03-3252-3111
振替　00160-3-47799
https://www.hayakawa-online.co.jp
定価はカバーに表示してあります
ISBN978-4-15-210409-0　C0034
Printed and bound in Japan
乱丁・落丁本は小社制作部宛お送り下さい。
送料小社負担にてお取りかえいたします。

一流投資家が人生で一番大切にしていること

RICHER, WISER, HAPPIER

ウィリアム・グリーン
依田光江訳

46判並製

金は確かに大切だ。だが、豊かな人生に不可欠ではない

マンガーとバフェットを徹底的に模倣し続け巨万の富を築いた男、自身の欲望を断ち切り、謙虚と幸運のみを信じ成功を収めた男――真に豊かな人生を手に入れるための哲学が、四十人以上の世界的な一流投資家へのインタビューを通じて余すところなく明かされる。

ハヤカワ・ノンフィクション

NOISE（上・下）

―組織はなぜ判断を誤るのか？―

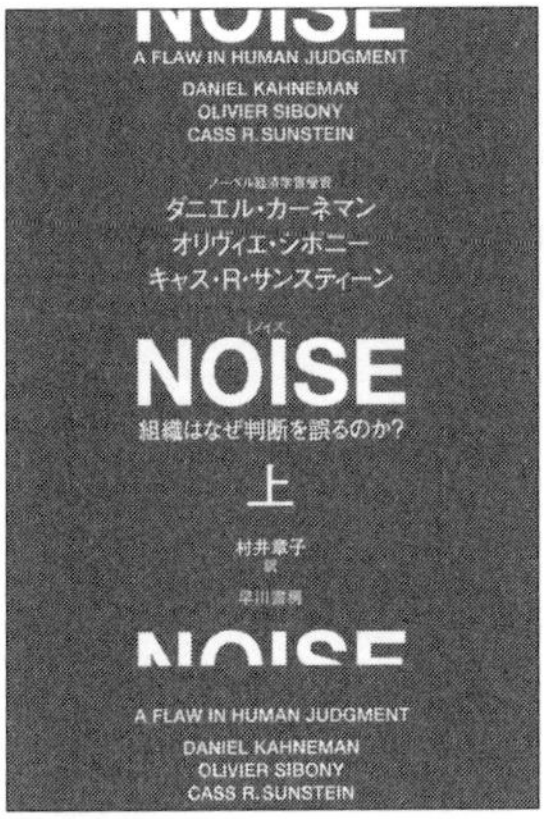

NOISE

ダニエル・カーネマン＆
オリヴィエ・シボニー＆
キャス・R・サンスティーン
村井章子訳
46判上製

組織の意思決定を革新！

保険料の見積りや企業の人事評価、医師の診断や裁判。均一な判断が前提とされる組織において判断のばらつき（ノイズ）が生じるのはなぜか？　フェアな社会を実現するために行動経済学の第一人者たちが真に合理的な意思決定のあり方を提示する。解説／友野典男